# 明朝烟火味儿

Ming Dynasty

萧盛◎著

重庆出版集团 重庆出版社

图书在版编目(CIP)数据

明朝烟火味儿 / 萧盛著 . —重庆：重庆出版社，2021.11
ISBN 978-7-229-15950-4

Ⅰ.①明… Ⅱ.①萧… Ⅲ.①中国历史—明代—通俗读物 Ⅳ.①K248.09

中国版本图书馆CIP数据核字(2021)第149106号

### 明朝烟火味儿
MINGCHAO YANHUO WEI'ER

萧 盛 著

责任编辑：钟丽娟
责任校对：刘小燕
装帧设计：八　牛

重庆出版集团
重庆出版社　出版

重庆市南岸区南滨路162号1幢　邮编：400061　http://www.cqph.com
重庆出版社艺术设计有限公司制版
重庆市国丰印务有限责任公司印刷
重庆出版集团图书发行有限公司发行
E-MAIL:fxchu@cqph.com　邮购电话：023-61520646
全国新华书店经销

开本：720mm×1000mm　1/16　印张：21.25　字数：355千
2021年11月第1版　2021年11月第1次印刷
ISBN 978-7-229-15950-4
**定价：65.00元**

如有印装质量问题，请向本集团图书发行有限公司调换：023-61520678

版权所有　侵权必究

/ 自序 /

  从第一册书《大明梦华：明朝生活实录》至这本书结稿，逾两年矣，两年的时光说长不长，说短不短，然对我而言却是沧海桑田、物是人非。
  在第一册书写作期间，正是我母亲病重之时，我这人别无他好，只会卖弄文字而已，故为排遣抑郁，抒发情感，才写了那册《大明梦华：明朝生活实录》，借历史的壳说心中的事儿。
  说实在话，那本书写得很畅快，确实起到了排遣抑郁的作用，让我暂时忘却了烦恼和苦痛。然由于环境和心情的缘故，书中涉及的多是社会现象，对具体的事件和传统文化方面，并未深入，这才有了写这本书的想法。
  开篇提到，这两年来沧海桑田、物是人非，一则指的是家母病故，二则说的是在下再添一子，一悲一喜，亦喜亦忧。喜自不消说，本有一子尹道，今再添尹遥；全了"逍遥"二字，怎不为之欢喜？忧的是我本是一名鬻文为生的写书匠而已，以此谋生，本就不易，尹遥来到身边后，伏案的时间变少了，心中不免急迫。
  本以为写这样一本书应是十分轻松之事，如今看来，却是高估了自己的能力。原因无他，写第一册书时，可以信马由缰，反正题材多的是，且大多装在心里，写到哪儿是哪儿，然至这本书时，一则需要规避与第一册书的雷同，二则由于方向的调整，便需要更多的史料佐证。

前面说到，第一册书主要以社会现象为主，然涉及具体事件和传统文化时，却未曾深入，这本书的目的就是要弥补前一册书的不足之处。比如第一章谈到的洗澡问题，这是每个人每天都要做的事情，然要深入去讲，就要涉及大量的史料；又如上厕所的问题，最早是怎么上的，及至明朝又是如何上的，马桶是如何发明及演变的等等，说的是琐事，甚至是大家在日常生活中不愿提及的，但是，任何一个日常行为，任何一件事物，都有一个演变的过程，而这过程实际上就是传统文化。

这本书的内容虽说与《大明梦华：明朝生活实录》方向略有不同，但主旨是一样的，说的是百姓生活中极为琐碎之事，从洗浴、如厕，到城市卫生，从种菜卖菜，到集市的出现和演变等，谈的是传统文化，事实上说的也是历史。

以集市的演变为例，从"古者相聚汲水，有物便卖，因成市"始，到唐朝出现的市坊，再到宋朝时由"坊"而"市"，当"坊"的那堵墙被打破，"市"的潮水便汹涌地涌向街道，再到明朝的资本主义萌芽，从这个角度看，这不仅仅是市集的变化，更是历史的演变，制度的改革，以及时代的进步。

又以做菜为例，在宋朝之前是煮，至多炙烤一下，调调口味，原因是锅底厚，无法烹炒，故那时候也无须将菜切得很细碎，要么炙烤整条羊腿、猪蹄，要么一锅乱炖，包括著名的鸿门宴，实际上也没什么精致的菜。到了宋朝，由于铁锅变薄，一烹即起的热炒开始流行，从而引发餐饮革命，快餐从此出现。明朝时，在技术上更进一步，人们的生活方式从此改变。

这是具体的生活上的事情，在这本书中，我力求将其来龙去脉交代清楚，厘清一事一物发展之过程。此外，又用大量篇幅涉及传统节日，以及听书看戏、侍花弄草、房子布局装修等生活休闲之事上，很多事情，只有真正去做了方才知道没有想象中的那么容易。

任何一件事情，泛泛而谈可能谁都会一点，拿出来当闲话说或闲谈中吹吹牛是可以的，然而当涉及具体的细节时，就会遇到很多问题，诚如前面所说，我高估了自己，由于要翻阅大量的史料，再加上犬子尹遥的出世，伏案的时间相对偏少，这本书前后用了一年的时间，有时候为了求证一件事，翻阅资料一翻便是一天，而具体写到书中的，或许只有几个字或一两个段落而已。

我不会说些高大上的话，实话实说，写到中途就后悔了，完全没有写第一册书时的畅快，更无排遣抑郁之效果，反倒是平添了许多烦恼。不过好在我有一样优点——不轻易言弃，一件事情只要去做了，若不做完，天天压在心头，时时泛涌而起，异常难受。

不管怎样，好歹将这本书写完了，是好是坏，自然由列位看官评判，最后借本部书结尾一段话，以结束此序文：承蒙列位抬爱，赏在下一口饭，得以鬻文为生，若有缘，当以更精彩之文字，献予列位看官，始不负掏钱买书之义。

# 明朝烟火味儿

## 目录
### Contents

自序 / 001

**第一章 扪虱谈琐事，洒水话日常** / 001
一、混堂沐浴那些事儿 / 001
二、肥皂、香水等，关于洗漱的那些奇思妙想 / 009
三、浅谈如厕 / 016

**第二章 睹繁华之城，叹治理之难** / 027
一、利玛窦眼中的大明都市 / 027
二、经济实力和环境整洁 / 036
三、"上有天堂下有苏杭"的环境形成 / 043
四、泼粪公案 / 052
五、那时的交通规则 / 058
六、百姓事无小事 / 064
七、由黄有三而引发的养老案 / 075

**第三章 市井集时鲜，人间烟火味** / 087
一、市井那些事儿 / 087
二、从农夫到园户 / 093
三、做饭、快餐和外卖 / 105
四、炎炎夏日里的冰镇食品 / 112
五、屋外风寒内如春 / 121

001

明朝烟火味儿

目录
Contents

第四章　莫叹岁月短，仪式添庄严 / 128
一、婚嫁趣谈 / 128
二、从武大郎之死说起，论明朝的丧葬习俗 / 142
三、出生、诞辰与做寿 / 157
四、宾傧案 / 172
五、乡迎酒礼的变迁 / 179
六、束脩礼及上学那些事儿 / 188
七、成人礼 / 196

第五章　暇时侍花草，品味慢生活 / 202
一、大明著名猫奴 / 202
二、正德帝：把豢养大型动物的传统发挥到极致 / 212
三、极致的优雅：弄花、侍草、读书 / 221
四、由雅入俗的书画界 / 234
五、装修那点事儿 / 253

第六章　烹调且为乐，一饮三百杯 / 258
一、大明名吃荟萃 / 258
二、明朝著名吃货 / 268
三、从吃茶到喝茶的演变 / 279
四、野鸡案 / 296
五、五花八门的行骗手段 / 304

第七章　看大明烟火，叹人世繁华 / 313
一、那时的烟火 / 313
二、从限娱令到百花齐放 / 317
三、和明朝的老百姓一起去看戏 / 325

/ 第一章 / 扪虱谈琐事，洒水话日常

● 混堂沐浴那些事儿

最近很闲，闲得发慌，看到抛出的第一个标题，相信大家也能看得出来，是不是真闲得发慌了，没事谁研究古人洗澡啊！而且你见过人家洗澡吗？

古人洗澡我肯定是没见过，但我的优势是读了一些杂七杂八的史书，接下来的这段时间，不光要跟大家聊古人洗澡，还会聊蹲坑啊、扫大街啊、种菜啊、炒菜啊等等闲事，反正越无聊的事儿咱们越要聊，看看有多少无聊的人会听我说这些无聊的事儿。

言归正传，咱们来说洗澡这事儿。其实古人洗澡跟我们是一样的，分两种，一种叫富人洗澡，一种叫穷人洗澡，这么分门别类没有歧义，别往心里去，不管你接不接受，都是客观存在的。

穷人洗澡的目的很直接，就是为了干净，你想想平时忙着打工赚钱还来不及呢，不脏谁有闲心干那玩意儿？

要是夏天的话，男人在河里直接就解决了，女人在家里随便冲个凉了事。可秋冬天就有点麻烦，像我小时候，天冷时一般七天左右洗一次，倒一盆热水关了门洗，洗完之后那盆水……总之没法看，所以在过年的时候，要郑而重之地去浴室里狠狠地洗一次澡，手一搓，特别有手感。

明朝那会儿也有浴室，最初叫瓮堂。瓮堂这个名字是有来历的，说是当年朱元璋定都南京，百废待兴，加上老朱是从农民一飞冲天披上龙袍的，相当节俭，节俭到令人发指的程度，连吃的蔬菜都是亲自动手种的。但是，既然定都南京了，京畿重地，那是一个国家的脸面，不能马虎，于是征调十余万民夫修建皇城。

那么多人，天天挥汗如雨的，大家想想，要是不洗澡，晚上睡在一个棚里，让那味道一熏，第二天还能醒得过来吗？就算醒得过来，被那味道熏的劲儿还没过去，晕晕乎乎的，能正常干活吗？抛开这些不说，要是卫生问题不解决，生病是难免的，那么多人聚在一起，万一生病传染了，那就是件了不得的大事，所以，澡非洗不可！

可是，十多万人，要怎么解决洗澡问题？这事儿难不倒老朱，毕竟人家是从底层过来的，对这种事还是有经验有想法的，大笔一挥，下旨在南京聚宝门（注：今中华门）附近，修五座澡堂，专供民夫洗澡用。

那么为什么要选在聚宝门附近建澡堂呢？也有讲究。

南京城规模最大的三座城门，通济门和三山门（今水西门）均在洪武十九年（1386）增建或扩建，聚宝门是在洪武二年（1369）动工的，而且是在原来南唐都门的遗址上重建的，也是当年最大最重要的国家工程，动用的民夫自然也最多，为了便于民夫沐浴，就将澡堂建在了聚宝门附近。

澡堂很大，高一丈，宽约一丈一，圆顶，那样子看起来就像一口倒挂的钟，最牛逼的是通体没用一根木料，全用石砖砌筑，砖缝用糯米黏合，不透气。

看到这儿，有人也许会纳闷儿，不透气那不得把人给憋死？放心，古人的脑瓜子跟我们没区别，我们能想到的，他们当然也想到了，穹顶有出气孔，水蒸气上升冷却后，水珠会沿着圆形墙体流下来，而不会滴到人身上。由于其形如钟，又似瓮，所以叫瓮堂。

瓮堂修建起来后，民夫欢欣雀跃，高兴得不得了，要知道对普通百姓而言，洗澡是件奢侈事儿，连官宦人家也只是三五天洗个澡而已，如今他们天天可以洗，关键是洗的还是热水，不花钱免费的，怎能不欢喜！

这就是明朝早期的澡堂的样子。

我前面说了，洗澡分两种，一种是穷人洗澡，一种是富人洗澡，以此类推，澡堂当然也是分等级的，早前宋人吴淑这样说：在南北朝时期，"明义楼南之明义并，有三浴室，上以清王侯宰吏，中以凉君子士流，下以浴庶类也（注：语出吴淑《事类赋注》）"。你看说得多明白，富人洗澡叫"清"，君子叫"凉"，庶人老百姓才叫"浴"。无论是"清"还是"凉"都是以享受为目的，洗澡是顺带的，而"浴"则就是以干净为主要目的，这是有根本性区别的。

那么在明朝的时候，老百姓去洗浴一次得花多少钱呢？一钱。

一钱银子不算多，这就好比是现在月收入三四千的人，去浴室洗一次澡得花两三百块一样，不是花不起，而是澡洗了但心在疼，身体干净了但心在滴血，总之心脏要遭罪。明朝早期，老百姓的平均日收入是两分纹银，中后期好点，大概日均收入是五分，但物价也高了，我们就以中后期为例，普通老百姓得花两天的工资去洗一次澡。

谁没事会跟钱过不去呢？辛辛苦苦赚来的钱让水给糟蹋了，想想是有点冤。关键是那种去一次一钱银子的澡堂，环境还挺差。为什么这么说呢？其实也很好理解，打个比方，就好像半月没开过荤的人要去吃一场酒席，那我不得提前饿他几天，饿得两眼发绿后再去吃他个够本吗？

别以为我这比喻很不正经，跟个小肚鸡肠的小人似的，听着教人不舒服。那我换个比喻，自助餐大家都去吃过吧？有些人吃自助餐时，那劲儿恨不得有两个胃，吃得走路时都憋得慌。你以为他不知道吃多了会难受吗？傻子都知道，但是再难受也得吃他个够本。当时一钱银子去洗一次澡大概就是这么个状态，身上要是没能搓下个两三层来，打死不去花那冤枉钱。

大家想象一下那场面，那洗澡水……怕你们恶心就不展开说了，其实，如果光是脏那倒也还算好，至少水是热的对不对？更恶心的是，那些不讲公德的生了病还往澡堂跑的人，比如身上长疮的，有皮肤病的，或者是杀猪的屠夫，杀完猪图个痛快，直奔澡堂，脱光了衣服往浴池里一跳，腥风扑面，那叫一个酸爽。

为了证明不是我瞎编哄大家开心，现把原文贴出来：

男子被不洁者、肤垢腻者、负贩屠沽者、疡者、疕者，纳一钱于主人，皆

得入澡焉——《七修类稿》（明·郎瑛）

除了环境差之外，治安也不是特别好，估计那样的澡堂，老板也是破罐子破摔，洗个一钱银子的澡，一泡泡半天，难不成你还想享受五星级服务，给你配个保安？

有这么个笑话，说是有一天澡堂来了个义官，义官其实不是正式官员，是受官府聘用的临时工，众所周知，临时工干的都是脏活、累活，领的工资却是最低的，表面看上去挺体面，实际上生活水平跟普通百姓没什么两样。这天酉时，那义官走了不少路，汗流浃背的，就进了家一钱银子的澡堂。

泡了个澡，出来时发现脱在外面的衣服不见了，只留了纱帽、靴和一条丝带在那儿孤零零地搁着。就把老板叫过来，问他衣服去哪儿了。

老板知道他这地方治安不好，经常发生失窃事件，可他也没办法，一钱银子的澡堂不招待三教九流的人，还能招待谁去？贵妇？那也得人家愿意来才行。于是就装糊涂，说我怎么知道你衣服去哪儿了！

义官一听这话，顿时就恼了，我去洗澡前，把衣服脱在了澡堂外间，现在衣服没了，这事你得负责，要么给我去追回来，要么赔一套。

老板一听也恼了呀，就赌气说，你拿一钱银子洗个澡，还得让我送你套衣服？这不是讹人吗，哪个晓得你来澡堂时，身上穿没穿衣服？

义官气得直翻白眼，涨红着脸戴上纱帽，又穿了靴，将那条丝带系在白花花的肚皮上，朝老板大喝道："难道老子是这身打扮来你混堂的？"那三样东西放在光溜溜的身上本就滑稽，周围洗澡的人听那义官一声喝，忍不住捧腹大笑。

这笑话出自明朝文人醉月子的《精选稚笑》，说明当时的澡堂环境确实不怎么样。

不知道大家注意到没有，我前面说的明朝人洗浴的地方一直称之为澡堂，而那个义官对老板大喝时说的是"混堂"，这不是错别字，澡堂是现代的名称，为了便于大家理解我也就用了这个词语，混堂是明朝人对澡堂的称呼。

这里顺便普及一下，明朝人为什么把洗澡的公共浴池称之为混堂。掉个书袋子，先摘录一段明朝人的原文：

凳大石为池，穹幕以砖。后为巨釜，令与池通。辘轳引水，穴壁而贮焉。一人专执爨，池水相吞，遂成沸汤。名曰混堂，榜其门则曰香水。

这段文字还是出自明朝藏书家郎瑛的《七修类稿》，什么意思呢？用大白话说就是，浴池是用大石砌的，穹顶是砖头。在浴池的后面有个烧火的房间，置了口大锅，这口锅应该很大，跟浴池是相通的，得用辘轳引水。有一人专门负责烧热水，这热水在进入浴池前，冷热水相混，就成了温度适宜的洗澡水，而这洗澡的地方就叫混堂。

文末还有一句话，说"榜其门则曰香水"，也不难理解，用我们今天的话说就是，出门左拐有香水浴。另一种理解就是有钱人消费的地方。下面就来说说富人是怎么洗澡的。

说到富人洗澡的地方，千古以来莫过于华清池，也就是传说中的贵妃浴，看看人家是怎么洗澡的，有诗云：

春寒赐浴华清池，温泉水滑洗凝脂。
侍儿扶起娇无力，始是新承恩泽时。

这是杨贵妃洗浴的场景，天下第一豪华，无与伦比。一般的士大夫则洗的是香水浴。

那么香水浴的香水是从哪儿来的呢？看到这个问题，一定会有人嗤之以鼻，当我们没看过古装剧吗？那不就是在水里放一些玫瑰花之类的东西吗？哦，把浴盆里的水搞得像蛋花汤一样就是香水了？那你就错了，我不知道古代的小姐姐在家里洗澡，会不会把水搞得像蛋花汤一样，但至少在澡堂里不会那么搞。

那有人就纳闷了，不是花香难道用的是古龙香水？当然是不可能的，那会儿工业没这么发达，还没古龙香水。所谓的香水是花香没错，但不是把花洒在水里的。

当时在浙江兰溪有一处著名的洗浴场所，叫做兰浴堂，非常的高级，相当于今天的某某会所，高级到什么程度呢？说起来能让你目瞪口呆：

兰浴堂的浴池跟一般的澡堂不一样，用白色石头铺就，温泉也十分清澈，能看到四周的白石，所以无论是水脏了还是池子脏了，一眼就能瞧得出来。你看看，富人就是这么讲究，别说眼里容不下沙子，澡堂也容不下瑕疵。整个澡堂占了三四亩地，很大，当然不是三四亩宽的大浴池，而是隔了四五十间独立的小单间，每个单间都是用白玉般的石头砌的，浴池四周放了花卉。

上面这段文字出自破额山人的笑话集《夜航船》，我把文言文直译过来了。那么单间里面的布置是怎样的呢？再往下看：

浴池的旁边放了茶几，茶几上沏了上等好茶，衣服当然也不是随便脱在外面的，里面有专用的衣架，在浴池旁边，随手可以拿到东西的地方，挂了五孔竹筒，竹筒上分别写着：上温、中温、微温、退、加等字，水温需要热一点或冷一点，不用说，敲一下竹筒就可以了，是不是仿佛看到了洗澡时那种慵懒的样子？泡得话都懒得说，要死不活地敲一下竹筒。

浴室的窗户上架着风轮，随时转动着，这可不是为了凉快，富人的生活你可能永远想象不到，那风轮是为了送风，只不过它送的不是普通的风，而是香风，那香风当然也不可能是劣质的香水味道，而是自然的花香，原话是：万花香气，随风送至，轮回辗转，百和氤氲，本领薄弱者辄靡靡晕去。

你往那里面一躺，泡在温度适宜的水中，闻着花香，喝着茶，闭目养神，周围除了水声和轻微的风声外，听不到喧哗，那是洗澡吗？那是享受。

那些独立的单间还有好听的名字，诸如瑶岛蓬山、蕊宫璇源、雪香馥海、涤烦洗心、憨憨戏兰……不计其数，反正就一个宗旨，进了里面，你就不是人，是神仙。

高级的洗浴场所除了高级的享受外，还有另一个特点，那就是所谓的人性化，说白了，你到了那里，就能享受到无微不至的照顾，你就是爷。有些澡堂为了体现出这一点，别出心裁将浴池分为大中小三等，这三等完全没有上中下等级的区别，它只是作为温度区分，喜欢洗热点的就去大等池，一般水温就去中等池，而小等池是专门给小朋友用的，水温也是专为小朋友设定，嫩嫩的皮肤泡在水里保证不会有任何不适，如果水温热了，小朋友放到水里就哭，你有投诉的权利，不像那个义官，丢了衣服都没说理的地方。

后来洗浴界的竞争越来越激烈，各大浴所同质化严重，有些商人意识到光是拼服务和质量不是办法，于是聪明的中国人又想了一招，把洗澡和养生结合起来，于是蒸浴应运而生、华丽亮相了。

有人可能会惊讶，明朝就有蒸浴了吗？你以为只有现代人有权力把自己蒸了吗？人家早蒸了近千年了。这里要顺便提一嘴，蒸浴的出现，毫不夸张地说是沐浴史上的一次重要变革。中医认为，蒸浴可疗风寒，利排泄，外至肌肤，内及脏腑，俱得濡养。

看出来了没，打从蒸浴出现后，你洗澡就不仅仅是为了洗澡、为了享受这么简单了，还可以达到无病保健、有病治病的功效，也就是说洗澡等同于养生。提出这个概念的人真的太牛了，简直是天才，你想啊，谁不想健康，不想有个好的体魄？既然洗澡可以达到这种效果，对于那些有钱人来说，他会在乎那点钱吗？于是，蒸浴火爆一时。

那么明朝人是怎么蒸的呢？

蒸浴自然得在密室里，这个就不用说了，四处通风的那叫乘凉。在密室里架了个格子，一般两到三层，人坐在格子顶层，地上放了口大锅，倒一锅水，拿火在锅底下烧。没一会儿，水烧开了，热气蒸腾，达到"肌热垢浮"的效果。

有没有一种蒸馒头或烤鸭的错觉？

可能还有人会担心：会不会架子不够结实，掉锅里？要是掉锅里那就不是烤鸭了，叫炖鸭。

会不会掉下来我不知道，不敢胡猜乱写，即便是有，也是小概率事件，我只知道蒸熟了……哦不，蒸热了后，专门有搓澡的人给你搓，注意，负责搓澡的人不是大爷，也不是那种粗壮的汉子，有人可能眼睛一亮，咦！会不会是……

别想多了，搓澡的是童子。童子不一定是小孩，按照明朝十五至二十岁就可以举行成人礼的标准来看，这里所谓的童子，很有可能就是在这个年龄段的人。

说了这么多，大家对富人洗澡的情况应该已有了个大致的了解，其实跟我们现在差不多，怎么享受怎么来，有钱就行。所以人啊，无论古今都是一个德性，拼命地赚钱，然后拼命地享受。但是，千万不要以为上文说的就是洗浴的高级享受了，告诉你一个残酷的现实，没有最高级，只有更高级。那么更高级的洗澡怎么个洗法，谁在洗呢？

当然是有权或有钱的人，那些人因为有身份有地位，出于各种原因不方便抛头露面，于是就在家里建私人浴所。这些人就是史书中常提到的士大夫阶层。我们来看一下私人浴所长什么样子：

前后两个房间，中间用墙隔断，前面那间是火房，这火房是专门烧洗澡水的，砌筑大灶，置办一口大锅，用来烧热水。火房靠墙的地方挖了口井，用辘轳取水，直接引入大锅里面。这是专门为了洗澡添置的设备，普通老百姓去洗个一钱银子的澡，都得纠结半天，为了洗个澡，专门建房、砌灶、打井，想都不敢去想。但这仅仅只是设备而已，另外一间就是洗澡的浴池，浴池所在的这个房间是封闭的，留有一进一出两个水孔，一个与火房相通，以便引热水过来，另一个与外面的水沟相通，是排污水的。

浴室内装潢的档次，至少也得跟外面那些高级的浴所相等，什么以白石砌池，周围摆放花草，用风轮引入香风等等，这是最基本的配置，不然就显示不出主人的档次来。

上面这些描写出自明朝文震亨所著的《长物志》一书，这种高级的私人浴室在明朝很常见，但不是人人都能拥有的，普通人别说是没去过那样的地方洗过澡，哪怕见一次也能在村里吹一段时间。

说到这儿，可能懂明朝历史的人会有这样的疑问：不都说明朝官员的工资低吗，当时的士大夫怎么享受得起那么高级的私人洗浴场所？

问得好！但建议有此疑问的朋友们，去阅读一下我的《大明梦华：明朝生活实录》一书，对各阶层的收入有比较详细的介绍。这里简略地来说明一下，明朝前期，官员的日子的确不太好过，而且即便是到了后期，官员的待遇其实也没提升多少，所以如海瑞那样的清官，买斤肉来吃都是件奢侈的事。

不过，需要注意的是，海瑞是清官，像海瑞那样的清官翻遍整个中国历史，也数不出几个来。在明朝中后期，随着资本主义经济的萌芽，商业的成熟，官员是有灰色收入的，这些灰色收入不一定就是贪污，所以朝廷睁一只眼闭一只眼默许了官员的第二职业。比如擅长书画的，以自己的身份地位卖些书画，给某某题个字，或是去地方上出席个商业活动之类的拿些出场费等等。

好了，关于洗澡的那些闲事儿就说到这里。可能有人会吁一口气，洗澡的事儿你都能说几千字，真神！

不好意思，别急着夸，其实洗澡的事儿我只说了一半。

呃，说了这么多只说了一半，接下来你还能说什么？说古代的小姐姐怎么在蛋花汤里泡澡吗？

打住！不知道大家有没有发现，前面我只谈了洗澡，但用什么东西洗却只字未提，那些洗发水、沐浴露之类的在明朝有没有？老百姓用什么洗澡，士大夫们用的又是什么样的高级沐浴用品？下回分解。

## 二 肥皂、香水等，关于洗漱的那些奇思妙想

看到这个标题，有些小伙伴可能震惊了，明……明朝也有肥皂、香水？

嘿嘿！这不是小看人吗，别以为你生活在很文明、科技很发达的时代，其实关于洗澡、洗头等洗浴用品的配方早就有了，古代和现代的洗浴用品最大的区别在于，古代人用的是纯天然的，现代人用的则加了许多化学品。

看到"化学品"这个字眼后，会不会觉得很不舒服？看到"纯天然"这字眼后，会不会很眼红？

这就对了，不要鄙视古人，也不要抬高当下的自己，其实当代人如果剥去科学的外衣，跟古人没有一点区别，包括思想上的。如有不服的，只管来辩。

当然，并不是说纯天然的就一定好，化学品就肯定对身体有害，这不是绝对的。在说明朝人的洗浴用品前，先来跟大家说个故事。

说是在东晋有个读书人，叫王猛，喜欢历史的人可能都知道这个人，是的，王猛是个猛人，是中国历史上著名的政治家、军事家、改革家，官至丞相、大将军、冀州牧，大唐武庙六十四将之一、大宋武庙七十二将之一。

是不是很牛？牛人都有个特点——很狂，王猛也狂，而且他这种狂是天生

的，在还没有发迹前，他虽然穷，但穷并不能阻止他的狂傲，没把谁放在眼里，地方官府的官员就不用说了，在王猛眼里啥也不是，连当时中央的官员，他也不用正眼瞧。

当年大司马桓温入关，王猛披着身粗布麻衣就去了，遇到守门的卫兵，说我要见桓温。

这种行为在我们看来是不是很没礼貌，甚至有点儿粗鲁？第一，他的态度是对领导的不尊重，第二，他的衣着连最起码的礼仪都没有，这样的人要是放在当下，别说领导不会见他，就算普通人也不会把他当回事。但是，战乱时期，各国争伐，求才若渴，越狂的人反而越有市场，桓温不但接见了他，还以礼相待。

王猛往客厅里一坐，可能是走一路渴了，旁若无人地端起茶喝了几口，然后就像猴子一样往身上挠痒捉虱子。桓温见状，大是惊异，心想你我素未谋面，身份更是悬殊，见了面便旁若无人地捉虱解痒，是怎地个意思？于是就问他："吾奉天子令，率十万兵将为百姓除贼，此般壮举，何以不见豪杰归附？"

桓温这话的用意很明显，就是想考考他，看他有几斤几两。王猛挠了半天，捉了只虱子在手，也不看看是肥是瘦，随手扔入嘴里，舌头一卷，前门牙上下一磕，"嘣"的一声细响，吞了下去，跟嗑瓜子一样干脆，然后才不紧不慢地道："公不远千里，深入敌境，距长安咫尺而不渡灞水，百姓不明公之意图，故踟躇不往，如此而已。"

别看王猛只是这么随口一说，却是一语中的，桓温听了，真正是醍醐灌顶，不再有什么顾虑，领军深入，果然附近郡县的百姓纷纷牵牛担酒来降。

这一则故事说的是永和十年（354）二月，桓温伐前秦与关中名士王猛相谈的情景，"扪虱清谈"的典故就是从这儿来的。

说这则故事的目的是，古人也洗澡，但未必能洗干净，身上长虱子或跳蚤是非常普遍的。不过王猛是东晋时期的人，那时候的人，特别是名士，普遍比较狂放，不修边幅或身上脏兮兮的属于常事，个别人士还以脏乱为荣。那么到后期有没有改善呢？我们的先辈总不能一直过着像猴子一样的生活吧？继续往下看。

说是某一日，宋朝宰相王安石上朝，正在皇帝面前侃侃而谈论国事，王安石文采好,口才也不错,当时的神宗皇帝听得很入神,这时候一幕不合时宜的情景出现了,有一只虱子从王安石衣领处爬出来,慢慢悠悠地爬上他的脖子,然后顺着他的胡须攀岩似的继续往上,神宗皇帝见了,没惊诧,而是莞尔一笑。

这一笑可不是普通的笑,其实是有涵义的。据我分析,王安石身上长虱子是众所周知的事,因为他不修边幅是出了名的,所以神宗皇帝应该也不是第一次看到他身上爬虱子,见怪不怪,所以只是莞尔一笑。

王安石看看皇帝,再看看旁边同僚的神情,自然也知道是怎么回事了,伸手一撸,把虱子从胡子上撸了下来。虱子是捉住了,但如何处理却成了件为难的事儿。

要知道这是在御前啊,当众用手指甲盖把它扣死,扣得血丝迸溅,那就太不雅了,不符合文人的气质。再说在皇帝面前扣虱,也是种不敬。可要是把它放了,万一跳到别人身上去呢?那好好的御前会议不就变成大型捉虱现场了吗?一时左右为难,不知道该怎么办才好。

这时,后面的王禹玉说了一句话,那话说得十分讲究,解了王安石的围,他说:"屡游相须,曾经御览,未可杀也,或曰放焉。"

这话说得太妙了,那虱子游过宰相胡须,又得皇帝的御览,那就不是只普通的虱子了,怎么能杀呢?放了吧。王安石顺着这个台阶下,心安理得地把那虱子放生了。

再来看明朝的。徐阶大家都知道吧?他推倒严嵩后入阁为相,是名副其实的风云人物,有一天请朋友喝酒,一边谈笑风生,纵论时局,一边两手不时在身上抓痒,功夫不负有心人,没一会儿,只见徐阶从腰里摸出一只虱子,哈哈一笑:"总算捉到你了!"说话时,把虱子捏在手指上,凑近了一瞧,油光锃亮,看来没少吸他身上的血,如果只将这东西扣死,那就太便宜他了,嘴一张,当着朋友的面搁嘴里,门牙上下那么一嗑,"咯嘣"声响,血溅于齿。朋友也不奇怪,继续跟他谈论时局。

看到这里,很多人会大跌眼镜,哎呀我去,你说的那可都是在史书上挂了号的赫赫有名的风流人物啊,在电视上看到他们时,一个个既体面又有威严,原来他们经常像猴子一样捉虱子解痒,捉到了后还吃虱子!那我们岂不是让电视给骗了?

011

是的，电视为了美观，也为了体现出人物的个性，不可能把高高在上的权贵塑造成吃虱子的人，但咱这不是小说，没必要为了美观或人物的权威性而忽略掉这些细节。吃虱子是有传统的，不光穷人吃，富人或士大夫也吃，不光是男人吃，女人也吃。

说到女人也吃虱子时，可能很多人接受不了，这怎么可能呢？

我不是一个随便瞎说的人，咱们以事实说话。说是有一回，一个叫叶青的人去逛青楼，点了跟他比较谈得来的一位姑娘，两人在房间里愉快地交谈。叶青边滔滔不绝，边不停地在身上挠痒捉虱子，摸出虱子时，就丢入嘴里，跟咱们边聊天边嗑瓜子似的，怡然自得。

那姑娘见惯了这种场景，没说，只是微微一笑，笑容中隐隐带了一丝丝的嘲讽，似乎在说：“你们这些臭男人，虱子真多！”叶青自然看得出她那份嘲讽的意味，但没理她，只顾边捉边嗑。

没想到正在这时，那姑娘也从身上摸出一只虱子来，叶青看到了后，两眼发光，等着看笑话。那姑娘瞧了他一眼，纤纤玉指一伸，把虱子丢入火盆里，啪的一声，发出爆米花般的声音。叶青依然没放过嘲讽她的机会，笑道："熟了！"

那姑娘给了他个白眼，说："总比你生吃的好！"

吃虱子这个传统不分男女，只不过这位姑娘不想让叶青嘲讽，因而扔火盆里了。

上面的这些故事，暴露出了一些问题，第一，前面虽然谈到了明朝那些高级的洗浴场所，但是去的人不多，能消费得起的人也不多，那些在自己家里建私人浴室的就更少了；第二，就算是有能力去洗浴场所的人，也不可能天天去，比如说夏天得天天洗澡，但不可能天天去洗浴场所，更多的时候只能在家里解决；第三，洗浴用品的效果可能不理想。

我小时候也长过虱子，注意，我不是特别老，不是特别老，不是特别老！挂在70后末尾，那时候不管洗头还是洗澡都用肥皂，跟洗衣服用的是同一款产品，用来洗澡倒没有大问题，洗头真的是差强人意，那头发真的跟茅草似的，毫无那种飘逸的感觉，所以当时我身上倒是没长虱子，但头上长，每逢冬天，我和我妹妹就像猴子一样，坐在太阳底下，相互给彼此捉虱子。这就说明问题了，因为冬天了没怎么洗澡，好不容易洗一回，洗浴用品还是跟洗衣服同款的肥皂，所以长虱子是必然的。

同理，明朝那会儿也是这样，下面就来看看明朝那会儿的洗浴用品究竟长什么样子。

首先来说说肥皂。最早的时候用的是草木灰，就是烧饭做菜时土灶里烧火烧出来的灰，用来洗头洗身体，宋朝的《鸡肋编》有记载，说明这东西到了宋代依然有人在用。

有人可能会觉得不可思议，把灰涂身上，实在无法想象。其实用灰来洗澡还算好的，灰带有碱性，有去污作用，至少是有科学依据的，更早的时候是直接用泥搓身子的，在池塘边抓起一把泥，直接往身上抹。

听上去不可思议，其实是有一定道理的。见过猪或牛在泥水坑里打滚的情景吗？相信大家即便没在现实社会中见过，至少也在动物世界里看到过，你以为那是动物们在泥坑里玩耍吗？不是的，其实那就是动物的一种洗澡方式，把身体上的积垢摩擦掉，在人类的文明还没发展到一定的程度时，其实跟动物的区别不太大。

也有用淘米水的，不过这算是众所周知的常识了，我们现在洗油污有时也会用淘米水，说明它是有较好的去污效果的。不过需要特别说明的是，淘米水在战乱或灾荒年代，也是种奢侈品，因此用淘米水来洗澡，前提是得在和平年代。

到了明朝，洗浴用品有所改进，《本草纲目》里记载了一样叫"肥珠子"的东西，已经接近于肥皂了：

树生高山中，甚高大，枝叶皆如椿，五六月开白花，结实大如弹丸。实中一核，坚黑似肥皂荚之核，正圆如珠。十月采实，煮熟去核，捣和麦面或豆面作澡药。因其实如肥油而子圆如珠，故名。

每年十月，将果荚采下，煮熟去核，捣烂后拌上面粉，再加点香料，做成肥皂以作洗澡用。这种早期的肥皂由于制作容易、成本低，在当时比较流行。还有一种相对来说要昂贵一点，得是经济条件好一些的人家才能用得起，叫做澡豆，制作方法大概是这样的：

选猪胰脏一只，去污洗净，再去脂，磨成糊状，加入适量的豆粉、香料、糖，或者是加碱、玫瑰、桂花等，做成豆状。

猪的胰脏本身就有去污作用，加工后效果更佳，但是成本相对也要高一些。

以上所说的方法去污完全没有问题，要是给男人用足够了，反正只要洗干净了就行，咱们要求又不高，至于身上香是不香，没事，咱不追求那些。可对女人而言，特别是爱美的女人来说，那就远远无法满足了。

要知道男人被骂臭，大可一笑了之，甚至还有人为之骄傲的，尤其是在魏晋时期，人身上若不长些虱子，那就枉为名士。可女人如果被说臭，那就是件了不得的大事。

有则笑话说，皇帝正躺着纳凉，后面有一宫女为其摇扇，由于是夏季，热得很，没过多久，那宫女身上便出了汗，估摸着是几天没洗澡了，身上本就有些异味，那汗一出，臭味就散发出来了，皇帝本已睡着了，被那臭味熏醒，不由大怒，呵斥那宫女滚出去。

被皇帝呵斥倒是寻常事，可因了体臭被呵斥，性质就大不相同了，羞得那宫女好几天不敢出去见人。那么女人该怎么捯饬自己呢？

明朝文人胡文焕著有一部奇书，叫做《香奁润色》，说的是闺中女儿梳妆打扮的那些事儿，说它是奇书，是因为它提供了洗澡、洗头、美容等诸多偏方，简直就是明朝的时尚美妆手册，无论是爱美的女士，还是爱耍帅的男士都值得拥有。

《香奁润色》的开篇是这样说的：

夫天生佳人，雪肤花貌，玉骨冰肌，若西子、杨妃辈，即淡扫蛾眉，自然有动人处，果何假脂粉以污其真哉？是润色为不必也。

用大白话说就是：那些天生丽质的人，如西施、杨贵妃等绝色美人儿，就算只是薄施粉黛，随便打扮一下，照样美艳动人，如果涂脂抹粉的话，反而会掩盖她们身上天然的美，没有必要花时间刻意打扮。

这话说得太真实了，真实到会刺伤一大批人，要是把这段话发布在当今的社交媒体上，胡文焕可能会被骂上热搜，成为网红，因为那挑衅的意味很明显，只要是爱打扮的颜值都不怎么样，不敢以素颜见人。

胡文焕可能也意识到这段话会被骂上热搜，后面来了个转折，接着又说：

只是像西施、杨贵妃那样如神仙一般的人物毕竟不多，大部分人还是需要梳妆打扮的，"譬如花之得滋，玉之就琢，而其光莹为益增，是润色又所必假矣……而胡生者玉成于人，庶几君子"。总算是又把话给圆回来了，说毕竟美丽如花也需要滋润，晶莹如玉也需要雕琢，所以我著录此书，就是为了成全于人，做好人好事的。

按照现在那些键盘侠的风格，可能也会被骂，只不过不会被骂得太惨，什么叫著录此书为的是成全于人，做好人好事的？难道你不是为了赚稿费的吗？就像我写这本书，如果我说写这本书是为了给大伙儿普及明朝民间百姓是怎么生活的，没想别的，就是想让传统文化得以传承，所以我是个大大的君子，你说会不会有人骂我？

说到底无论是今天的在下本人，还是过去的胡文焕，都是作者，写作是门职业，作者也是要吃饭的，所以没必要抬高自己，把写书说成是在做好人好事。

扯远了，言归正传。那么做"好人好事"的胡文焕先生提供的偏方到底好不好用呢？来看两个他在书里收录的偏方。第一个叫桂花香油，制作流程大概是这样的：

取适量桂花，注意，老桂花没用，得是新开的桂花，再加二两香油，浸泡在有嘴的瓷瓶中，注意，没嘴的瓶子就别装了，倒不出来。然后用油纸密封，在滚烫的锅内煮半晌。半晌是个虚数，这个得自己把握，大概是三五个小时的样子，别用大火啊，要熬干的。煮好后取起固封，也就是要密封包装。要用的时候，从瓶嘴中倒出一些来搽头发，久而愈香；

第二个叫百合香油，制作方法略为复杂，但一分时间一分货，效果会更佳。制作方法如下：

取冰片一钱、桂花一两、茉莉一两、檀香二两、零陵香五钱、丁香三钱、香油二斤，制作方法同上，需要注意的是，冰片得在蒸完后再放，一边蒸一边放冰片，那效果相当于脱了裤子放屁，多此一举，据说搽了百合香油后可达到经月犹香的效果。

看了这两个偏方后，让我明白了一件事儿，怪不得有些姑娘身上虽然也长虱子，但近身时芳香扑鼻，教人迷醉，原来是用了香油！

还有洗头的，叫做搽头竹油方，制作方法如下：

香油一斤，枣枝一根，锉碎，新竹片一根，截作小片，多少随意，按自己的心情来，再用荷叶四两入油同煎，煎到一半时，把前面放进去的枣枝、竹片、荷叶都捞出来，又加百药煎四两，加点油，再熬，最后稍些加点香料一二味，搽之。

这东西制作起来比较麻烦，用大白话讲就是，准备香油一斤，枣枝一根，剁碎，然后再取当年的新竹片一根，削成小片，再加四两荷叶与前面准备的物品入油一起煎，煎得差不多时，把前面所有的东西都捞出来，这时候加百药煎四两，倒油后再熬，最后再根据自己的喜好，加入一两味香料。

注意，前文中的"百药煎"不是加一百种药一起煎，"百药煎"是一种中药名，是五倍子和茶叶发酵后做成的一种药物。

也有洗脸美容的、祛痘消瘢的、洁齿的、通乳的等等，不一而足，篇幅有限，不细叙。总而言之，胡文焕先生真是个有心人，从他所做的事情上来看，其实也不负做好人好事之名，普通人家洗浴条件有限，去澡堂又是件奢侈事儿，然而买一本书毕竟花不了几个钱，只要勤快些，按照胡文焕先生的方法，自制一些化妆用品，也可以与大家闺秀一样，芳香怡人，这多好！

那么从这个角度来说，我算不算也是在做好人好事呢？毕竟买一本书花不了几个钱，却让大家知道了大明三百年的文化……好了，不贫了，现在我正式宣布，关于洗澡的事情就说到这里，下一个章节跟大家谈谈蹲坑那些事儿。

有些小伙伴可能惊呆了，蹲坑这种事儿你也要说啊！那破事有什么可说的呢？要说的，只不过我会说得文雅一些，从文化的角度论述蹲坑那些事儿。换句话说，我们蹲了上千年的坑，它被一代一代传承、改良，那就是一种文化。

### 三 浅谈如厕

说到上厕所这种事儿的确有点尴尬，毕竟这是极为私人的事情，怎么能拿来公开谈论呢，而且是放在读书这种极为文雅的事情上，不嫌恶心吗？

那么咱们换个角度，不管是什么事情，只要它在传承，经过时间的沉淀后，就会形成一种文化。比如说饮食，最初它也仅仅只是为了填饱肚子而已，没那么讲究，但是随着它的传承、发展，以及上千年的沉淀，就形成了饮食文化。同理，上厕所这种事情，它原本仅仅只是为了排泄而已，一有便意，跑去小树林里就能解决了事，当然了，你不能跑错地方，如果一不小心跑入松树林，那就有点麻烦了……或者说就地解决，完事后拿沙土盖一下，也可以把这件事干完了。但是，经过几千年的演变，排便这件事情就越来越讲究了，实际上这是一种文明的演变、递进的过程，于是无形之中它就形成了一种文化，只要是文化，那么它就有必要郑而重之地来讲一讲。

听了我这么一解释，各位在心理上是不是能接受一些了？好，只要你们有心理准备了，那我就开始讲了。

最早的时候，上厕所不叫上厕所，叫更衣。

一听到这个词，许多人大跌眼镜，上厕所叫更衣？那换衣服叫什么？按照古装剧里演的，更衣不就是换衣服吗，那些皇上、娘娘、嫔妃们一天到晚叫宫女、太监更衣，难道叫错了？

不一定是叫错了，而是要看在什么时代用这个词。为了更有说服力，我抬出一两句古文来震一震大家：

夫更衣之室，可谓臭矣——《论衡·四讳》

这句话出自汉朝，应该不难理解吧？用大白话讲就是：更衣的地方是很臭的。

如果是换衣服的地方，是不可能臭的，除非你掉粪坑里了，那么就只有一种可能，更衣之室就是排泄的地方，说穿了就是厕所。

再来看《水浒传》第四十三回的一句话：曹太公推道更衣，急急的到里正家里。

如果曹太公是去换衣服，他会去别人家里换吗？如果曹太公真的是去别人家里换衣服，那问题就严重了，实际上是借里正家里的厕所解决一下。

《水浒传》里还有一个词，叫净手或解手，其实是小便的意思，说是林冲吃了八九杯酒憋得慌，于是起身道："我去净手来。"

事实上从古至今，无论大便小便，都是件难以启齿的事情，于是就用各种名词代替，比如现在，如果当众说我要去上厕所，或在大庭广众之下说"我要去小便"之类的话，估计绝大多数人是难以启齿的，说了也会被人视作是没文化没修养的土鳖，所以用"卫生间"或"洗手间"代替。古代也是这样，那就会涉及另外一个问题，为什么上厕所要用更衣、净手、解手代替，而不是其他的词语呢，这当中有什么讲究？

当然是有讲究的，这里也有典故。

说是在西晋的时候，有个叫石崇的人，有勇有谋，太康元年（280），因伐吴有功，封安阳乡侯。这个人我曾在《萧盛说历史：不作死就不会死的历代人物》里提到过，发迹之后日子过得像神仙一样，比皇帝还奢侈，住的地方就不说了，这里只说厕所，他的厕所一进去，让当时的一位士大夫目瞪口呆，以为找错了地方，都不敢动了。

那个士大夫名叫刘实，自小家境贫困，以放牛为生，后来虽然当了官，依然保持了节俭之风，那天他去石崇家做客，聊着聊着想要上厕所，就跟石崇委婉地说："净房在何处？"石崇给他指了路，出门左拐之类的。

刘实按照石崇指的路，走到厕所门口，推门入内，傻眼了。我们想象中的厕所，就算是五星级酒店的厕所，虽然也有香味，但那香味也是厕所的香味，不是真的香，只是为了掩盖厕所的异味，在厕所内燃一根檀香之类的，所以你一闻到那味道就知道是厕所了。但是，石崇的厕所是真的香，一推门一股幽香扑面而来，往里一细瞅，把个刘实看得脸色都白了。

为什么刘实连脸色都白了，是他土得没见过世面吗？当然不是的，他既然当了官，肯定是见过世面的，那么为何会把刘实吓成那样？继续往下看。

只见房里面装饰得如精舍一般，放了一张红色大床，外罩绛纱，朦朦胧胧的看不清床内的境况。床的两侧一左一右站了两名侍女，两个姑娘长得眉清目秀的，十分漂亮，一个持香囊，一个持香炉，就直挺挺的一副十分有礼仪的样子站在那儿。

大家能想象得出那场景吧？两个姑娘的样子相当于迎宾的礼仪小姐，就等着你去光顾呢。刘实见到这般光景，心里咯噔一下，坏了，找个厕所找到石崇女眷的房里来了，这要传出去不就让人误会成色狼了吗？急忙把门关上，回去跟石崇赔不是，说请原谅我这人太笨，没找到厕所，竟误打误撞闯入你女眷的房里去了，请侯爷千万不要怪我的莽撞之举啊。

石崇一听这话也奇怪了啊，我明明给你指的是去厕所的路，怎么就闯到我内室的房里去了呢，没道理啊。于是就问他是怎么走的。刘实一五一十地说了，石崇一听，哈哈大笑，说你没走错地方，那就是厕所！你见到的姑娘也不是我的内眷，是丫鬟，就是专门侍候你上厕所的，只管进去，别不好意思。

刘实只好又去了，憋着便意来回走这两趟，憋急了本来是很顺利就能拉出来的，可在那两位妙龄小姐姐的侍候下，宽了衣爬上那张大床，在大床的专用坑位蹲下来后，却怎么都拉不出来。两个姑娘就站在旁边呢，虽然人家不会来偷看你，可也别扭啊，放个屁之类的多不好意思啊，蹲了一会儿，便意全无，全收回去了，只好提了裤子爬下大床，又在两位妙龄小姐姐的侍候下，穿上了衣服，回去跟石崇说，在下福薄，无可消受，还是去别的地方解决吧。

更者，更换也，更衣最早就是更换衣服的意思，自打石崇起，也就是从西晋开始，更衣就成了上厕所的代名词。因为他那张大床收拾得很干净，需要脱了衣服再上去的，至少得把外套脱了，上完厕所后，为了防止脱下的衣服沾染了臭味，就不会再穿了，所以要让侍女更衣。久而久之，更衣就成了上厕所的代名词，就像现在的卫生间、洗手间一样，取个干净的不碍眼的名词代替上厕所。

这么一讲，大家可能都明白了，如果是西晋以前的古装电视剧，更衣是换衣服的意思没错，比如《史记》里面说"是日，武帝起更衣，子夫侍尚衣轩中得幸"这没问题，因为那是汉朝，但西晋之后换衣服还叫更衣，那就有些尴尬了。

至于解手这个词，它的本意是分手、离别，它与上厕所搭上关系，是因为明初的大移民事件，不过这个说法目前还有些争议，我姑且讲出来，大家姑且听之。

话说在元朝末年，争伐不绝，黄淮流域又是累年灾荒，大片农田荒废，民不聊生，到了明初，随着社会秩序的建立，虽说有所改善，但国家初立，百废待兴，特别是在江淮以北地区，几乎是人烟断绝。为了稳固边陲，发展北方经济，朱元璋下旨，移民屯田，开垦荒地。这场声势浩大的移民大潮，就是历史上著名的山西洪洞大槐树移民事件。

在好地方待习惯了，哪个愿意被调去鸟不拉屎的地方？所以当年的那次大规模移民，绝大多数人都是被迫的，死活不肯去的，绑也要绑着走，一根绳子上串着十几个人，赶鸭子似的赶着去。

人有三急，一天之内，总免不了是要排泄的，但大家都被绑着，绳子不解开没办法离开，更没办法脱裤子，途中不时有人向公差请告："请老爷解个手，我要去如厕。"

就这样人复一人，日复一日，说得多了，化繁为简，到后来只要说声："老爷，我要解手。"公差就知道他要做什么了，解手一词就这样流传了下来。

说完典故，来说正题。前文说到石崇上厕所的排场，那么普通百姓是怎么解决的呢？

其实在最早的时候，正如我前面所说的，就是去林子里解决，只要不误跑入松树林，就不存在解决后没东西擦屁股的尴尬。

不过需要特别说明的是，跑去小树林里解决这种事情，只会在两种情况下发生，一是实在找不到地方了，"便宜行事"，二是在原始社会，人类文明尚未达到一定的程度。为什么这样说呢？

众所周知，我们是农业大国，农业快速发展后，进林子解决这种事就明显减少了，因为无论大小便，都是最好的天然肥料，谁肯浪费？而农业的发展，也直接带动了厕所的革命，因为你不建厕所，大小便就没办法贮存。

记得在我小的时候，村里的主要道路上，露天粪缸堂而皇之地占有了道路的一侧，那些肮脏的臭气熏天的东西之所以那样的醒目，敢肆无忌惮地占据你的眼球，原因无他，因为它们有地位。所有的事物都是一样的，有身份有地位就可以张扬，任性放肆，露天粪缸对农民来说，那就是钱，而且一年能省下来许多钱，臭一点脏一点怕啥？生存才是硬道理！

除了露天粪缸外还有简陋的茅坑，在村里同样占据了黄金地段，一般是用茅草盖的简单的一个小草房，房里挖个大坑，放一口大缸，在大缸上再立个架子，即开门迎客，且二十四小时不歇业，随时欢迎光临。

那个时候没有肥料，想要拿到充足的肥料只能这么做，于是乎，茅坑的性质就变了，它们的身份和地位就提高了。为什么这么说呢？因为是有竞争的，你想获取天然免费的肥料，我也想啊，所以你建茅坑，那我肯定也要建，于是茅坑与茅坑之间的竞争关系就成立了，这就像商铺一样，想要让生意好起来，地段是首要考虑的问题，因此有些黄金地段可谓茅坑林立，一间挨着一间，栉比鳞次，简直就是厕所一条街。

有这么一则笑话，说是在某个村里，有两户人家，一户王姓，另一户是李姓，王姓和李姓两家的私田挨着，为了方便灌溉施肥，两家分别建了座茅坑，下面是缸，上面以茅草为顶，供人方便，获取路人的粪便。

两家茅坑的位置是这样的：一座建在田地的这边，另一座建在田地的那边，面对着面。你别看两座茅坑面对着，但地理位置却是有优劣之分的，王姓的茅坑距离路边略近，而李姓的则稍微往里些，这样一来，优劣立判，路过的人内急时，自然是哪儿方便往哪儿，因此王姓的茅坑光顾的人肯定就要多一些。

这下李姓不高兴了，心想这么下去可不行，情急之下想了个法子，下地干活之余，留意着路上的行人，但凡有人想要方便时，李姓就放下农具，跑去把王姓的茅坑给占了，活脱脱的占着茅坑不拉屎，路人没办法，只得稍往里走两步路，上李姓的茅坑解决，颇有些两家店子抢生意的意味儿。

其实类似于这样的事情很普遍，由于种地的人多，粪便自然就成了抢手货，而且粪便除了灌溉外，上好的粪便还能养猪，那么发生这样的抢粪之事也就不足为奇了。

有人兴许会惊讶，粪便还有上中下等级之分呀？

那是当然的，不同的人拉出来的粪便自然也就不同。

需要说明的是，所谓的不同，主要是指成分不同，这个咱们就不展开细说了，只说一个事实，宫里或官宦人家的粪便就比较紧俏，据说是油水多，喂猪的话猪会很喜欢。

这件事情具体我没研究过，说实话，毕竟我还年轻，风华正茂，像我这种年纪的人，没有见过用粪便喂猪的事情，但却是可以想象得到的。你想社会上谁在养猪？肯定是底层的老百姓。那么又是谁在种地呢？肯定也是底层的老百姓。几千年来，有这么一个规律：越是种地的人手里越没余粮，挨饿的肯定是种地的人，粮食对种地的人来说可不是"锄禾日当午，汗滴禾下土。谁知盘中餐，粒粒皆辛苦"那么简单，不是辛不辛苦的问题，而是收上来的粮经过层层盘剥，留在他们手里的余粮只够填肚子，在别人眼里那只是粮食，而在他们眼里则是命根子，所以在喂猪这件事上，能有其他的物品替代，那自然是再好不过了。

我虽然没见过用粪便喂猪，但小时候却常见用糠煮了后喂的，那时候的糠真的跟米同样珍贵。

闲话表过，言归正传。当时只要家里有余地的，都会养猪，而且猪圈会和茅坑建在一起。现在的人可能会有疑问，不臭吗？

肯定是臭的，哪里会有不臭的道理！好在人的智慧是无穷的，只要展开丰富的想象力，便能蹲在良好的环境下上厕所。

茅坑和猪圈混合在一起有一个专用词，叫做溷。这个词有三个意思，一个是厕所，一个是猪圈，还有一个是混合、肮脏的意思，把这三个解释融合在一起，就是厕所和猪圈混合在一起很脏。为了解决脏乱臭的问题，于是就出现了另一种茅坑的形式——高层茅房。

"高层"这个词听起来是不是高端大气上档次？

其实，所谓的高层茅房就是将茅房建在猪圈上面，有木梯供人上下，茅坑与猪圈上下相通，如此一来，不仅通风性能好，不怕臭，安全性也可以保障了。然而凡事有其利必有其弊，这种高层茅房通风性能是好，夏天清凉的小风在屁股底下吹着还挺舒服，可它在冬天冷啊，大家想象一下：在那大雪纷飞、北风肆虐的日子里，有人脱下裤子往上面一蹲，风呼呼地由低而高往上灌，那感觉没体验过的人是无法理解的。

我小时候虽没蹲过那种高层茅房，但我好歹也是蹲过茅坑的人，茅坑的底部一般都是通风的，冬天的寒风由下而上吹过来，到茅坑底部时，由于气道变窄的缘故，呜呜直响，好家伙，光是听那风声，就能教人瑟瑟发抖。如果时间蹲长一点，屁股是会冻麻的，严重的时候，裤子往上拉时，你都感觉不到裤子到底拉没拉上来，得低下头去看一眼，皮肤冻得失去了知觉。

除此之外，还有一个缺点，那就是夏天容易招蚊子。众所周知，臭的地方蚊子本来就多，人往上面一蹲，屁股下探时，你都能隐隐约约地听到大批蚊子

"嗡嗡"来袭的声音，能把人听得毛骨悚然。

有人可能会理直气壮地说，既然茅坑通风能把人的屁股冻麻，那不把风口堵住不就完了吗，不通风也是可以的。不通风当然是可以的，可是茅坑底部通风，它并不是以通风为目的，而是为了取粪便方便，一旦把底部的口子封死了，那就只进不出了，也就失去了建茅坑的意义。

于是马桶应运而生。

有些孩子可能又被吓着了，马……马桶明朝就有了？

其实马桶并非出现在明朝，准确地说汉朝就有马桶了。

有这样一个典故，汉朝名将李广，号称飞将军，箭法出奇，有一天去山中打猎，见一只猛虎卧于草丛，众将得见，面无人色，李广虽然号称飞将军，当时也被唬了一跳，那老虎实在太大了，要是它真发起狠来，等闲人俱难逃虎口。

好在李广艺高人胆大，没有扭头逃走，悄悄地从箭囊里取出一支箭，拉弓劲射，只一箭，就把那虎射死了，众将俱皆欢呼，飞将军不愧是飞将军，力大无穷，箭法如神啊！

不过李广似乎不怎么高兴，他历经无数战争，战功赫赫，再强大的敌人也没有畏惧过，刚才却被那老虎唬了一跳，因此虽然射死了老虎，却依旧耿耿于怀。回去之后，让工匠做了一只老虎形状的便溺器，取名虎子，天天蹲在它身上便溺，以此来解心中之恨。

我不敢说这个典故一定是真的，听上去感觉有点像民间传说，历史就是这样，有时候真真假假孰难区分，但它就这么流传下来了，也因此有了马桶的雏形——虎子。

由于虎子是李广发明的，后来民间又将它称之为李虎。

李虎这个称呼在任何时候都可以用，只有一个朝代不行，那就是唐朝，李唐天下，李是国姓，让一只马桶也姓李，像话吗？这是万万不能的，于是又改名，叫做马子。

听到马子这个名词，是不是有些耳熟？

是的，以前的港片里，称女朋友叫马子。我不知道这里边有没有必然的联系，但唐朝的时候把马桶改为马子出发点很单纯，就是因为坐在马桶上像骑马一样，所以称马子。

到了宋朝，由于马子外形上的改良，才正式由马子改称马桶，这个名词一直沿用至今，"街巷小民之家，多无坑厕，只用马桶（注：语出《梦粱录》）"。

上厕所、蹲坑这件事情，说起来很不雅观，但你会发现，从最初的钻小树林，到蹲茅坑，蹲高层茅房，再到宋朝的马桶，它就是一种文化的延续传承，也能从中看到文明发展的轨迹，它跟饮食、服饰的发展是一样的，就是一种文明的传承和发展。

同时，从马桶的出现中，我们还能看到两件事，一是社会格局的变化，或者说是城市化、商业化发展的成熟；二是到了马桶时代，上厕所这件事儿也有了本质的变化。

听到我抛出的这两个观点，有些人可能会觉得莫名其妙，马桶的出现和社会格局的变化，城市化、商业化的发展有什么关系？

由于马桶出现的这个历史节点比较重要，我就展开来着重谈一谈。

首先，为什么说马桶的出现会是社会格局变化的一种体现呢？我们可以从上文提到的《梦粱录》里的这句话看出些端倪："街巷小民之家，多无坑厕，只用马桶。"这句话不难理解，我就不翻译了，那么为什么会出现小民之家多无坑厕的现象呢？道理很简单，城市化是人类文明发展过程中的重要体现，如果茅房还是像以前农村一样，在路的一侧堂而皇之地出现，一则不合时宜，二则只能说那是落后的表现；其次，城市里寸土寸金，房价高，除非是像前面讲到的石崇那样，有足够的财力去建一座高级的私人厕所，不然的话，只能想其他办法解决，特别是对普通老百姓来说，能在城里购置一套房子已经相当不容易了，专门辟一块空间作为厕所是不现实的。

说到这儿，可能有人会反驳，我们现在的套房也小，不也有专门的卫生间吗，为什么在明朝就不可以？

问得好！

如果基础设施足够齐全，明朝的老百姓也完全可以拥有独立的卫生间，但前提是得有下水道、化粪池这些设施，毫无疑问，明朝那会儿还没有，这是其一；第二个原因是，前面讲到粪便是天然的肥料，在没有化肥的时代，这些东西丢弃了就是暴殄天物，城里的人可以收集起来卖钱，而农村里的人可以自己用，反正谁也不去把它丢了。所以在这样的背景下，马桶这种轻巧、不占位置的东西，无疑是最佳的选择。

从这个角度来看，马桶是城市化后必然会出现的产物。

当然，有了马桶也并非是一劳永逸的，毕竟说到底，马桶只是一个特殊的桶，拉满了之后往哪儿去集中？因为即便是有人来收粪便，也不可能像卖菜一样拉一桶卖一桶，没那样的事儿。关于收粪便的那些事儿，后面会具体讲到，这里就不展开了。这里先讲另外一件事情，为什么说到了马桶时代，上厕所这件事有了本质的变化？

所谓的本质变化是指上厕所不用再那么受罪了，可以不用再忍受冷风吹，也不用再经受大批蚊子的袭击，不仅不需要受罪，且是件享受的事情。

比如说宫里或有钱人家的马桶，会在上面铺层垫子，冬天的时候，有条件的话还可以铺层毛毯，再讲究点的，可以在马桶底部铺一层香木炭灰，可除臭，也可消音，一举两得。

说到这儿，上厕所这件事儿基本说齐全了，似乎也说得差不多了，其实还有件很重要的事情没讲，那就是拉完之后用什么擦屁股。

前文提到，在可以随地大小便的时代，只要不误入松树林，随便捡片树叶之类的都可以解决问题，可随着蹲便器的改进和发展，擦屁股这件事儿也随之有所变化。

纵观整个中国历史，使用最广、存在时间最久的莫过于厕筒。

所谓的厕筒其实就是竹片，它是将竹子削成片，去其毛刺而成，因其形如竹筒，故名，后又叫厕筹，前后用了上千年。

此时，有人脑海里会灵光一现，跳出一个极具哲学性的问题：用竹片刮屁股会不会刮出血来？

这里给你一个肯定的答案：会的！

随着这个肯定的答案的出现，又一个问题随之而来，众所周知，我们有四大发明，其中一项就是造纸术，纸在汉朝就有了，为什么发明了纸后，不用纸擦屁股，要继续用竹片这种极具危险性的东西呢？

这是一个很重要的问题，所以我也需要郑而重之地回答一下。

首先来说厕筹的好处，它是竹片做的，竹子一年一长，由于数量多，所以廉价，最关键的是，用过之后清洗一下，可循环使用，还环保。有人可能会觉得好笑,古代也需要讲环保吗?

再给你一个肯定的答案,古代也需要讲环保,关于环保的话题后面也会具体讲到,这里就不展开了,继续说厕筹。

前面说了厕筹的优点,它的缺点也不少。首先是硬,你要是拉稀的话,屁股本来就火辣辣的,再用这东西一刮,那效果真的跟动手术一样;其次是薄,要是边上没削干净有毛刺的话,那效果真的跟打针一样,而且刮的时候只要手稍微抖一下,就会刮出血来,那效果真的跟割痔疮没啥区别。

那么既然厕筹有如此大的缺点,为什么不用纸替代呢?

这里需要强调一下,并非完全没有被替代,有但很少。比如宫里面的皇帝、娘娘们,他们那尊贵的屁股怎么可以用竹片刮呢?最早是用丝绸擦屁股的,明朝的弘治帝出于节俭,下旨改用粗纸。粗纸的代价肯定要比丝绸小,然即便如此,上厕所这项开销依然很大,大到什么程度呢?

我来给出一个具体的数据,嘉靖初年,算上清洁净房、修造净车、清洗马桶等等费用,每年的支出是2750两银子。

2750两银子是个什么概念呢?当时老百姓一年的收入也就十几二十两银子,换句话说,宫里光是花在上厕所这件事情上的费用,可供一户普通人家生活一百多年。这么一对比,你就知道宫里上厕所的开支有多大了。

有人会说,宫里的人多啊,这些开支分摊到几千号人头上,也还算好吧?

是的,其实用人头算的话,宫里的这项开支并不算大。但是,这个开支如果落到普通官员或百姓头上,可以算得上是笔不小的支出了,所以一般人家能省则省,还是用厕筹多一些。

还有一个原因是,在中国古代,虽然发明了纸,但由于受技术限制,纸相对来说还是比较珍贵的,再加上纸在绝大多数人的观念中,它是读书写字所用之物,无论是官员还是书生,对纸张都怀有一定的敬仰之心,能不用则尽量不用。

说到这里,关于上厕所这件事儿才算是真正说完了,不知道有没有恶心到诸位?下个章节咱们来说些高雅的东西,谈谈明朝城市里的那些基础设施。

/ 第二章 / 睹繁华之城，叹治理之难

● 利玛窦眼中的大明都市

在说城市设施之前，我先来给大家介绍一下城市的概貌，说一说明朝的城市究竟有多大、多繁华，没有这个作为前提，就大谈城市的基础设施以及城市的治理，那是无稽之谈。

不过在说明朝的城市之前，请先容我提一个人，此人叫利玛窦，是万历年间著名的意大利传教士，王应麟在《利子碑记》上说："万历庚辰（注：万历八年，1580）有泰西儒士利玛窦，号西泰，友辈数人，航海九万里，观光中国。"

利玛窦来中国当然不是为了观光，而是传播天主教，只是为了不使中国人觉得反感，他以西方僧侣的身份，用汉语传教。

听起来似乎有些动机不纯的样子，其实不然，他在把天主教引入中国的同时，还与明朝的官员交流并传播了西方的天文、数学、地理等学术，只是可惜"在中国人之间，科学不大成为研究对象（注：利玛窦语）"。

所谓当局者迷，旁观者清，当我们以天朝自居、洋洋自得的时候，一个外国人说出来的话真的如晨钟暮鼓，一语中的。我们有五千年的文明，有汉唐盛世，也有四大发明，曾是世界的中心，但是在那繁荣富强的背后却有一个比较致命的缺陷，或者说是隐患，那就是科学以及科学精神的缺失。

这一点我们不需要回避，也没必要羞于启齿，中国在绝大多数时候独尊儒学，不然王应麟在介绍利玛窦时也不会说他是"泰西儒士"了。

尊儒有其优点，在中国几千年文明中，大多数时候以儒术治国，且造就了一个又一个盛世，达到了一个又一个高峰，这是毋庸置疑之事。可是也有其弊端，儒家学术说到底是空中楼阁，以一种思想的形式存在，如明灯，引领其追崇者往前，不至于走了弯路，所以一代又一代的人，为了实现天下大同、国泰民安的盛世景象而努力着，希望天下人都能成为谦谦君子，温恭而知礼，相互礼让，互敬互爱。无数的书生受这个思想洗礼，他们终其一生，只为做一件事，那就是效忠君王，从而实现个人抱负，不枉了十年寒窗苦读，所谓"学成文武艺，货与帝王家"说的就是这个理儿。可其最大的弊端是思想封闭了，科学科技的创新，并不在思考范围内，因此纵观中国历史，极少有哪一位皇帝把科技创新拿到朝堂上去研究讨论，这也难怪利玛窦会发出"中国人之间，科学不大成为研究对象"的感叹。

除了不大爱研究科学之外，利玛窦还发现中国人比较骄傲。

这种骄傲可能不是刻意表现出来的，而是深埋在骨子里的，从两汉到盛唐，再从两宋到明朝，这个民族在世界之林一枝独秀，万邦来朝，藩邦无不臣服。为此，这种骄傲是与生俱来的，是环境给予的，却也是危险的。

无论是一个人或一个民族，一旦自恋自满，不进则退，其后果便十分可怕了。

另外，让利玛窦感觉不太好的是中国的礼仪。

看到这里，有人可能会大吃一惊，礼仪怎么会不好？其实并不是说有礼不好，利玛窦也盛赞中国人彬彬有礼，温文尔雅，只是有些过头了，任何事情一旦做过头了，无论多好的事都会变成坏事。

比如中国人最讲究的饭局，无论大事小事都要坐下来边吃边谈，只要坐下来了，酒杯一碰，万事都好说，以至于每个有身份的人都有应酬不完的饭局，针对此现象，利玛窦直言太浪费时间，太累。

本章的内容，看到这里也许会让部分人觉得反感，你抛出一个外国人说事，有点指桑骂槐之嫌啊，说闲事儿就说闲事儿，讨论民族做什么？

我并非是在贬低儒术或这个优秀而古老的民族，任何一种制度、思想都有利弊，就像任何一个人都有优缺点一样，然只要时刻觉醒着，识己之所短，习他之所长，依然可以傲立于世界之林，一枝独秀。好了，说完了缺点，咱们也来说说优点。

别看那时候的西方，科学的种子已然萌芽，但是，与中国比起来，依然犹如萤火之于皓月，无法相提并论，中国是他们眼中无可置疑的天朝上国。所以利玛窦在游历中国时，发出了这样的感叹："中国的伟大乃是举世无双的……"而且中国人非常博学，"天文、地理、文学、数学都十分精通……"也正是因为中国的魅力，利玛窦最终在北京定居，万历二十九年（1601），万历帝下旨许利玛窦在中国永久居住，北京宣武门内著名的天主教堂——南堂就是他建的。

利玛窦用"举世无双"来赞叹中国的伟大，并非是夸张或讨好之辞，对利玛窦来说没有这必要。那么明朝在当时的世界之中有哪些伟大之处呢？

我总结了一下，有三点：一是规模，二是商业，三是整洁。下面我一点一点来分析。

首先是城市的规模。城市人口达百万以上的有好几处，北京、南京、苏州均达百万以上，特别是苏州府，有235万人口。这种规模的大都市，在欧洲人看来是无法想象的，因为当时的欧洲，几万人已经算是大都市了，而在中国人眼里，几万人不过是个乡镇而已，在长江流域随便捡一个城市扔出去，放之国外，都是超级大都，让那些老外目瞪口呆。

这并不是我夸张，当时也有葡萄牙、西班牙人来中国，见到中国城市的马路时，直接就看蒙了。

明朝一线城市的马路有多宽呢？可容十五匹马并行！这在没有汽车并且不堵车的时代，实在是件无法想象的事情。还有那些大型的港口，往来商船不绝，码头上从事各种经营的人拥挤不堪，老外见了后，脱口而出一句成语："上有天堂，下有苏杭！"

在明朝的一线城市中，最繁华的不是杭州，而是苏州，那么苏州究竟有多繁华呢？

论一个城市的繁华，不是看人多店子多，而是要看数据，就像现在国家统计局每年都会发布统计数据一样，我们也是根据统计数据来解读往年的经济运行情况，接下来我们就来看一组明朝苏州的经济数据：

苏州城无论就"财赋之所出"（注：指税收），还是"百技淫巧之所凑集"（注：指手工业）、"驵侩谲张之所倚窟"（注：指商人、商铺等商业），都堪称天下第一繁雄郡邑。

这句话出自时任南京刑部尚书王世贞之口，一位高官说出这样的话，大体不是空口白话，不会是胡编瞎说的，我们来看一组具体的数字：

据《明会典》记载，洪武二十六年（1393），苏州府秋粮实征数为2746990石，超过了四川、广东、广西、云南四省的总和，到了明朝中叶，苏州缴纳正额税粮为2770000石。

另有嘉靖朝的郑若曾说："天下财货莫不聚于苏州。"

郑若曾是一位饱览群书的书生，善军事，曾助戚继光平倭寇之乱，著作有《日本图纂》《筹海图编》《江南经略》等书，只是在经济学上并无建树，所以我觉得他所说的"天下财货莫不聚于苏州"这话有些夸张的成分，为什么这么说呢？

除去北京，由于它是政治文化交流中心，工业并不发达，但达官贵人多，因此属消费型城市，利玛窦在他的游记里说，北京什么也不生产，但什么也不缺，虽未免言过其实，但未尝没有道理。

然而陪都南京则是实打实的繁华之都，自打成祖朱棣迁都北京后，南京的经济虽曾一度凋敝，但由于它处于江南经济带，水陆交通便利，四通八达，又很快崛起，特别是制造业、手工业之繁荣，不亚于苏州。此外，南京还有全国最大的造船厂——龙江船厂，当年郑和下西洋的宝船就是龙江船厂的杰作。还有诸如织造、制扇、造酒、印书等行业皆居于全国前茅，我曾在《大明梦华：明朝生活实录》一书里提到，有明一代，中国有四处地方，集刻书、印书及书市于一体，南京就是其中之一。

除了北京、南京、苏州三大超级都市圈外，还有杭州、西安、开封、扬州、广州等一线城市，所以，说"天下财货莫不聚于苏州"略有些夸张，如果天下财货都聚到苏州去了，你置北京、南京、杭州、扬州等一线城市于何地？那些城市不要脸吗？

不过话又说回来，苏州引领全国的经济、潮流，独居鳌头却是没有错的，这一点确实无可争议。

明朝中晚期，各种风潮四起，特别是在时尚界，服装啊胭脂啊等潮流、时尚的东西，可谓一时无两。当时民间流行两个词语，一个叫"苏样"，一个叫"苏意"，什么意思呢？意思是说大明朝只要是属于时尚的潮流的东西，无不来自于苏州，无论是服饰还是工艺藏品，如果说其他地方也在制造，那也只是在模仿苏州的产品而已。那时候的年轻人，如果有不知道苏州的产品，那就是土鳖，就像现在的年轻人，如果你不知道香奈儿，人家就会用眼神鄙视你，让你无地自容。可见当时苏州影响之大。

任何一个时代都存在时尚圈，只要这个圈子存在，就会有跟风现象，某一款服饰流行之后，满大街都是同款，关于大明时尚界的跟风现象，我曾在《大明梦华：明朝生活实录》一书中具体讲到，为避免炒冷饭之嫌，这里就不说了。

对于这种跟风现象，在任何时代都会有人表示不满，明朝当然也有这种愤青，此人叫张岱，常读历史书的人对他应该不会陌生，他曾撰文抨击衣着跟风说：

吾浙人极无主见，苏人所尚，极力模仿。如一巾帻，忽高忽低，如一袍袖，忽大忽小。苏人巾高袖大，浙人效之，俗尚未遍，而苏人巾又变低，袖又变小矣。故苏人常笑吾浙人为"赶不着"，诚哉其赶不着也。不肖生平倔强，巾不高低，袖不大小，野服竹冠，人且望而知为陶庵，何必攀附苏人始称名士哉？

这语气极有种在微博或朋友圈吐槽的意思，且语言相当犀利，就差没骂脏话了。用大白话说就是：我们浙江人太没主见了，苏州人流行什么，你就模仿什么，人家放个屁你也觉得香啊？比如说头巾的款式，苏州人高了，你也高，走在街上还洋洋自得，问题是高的头巾刚刚流行，苏州又流行低式头巾了，于是你又模仿，袖子的款式也是这样，尽跟着人家走，让苏州人嘲笑说是"赶不着"，永远跟在人家屁股后面，那能赶得着吗？你们看看我，不在乎头巾高低，能戴就行，也不在乎袖口大小，能穿就得了，但人家会看不起我吗？远远一望，一看野服竹冠，人家就知道那个人就是陶庵（注：张岱号陶庵），人啊，要想让人家看得起，还是得多读点书，不是说你跟上了潮流就是名士了。

这篇朋友圈的帖子发得有点长，吐槽吐得也有点狠，把整个浙江人都给骂了。

不过书生有书生的气性，这是可以理解的，在明朝的文人当中，张岱是我比较喜欢的一位作家，是有真情真性之文士。所以从个人的角度来说，我比较赞同张岱的观点，我也不喜跟风，有时候跟一些年轻人交谈，被问及某事物你有没有听过或用过，我摇头说没有时，对方就会发出一声讥笑，"大家都在用，你居然没听说过，哈哈哈……"

说实在的，遇上这种人我会油然生出一股厌恶感，大家都在用，我就一定要用它？

潮流这种东西，有钱有闲情时，跟风追随无伤大雅，要是一味追求时尚，盲目跟风，影响了生活、经济，没必要。

好了，跟着张岱吐了下槽，再来说正事。前文说到苏州商业之繁华，人口之众多，那么苏州城究竟是怎样一番光景呢？我来引用一段利玛窦文字，以便让大家有个直观的了解：

它是这个地区最重要的城市之一，以它的繁华富饶，以它的人口众多，和以使一个城市变得壮丽所需的一切事物而闻名。它位于一条平静的清河之上，或者可以更恰当地说是位于一个湖上，吹拂着和风，这里的人们在陆地上和水上来来往往，像威尼斯人那样。但是，这里的水是淡水……街市和桥都支撑在深深插入的独木柱子上，像欧洲的样式。经由澳门的大量葡萄牙商品，以及其他国家的商品都经过这个河港，商人一年到头和国内其他贸易中心，在这里进行大量的贸易，结果是，在这个市场上样样东西都没有买不到的……

外国人写的文字读起来有点拗口，好在较为浅白，大家应该都能看得明白，它传递出了两个信息：

一是城市的整洁美丽，虽说水上和陆地上船只和人群往来不绝，但并不乱，吹着和风，十分舒适。街市位于水边，有很多桥，有点像欧洲的样式；二是商业的繁荣，不光是本国商品，国外的大宗商品都要经过这条河港，进行大量的交易，只有想不到的，没有你买不到的东西。

说到这儿，让我想起一件事，大家都知道有一幅名画叫《清明上河图》，描绘的是北宋都城汴梁的繁华景象，实际上《清明上河图》有两个版本，一版是宋朝的，另一版则是明朝的。

明朝版的《清明上河图》作者叫仇英，描绘的就是苏州的繁华图景。

我不懂画，把两幅《清明上河图》拿来比较，也就是看个热闹而已。从两幅图的热闹程度来看，苏州丝毫不比汴梁差，街上人来人往，车水马龙的……不能再说了，再说下去就透了没文化素质的底了，得说点别的找补找补。

经过我对两幅名画郑而重之地对比后，发现明朝版的要比宋朝版的优雅一些，这不是说仇英画的比张择端要好，而是城市的面貌决定的，苏州是江南名城，莺红柳绿，小桥流水，有人说苏州像少女一样是水做的，柔美娇艳，这比喻不仅不夸张，还比较传神，所以同样的《清明上河图》，在外行人看来，明朝版的要好看养眼一些。

利玛窦说，苏州像威尼斯，这个比喻还是比较恰当的，苏州城内西有太湖、漕湖，东有淀山湖、澄湖，北有昆承湖，中有阳澄湖、金鸡湖、独墅湖，又有长江及京杭大运河贯穿北城。

水系多，桥自然也多，白居易有诗云：绿浪东西南北水，红栏三百九十桥。诗中的三百九十桥是虚数，粗略估计，当时苏州城内有桥三百五十九座，城外七百余座，共千余座桥。桥上是行人以及来往的客商，桥下则是往来不绝的商船，沿途商铺林立，随处可见卸货的码头，以及拉船的纤夫和正在忙碌的工人。

细观仇英的《清明上河图》，有一个很奇特的现象，每艘船上都有旗帜，红色的、绿色的、蓝色的、紫色的，不一而足，这不算奇怪，彩旗嘛，在船上很多见，奇怪的是有许多船上居然挂了太阳旗。

太阳代表光明，明朝的船上挂了太阳旗本身并不足怪，只是让我想到了日本的国旗，当时日本不过是海岛小国，奉我朝为天朝上国，难道日本的太阳旗是受了明朝的影响吗？

当然，这只是胡猜，请不要当真。最有趣的是，沿河的街道上，除了行人以及挑担的工人外，还有两只驴在码头边的墙根下吃饲料。从画作中不难看出，驴不仅是拉货的重要工具，更是出行代步时不可或缺的，街上随处可见驮着货物的驴，以及骑驴而行的人，更有些会享受者，在驴背上装了把遮阳伞，出行时就不用怕雨淋日晒了。

看到驴背上装的那把遮阳伞时，我脑补了一个画面：现在有人在电瓶车上装遮阳伞，电瓶车俗称电驴，你看看，古人和现代人的思维竟出奇地一致！

除了驴之外，还有骆驼，都是驮了货的，应该是从北方来的商人。

沿街除了商铺外，街头还有设摊叫卖的，从码头上卸了货后，直接就在街上卖了，而且有很多人围观。

沿河两岸，都栽了树，街道的景观很干净，也很漂亮。鳞次栉比的亭台楼阁，在绿树丛中时隐时现，那些豪华的楼阁，除了酒楼、茶楼外，还有戏园、青楼，有弹唱的、跳舞的……可以想象一下，在车马声、叫卖声的衬托下，苏州城是多么的繁华、热闹。

我花了很多时间盯着这幅图，一边看一边惊叹，完全忘了我是个写作者，于是千头万绪无从整理，更不知从何处下笔描绘苏州的繁华，算了，换个话题，来说说南京。

还是引用利玛窦之语，来看看南京的总体情况：

在中国人看来，论秀丽和雄伟，这座城市超过世上所有其他的城市；而且在这方面，确实或许很少有其他城市可以与它匹敌或胜过它。它真正到处都是殿、庙、塔、桥，欧洲简直没有能超过它们的类似建筑。在某些方面，它超过我们的欧洲城市……这里气候温和，土地肥沃，百姓精神愉快。他们彬彬有礼，谈吐文雅……在整个中国及邻近名邦，南京被算作第一座城市。

这样来描述南京应该是毫无夸张成分的，不过利玛窦描述得比较粗糙，只是一个大体的轮廓，无法窥其细节，不妨再来看看仇英的画作。

有些朋友大跌眼镜，仇英画了苏州后，还画了南京呀！

是的，仇英在明朝绝对是个勤奋且笔法精湛的画家，他不只画了明代的《清明上河图》，还画了幅《南都繁会图》，整个南京的繁华景象跃然纸上，真正是个了不起的画家。

同游览《清明上河图》一样，我也把《南都繁会图》细细地看了很久，再次为之惊叹，同时又再次不知从何下笔。不过细看有细看的好处，让我发现了几个独特的地方，不知是不是南京是陪都的缘故，管理相对严格，秦淮河两岸店铺的招牌比较统一，大部分都是白底黑字，或淡黄底黑字，从整体上看比较惹眼。

为什么说惹眼呢？如果这一行为，真是官府刻意为之的话，不免有些画蛇添足，试想一下，街市两边商铺林立，一眼望去白幡随风摇曳，那是怎样一种感觉？跟阴间一样，无论是从画作上看，还是置身于街市之中，都不如苏州来得和谐。

可能南京作为陪都，是繁华富庶之地，这里的百姓看上去比较安逸，更懂得享受生活，从街市的场景来看，南京的百姓要比苏州更爱瞧热闹。

最为瞩目的是鳌山灯。《山海经》里面记载着一则传说，说是远古时候渤海有五座大山，浮于海面，漂漂不定，玉皇大帝令十五只巨鳌，将五座山抵住，使之不再移动。人们为了感谢那些巨鳌，制灯以作纪念，后逐渐演变为游乐节目。

画上的鳌山灯很大，以木料制作出假山模样，上插翠柏，供奉风神、火神，饰有各色彩灯，底下有人伴舞。

在那鳌山灯的左侧，有一行人踩着高跷，悠悠然地走在闹市之中。更神奇的是居然还有高跷马，四个人骑在马上，舞刀弄枪。旁边坐了许多观众，坐在最面前的应该是有钱的爷，桌上摆放有食盘，状态悠闲；右侧是一支杂耍班子，两名童子头上顶着长长的木梯，木梯上正有一人做着各种动作，周边围了许多路人。另有舞狮、舞龙的，敲着鼓说评书的……

在鳌山灯的南面，则是东西两洋货物店、西北两地皮货店、川广集货等店子，售卖的是中外各地物品，也是人流量最大的地方，当地居民受到西洋文化影响，路上居然有人戴着副眼镜！

看到戴眼镜的那哥们时，我不由被惊了一下，当时的南京人真时尚！沿着这条街往左，是书画一条街，有各家各帖、古今字帖、画寓等店铺。

游览完整幅画后，给我的第一感觉是，南京没有苏州城那样的忙碌，看不到驮货的毛驴，也看不到拉船的纤夫、搬货的工人，来到这秦淮河畔，人们似乎只有一个目的——消费。但是，无论是描绘苏州的《清明上河图》，还是描绘南京的《南都繁会图》,都有一个鲜明的共同特征,那就是街道上都十分整洁,一切都是那么的井然有序,哪怕行人众多,摩肩接踵,地上却看不到垃圾。

于是问题就产生了,是画家故意隐去了脏乱差的景象,还是有环卫工人时时刻刻在打扫街道?

要知道即便文明发展到今天,特别是二三线城市,人多的地方大多数是"脏乱差"三样齐全,街上塑料袋、纸袋、瓜子壳满地都是,刻薄些的人还把西瓜皮、香蕉皮扔地上,稍不留神就得当街表演一次四脚朝天的绝技,难道明朝人的素质比我们还高吗?

我在不少场合都提过一句话:脱掉科技的外衣,现代人和古代人没有区别,所以古人今人不存在素质高低的问题。

任何一个文明的超级大都市,须具备两样事物,一是文明的人,二是完备的清洁系统,两者缺一不可,不然的话,就会污秽满地,臭气熏天,无法保障正常的生产生活不说,甚至连最基本的身体健康都无法保证,如果到了这种地步,还谈什么繁荣?而且在任何一个干净整洁的城市背后,必定有一群人在默默无闻地付出,他们或许并不起眼,却在城市中发挥着巨大的作用。

那么明朝城市的清洁,到底是怎么保障和治理的呢?下回分解。

## 二 经济实力和环境整洁

每个人都有恶习,这一点不需要回避,我们都是从动物进化过来的,没有恶习那才叫不正常。只不过在文明的时代,我们会克制自己,懂得在公共场合尽量使自己体现得文明优雅一些。

那么在家里呢?那就爱咋咋地吧,狗窝也是自己的窝。比如我,不怎么讲卫生,也不太爱收拾,关键是别人给我收拾了,还怪人家多管闲事。这倒不是我特别贱,就喜欢乱的环境,比方说书房里,别人看上去乱,像被土匪糟蹋过似的,可哪件东西放在哪里,我自己一清二楚,随手一拿就能拿得到,让人一整理,倒是齐整了,可我要的东西找不到了。

所以说人都有两面性,去公共场合时把自己捯饬得道貌岸然的,还彬彬有礼，一回家就变了个模样。不过这种行为无伤大雅，只要不危害公众，不破坏公共秩序，在自己的家里怎么都行。

这个章节我们要讨论的命题叫"经济和卫生"，有人可能已经敏感地意识到，你这是要将经济和卫生挂钩，赤裸裸堂而皇之地鄙视穷人吗？

我也是穷人，还没蠢到自己鄙视自己的程度。经济和卫生这个命题是站在城市整体环境治理的角度来说的，而这个环境也不是指空气质量之类的，特指法律、制度、教育等等综合因素。

听起来很高大上是不是？也可能有人会觉得，你后面写的章节越来越严肃正经了，这说的哪里还是什么闲事儿，你这是要干预国事，想上天啊！

其实不是的，想上天我也得先有翅膀啊。请不要过于担心我会大谈经济、法律领域的话题，其实归根结底，我要说的是城市的治理问题，但要说清楚城市的治理，就不免会涉及法律和制度这些具体的事情。

我前面说了，每个人都有恶习，能不能改正，或者可不可以克制、自我约束，这取决于平时的生活习惯和受教育程度。

养成良好的生活习惯，需要两样东西来约束自己，一样是内在的，另一样则是外力，即自律和法律。

自律我就不说了，无非是约束、克制自己的行为，着重来谈谈法律。放心，我不是想给大家普法，这里要说的是古代在卫生治理方面的相关法律，了解完下面我要讲的这段内容后，你可能会大跌眼镜。先上一段古文，震一震大家：

殷之法，弃灰于道者断其手。

这句话出自《韩非子·内储说上》应该不难理解，是说殷商时期，如果随地扔垃圾，直接剁手。

是不是非常的简单粗暴？很多人到了双十一总担心自己会忍不住剁手，请穿越去古代吧，剁手这种小事不需要自己亲自动手。

言归正传，殷法虽简单粗暴，不过倒也直接，如果说扔个垃圾，就会被剁手，还有哪个手贱敢乱扔垃圾？在这样的情况下，别说一米之外有个垃圾桶，你会乖乖地把垃圾放进桶里去，就算是在一公里之外，你也会乖乖地拿着垃圾，规规矩矩地把垃圾放进去，毕竟谁都知道一件小小的垃圾没有自己的手值钱。

珍爱生命从不乱扔垃圾开始。这种广告词到了秦朝同样适用，《秦法》规定：弃灰于道者刑。将乱扔垃圾的行为列为犯罪，上升到刑法，按扔多扔少量刑，虽说比殷商时期稍微人性化了点，但性质是一样的——扔垃圾是犯罪行为。

可能有人会觉得，这样是不是太严酷了？客观地说，是严酷了一些，毕竟乱扔垃圾只是行为上的不文明而已，不至于上升到犯罪的境地。但是，任何事情都得看具体的环境，我们必须承认垃圾治理是个让人头疼的顽疾，举个例子，当时的欧洲由于卫生条例的欠缺，整个城市简直就是天然的露天垃圾场，上完厕所之后开门去路边倒掉还算是文明的，有些人直接把便溺物包了后像沙包一样往窗外扔，你走在大街上，被粪包砸中的概率比捡到钱的概率要高出好几倍。

想象一下那是个什么样的场景？简直是人间地狱。

从这一点上来说，中国古代把外国人视作是未开化的蛮夷，并非没有道理。我们不妨再想象一下，如果把当时欧洲的情景移植到中国，会是一个什么样的场景？那时欧洲的城市普遍只有几万人，他们眼里的超级大都市也不过几十万人而已，而在当时的中国，无论是唐宋还是明朝，动不动就上百万人口的城市多的是，如果大家都在街上随地大小便、乱扔垃圾，只怕中华文明不可能流传至今，早让垃圾湮灭了。

好了，闲话表过，言归正传。我们来看唐朝是怎么对待乱扔垃圾这种陋习的。《唐律疏议》载："其穿垣出秽污者，杖六十；出水者，勿论。主司不禁，与同罪。"

相对来说，唐朝对乱扔垃圾的处理方式要人性化一些，将垃圾像手榴弹一样扔出墙外的，杖六十，如果管理者看到有人扔垃圾而不管的，也要杖六十。

个人觉得，唐朝的规定很不错。为什么这么说呢？现在大家都住高层，从高层将垃圾扔下去而砸到人这种事，已经不算是什么新闻了，年年都有，其实这种行为完全可以入罪，因为从高层扔东西下去是可以致命的。还有泼水的，虽然说走在街上被泼到的概率比捡到钱还要低，但不是没有见到过，实在是可恶至极。

当然了，我们现在是文明社会，动不动就杖六十，显得太粗暴，但可以用其他处罚手段代替。那么杖六十是什么概念呢？相信大家在电视剧里都看到过类似的场景，官老爷一拍惊堂木，喊声打，两侧的衙役将犯人摁在地上，抡起水火棍照着屁股就打，被打者一般都会惨叫，那场面委实十分凶残。

可能在大多数人眼里，手臂样粗的棍子六十杖下去，不死也得残了，其实不一定。

所谓的杖刑，执行之杖的大小、重量是有限制的，换句话说，刑杖在全国是统一的，例如唐朝的杖，长三尺五寸，大头二分七厘，小头一分七厘。实际大小如同荆条，就跟树枝差不多。

这么一解释，可能大家都明白了，谁在小时候没挨过父母的打啊，是不是？我小时候父母用的是竹梢儿，那玩意儿很细，但抽下来是真疼，皮肤火辣辣的。唐朝的杖虽没那么细，但打下去的效果应该差不多，六十杖下去估计会被抽出血来，满屁股的血痕，但绝对不会致残致死，起到的是一种警戒作用。然而，被父母打，其实无所谓，打了后也不会觉得是羞辱，更不会记恨在心，可如果是因为在路上扔了个垃圾，被拖到官府毒打一顿，而且为了起到警戒作用，还是公开打的，那就太羞耻了，谁还敢为了扔个垃圾冒这种险？

宋朝对乱扔垃圾的处理方式基本沿袭唐朝的制度，不过在管理上有所加强。

宋朝前期设有街道司，专门管理街道清洁、疏浚沟渠等这些事，其功能相当于现在的城管。到了绍兴十年（1140），宋高宗将街道司并入工部，不再单独设立官员和官署，街道司在宋朝历史上存在一百六十三年，为大宋城的清洁作出了巨大贡献。

街道司旗下有支规模较大的队伍，约五百人，每人穿着一种特殊服装，这种服装有个专用的名称，叫做青衫子，那五百人每月领钱二千。由于治理街道任务繁重，"工作甚重，事任非轻……恐日后不济……委本司招置少壮堪充功役之人……"这段话，分别引自宋真宗、宋仁宗时期的相关记载，可见皇帝对城市清洁的重视程度。

从上面的这一段内容里，相信大家也看出来了，专门治理城市的机构，始于宋。同宋朝一样，明朝也有专门的机构，朱元璋在洪武年间就颁令："若在京桥梁、道路，本部自行随时计工成造修理，果有系干动众，具奏施行。"意思是说，工部下面设营缮、虞衡、都水、屯田四个部门，专门管理城市的清洁卫生，完善基础设施。

此外，又有《大明会典》记载：

凡京城该管地方，街道坍塌、沟渠壅塞，及皇城周围坍损，工部都水司行委分管填垫疏通。

成化十五年，又在虞衡司"添注员外郎一员，专一巡视在京街道、沟渠"。后虞衡司又称作"街道厅"，其职掌包括："每年查理都城内外街道、桥梁、沟渠，各城河墙、红门、水关，及卢沟桥堤岸等处，或遇有坍坏，即动支都水司库银修理……每年春季开浚沟渠以通水道，以清积秽。"

这些内容都出自《大明会典》，并不难懂，我就不专门翻译，浪费篇幅了，继续往下讲。

在京师郊外地区，以及附近的府、县，负责治理的则是五城兵马司。关于五城兵马司这个部门，我在《大明梦华：明朝生活实录》一书里有详细介绍，这里简单说明一下。北京兵马指挥司始设于永乐二年（1404），后来由于京师太大了，于永乐七年（1409），又增设了东城、西城、南城、北城、中城五兵马指挥司，统称五城兵马司，每个兵马司均为独立机构，各设指挥一人，副指挥四人。五城正副兵马使"各司一城，一城之中，又各司一坊"。其职责除了"防察奸宄，禁捕贼盗"外，还有"疏通沟渠，巡视风火"等职责，用大白话讲就是，除去管理城市卫生、秩序以外，还得负责防盗、抓捕等，如果发生火灾，还要充当火警去救火。

听着是不是感觉五城兵马司很辛苦？如果尽心尽职，五城兵马司的确会很辛苦，你想把火警、城管、环卫、派出所等机构的活儿都干了，怎么可能不辛苦？但是绝大部分衙门，时间一久，就容易形成官僚作风，工作浮于表面，"每年虚应故事而已（注：语出沈德符《万历野获编》卷19《两京街道》）"。这算是官场上的一个顽疾了。景泰年间，为了对五城兵马司加强管理，建立了巡视五城御史公署，又称巡城察院，并责令锦衣卫巡视，目的是监督兵马司的作风，发现问题，提交巡城御史办理，如果御史不办，一起治罪。

增设巡城察院足以说明，五城兵马司官僚主义作风严重，办事不力。这里有一则故事，话说在成化年间，大雨骤至，由于城中沟渠没有及时疏通，内河涨水，沟渠堵塞，放眼望去，京师街道形如汪洋，大水直接灌入民居，百姓来不及逃亡的，不乏溺死者。

在中国历史上，由于官府不作为而闹出的事情太多了，这些事情只要不是很严重，一般都会被压下去，只有出了人命，才会被重视起来，这样的教训实在是太深刻、太残酷了。当时巡城御史听到这个消息，一下子就慌了，城中沟渠每年春季疏通一次早已是定例，平时每日巡视，查漏补缺，更是他们职责所在，但查是查了，也知道问题所在，却总是抱着侥幸心理，总觉得问题不大，得过且过，及至灾情出现，后悔莫及，急令官兵倾府而出，营救百姓，争取把百姓伤亡、财产损失降到最低。

这事过后，成化帝大怒："京师沟渠，户部每年皆有拨款，工部修缮执行，何以还酿成大灾？"

工部自然不想背这个锅，因为他们出了条例，并且命令下面去执行了，该做的都做了，凭什么背锅呢？于是就推给巡城御史和锦衣卫，他们是具体的督察机构，就算没有直接责任，也该负领导和监管责任。可是巡城御史和锦衣卫也觉得冤啊，他们按例巡察了，也把发现的问题报给街道厅和五城兵马司了，是他们没有执行落实到位而已。

成化帝一瞧，照这趋势发展下去，你们都没责任，最后是不是得把这口锅扣在社会上招募的临时工身上去？各个部门之间踢皮球的行为，终于把成化帝惹火了，下旨将巡城御史、锦衣卫、五城兵马司和街道厅主要领导抓了，一并入狱。

从以上文字中不难看出，明朝对环境治理是动真格的，不可谓不严。那么效果如何呢？客观地讲，至少从京师的情况来看，并不怎么样。来看看当时的百姓是怎样抱怨环境的：

燕市带面衣，骑黄马，风起飞尘满衢陌。归来下马，两鼻孔黑如烟突。人马矢，和沙土，雨过淖泞没鞍膝——屠隆在《在京与友人书》

这段话说的是在京师你要是想出门的话，必须戴面巾，不然的话，马蹄踏过街头，沙尘弥天，会把人给呛死，那简直就是场灾难。可是即便戴了面巾，口鼻遮挡了灰尘,依然难免受罪,回到家时,下了马,面巾一摘,两只鼻孔黑得像烟囱一样。要是遇上下雨,那就更惨了,马鞍和人的膝盖到处都是泥。

屠隆是明朝文人,万历五年的进士,为官清廉,关心民生,以他的秉性,涉及民生问题,断然不会信口胡诌,所以我们完全可以相信这段话。

另外,还有一位明代文士谢肇淛,也曾抱怨过京师的环境问题,他说:京师"市上多粪秽,五方之人,繁嚣杂处,又多蝇蚋,每至炎暑,几不聊生……"

屠隆说的是沙尘,谢肇淛则说的是街上的卫生,说街市上到处都是粪便,人多的地方苍蝇也多,嗡嗡的到处飞,到了夏天,真的,没法过日子。

谢肇淛同屠隆一样,是耿直之辈,有事说事,更不会胡编乱造诋毁朝廷,我们也无须对存在的问题视而不见,一味说好话,北京的环境治理问题,固然有衙门为官不作为的因素,但更关键的是自然环境因素,譬如沙尘治理,历史上没有哪个朝代能将其彻底根治。

看到这里,小伙伴们可能会大吃一惊,京师啊,看电视剧的时候,那都是富丽堂皇、干干净净,而且是井然有序的,特别是街道上,青石板路都是干干净净的,像被狗舔过一样光洁,真有你说的那么脏吗?

可以负责任地告诉大家,电视剧里街道的场景都是创作者想象的产物,事实上脏乱差问题不光在明朝存在,历朝历代都是存在的。

毫无疑问,这自然有朝廷的责任,在本章节的开篇,我就说了,一座都城是否干净整洁,取决于居住百姓的素质,而素质不是与生俱来的,则取决于生活习惯和受教育程度。那么新的问题又产生了,京师达官贵人聚集之所,人才济济,莫非那些人的受教育程度和素质都不高吗?

这是个好问题!在解答这个问题前,请容许我先搬出另外一个问题,同样的一套制度,在京师行不通,为什么到了江南一带的南京、苏州、扬州、杭州等城市,就行之有效,成了像天堂一样的地方了呢?这到底是制度的问题还是人的问题?

明朝的文学家沈德符曾经对南京、开封和北京的街道进行过比较,他认为:"街道惟金陵最宽洁,最秽者无如汴梁,雨后则中皆粪壤,泥溅腰腹,久晴则风起尘扬,睹面不识。若京师虽大不如南京,比之开封似稍胜之。但冬月冰凝,尚堪步屐,甫至春深,晴暖埃浮,沟渠滓垢。"

沈德符这个人，相信大家不会陌生，我曾多次提及，是《万历野获编》的作者，经他这么一比较，问题就更明显了，将这段话换个说法，可以理解为：中原地区环境最差，北方次之，江南最好。

那么为何会出现这种奇怪的差别呢？这就又回到本章节提出的核心问题了：经济实力和环境整洁。

经济实力决定了城市的整洁，这个问题大概不需要我赘述了，江南富庶之地，人均收入相对均衡，在基础设施的建设上，优于其他地区，这是情理之中的事儿。但还有个很重要的因素，那就是城市的结构问题。

细心的人可能还记得，前文中我曾提到，北京属消费型城市，除去文化之外，没有值得一提的工业，而江南则不同，它是中外货物聚集之所，可以说全国用的、吃的、把玩的所有的东西，绝大部分出自江南，如果没有良好的环境，那一条完整的商业链将不复存在。

那么江南是如何治理生态环境的呢，他们有怎样的妙方，可以做到既是商业之都，繁华之所，又是人间天堂呢？欲知后事如何，且听下回分解。

### 三 "上有天堂下有苏杭"的环境形成

在上一章节中我曾说到，一座城市是否整洁，很大程度上需要居住的百姓养成良好的生活习惯，而良好的生活习惯，一是靠自律，二是靠法律，其实还有一个因素我没说到，那就是环境。

环境是可以影响人的，那么什么样的环境，能使人改变不良习惯呢？

在我的印象中，小时候的村庄很干净，村口是泥路，路的两侧种了许多树木，应该是古老的枫树，很高很大。进入村里后，大部分是石头路，也有用石板铺的，看上去很古朴，无论是石头还是石板，都光可鉴人，非常光滑。

那会儿没有专门倒垃圾的地方，当然也不可能有环卫工人打扫卫生，但不知道为什么，就是看不到什么垃圾，甚至在路上都看不到纸屑。

小时候没去想过这个问题，现在想想，那会儿的干净是有原因的，因为任何东西都可以利用，就没有垃圾可扔了。

那时候的糖纸是可以收集起来玩的,废纸即便不用来糊墙,也可以收集起来去卖,还有些破旧的东西,要么卖钱,要么换糖,就连碎了的瓷碗,也要收着,可以削土豆或水果用。村里杀了鸡、鸭、猪之后,那些动物的毛就不用说了,绝对是好东西。

老一辈的勤俭和儿时的记忆,一直留在心里,刻骨铭心。而那时的房子、道路虽不宽敞,却足够清洁,徜徉其中,能给予人一种温暖。

浏览史料时,一个外国人对明朝的描述,不禁让我泪湿眼眶,回忆若潮水一般汹涌而来。此人叫尼·斯·米列斯库,是个罗马尼亚人,他在《中国漫记》一书中是这样说的:

任何不屑一顾的废物,他们都不忍遗弃,一小块皮革、各种骨头、羽毛、畜毛,他们都像悭吝人似的着意收藏,畜粪也要收集起来,然后巧妙加工,制成有用物品。

这样的描述并不夸张,相反是极其真实的,可见勤劳、节俭不仅可以改变一个人,还能改变一座城,甚至一个国家。再看明末来中国传教的葡萄牙传教士曾德昭的描述:

他们的镀金家具和装饰,及妇女的珠宝,因需求和新奇,已为全世界所熟知。但这些物品并不仅从一个港口输出,而是经由许多港口输出,经常有大宗交易。国家虽然如此富有,人民勤劳,谋生的手段和方法很多,但他们仍不放弃任何能给他们带来好处的东西;贵重物品虽然充裕,但他们仍利用牛骨、猪毛,及扔到街上的破布。

看到这样一段话,不知道大家有何感想,我想说的是,拥有财富并不等于可以奢靡和浪费,在不同人的眼里,对财富的理解也是不一样的。比如有些官员或者一夜暴富者,他们或许会以为财富就是用来享受的,于是胡吃海喝,夜夜笙歌;而对另一群人而言,财富并不仅仅是财富,它代表的是通过自己的双手,慢慢地实现了理想,感念创业之不易,更不想辛辛苦苦创下的基业,如晨星一般，稍纵即逝，所以他们即便拥有了财富，依然不忘初心，苦苦坚守。

为了让大家能够更加直观地了解那种创业的氛围，我再摘录一段曾德昭在《大中国志》里的文字：

南京……是中国最好的省份之一，也是全国的精华。它不把重要商品和制成品运往国外，似乎各个国家都不值得分享它的精品，各种产品都很稀罕……如果有人想把自己的货物卖个好价，就假称它产自南京，这样可用高价售出……其西部地区最富庶，盛产纱棉，当地有人肯定说，仅在常州城及附属广大地区，就有二十万台织布机……由于织布机窄小，一间屋内经常安放许多台，差不多所有的妇女都从事这种行业。

我是浙江宁波人，对曾德昭描述的这种场景再熟悉不过了，他说到的屋内安放许多台织布机，叫做家庭作坊，是以家庭为单位所成立的小型工厂，不只是织布，他们还生产或加工各种生活用品、衣服或饰品，总之，日常所需的物品，几乎都产自江南一带，古今皆然。所以不光是妇女在家中劳动，而是全家动员，各司其职。

他们是商人，也是劳动者，是经营者，也是生产者，不要看这种简单的关系，只有深知劳动之苦，创业之难，方知勤俭。所以哪怕是一块破布，也不忍弃之，因为那种人们眼中的垃圾，在他们的眼里就是原料，而原料是要花钱去收购的，怎么可能当垃圾扔掉？

有一部电视剧叫《鸡毛飞上天》，说的是义乌人从挑着货郎担走街串巷卖东西，到创造世界级的小商品市场的故事，觉得无法理解我说的这些事情的，可以去看看那个电视剧。

勤俭并不代表一毛不拔，相反，他们对美好生活的追求，超出了常人的想象，当拥有了一定的财富后，他们会把自己的家打理得像花园一样，不妨再摘录一段曾德昭的文字，以为印证：

他们的住房不如我们的华丽和耐久，不过因设计良好而便于住宿，整洁舒适。他们使用大量的优良涂料漆刷房子，而且刷得精细。他们的房屋不高，认为矮房便于居住和安排。富家的庭院和通往住房之路,种植了花草和小树……若有足够的空地,他们也种大树,堆积假山……他们挖了许多鱼塘,塘里的彩色金鱼上下游翔,清晰可见,还有其他类似的奇异好玩的东西。

这就是我要说的环境,以及消费型城市与生产型城市的根本区别,这也是所谓的素质。或许在许多人眼里,只有上流社会或士大夫阶层的人才配拥有素质,那些庶民或商人,不仅在阶级上低人一等,连素质也同样是低人一等的,这种认识不仅荒谬,而且荒唐!

事实上素质与财富无关,与学识无关,它是从小培养的,发乎于心的一种无形的东西,"南京城……我认为它是全国最大最好的城市,优良的建筑,宽大的街道,风度优雅的百姓,以及丰富优良的种种物品(曾德昭《大中国志》)"。一座优雅的都市,必有一群优雅的人,否则一切都无从谈起。

对比上一章里谈到的北京,那么江南的生态环境究竟如何呢?先来看杭州西湖:

其中筑有优良的宫庭。覆盖着青草、植物和树林的美丽山峰,围绕这些宫庭;潺潺流水,从一头进水,另一头流出。水之清澈令人乐于观赏,湖底细沙纤毫悉睹。湖上有铺石道路,任行人随意玩乐通行;备有小艇,供休歇宴乐(曾德昭《大中国志》)。

西湖历来是重要的旅游胜地,每年游人如织,然而值得注意的是"湖底细沙,纤毫悉睹",如果有生活垃圾和污水排入湖中的话,是不可能那样清洁的。

也许会有人提出质疑,知名景区干净整洁很稀奇吗?杭州不仅是富庶之地,更是旅游胜地,即便是做形象,也需要把西湖整治好,所以西湖的干净是理所应当的,没什么可说道。好吧,那我退而求其次,来给大家看看绍兴,请注意,绍兴是座小城,那时候还没有鲁迅:

这个城的幅员不及其他许多城,但整洁和秀丽为诸城之冠,它四周清流环绕,乘船游河可饱览它的秀丽景色。城内街道整齐宽大,两侧铺设白方石,一条可航行的运河穿越城中，河岸有相通的铺设；市场、桥梁及牌楼也由同样的白方石组成（注：出自明末意大利传教士马尔蒂尼《鞑靼战纪》）。

苏州也是如此，前文曾提到利玛窦对苏州的描述，说其河水清澈透明，街道也是十分整洁，这里不再赘述。需要再次说明的是，同样的一套制度，落到实处，产生的效果天差地别，通过本章内容，相信大家应已对其中的缘故了然于胸了。

说到这里，本章内容应该结束了，不过别急，还有一个问题需要来跟大家一起探讨一下，即人的生活习惯可以随环境改变，那么动物呢？

前文曾提到仇英的《清明上河图》和《南都繁会图》，从图中不难看出，人们出行或运货的工具是驴、马或者骆驼，人可以自我约束，不随地大小便，不到处扔垃圾，可动物却没有那样的素质，它们一般想拉就拉，而且是边走边拉，拿它们一点办法都没有。如果动物的粪便不及时清理，日积月累，城市的干净整洁同样无从谈起，那么那些动物的粪便又是怎么处理的呢？在说这个问题前，我先来讲一个故事。

话说万历年间，苏州有个叫许广志的人，在城郊租了块地，广盖简易房舍数十间，以收废品为业。

这个许广志原是读书人，由于屡考不中，到了四十岁那年，也不过是个秀才而已，按照明朝的体制，秀才算是乡贤了，官府每月会拨些钱粮，以供生活之资，且家里的地可免赋税，过日子倒是不成问题。可是许广志不是一般的秀才，既然无法更上一层楼，那就索性弃文从商。

起先家里人是不理解的，好歹是个读书人，怎么能去收废品，干那种腌臜事，成何体统啊？最关键的是，租那么大的一块地，再加上盖房舍，需要不少本钱，万一要是血本无归，岂不是赔光了脸面又折了钱吗？

不只是家里人不理解，五邻四舍也不免说三道四，说许家的那小子，估摸着是读书读傻了，满脑子尽是些不着边际的想法，许家真是家门不幸啊，一生劳碌，供子读书，本望挣个功名，光宗耀祖，哪承想功名没着落，人倒先疯了。

许广志则一意孤行，并向家里保证，此事不成，无颜再见家人，当是没生我这个儿子。从此以后，许广志就多了个称呼——许废物。后来将他姓氏也省略了,直呼废物。

许广志也不去管那些闲言碎语,是不是废物让时间去证明吧,只管做自己的事。

许广志做收购废品生意,跟我们现在的废品收购站有些区别,他除了收纸箱、废铁外,还收人畜的粪便。

小伙伴们看到这儿,都惊呆了,废品站连粪便也收啊?

这个问题其实在前面就提到过,我们是个以农业为主的国家,村里基本家家户户都要养些畜禽,那么粪便、酒馆里的残羹剩饭就是好东西了。

为节省开支,许广志只雇用了三个工人,让他们帮忙打理,又打出招牌,高价收购粪便。农夫们得空去城里时,顺便把街上畜生的粪便捡回来,卖给许广志。

不要看这生意不起眼,许广志作为中间商,一来二去能赚个不错的差价,只五六年时间,就攒下百万之资。

看完这个故事,想来各位已经明白了,人畜的粪便是可以回收的,且还比较抢手,所以街市上动物的粪便会被捡走,这就是街道比较干净的一个原因。那么关于城市的清洁,做到这些就够了吗?

毫无疑问,不够。

如果一座人口众多的城市,其卫生问题完全靠老百姓的自觉,以及法律的约束,是做不到足够清洁的,举个最好理解的例子,人畜的粪便可以回收,那么小便呢?那些行走于街道上的牛、马、驴、骆驼等动物,走到哪儿拉到哪儿,日积月累,街道肯定会臭不可闻。还有百姓每天的生活垃圾,总不能也靠百姓的自觉和商人的回收吧?

在江南一带,商业发达的城市还好,商人们为了生意,至少会把自己商铺面前的道路用水清理干净,使污水排到沟渠里面去。那些发达城市的沟渠排水系统做得还是比较好的,可以很好地解决排污问题。

那么其他城市呢?这个其实不需要我多说了,连天子脚下北京的卫生状况都让人无可忍受,更何况其他地方。

很多书籍及其他的艺术形式,都在吹嘘或夸大祖宗的丰功伟绩,以及老百姓生活的富足和悠闲,随便翻开一本书,便可见诸如亭台楼阁、小桥流水、空气怡人等等描写，仿佛我们从来都是生活在天堂。并以当时欧洲的都市环境来做比对，洋洋自得。

国与国比较，省与省比较，城与城比较，以此来烘托出自己的优越感，这似乎是我们这个民族一直以来的传统。既然说到了这儿，我可能要说些不合时宜的实话了。

我常年旅居异地，每次回乡总会听到有人问，那边商业不发达吧，环境不好吧，房价很低吧，东西很便宜吧等等类似的问题。前面提到，我是浙江宁波人，我承认浙江无论是商业环境还是城市建设，要高于其他地方，同时，我也深爱着那个生我养我的地方，但作为常年漂泊在外的异乡人，我以为，任何一个地方都有其优势，商业发达的地方，少了许多文化传统，该拆的都拆完了，基本没剩下什么，而商业不发达的地方，反倒是保留了传统的精华，令人敬仰。

最让我无法理解的是，房价高居然也成了优越的来源，要用一辈子或几代人的努力方才拥有一套房，优越感究竟从何而来？

同样，我在浏览资料时，看到大量的类似的说辞，说同时期欧洲的环境差，而明朝则犹如天堂。有民族自豪感是好事，也是一个人必备的素质，但不能闭门做白日梦，无视外面的世界，幻想出一个天堂来。特别是将这些东西化作文字，公诸于众的时候，那就不是个人的事了，有可能会以讹传讹，误导后人。

毫不夸张地讲，从唐、宋、元至明朝，除了个别地区外，论全国的综合环境，都不怎么好，这并不是说扔垃圾者杖六十，或是有街道司管理就可以了，有些地区或许能够管理好，但在大部分地区，出于各种原因都是无法执行到位的。

看到这里，有人可能不乐意了，你前面说得那么好，把个明朝说得天堂一样，连外国人都称道不已，咋地翻脸比翻书还快，又将之推翻了，自己打自己的脸了呢？难不成前面所说的那些，是你白日做梦？

我在这里严正声明一下，我是个老实人，不会咋咋呼呼地唬弄人，好的地方自然要说，无论是法令，还是江南地区整洁的城市，当然要夸，但是，如果硬是要将一城一地的优点，冠之于全国，那就有误导之嫌了，这种行为是不负责任的。

以唐朝为例，前文提到，《唐律疏议》载："其穿垣出秽污者，杖六十；出水者，勿论。主司不禁，与同罪。"法律不可谓不严，确实也禁止了大量的不良行为，但依然有人不守规矩。

同明朝一样，唐朝长安的沟渠十分完善，有饮水、排污等功能，但有个问题却是不可忽视的，即那时候的沟渠大多数是明沟，别看沟渠两旁都种了树，看上去很美，可只要是有沟的地方就有人扔垃圾，杂物多了自然就容易堵塞，再加上官府不作为，未能及时疏通，久而久之，问题就越来越突出。

首先是臭，臭就会生蚊虫，来看看段成式所著的唐朝笔记《酉阳杂俎》是怎么描写的：

长安秋多蝇。段成式尝日读百家五卷，颇为所扰，触睫隐字，驱不能已。偶拂杀一焉，细视之，翼甚似蜩，冠甚似蜂。性察于腐，嗜于酒肉。按理首翼。其类有苍者声雄壮，负金者声清，听其声在翼也。青者能败物，巨者首如火。或曰，大麻蝇，芋根所化。

段成式的话，汇成一句大白话就是，那苍蝇大得啊，飞机一样。

此外，鸟瞰唐朝的长安城，其形如棋盘，一个又一个坊挨着，那些里坊都是黄土夯实后砌的，一旦大雨来袭，在沟渠堵塞的情况下，极易引发灾难，开元三年，"京师兴道坊一夕陷为池，居民五百余家皆没不见（注：出自《新唐书》）"。

长安尚且如此，其他地区的情况就不言而喻了。

那么宋朝呢？与唐、明相差无几。

首先是风沙，汴梁的尘沙大得很，司马光有诗云：

红尘昼夜飞，车马古今迹。
独怜道傍柳，惨淡少颜色。

我想不出汴梁为什么会出现红尘，但不难看出汴梁城尘土飞扬的场景，连路旁的杨柳树，都失去了颜色。

再看沈括在《梦溪笔谈》里所写的：

二郎山下雪纷纷，旋卓穹庐学塞人。
化尽素衣冬未老，石烟多似洛阳尘。

沈括写这首诗的背景是，在陕西一带发现了石油，他预测这种东西以后会广为所用，代替木料，因为山东一带的大片树林已经没了，太行山、河南、陕西、湖北交界以及江南地区，生长的松树也在大幅减少。但是石油的烟气很大，能将衣服熏黑，于是写了这首诗。

在这首诗中，暴露出了两个关键性问题，一是最后一句"石烟多似洛阳尘"，可见受烟尘侵袭的不止汴梁，隔得不远的洛阳也深受其害；二是生态大范围破坏。

无论是南宋还是北宋，人口密集，无论做饭还是取暖，都需要大量的燃料，于是就大肆砍伐树木，当时的生态破坏到何等程度呢？来看如下描述：

今驻跸吴越，山林之广不足以供樵苏，虽佳花美竹，坟墓之松楸，岁月之间，尽成赤地，根柢之微，斫橛皆偏，芽蘖无复可生……（注：语出北宋大夫庄绰《鸡肋篇》）。

说是他出差在江浙一带小住，看到山上都没树木了，光秃秃的连樵夫都没砍柴的地方，连坟前的松木都教人砍了，不光树木被砍了，连树根都没留下，这等于是把花草树木灭了九族一样，没有再生的机会。

除了环境问题外，宋朝同样不可避免地出现了沟渠堵塞问题：

天圣四年，"开封府言新旧城为沟注河中，凡二百五十三，恐间巷居人弃灰坏咽流，请责吏逻巡……（注：语出《续资治通鉴长编》）"，说是开封府上奏，京师二百五十三条沟渠，遭到人为破坏，请求巡察。

南宋时期，临安作为京师，每遇春时，官府会差人掏城中沟渠，这种情况大致与明朝相同，会定期差人清理。清理的效果前文已提到，年年清还是年年堵，就不多说了。最关键的是，天子脚下，皇帝下旨，可以年年清理，那么其他地区呢，有这种财力去清理吗？比如江西吉州地区，由于城内实在太脏，许多人待不下去了，只能搬去了乡村。

这就是现实，现实是残酷的，可能与我们想象的有太大的出入，然而却必须去正视，而不是粉饰太平，自娱自乐，洋洋自得。当然，欧洲的卫生状况也很差，甚至比中国差了很多，这才有传教士抵达江南时，所发出的赞叹。

问题说完了，相信读到这里，大家会有种兜头一盆凉水浇下来的错愕，蒙了，原来电视剧都是骗人的，没关系，历史是面镜子，写史者的责任是把镜子里的映像具体化，而读史者若能以史为鉴，便不枉我一番苦心了。

回头再来说许广志收购废品的事情，任何一个行业，发展到一定程度，都会生出派系，即便是收购粪便那样的事情，也不例外，那许广志只在五六年间，就攒下百万之资，自然会有人眼红，于是就生出一段公案来，究竟是什么事？且看下回分解。

## ㈣ 泼粪公案

话说在苏州城郊，有位叫袁大牛的人，他的职业是粪夫，就是走街串巷收购粪便的人。

每天早上，袁大牛都会推着一辆车，上面放三只大木桶，一边走一边用搅屎棍敲着木桶，操着口苏州口音喊："收人中黄嘞……"

中国人有个习惯，凡是肮脏的东西都有个雅称，人中黄是粪便的雅称，当然粪夫也有雅称，叫做采蜜人。

看到这个称呼，是不是有点不习惯？袁大牛也觉得十分别扭，采蜜的是蜜蜂，收个粪叫采蜜，不是恶心人吗？只不过那些雅称都是上流人士想出来的，如袁大牛之辈也没有办法，反正你们高兴就行了。

收粪一般是免费的，每天天还没亮，听到有人喊"收人中黄嘞……"每家每户会把囤了一天的便溺物拿出来，交给袁大牛收走。袁大牛收集起来后，统一卖给许广志，能挣得一些银子，虽不多，好歹可糊口了。

不过也有人自个儿囤积粪便的，因为量大了时，叫粪商来收，能卖少许的银子。

说到这儿，忽想起个笑话，说是某人囤了一窖粪便，要价一千文。

粪商一听，问他："怎么这么贵？"

那人说："我这是窖藏的，不是普通的人中黄！"

粪商听傻了，又不是酒，窖不窖藏有什么区别吗？于是直接跟那人砍价，两人你来我往，最后粪商直接拦腰砍，说五百文我收了。

那人一听就急了，面红耳赤地说："拦腰砍啊，你以为这是狗拉的，这么便宜？"

粪商见他急了，就说："不卖就不卖，急个什么劲，我又没吃了你的粪！"

说的是笑话，从中却不难看出当时农村里有人囤粪，以换些闲钱。而在城里，是没有条件囤粪的，房子不大，没囤几天屋里就臭不可耐了，不如免费让粪夫收走。

言归正传，袁大牛收了一早上的粪便，差不多三只桶装满了，打算送往许广志处，没承想前头来了五六个人，挡住了去路。袁大牛见那些人一个个凶神恶煞的，心知来者不善，不敢去招惹，把粪车掉了个头，往别处走。

推着三桶粪便本就不方便，刚掉头，那些人又围了上来。袁大牛是老实人，战战兢兢地问："你们想干什么？"

那些人也不说话，冲上去就把袁大牛一顿好打，打完之后，又将车上的粪桶掀翻了。所谓狗急了跳墙，兔子急了还会咬人呢，袁大牛虽然老实，可看到半日劳作尽付东流，一时火气上涌，挣扎着起身，从地上拾起搅屎棍，厉叫一声，冲了上去。

当前一人哈哈一笑，率众围攻，再次把袁大牛摁倒在地，直把他打得起不了身方才作罢。

"知道为什么打你吗？"其中一人恶狠狠地说。

平白无故挨一顿打，袁大牛也正纳闷呢，低吼着问："为什么？"

"知道卓三爷吗？"

在粪商界，卓三爷的确是个响当当的人物，他几乎把苏州城内粪便收购业垄断了，没人敢往城里插手，所以许广志创业之初，其经营范围只在城郊以外，没想到的是那卓三爷居然连城外的业务也不容他人染指。

袁大牛听到卓三爷的名头，只得自认倒霉，不敢再吱声，待那些人走远后，收拾起粪车，一瘸一拐地离开，向许广志说明情况。

任何一个行业，只要被垄断了，必然出错，苏州城收粪一事被卓三爷垄断后，就出了乱子。

前文提到，收粪是免费的，然而垄断之后情况就变样了，粪商故意拖着不去收粪，城内百姓大多使用马桶，一两天后就满了，这时候只有两种选择，一是倒入就近的沟渠里，二是花银子让粪商来收。

所谓店大欺客，类似的事情不只出现在粪商界，只要是被垄断了的行业，老百姓就只有吃亏认栽的分儿。

关键是，大多数居家过日子的普通老百姓，生活并不宽裕，粪便还得花银子让人来收，这钱实在舍不得花，于是乎苏州城居民区的沟渠，就成了天然的倒粪场所，即便官府会定期清理，但只要问题的根源没有得以解决，就是治标不治本，一旦到了夏季，臭气熏天，蚊蝇满天。

卓三爷也曾收到过官府的警告，叫他做事不要太过分，当适可而止。但他既然能垄断这个行业，上面肯定是有人的，依然是左耳朵进右耳朵出，没怎么去理会。有时让官府说得烦了，就派人去使阴的，天还没亮，大家还在床上做着梦呢，就叫手底下的人提着粪桶，去告状的人门口泼粪，真的是人在床上躺，粪从天上来，好端端的美梦让臭味给熏醒了。

去官府告状没用，那就只能乖乖地花银子请人来清理粪便，要么趁人不注意，倒沟里去。

许广志看到袁大牛被人打了，听说缘由后，气愤不已："堂而皇之地仗势欺人，大明朝没有王法了吗？"

许广志虽然中途转行做了生意，可他骨子里到底是个读书人，一口气上来，决心要与那卓三爷硬杠一下，向袁大牛说："明日一早，我与你一道儿去收粪，看看哪个敢来生事！"

袁大牛被打了一顿，还有些后怕："许爷，这……可行吗？"

许广志冷冷一笑："你放心，那姓卓的要是再敢闹事，一定让他吃官司。"

袁大牛心里虽怕，但他知道秀才虽不是官员，却也不是普通老百姓，明朝体制，秀才见了县官可以不拜，与县老爷平起平坐，那卓三爷说到底只是个商人，不敢公然为难许广志。如此一想，稍微放心了些，就点头答应下来。

次日一早，许广志果然跟着袁大牛去收粪，由于袁大牛受伤不轻，还叫了一人去帮忙。估计是有许广志压阵，让那卓三爷忌惮了三分，果然没来寻事。

把收来的粪卖与许广志，结了账后，袁大牛咧嘴笑道："许爷果然非寻常人，有你撑着，我就放心了。"

又过一日，许广志刚起床洗漱，忽见手底下人跑进来，面色慌张。许广志情知出事了，脸色一沉，问出了什么事。

那手下叹息一声说："老爷还是亲自出去看看吧。"

许广志扔下面巾，急步而出，刚出院子，就闻到晨风里传来一股恶臭，走到大门口时，只见满地粪便，没下脚处。踮着脚往外走，往两侧围墙一打量，许广志的脸顿时就绿了。

两侧围墙的墙根下都被泼了粪，无一个干净处。许广志当然知道这是谁干的，只是一来没证据，二来即便有证据，人家上面有人，也未必能告得倒他，只是这口气要是就这么咽下了，以后还怎生在粪商界混？当下想了个主意，回身走到院里，召集手底下的人，如此这般交代一番，要给那卓三爷些颜色看看。

卓三爷是苏州城有头有脸的人物，以为给那姓许的秀才些警告，就会知道好歹。这天晚上，吃饱喝足后，倒头就睡了。刚刚迷迷糊糊地睡着，忽听得一声大响，像是有什么东西塌了，呼地从床上坐起，还没等他搞清楚状况，头顶哗啦啦一声响，有东西兜头浇下，随之传来一阵恶臭，险些把他呛晕过去。

卓三爷是干这行的，不用睁眼瞧也知道身上被浇了什么，急切间拿被褥往头上一抹，下了床喝道："哪个遭瘟的算计卓爷，给爷出来！"

府上的人闻风赶来，见卓三爷满身的粪便，都吓得不轻，刚要发问，只听卓三爷喝道："愣着等吃酒啊，还不去抓人！"那些人不敢怠慢，转身出去。

许广志是摸清了线路才动的手，有备而来，做完事后，早就带着人溜出卓府了，遣散手下的人，往苏州府而去，求见知府。

知府听完，震惊莫名，要知道那姓卓的在南京有人，真要惊动南京那边，这事就闹大了。许广志却不以为然，说："学生就是要把事情闹大，只有闹大了，才能把问题从根源上解决。"

官场上的事儿知府见多了，一听就听出了许广志的用意。在中国的官场上，只要事情不大，官府向来都是睁一只眼闭一只眼，得过且过，这也算是惯例了。

苏州是大明朝文化、商业的交流中心，四方辐辏，上至达官贵人，下至庶民商贾，什么样的人都有，如果苏州的城市治理问题捅到北京或南京去，谁都得吃不了兜着走。现在那姓卓的仗着上面有人，欺行霸市，官府想管却又不敢管，顶多口头警告一下，眼巴巴地看着苏州城越来越脏，官府的压力也很大，知府心里明白长此下去，一旦被人举报，或者出现大规模的传染疾病，后果不堪设想。如果能趁着今天这事儿，把事情往大了闹，加上苏州城的百姓对姓卓的积怨已久，届时发动群众的力量，说不定就能把事情解决了。

按理说这是剪除苏州府这颗毒瘤的好机会，但知府还是有些顾虑。倒不是说扳不倒卓三爷，而是即便扳倒了也容易得罪人。明朝官场体制有定律，外官每三年要入京述职，这是朱元璋时期就定下来的祖制，考核后政绩好的擢升，政绩不佳且没什么人脉的，那就只有被贬或卷铺盖走人了。无论是升贬，都有可能离开原任职地，这就是所谓的流官制。

流官制的优点自不用多说，这个制度的初衷就是为了防止腐败，但也不乏短处，反正任期一到，都要拍屁股走人，不求有功但求无过就是了，担风险的事是万万干不得的。这也是历朝历代以来，为官不作为的根由之一。这时候苏州知府顾虑的正是这个问题，他瞟了眼许广志，问了句："你觉得这事可行？"

许广志笑道："理在我们这边，怕他作甚？"

知府暗咬了咬牙，答应了。这事有弊端，但利好处也是显而易见的，毕竟苏州不是一般的小地方，而是万众瞩目，朝廷主要赋税的源头，万一真把苏州城的卫生问题治理好了，难不成皇上会看不到？

不多时，听府上的人来报，说卓三爷求见。知府推说外出了，让府上的人去打发走。

许广志知道这事成了，告辞出来。

那卓三爷虽是苏州一霸，没把哪个放在眼里，但到底是晓得人情世故的，苏州知府避而不见，这说明什么？只能是两个原因，一是苏州府不管了，由你们闹去，二是要趁此机会向他下手了。想到这儿，这苏州一霸也有些怕了，派人提着厚礼，去了南京。

半月后，南京方面果然来人了，而且来的人官职还不小，是吏部主事龚盛光。

吏部是什么机构？那是专门管理官员任免的实权机构，知府也有些慌，急忙差人去请许广志过来商量。

许广志早做好了准备，召集城内的百姓、粪夫，集体去苏州府衙门请愿，说是要状告卓三爷，讨一个公道。

城内的百姓当然是怨恨卓三爷的，把粪商界垄断了不说，还故意几天不去收粪，以此逼迫百姓出银子。粪夫也是有一肚子的怨气，城内收上来的人中黄必须得卖给卓三爷，且价钱低于市价，粪夫的生活本就不好过，如此一来，日子越发艰难。以往是敢怒不敢言，现在既然有人出头，要拔了苏州城的这颗毒瘤，粪夫们为了往后的日子，就都豁出去了。

龚盛光本以为是小事一桩，没想到会有那么多人来衙门示威，吩咐知府去驱散闹事者。知府却道："事起有因，若不把事情解决了，那些人怕是不会善罢甘休。"

龚盛光算是看出来了，嘿嘿冷笑道："堂堂知府，会对付不了一帮刁民，你到底是站在哪一边的？"

知府的话说得很巧妙，"我站在百姓一边。"

历朝历代，无论体制怎么变，当官为民是亘古不易的宗旨，无论是真心还是假意，只要抬出所做之事是为了老百姓，谁也无法反驳。龚盛光心里恨得痒痒的，却拿知府毫无办法。

又过一日，衙门外聚集的人非但没见减少，反而越发多了。这下龚盛光也慌了，苏州城是明朝最重要的商业城市，真要把事情捅大了，捅出娄子来，谁都担不起这个责任，于是就问知府要怎样才能收场。

知府说："眼下只有逮捕卓三爷治罪，以息众怒，还苏州一个干净，以平民愤。"

当天，卓三爷就被捕入狱，许广志赢了，苏州城的百姓高兴了，与此同时，知府派出大量人手，集中清理城内沟渠，苏州城终于干净了。

然而，必须要说明的是，这只是一时一地的干净，类似的事情，有明一朝，一直存在。

那么何以会出现这种情况呢？无非是城市的公共设施缺乏，例如公厕，唐宋以降，一直都有，只是不多而已。倒不是说朝廷造不起公厕，而是没有引起足够的重视，甚至在一些地区，还以在路边小便为荣。

明人谢肇淛说："今大江以北，人家不复作厕矣……京师则停沟中，俟春雨后发之，暴日中，其秽气不可近，人暴触之辄病。"说是在长江以北地区，家里都不设厕所，在外面就地解决，经太阳一暴晒，那气味闻了都容易让人得病。

那么明朝的城市当真一无是处吗？

任何事情都不是绝对的，好的地方前文业已说了，事实上除了卫生外，其他地方做得还是相当不错的，不然几千年文明也不可能延续下来，别的不说，就连走路骑马都有规矩，不然的话，人乱走、马乱撞，是会出事情的，至于有哪些规矩，咱们下回分解。

## 五 那时的交通规则

话说在临安府有位举人，名叫杨崇秋，这天阳光明媚，杨崇秋心情大好，带了妻儿去西湖游玩。经过一段山路时，遇一樵夫，挑了担柴从另一头过来。杨崇秋以为对方会避让，只管领着妻儿往前走，哪承想樵夫也没避让，由于山路狭窄，尽管双方都尽量往边上走，但杨崇秋的肩头还是让柴枝钩了一下，哧的一声，钩出一个洞来，衣服破了个口子。

这件衣衫是新缝制的，他特意在出来游玩时才穿上，还没穿热乎呢就破了，这事儿换谁都生气，杨崇秋也急了，朝那樵夫喊："你给我站住！"

弄破了人家的衣服，樵夫也觉得不好意思，连忙道歉。可是这衣服值不少银子呢，道歉就能完事了吗？杨崇秋要樵夫赔一件。

樵夫以卖柴为生，平时自己都舍不得换件新衣裳，一说让他赔衣服，他也急了，诘问道："你明知山路窄小，我又挑了这么大担柴火，不好把握分寸，怎么就不避让一下呢，现在破了衣服全赖我吗？"

杨崇秋一听这话，火冒三丈，好好的一件新衣服被你钩了个大洞，还强词夺理，难不成还是我错了？是可忍孰不可忍，抓着那樵夫不放，非要他赔件新的衣服。

那樵夫别说没那么多银子，即便是有，也不愿赔他件新的，认为他挑担行走，杨崇秋理该避让，既然你没避让，破了衣服也是活该。

一时两人争执不下，闹到了临安府衙门。

这其实是件非常小的交通事故，而且事情也十分明晰，把人的衣服弄破了，赔人家一件天经地义，这是我们的共识对不对？但是，这么件小事，如果摆到交通规则的角度来看，它就不一样了。

兴许有人会问，难不成我在斑马线上让人给撞了，不用赔吗？事实上我们都知道，即便是在斑马线上行走，也是要看情况的，如果是在红灯的情况下，你强行闯红灯穿过去让人给撞了，结果还得到了理赔，这种事儿其实并不值得提倡。

好像扯远了，我们来看临安府是怎么判的。

知府问明当时的情况，朝杨崇秋道："你是举人出身，应该读过不少书吧？"

杨崇秋被问得莫名其妙，答道："这是自然。"

"那么你读过《仪制令》吗？"

什么是《仪制令》呢？就是古代的交通规则，杨崇秋举人出身，不但读过，而且十分精通，他自认为占了理，坦然道："当然读过。"

知府脸色一沉，语气严肃了起来："既然读过，知道什么叫轻盍避重？"

这句话的意思是说，你出去游玩，肩上只不过背了一个包袱而已，而人家呢，挑了一肩重担，你为什么不避让一下？

杨崇秋熟知《仪制令》，当场反问了一句："贱合避贵，到底是哪个该避？"

知府哈哈笑道："果然是读书人，对律令了若指掌。你那衣衫值多少钱？"

"五千钱。"

"罢了。"知府说声罢了后，作出如下判决："本府便判赔你五千钱，然而你未予避让，也难逃法令，向这位樵夫大哥行八拜之礼道歉。"

杨崇秋一愣，他知道知府秉公断案，未失偏颇，然而既然贵贱有别，要让他向樵夫行八拜之礼，这面子实在折损不起，只得作罢，那五千钱不要了。

不知道大家有没有从这则交通事故中看出些门道来？我先卖个关子，关于《仪制令》的规则，后面交代，容我再说一件事儿。

话说在崇祯年间，有一个粪夫挑着一对粪桶走在街上，这时候有一个武举人打马而来，双方交会时，由于武举人的马跑得快了些，粪夫忙于避让，把粪桶里的脏物溅了出来，泼在了武举人身上。

武举人好端端的惹了一身脏，这是多晦气的事儿，十分恼怒，抓了那粪夫就来见官。粪夫吓坏了，急忙告饶，说是愿意替武举人把衣服洗干净。可是那武举人还是不依，喝道："衣服沾了你那脏物，还能再穿吗，你得赔我一件新的！"

当地县令问明情由，说道："泼脏了你衣服，确实不对，不过他已承诺帮你洗净，莫非你还不依不饶吗？"

那武举人冷哼道："我说了，沾了脏物，不可再穿，须赔件新的方罢。"

县令大怒，将惊堂木一拍，大声道："你走马市中，莫非还有理了不成？如果你非要赔件新的，好啊，依了你便是。但是，你无故走马市中，业已违令，按律笞四十，来人，笞刑伺候！"

武举人一听，连忙告饶，说衣服不要赔了，也不要他洗，我自认倒霉。

以上两件交通事故，说的都是路上的纠纷，相信大家也看出来了，最后都是弱者胜出，颇有些人情味儿。无论是那知府还是县令，所判罚的依据都出自《仪制令》，下面我就来说说那《仪制令》。

《仪制令》始于唐，兴于宋，明沿袭之。宋朝以后，为了扩大对交通规则的宣传力度，要么刻在碑上，要么写在墙上，供大家学习并遵守。

《仪制令》又叫《十二字令》，因为它很简单，简单到只有十二个字。哪十二个字呢？即"贱避贵、少避长、轻避重、去避来"。

这十二个字很好理解，就是普通的贫民得向贵族避让，年少的要给年长的让路，两车相逢，轻的要避重的，过去的要避过来的。

许多人说，"少避长、轻避重、去避来"都非常好，唯独"贱避贵"那是糟粕，得摒弃。这么理解其实是没有问题的，无论是小辈让长辈，负轻者避负重者，还是出去的给来的客人礼让，都是礼，符合礼仪之邦的风范，贫贱的避让权贵确确实实是封建糟粕，不应该提倡。

不是我要跟大家唱对台戏，在我看来，万事万物得分别看待，"贱避贵"固然有不好的一面，人人生而平等，哪来的贵贱之分呢？但是，我诚心诚意地问大伙儿一句，自打人类有历史记载以来，哪个时代哪个地方不分三六九等？人人平等，没错，大家都两胳膊两腿，有什么区别？可是一落到现实社会中，所谓的人人平等不过是一个理想而已。所以，从现实角度讲，《仪制令》还是相对公平的。

我这么说，有人可能要急了，你说的是什么屁话？咱们都是读书人，先别急，容我把话说完。

我们再回头去看前面提到的两起交通事故，最后无一例外都是弱者胜出，这说明了什么呢？说明《仪制令》的规定是十分灵活的，贱固然要避贵，但是，少避长、轻避重、去避来则不分贵贱，以那樵夫为例，他只是普通百姓，如果以贱避贵的标准判，他必须得给杨崇秋让行，但是他挑了担柴，负荷重啊，知府判决的时候把轻避重也考虑进去了。那位粪夫也是同样的道理，在大街上车马理应让人，不得走马市中，也不是以贵贱来判的。

世间一切之律法，都不可能做到绝对的公平，当分别看待。听我这么一说，就会出现一个新的问题，那么"贱避贵"就成为一句废话了吗？

当然不是。其实所谓的贵，通常指官员，只有官员出行办公，方才有衙役开道，抬轿而行，这时候老百姓就得让一让路了。而那些举人、秀才、士绅等等，他们脸上又没贴"我是举人""我是贵人"之类的标签，谁知道你是什么身份啊？换句话说，我不知道你是贵人，属于无意冒犯，就不需要担什么责了，所以在判决的时候，官府会以"少避长、轻避重、去避来"为优先考虑项。

还有一种情况，行人也需要避让，比如传递紧急公函、急病求医、公差捉贼追人等等，在这种特殊情况下，允许在大街上骑马或驾车，百姓也必须予以让行，如果没及时避让因此伤了人，不判刑，只出钱医治伤者即可。

说到这里，又涉及了另外一个问题，如果是平时在官道上驾车撞伤了人，会怎么判呢？我们再来看一个案例。

话说有个姓康名失芬的人，有一天驾牛车入城，可能是有急事，车速比较快，将近城门的时候，一时没控制好速度，撞倒了在门前玩耍的两个小孩。

那两个小孩一个姓史，叫史金儿，是史拂之子，另一个姓曹，叫曹想儿，是曹没昌的女儿，小家伙细皮嫩肉的，怎么经得起牛车撞击？两个都受了重伤，不省人事。

史、曹两家人拉了康失芬去见官，康失芬知道是自己驾车不小心致人重伤，无法逃避责任，说是怎么判罚都行，反正听由官府判决。

经官府调查，康失芬的牛车是借来的，由于是第一次驾牛车，不知牛车习性，操控不当，这才发生了车祸。

很明显这是一起驾车不慎引起的车祸，主体责任也相当明确，康失芬负全责。但是官府没有马上判决，说是先行保辜，限期五十日，俟后再判。

看到这儿，可能很多人不太理解，这么一起明确的车祸，官府为什么不立马判了，要等五十天之后再说？这算不算是官府的不作为？

事实上这不仅不是官府不作为，还是一种在交通事故判罚上的巨大进步。为什么这么说呢？我来给大家解释一下，前文提到了"保辜"两字，这种保辜制度是在唐朝出现的，此后宋、明也沿袭此制。

那么什么叫保辜呢？所谓的保辜，是指"伤人未致死，当官立限以保之。保人之伤，正所以保己之罪也（注：语出《唐律疏议》）"。用大白话说就是，伤了人未导致死亡的，官府要立即限期保辜，保伤者就是在保肇事者的罪。那么限期多少日呢？要看伤残程度，《唐律疏议》是这样规定的：

诸保辜者，手足殴伤限十日，以他物殴伤限二十日，以刃及汤水伤人者三十日，折跌肢体及破骨者五十日。限内死者，各依杀人论；其在限外及虽在限内以他故死者，各依本殴伤法。

伤在手足部位的限十日，以异物打击撞伤的二十日，兵刃或烫伤的三十日，要是伤筋动骨的就需要五十日。在限期内，肇事者得积极医治伤者，如果伤者无其他原因在限期内死了，肇事者以杀人罪论处。要是伤者在限期外或者限期内以其他原因死亡的，只以斗殴罪论处。

看到这儿，相信大家也看出来了，保辜制度的出现，无疑是一种巨大的进步，十分人性化，要知道古代没有X光或CT等医疗设备，所以无论是打伤还是撞伤，一时间是看不出受伤程度来的，限期保辜，目的就是要看在限期内伤者的伤情会不会出现变化，再看具体结果判罚，如此一来对交通事故的判罚就会更加公平，也更加人性化，使冰冷的律法有了温度。

除了对车马的行驶及速度规定外，还不得超载。明朝有本很著名的书，叫作《天工开物》，对车子的载重，有明确的说明：

凡四轮大车量可载五十石，骡马多者，或十二挂，或十挂，少亦八挂。独轮推车，则一人之力是视，容载两石，遇坎即止，最远者止达百里而已。

同样，船只也有规定，"以船载客，需事先定价，不得超载，不得在中流索价"。

所谓"北马南船"，南方的船只品种繁多，因此对各种型号船只的载重都有明确规定，船的大小按桅杆多少而定，如二桅的船载重不超过六千公斤，六桅的船，可载重十二万公斤。

船只驾驶也有规矩："或沿泝相逢，或在洲屿险处，不相回避，覆溺者多，须准行船之法，各相回避，若湍碛之处，即泝上者避沿流之类，违者，各答五十（注：语出《唐律疏议》）。"在水流湍急处，上行的要避下行的，若不遵行，答五十鞭。

兴许有人会问，那么行人呢，是否有规定？当然也是有的。

关于行人的走路规则，有个小典故。说是军队行走时，士兵的兵器往往扛在右肩，这样的话如果两支军队相遇，双方都靠右而行，兵器就不会刮伤到人。因此行军时，士兵一律靠右行走。到了唐朝，将这种方法用于道路交通，从此以后一直沿袭至今。

看完上面的内容后，大家对古代的交通规则有了个大体的了解，事实上在交通规则这件事上，古代和现代的核心是一样的，即以人为本，比较人性化，在很多时候往往会倾向于弱者。

那么这些交通规则实施后效果如何呢？总体来讲，车马行驶还是较为规范的，原因无他，因为一旦出事是要判刑的。说到行人的效果，我表示笑而不语。

要知道中国式过马路是出了名的，结伴而行，说说笑笑，横于街市直若信步闲庭，这是有传统的，所以无论古今，对行人的行为规范虽多有限定，可由于没有上升到法律量刑的程度，也没有涉及惩罚，只沦为一纸空文，除个别繁华的城市外，基本在举国上下，都是个难治的顽疾，甚至于有些人还故意靠左而行。

我曾见一人，站在马路中央与人聊天，由于是乡间道路，不宽敞，本来就仅供两辆车勉强通行，被路中央聊天的人一阻，两边车辆都无法通行，排成了长队。这时候，绝大多数人都会自觉地避让一下，你要聊天靠边去聊又不会破坏你们的气氛对不对？可那两人却依然谈笑如故，视左右排成长龙的车队若无物，实在是有种泰山崩于前而色不改的气势，好不威风啊。

闲话表过，言归正传，纵观整个明朝，城市交通状况总体良好，不过明朝的交通规则基本沿袭于唐宋，没什么创新。当然了，创不创新倒是无所谓，能实施就行。然而一座都市，想要保持正常运行，使百姓安居乐业，只做到前面所说的这些是远远不够的，下一章节我们就来说说公共医疗以及面对灾情时的处理情况。

## 六 百姓事无小事

我们都知道，明朝开国皇帝朱元璋出身低微，元至正三年（1343），濠州发生蝗灾、瘟疫，父母相继离世，别说买不起棺材，连块坟地都买不起，后来还是邻居发了善心，好歹给了他一席地，以使父母入土。后来出家为僧，四处化缘，要多惨就有多惨，当然，也阅尽了人间疾苦，所以在建立明朝后，他是最懂百姓疾苦的，彼时虽已是一国之君，九五之尊，但依然保持勤俭节约，甚至还在宫里开了块地自己种菜吃。

我曾在《大明梦华：明朝生活实录》一书里讲过一个故事，说是马皇后生日时，百官都来祝寿，结果朱元璋在每一席都只摆了四菜一汤，分别是胡萝卜、韭菜、两样青菜和一碗豆腐汤，而且那些菜都是他自己种的，正当百官错愕时，朱元璋利用那四菜一汤大做文章，奉劝百官克己节俭，不要披上官服就忘了本，把百官听得冷汗直冒。

为了让百姓饥有所食，灾有余粮，洪武元年（1368），就"令天下立预备仓，籴谷收贮，以备赈济"。并且规定"一县定为仓，于境内居民丛集处设置，择其地年高笃实者管理仓政"。自朱元璋设立这个制度，有明一朝，从未改变，每一位皇帝对预备仓都十分重视。

这些粮仓的设立，为百姓提供了保障。了解明史的人可能都略有了解，在中国历史上，明朝发生的自然灾难是最频繁的，打破了纪录，堪为历史之最，各位试想一下，如果没有那些预备仓，会是什么后果？比如，洪武十九年（1386），应天府江浦县洪灾，朝廷下诏，出京仓米六千余石赈其民；宣德四年（1429），临安、于即二县闹饥荒，上报朝廷后，发仓米一千五百九十石；正德十三年（1518），给京师流民发米，每人三斗……

除了预备仓外还有常平仓，也是朱元璋设立的。有人可能会问，这两种粮仓有什么区别吗？顾名思义，预备仓起到的是预备作用，功能是灾后赈济，古代科学落后，对天灾无法预料，因此设立预备仓，以备不时之需；而常平仓则是在灾年、荒年等特殊时期，用来遏制米价上扬，起到调节、稳定市场的作用，以便减轻百姓负担。简单地说，预备仓的粮是免费发放给百姓，用来救命的，常平仓的粮是用来卖的，只不过是在政府的主导下，以平价或低于市场的价卖给百姓，以免一些不良商贩在粮食紧缺的情况下恶意抬高粮价。不得不说，想得还是挺周到的，在民生问题上，得给老朱点个赞。

到了正统年间，又增设义仓。同样，我们可以从仓名上看出其意义，义仓属于民间粮仓，是民间有爱心的人士自发设立的粮仓，选一个上了年纪的有德者为社长，在丰年的时候，条件好的人家出米四斗，一般人家出二斗，条件差些的就出一斗意思一下，以表爱心。这些爱心人士募捐的粮食收上来后集中入仓，一旦遇上了荒年，以前条件相对好一点的人家，从粮仓中贷粮，相当于贷款，只不过是没有利息的，到了秋时新粮收上来后如数还仓就可以了，一般人家或贫苦无依的人酌量赈济，是无偿给的，不需要还。

在大灾之年，叫天天不应叫地地不灵的时候，能收到义仓的救济粮，是不是感觉到很温暖？

在这之后又设了济农仓，所谓济农，重点在一个"农"字，农重则本固，本固则百废举，是专门用来救济农民的。遇到荒年或灾年，农民不仅没粮吃，连种地的种子都没有，就会形成一种恶性循环，造成累年粮荒，后果就不堪设想了，济农仓的设立，就是为了保证农民的生产生活。所储备的粮食也是来源于丰年，交税粮的时候向农夫多收一些余粮，集中入仓，到了灾年，无偿发放给农夫，诚可谓取之于民，用之于民。

不过济农仓的出发点是好的，却有些理想化。人都有私心，自己家有余粮时，自己存着不好吗，为什么要交给官家代管？况且官家贪墨时有发生，要是给你贪了，找哪个说理去？出于这点小心思，济农仓犹如昙花一现，存在的时间并不长，也没有被广泛推广。

从上文中不难看出，朝廷是很重视民生的，历代皇帝都在想方设法减轻百姓负担。然而任何一项政策的制定，都需要人去实施，所谓人心不足蛇吞象，但凡经过人手，都不免变味，这里面涉及的一个很重要的问题，那就是火耗。

这个名词相信大家不会陌生，所谓火耗指的是损耗，从全国各地收集上来的粮食，运载过程中或遇雨霉变，或撒落，或虫噬鼠窃等等，难免要损失一点，官府为了能足额将粮食入仓，在征收时会把这部分损失算进去，多征一些。

用我们现代人的思维去看这件事，其实是个无理的要求，凭什么你的损耗要我来负担呢？但官府也有苦衷，因为他们只负责收粮，不生产粮食，中途损耗了少了，想补也没办法补，只能跟老百姓要啊。中国的老百姓是非常善良且容易接受那些不可抗力的因素的，既然是官府下的令，那就接受吧，多征点就多征点。然而发展到后面，官府却把百姓的这种善良，理解成了理所应当，征粮的时候，用的是斛，往里装的时候必须装得很满，满到什么程度才算很满呢？顶部呈立锥形，冒尖的。装满之后，收粮的官员会往斛上踢一脚，那一脚踢上去后果可想而知，冒尖的粮食就会往地上撒。这时候百姓是不能去捡的，捡了也没用，会被强行制止，官府给的理由是，这是正常的损耗。

说句粗话，这是什么狗屁理由？说好听一点这是作弊，说难听一点那就是贪墨，往小了说是小偷小摸，往大了说就是仗着手中有权，欺负老百姓。

可怜的是老百姓即便吃了亏，也没地方说理去，只能忍受。后来久而久之，大家也都默认了。只是常在河边走，即便再小心，也总会湿了鞋，有一年终于出事了。

洪武十五年（1382。注：此处要说的公案发生时间明史记载不一，《明史·刑法志》记载是洪武十五年，而《明史·郑士利传》中则说是洪武九年，这里姑且以十五年记之），发生了一起震惊全国的大案，此案是由一方官印引起的。

按照明朝体制，各个地方每年都要向户部报账，账目无误，这一年就算有惊无险地过去了，要是有误，或发现贪墨瞒报，轻则革职查办，重则人头落地。

具体的流程是这样的：每年每个县、府、布政司都要将一年的收支财政账目送往京师，经户部审核无误后，地方的财政审核才算结束，然后户部会以各地的实际情况，拨给钱粮，以做到收支清晰明了。

要是账目有误怎么办呢？需要送回原籍，重新核算，然后再盖上当地的公章，送到京师去，让户部再次核对审查。这个过程中，最关键的是公章，如果账目上没有公章，户部是不认可的。

这么做本身是合理的，没毛病，倘若没有章印，没有相关负责官员的认可，那就不成体统了。但问题也正是出在这里。前文交代，粮食在运送过程中是会有损耗的，各地官员可能还要贪一些，贪墨多少倒是可以控制，可路上会损耗多少，那就只有老天爷知道了，当时别说没有天气预报，就算是提前请有经验的人预测，估计准确率也不高，要是途中遇上大雨，粮食会霉变多少，没有办法预估。如果账上有出入，那就是件麻烦事儿，谁也不敢马虎，因为衙门的公章是不能随身携带的，所以只能返回原籍。

离京师近的还好，来回一趟也不算辛苦，可要是偏远地区上京的，给户部核查时账目对不上被要求返回，那就真倒了血霉了，一来一回好几个月，万一运气不好，多次被查出有问题，那么这位负责账目的地方官员，这一整年不是在去京师的路上，就是在准备要去京师，家里要是有婴儿，报完账回去，儿子都不认识爸爸了。万一要是再倒霉一点，路途遥远加上屡遇大雨、大旱等极端天气，这一年下来那形象跟乞丐也没多少区别。

当然，这只是我个人的想象，反复上京复查账目的可能性是存在的，至于报送账目的官员在途中的生活到底怎么样，我不是很清楚，只是说有这种可能性。那要怎么办呢？没关系，咱们的智慧是无穷的，有句话叫上有政策下有对策，不是要查验吗？咱带两份账簿，一份是盖了公章且核算好的，另一份是盖了公章的空白账簿，账目没问题则罢，要是有问题，重新在空白账簿上填一份再交上去不就完事儿了吗，不需要亡命似的来回跑。

你看看这办法多好，想出这办法的人简直就是个天才，是报送账目官员的活菩萨、大救星啊。但是，这办法好归好，终究是在钻政策的空子，要是没捅出娄子来，大家都可以相安无事，可要是有人闹幺蛾子，就很容易出事。

有人可能会疑惑，这事能闹出什么幺蛾子？你想啊，空白账簿相当于空白支票啊，为了应付检查可以想怎么填就怎么填，那往上面多填点，往自个儿的口袋多装点算个什么事呢？

事实上在空印案爆发之前，下至百姓，上到户部，大家都心知肚明，只是碍于实际情况，户部也是睁一只眼闭一只眼，早早将天下州县的财政情况核实清楚，就算是把一年的任务完成了。但有一个人是不知道这件事的，这人就是朱元璋。

你想朱元璋是什么人啊？论节俭他说第二，天下没有人敢说第一，那是出了名的抠门。他出身低微，吃了许多苦，建立大明王朝后，十分体恤平民，也十分痛恨官吏贪墨，洪武十五年"天下考校钱谷策书，空印事起"，朱元璋得知此事后怒火冲天，空印一事，尽人皆知，就他一人被蒙在鼓里，一个个的相互包庇，欺上瞒下，勾结贪墨，你们眼里还有君王吗，还有百姓吗？

然而，怒归怒，这里面有个很大的问题需要权衡，持空白账簿入京核算的不是一省一府的个别现象，而是全国官员都在这么干，如果真要治罪，那么上至户部，下到州县，天下官员只怕没几个能逃过罪责，要是把这些人都杀了，那倒干净了，大明朝就只剩下老朱一个光杆司令了。

可以这么说，在中国历史上，所有君王都不敢这么干，有句古话说得好，法不责众，就像前面提到的中国式过马路，一旦成群结队，举国百姓都横着走，谁也拿他们没办法，最多是抓一二个人，杀鸡给猴看，树立一两个典型，这事就算过去了。

事实上当时朝廷上下所有人也都是这么想的，朱元璋发狠话说要追究空印案时，举朝上下俱皆沉默，就等着看他会抓哪两个倒霉蛋立碑。

可惜的是他们都想错了，中国历史上没有君王敢这么干，但朱元璋却敢，他要是那种和稀泥、抓典型之辈，就不叫朱元璋了。

当时朱元璋下了道旨意："凡主印吏及署字有名者皆逮系御史狱。"

这道圣旨真的是空前绝后，天下州县，从布政司及以下所有机构，但凡有掌印官员及其副手，只要是涉案的，全部入狱。

这是什么概念呢？我不妨列一组数字出来，以便大家有个具体的概念：

当时全国有13个布政司、153个府、234个州、1171个县，此外，一并入罪的还有一个机构，即负责监察的各省按察司官员。设立按察司这个机构的目的就是让他们去监督的,现在倒好,你们非但没举报、纠正,还跟他们一起欺君,把这件事儿捂得严严实实的,那这个监察机构不就形同虚设了吗,还要你们干吗呢,养肥了去卖肉?

那么空印案是如何判决的呢?"凡主印者论死,佐贰以下杖一百,戍远方。"所有掌印官员一律处死,副官杖一百,流放。

至于被斩的涉案官员具体有多少,不太清楚,有说七八万的,也有说几百的,莫衷一是。出现这种情况会不会是史官恐影响皇帝的声誉没有记录,还是朱元璋本人下的令,不让记?这个我不知道,不敢随便乱说,不过这个问题不是本书的讨论范围,姑且按下不表。只说震动全国的空印案,朱元璋不惜诛杀众多官员,不是像有些人所说的为了巩固皇权,这太片面了,无论是朱元璋平时俭朴的生活、颁布的各项利民的政策,还是掀起的一场场反腐风波,均可以看出,这位出身平民的皇帝,是真想给老百姓创造一个好的环境。

还有一件事情,是发生在洪武十四年(1381),荆、蓟等地发生水灾,房舍、田地冲毁无数,民不聊生,朱元璋命户部主事赵乾实地勘察,督导、协助当地官府救灾。

那赵乾倒不是什么贪官恶吏,心还是善的,只是官僚习气太重。一般来说,你领了旨负责去救灾,救灾如救火啊,马不停蹄地赶过去啊。可赵乾偏不,从京师至湖北地区,一路游山玩水,玩累了就在附近地区休息。由于他是从京师下来的钦差,途经之处,各个地方的官员肯定得好生接待,就这样一路游玩,胡吃海喝,好不悠哉,直到两月后方才抵达湖北。

按理说,拖了两月,到了目的地该办理正事儿了,可赵乾的心实在是太大了,依然拖着不办,今天赴这个会,明天去那个局,忙不完的应酬,彻彻底底把百姓的死活抛到九霄云外去了。

或许有人会不理解,赵乾是顶着圣旨下去救灾的,他这么干不是找死吗?这可能是我们平民老百姓的想法,当官的想法可能会有点不太一样。没错,他是皇帝派来救灾的,可归根结底具体负责救灾的是当地官员,他只要督促就可以了。什么叫高官啊,高官就是负责讲话传递精神的,怎么能去做具体的那些琐事呢?于是,这一拖就又拖了三个月。

如此前后算起来一共拖了五个月,赵乾倒是把该办的事儿都办了,可有人却不满了,你是去救灾的吗?分明是观光旅行疗养来了,百姓正生不如死呢,你却跑到事发地疗养来了,这良心是让狗吃了吗?有人看不惯,就把这事儿告到了南京。

朱元璋一听,龙颜大怒,他的原话是这么说的:"夫民饥而上不恤,其咎在上;吏受命而不能宣上之意,视民死而不救,罪不胜诛,其斩之,以戒不恤吾民者。"

意思是说,百姓有难如果朝廷不闻不问,那罪在朝廷,但是朝廷体恤百姓,当官的却不为民办事,无视民之疾苦,就算是把你给斩了,都不能抵消这样的罪过。

是啊,多少条人命,因了你的玩忽职守而奔赴黄泉,你的一条命怎么可能抵消得了那些死去的百姓?从这句话里可见朱元璋爱民之心切。

当然,作为一个国家领导人,光是能让老百姓吃饱饭是不够的,人食五谷杂粮,哪有不生病的道理,生老病死这些重要的民生问题都得考虑进去,所以在设立粮仓、赈济灾民等措施外,朱元璋也十分重视兴修水利,以减少自然灾害的影响,另完善医疗环境,增设殡葬场地,让百姓病有所医,死有所葬。并且规定,但凡发生灾害,受害地方的赋税一律减免。

这些事情在拙作《大明梦华:明朝生活实录》中都有所涉猎,这里就不展开来讲了,单说明朝具体的医疗环境和灾后救治、赈抚等事。

前文讲到,明朝城市的卫生问题并不理想,如果医疗环境再跟不上的话,其后果会比天灾更加可怕。

关于明朝的医疗问题,我不想人云亦云,泛泛而谈,说一些众所周知的事情,而且关于明朝的医疗福利等事,在《大明梦华:明朝生活实录》也已说到,这里只重点说两件事,一是救灾,二是灾后处理。

大伙儿平时读书多,均有一定的文化素养,想来也看到过类似于这样的情形:一场瘟疫比如天花,导致众多人死亡,而且这种病是会传染的,大规模泛滥之下,那场景简直是人间地狱。

明朝发生的天灾,在历朝来讲可能是最多的,是个多灾多难的朝代。好在人类的潜力无限,在逆境中往往能激发出无穷的智慧。经过那一系列的天灾,明朝的救灾措施可谓十分完备,有一套独特的应急系统。

发生大规模的疫情时,当地官员必须做好三件事,即报灾、勘灾、救灾。首先是往上报,不得瞒报或捂着不报,其次是勘察灾情,从而制定出具体救灾的方案。

当官的最希望当太平官,这是人之常情,恰如百姓,哪个不希望过太平日子呢?然而有些官员为了政治前途,视百姓生死如儿戏,往往谎报、瞒报,对此类事情,在朱元璋时期就已出台律令:"灾情去处,有司不奏,许本处耆宿,连名申诉,有司极刑不饶(注:语出《明会典》)。"发生灾情不报或瞒报的,当地德高望重的老者可以联名向上举报投诉,如查实,对相关部门的官员处极刑。

报灾与勘灾几乎是同步进行的,人命大如天,地方官员必须投入全部的时间和精力,巡视疫情,根据实际情况,联合官方及民间的大夫,按病依方救治。

这里面有个关键性的问题,就是一旦发生了天花等瘟疫,依据什么药方救治?

毫不夸张地说,无论是天花还是其他瘟疫,在明朝以前都是不治之症。唐时,药王孙思邈曾想到过一种办法——以毒攻毒,取天花脓液少许,放到正常人的皮肤上,让正常人产生免疫。

药王不愧是药王,这种治疗方法不仅大胆,而且超前,相当于现在的疫苗接种,然而由于种种原因,效果甚微,有人本来没得天花的,经此一试,反倒染了病,一命呜呼。宋朝时,也有人用过这种方法,效果同样不佳。

为此,老百姓都怕得那种病,别说治不好,即便能治,医治费用也是高得能让人倾家荡产,那怎么办呢?只能寄托于神灵,这神灵叫痘神,求他保佑,不要让家人得那种绝症。

好在中医是在发展的,到明朝时,对天花等瘟疫等的医治,已有相当的经验,李时珍在《本草纲目》便有记载:"初生小儿十三日,以本身剪下脐带烧灰,以乳汁调服,可免痘患。"除李时珍外,还有许多人对此有专门的研究,如万全所著的《痘疹心得》,吴有性的《瘟疫论》,陈司成的《霉疮秘录》等等,可见明朝在这些疾病上是有一定成就的。

还有件有趣的事情,皇帝也曾研究过药方,以治百姓之疾。我们都知道,明朝皇帝求仙问道是有传统的,自打朱元璋炮制了一些关于道教的神话后,明朝皇帝对道教的热衷可谓一代胜于一代，比如《太祖本纪》说：至正四年（1344）旱蝗，大饥疫。太祖时年十七，父母兄相继殁……太祖无所依，乃入皇觉寺为僧。逾月，游食合肥。道病，二紫衣人与俱，护视备至。病已，失所在……

说的是朱元璋父母兄弟相继病故后，孤苦无依，去了皇觉寺为僧，有一次在游方化缘途中病倒，得到两位紫衣道人的救治，病就好了。那两位所谓的紫衣道人说的就是道教中的神仙。这是朱元璋为了彰显出自己是真龙天子，刻意炮制出在危难之际有神仙相助的神话，没想到的是他的子孙们都信以为真了。

受朱元璋影响，或者说是受到他的启发，朱棣夺位后，为了巩固政权，号称是得到了真武大帝的庇佑，言下之意是说，他这九五之尊是命中注定的。不过到了后期，社会渐趋稳定，皇帝信奉道教就纯粹是迷信了，这股迷信风潮到嘉靖帝达到顶峰。他不仅崇尚求仙问道，还热衷于求丹问药，妄想长生不老。这种行为当然是不值得提倡的，不过嘉靖帝跟各种丹药接触多了，居然也颇有些心得，亲自写了一本医治瘟疫的小册子，命礼部刊行天下。这算是嘉靖帝在做求丹问药这种荒唐事之余，唯一给百姓带来的福利吧。

那么这些药方或研究的专著效果怎么样呢？毫无疑问，只要悉心医治，效果肯定是有的，史书上对成功控制疫情的记载并不少见，比如永乐四年（1406），江西发生疫情，命监察御史魏源前往督促，医治灾民，记载的原话是"全活者甚多"，就是被成功救活过来的人很多；万历十五年（1587）六月，京师内外，暴发疫情，于是命太医院备药，及时发放给百姓，结果是半月之内治好一万余人。

可见成效是不错的，只是由于这种病传染很快，一旦泛滥，是相当可怕的，关于这一点大家都应该深有体会，当下新冠肺炎席卷全球，如果不是我们国家防控得力，后果实在难以想象，全球因新冠肺炎死亡的不计其数。同样，明朝对传染病虽在防控上颇见成效，但死亡还是难免的，那么致死率高不高呢？

客观地讲，由于当时科技水平有限，在面对突如其来的传染性疾病时，生命越发显得脆弱，致死率还是相当高的。如永乐六年（1408），江西、福建两省因瘟疫死亡78400余人；永乐十一年（1413），浙江归安等县疫死10580余人；正统十年（1445），浙江绍兴、宁波等地疫死34000余人；景泰四年（1453），江西建昌府疫死8000余人，武昌、汉阳二府疫死10000余人；正德六年（1511），辽东疫死81000余人（注：以上数据引用自《明实录》）……动辄数以万计的死亡，可以说是触目惊心的。

不过在这里，我需要客观地说一句话，人类与病菌一直是共存的，攻克了这个疾病必会有另一种疾病出现，永远都不可能避免。所以说从古至今，没有哪朝哪代可以说，在疾病的防控上完全做到位了，也没有人敢拍着胸脯说，在多少年内不会有人因流行性传染病而死亡。纵观整部中国史，历朝历代在发生大规模疫情时，都有大量死亡的数据。

天灾无情，不可预料也无法完全控制，在灾难面前，人是渺小的，然又是坚强的，作为一个源远流长、自强不息的伟大的民族，我等可能畏惧过，但从未退却过，且来看明朝上下在大灾大难面前是怎么自救的。

在灾情已发生的情况下，除了及时派遣大夫给予救治外，还有个重要的事项，即隔离病源，控制疫情，"各处地方有因饥疫身死，无人收葬者，所在军民有司，即与掩埋，毋使暴露（注：引自《明英宗实录》）"。

因疫致死的人，如果暴露荒野，会使病毒二次传播，扩大疫情，在这种情况下，无论是军是民还是当地官府，都有责任将之无偿掩埋。有时因疫致死者比较偏僻，官府未能及时发现，且死者没有亲属，属于无主尸骨，这种情况下，有可能会长久地曝尸野外，无人料理，致使环境污染，出现新的疫情，为避免这样的事情发生，嘉靖年间，也有措施出台："榜示四方军民，但有能埋尸一躯者，官给银四分或三分（注：引自《明经世文编》）。"

说到这儿，还有个重要问题需要解决，那些尸骨埋到哪里去呢？

我曾在《大明梦华：明朝生活实录》一书里提到过漏泽园，是明初朱元璋设立的，专葬无主的尸骨，后推行于天下，在控制疫情中起到了较大作用。

在灾情发生时，官府会无偿发放生活所需的基本物资以及粮食给百姓，其中有一项善举在明朝较有特色，那就是粥厂，下面我着重来讲一讲。

施粥制度历朝历代都有，到宋朝时更臻完备，那么为何说明朝的粥厂较有特色呢？

有两个原因，一是推行最为广泛，数量最多，多到什么样的程度呢？从州县以下遍布至村寨，且每村按村落远近，每数里设一厂，星罗棋布。不只设置的数量要多，而且还要合理，那么怎么设置才算合理呢？

选址很关键，比如说县城的粥厂，不能设在偏远位置，要选在城乡接合部，照顾居民取粥方便。上面提到的每数里设一厂，这个"数里"究竟是多少里，据崇祯年礼部尚书徐光启《农政全书》记载，是二十里左右，"州县官先画分界，小县分为十四五方，大县分为二三十方，大约每方二十里"。

通过这些数据，可以看到明朝粥厂之多之广了。再来说第二个特色，那就是管理制度。粥厂有专司人员，如粥厂、司积、司簿等管理人员以及专门的监督人员。施粥前，要对所有来领粥的人员进行审核，并登记在册，发放领粥凭据，这样做一来可以杜绝冒领、多领，二来可以对灾民的情况予以了解和掌握。

一般情况下，灾民可早晚各领一次，每日不绝，直至当年麦熟为止。

别看区区粥厂，一锅粥用不了多少米，但由于规模大、时间长，其投入还是相当巨大的，具体大到什么程度，我也给出几个数据，以便大家有个立体的了解。比如嘉靖十年（1531），陕西大旱，朝廷下拨太仓银三十万两以赈灾；万历四十三年（1615），京畿一带重灾，顺天府尹奏请，比照往年煮粥的案例，暂发五千石，照依三十九年（1611）所立粥厂，城内六厂，城外二厂……如此巨额的投入，在多处受灾的情况下，朝廷的压力非常大，况且，我们前面曾讲到，明朝天灾频发，堪为历代之最，如果光靠朝廷周济是远远不够的，于是又衍生出了两个办法，一为捐，二为义社。

先来说捐，捐也分两种，一为官捐，二为民捐。

所谓官捐，就是官员带头募捐，以此来作为一种示范，鼓励整个社会，共度时艰。纵观整个明朝，官员募捐的记载并不少，万历十四年（1586），猗氏县饥荒，知县陈经济一边向上面申请救助款项，一边自己捐俸设粥厂，以解燃眉之急，真的是好知县，百姓的父母官。

所谓民捐，是指发动当地富商、乡绅捐钱捐物，然后再视他们所出钱物的多寡，官府予以一定的精神上的嘉奖，比如送牌坊、送贴、送冠带等等，表彰好心人。

再来说义社。义社其实就是民间的慈善组织，在发生大规模疫情的情况下，以施粥、施药、代葬、收养遗孤等形式，帮助灾民度过艰难时期。

义社有很多种，我简单地介绍一下。

先是义庄，是以宗族为单位，自发组织的救助团体，最早出现在北宋，到明朝时，约有两百余家；再是同善会，一般由乡绅、地主或秀才、举人、致仕还乡的官员等有影响力的人组织，他们虽不是官府人员，但在民间颇有威望，可以凭借自身的影响力，号召大家，在危难之时团结起来，共度时艰。他们一方面可以作为官府和民间之间联系的纽带，另一方面则通过自身所在的圈子，筹备救灾物资，相对而言，像同善会这一类的社会团体，由于成员都是有威望的上流人士，力量会更大一些。

在明朝中后期，因了社会的开放，民间富人多，在慈善方面，还衍生出了许多诸如葬会、育婴社等更细的组织，对这些组织，如上所言，官府也会给予鼓励和嘉奖。

如此在上上下下共同努力下，虽然有明一朝灾难频发，多灾多难，但在大灾大难面前，上至朝廷，下至平民，还是颇有人情味的，我想这应也是明朝能够在多灾多难的环境下，屹立二百七十余年的原因之一吧。

## 七 由黄有三而引发的养老案

这个章节咱们专门来说说关于明朝养老的一些事儿。不过关于养老的事情我在《大明梦华：明朝生活实录》中略有提及，为了避免炒冷饭、骗稿酬之类的嫌疑，这里我就说些之前没有说过的，也算是对上一本书的补充吧。

我们先来说个故事。

话说在弘治十二年（1499），河南怀庆府孟县有个叫黄有三的人，上面有两位哥哥，他在家中排行老三。

黄有三是黄源夫妇在四十岁那年所生，诚可谓老来得子啊，捧在手心怕冻着，含在嘴里怕化了，十分疼爱。二十年后，黄源夫妇早已是白发苍苍，步履蹒跚，失去了劳动能力。

所谓养子防老，家里有三个儿子，按道理说养老是绝对不成问题的，三个儿子轮流着照顾二老不就完了吗？

说句不好听的，有时候儿子多啊，并不一定就是好事儿，因为我照顾得多一点，你照顾得少了些这种琐事，兄弟间大打出手也有的是。

黄源夫妇的养老问题就出在他们那小儿子身上。黄有三从小娇生惯养，养出了一身的臭毛病，不学无术，不思进取，年纪轻轻的就开始旷学，时不时翻墙逃课，后来胆子越来越大，索性就不去学校了，成天游手好闲，父母有劳动能力时，还能依靠父母，然而当父母失去劳动能力，不能再赚钱养家，需要子女抚养时，黄有三依然不思悔改，为了满足生活所需，将家里的地都变卖了。

　　这要是独子，问题可能会简单些，问题是黄源有三个儿子，家里的地是一家人共同拥有的，你私下做主把地卖了，置大哥二哥于何地？即便是他们顾念兄弟之情，忍了这口气，大嫂二嫂也不答应啊，二老需要共同抚养，凭什么就让你一个人卖了呢？

　　大嫂二嫂一商量，既然你卖了地，那行，抚养二老的义务也该由你承担起来，他们两家不管了。

　　对于这个决定，黄有三也没什么话可说，依言答应抚养二老。

　　事情并没因此结束，黄源夫妇虽然手脚不便了，但脑子还是清楚的，他们知道如果黄有三再这么下去，一旦把卖地的银子挥霍殆尽，日子就没法过了，别人家再怎么穷，好歹名下有地，费些时间精力种些应季作物，终归是饿不死的，然黄有三把地都变卖了，就真正成了无根之草，自绝了后路。

　　这些道理黄源夫妇天天念叨，希望他能改邪归正，好歹去找份工作。起初黄有三还能听几句，后来越说越烦，甚至连家都不回了，早上出门前，给二老留好饭菜，直至晚上才回来，问他去做什么了时，只说忙营生。二老原以为他是回心转意了，所谓浪子回头金不换，只要他肯谋些营生，还是能把日子过下去的，哪想到有一天出事了。一大帮人抓着黄有三踹门而入，凶神恶煞一般，说是黄有三欠了二十两银子的赌债，限期已到，现在给你们两个选择，要么拿命，要么拿钱。

　　二老躺在床上，听了此话，端的脸色都白了，他们一辈子勤勤恳恳，任劳任怨，把三个儿子抚育成人，平时恨不得把一钱银子掰作两钱花，听到那不孝的东西，居然一下子输了二十两出去，险些气得吐血。然而在外人面前，二老不便失礼痛哭责怨，只恳求他们再宽限几日，容他们想想办法。

　　待那些讨债的人走后，二老便是好一顿埋怨，真是狗改不了吃屎，不思进取倒还罢了，居然还去赌博，妄想不劳而获。

黄有三输了银子本就心烦，听二老在一旁念叨，越发恼火，朝二老喝道："你们也别说我，搞得好像我除了吃就什么也不会干了似的。那你们呢？躺在床上，除了能吃会喝，还会做什么？"说完这句气话后，夺门而出。

黄源看到这般光景，摇头叹息，当年生下他时，全家上下那叫一个欢喜，以为是上苍恩赐的麟子凤雏，因此百般疼爱。现在想来，是他们的溺爱毁了他的一生。妻子黄李氏躺在老伴身边，也不知道该说些什么，只是闭眼流泪。

"老伴啊。"黄源叹息着说，"他日因今时果，三小子落到今天的境地，很大程度上是我们给惯的，换句话说，是我们让他变成了今天的样子。我是想，把我们压箱底的那二十五两银子拿出来，替他把债还了吧，做完了这件事，我们也算是尽了全力了，他今后是死是活，由他去。"

"可是……"

"好歹是我们的儿子。"黄源听得黄李氏的语气，怕她不答应，又说，"不帮他这一把，我们死了，心里也不踏实，总不能眼睁睁地看着他让人打死吧？"

"可是地已经让他卖了，如果这银子再给他，怎对得起老大和老二？"黄李氏说，"倘若总让老实本分的吃亏，便宜尽让好吃懒做的占了，你不觉得忒偏心了些吗？"

黄源一想也是这个理儿，就问："那么你有何打算？"

黄李氏深沉地叹了一声，说："银子终归是身外物，你我都是将死之人了，带不到那边去，依我的意思，趁着我们还有口气，还能张嘴说话，就把老大老二喊过来，将银子分了吧。至于三小子的债，给他分些银子后，先还上一些，日后若肯悔改，他有手有脚的，没有还不上的道理，不能总惯着。"

黄源听了这番话，深以为然，便说："就你依的。"

话音刚落，就听到砰的一声，有人破门而入，二老以为是催债的去而复返，扭头一看，竟是他们的那三小子，看他那脸色，分明是刚才的话被他听了去，一脸的气愤，那样子似乎是二老欠了他的债。

"见死不救是吧？"黄有三恶狠狠地看着二老说，"今天我就问你们一句，我还是不是你们的三小子？"

黄李氏说："三小子啊，我们从小待你如何，莫非你不知道吗？"

黄有三逼着黄李氏说："那就把那二十五两银子拿出来。"

黄李氏艰难地抬起手，拭了下眼角的眼泪："既然你都听见了刚才的话，想来你也应该清楚我的意思，地已经让你变卖了，那些银子就不能再让你独吞了，虽说从小娇惯了你些，但你们三个，都是我生下来的，总不能让老大老二太吃亏了。"

"卖地的钱你们没花吗？"黄有三满脸通红，那样子比之刚才讨债的那些人有过之而无不及，"每天要死不活地躺在床上，吃喝拉撒的钱从哪儿来的？"

黄李氏听了此话，悲从中来："嫌我俩活久了吗？"

"我不与你讲废话，只问你一句。"黄有三寒声道，"今日你到底拿不拿银子出来？"

黄李氏大叹一声，闭目不语。

人一旦染上了赌，其心理就与正常人不同，似乎别人不帮他，就是无情无义，殊不知并非是别人不帮，而是不想他继续沉沦罢了。是时，在黄有三看来，做父母的竟宁愿守着银子，而不顾儿子的死活，这样子的父母委实太狠心了，越想越气，冲到床上，摁着黄李氏的脖子大吼道："到底拿是不拿！"

黄源见这情景，不由慌了，奈何手脚无力，只能眼睁睁地看着干着急："三小子，快放手，她可是你母亲！"

"她今日要是不拿银子，便不是我母亲！"

或许是心灰意冷了，黄李氏倒是不挣扎，由他摁着，倘若她的死，真能换回他的回头，那也算是值了。

黄李氏真的被掐死了，或许这并非黄有三本意，但黄李氏终归是死了，且是死在亲生的儿子手里。

辛辛苦苦、劳劳碌碌地将儿子养育成人，临了竟落得个这般下场，黄源的内心是崩溃的，只是可怜天下父母心，想到自个儿与老伴终归是即将入土之人了，倘若在这节骨眼上，让小儿子去给他们陪葬，怎狠得下这心？即便他有千错万错，始终是血浓于水，所以按照黄源的意思，是要把这事压下来，对外界只说黄李氏是因病去世的。

黄有三的大哥、二哥也没说什么，算是默认了黄源之言，然其两个媳妇却咽不下这口气，好吃懒做，赌博成瘾，为还赌债，不惜弑母，这是十恶不赦之罪，若到了这种时候还惯着他，简直是天理不容，于是背着家里人偷偷地去报了官。

县衙门接了案子后，很快逮捕了黄有三，问明情由，果真是行凶弑母，知县勃然大怒："天地之性，人为贵，人之行，莫大于孝。不得乎亲，不可以为人，不顺乎亲，不可以为子，这些圣人之言，莫非你没读过吗？"

黄有三答道："读过。"

"在何处所读，何人所教？"

黄有三又答："县学。"

知县当即又抓来县学教谕（注：县学之长，相当于一校之长），问道："黄有三可是你的学生？"

那教谕慌了："黄有三确实曾入县学，然其今日行为，非我之过也。"

知县道："黄有三犯下十恶不赦之罪，然教而不严，师之惰也，难逃其责。"当下宣判，黄有三凌迟，县教谕革职流放。

这一桩公案说的虽然是弑母案，却牵扯出其他许多问题，想来大家看完之后，有些地方不太理解，一个人犯了十恶不赦的大罪，连当初的学校校长也要一起受罚吗？

百善孝为先，这是中华民族的传统，一个人要是不孝，对父母至亲之人都不好，还能要求他有良好的品德，对这个社会有所贡献吗？黄有三不孝，丧心病狂之下弑母，罪有应得，所谓不得乎亲，不可以为人，不顺乎亲，不可以为子，虽说凌迟残忍了些，也是合乎情理的；除了孝之外，还有个责任问题，每个人都要上学去读书，既然上了学读了书，那么老师就得负起教书育人的全部责任，所谓"教不严，师之惰"，学生出了事，老师是有责任的。

那么这里就会引出一个比较现实的问题，黄有三的行为，学校校长需要承担责任吗？

具体问题需要具体看待，所谓人之行，莫大于孝，孝是为人的基本准则，一个人连自己的父母都不孝顺，无论他将来做什么，都不大可能善待他人，这根本原因是他的品德出了问题，如果黄有三已过而立之年，弃学多年便罢了，问题是没过而立之年，而校长却放任其旷学逃课，未加以管教，那么就是失职了。

这是古代的法律，老师的责任可以说是非常大。下面再来说说十恶不赦之罪。

我们常在电视剧里听到"十恶不赦"这个词，虽然不知道十恶究竟是哪十恶，但犯了十恶之罪的肯定是罪大恶极之人。那么十恶到底是哪十恶呢？分别是谋反、谋大逆、谋叛、恶逆、不道、大不敬、不孝、不义、不睦、内乱等，这十恶之中，有两恶是关于不孝的，即不孝、恶逆。不孝指的是不奉养父母、祖父母，控告、咒骂父母、祖父母，或者在父母、祖父母亡故后，匿不举哀，丧期嫁娶作乐；所谓恶逆，是指打杀祖父母、父母以及姑、舅、叔等长辈、尊亲。

在古代，凡是犯下这十恶之罪的，一律凌迟，而且没有被豁免、减刑的可能，哪怕是遇上大赦，比如太后、皇帝的生辰等，一般会颁旨大赦天下，放一些犯人出来，但是犯下了十恶之徒不在大赦范围之内，可见在我们中华民族的传统中孝道的重要性，也可见朝廷对孝道的重视程度。

最后来说说本案涉及的养老问题，像黄源夫妇这样，已经失去劳动和自理能力的，朝廷是否有养老的义务？

答案是否定的，没有。像黄源夫妇这种情况，二老可免赋税，如果奉养人是黄有三，那么可以免去他的徭役，以减轻奉养人的负担。

客观地说，明朝的养老并不完善，但扪心自问，有其可取可敬之处。

先来说不完善的地方。洪武十九年（1386），朱元璋下旨，"诏有司存问高年"，记住这句话，下面还会提到，意思是要求各府各县统计年老高寿的人，凡贫民年八十以上的，每月给五斗米，酒三斤，肉五斤；九十岁以上的，在此基础上再加帛一匹……应天、凤阳二府，即南京以及朱元璋的老家的百姓，年纪在八十岁以上的，赐爵里士；九十岁以上的，赐爵社士，这两个爵位都与县官平礼，并免除杂役。

值得注意的是，洪武十九年（1386）特许应天、凤阳二府年高者赐爵的诏令，在明朝中后期逐渐扩大到了全国，凡是达到年龄要求的，非但衣食无忧，且拥有独特的地位，与县官平礼。

看到这里，大家或许心里存疑，这些条令无不显示出对老人的厚待，而且十分人性化，要知道在其他朝代，老年人未必会有这么高的待遇和地位，哪里有不完善的地方？

从表面上看，确实是对老年人优厚有加，但是细想的话，这些制度是有缺陷的，因为这里涉及一个根本性问题——年龄，在写本文之前，我特意去翻阅了历朝历代的平均寿命，自汉唐以降，到宋明，平均寿命在四十到四十五之间，换句话说，如果一个人在四十五岁就亡故了，是正常的，算不得英年早逝。

当然，这个平均寿命也不是绝对的，并非是人人活到四十五岁就算高寿了，这里需要算上两个特殊因素，即战争和生病。

众所周知，参加战争的都是十七八岁或二十几岁的青壮年，如果他们战死沙场，自然算是死于英年；其次是上文谈到的天花等瘟疫，染疫后在药品稀缺的情况下死于非命，同样也会拉低平均寿命值。所以，可以享受朝廷特殊待遇的八十岁以上的老人并非没有，只是那样高龄的人，比较少罢了，这就是我所说的不完善处。

那么未满八十岁的，该如何养老呢？

凡满六十岁以上的，免其徭役，如果还可以劳动的话，在自家的一亩三分地上面，种些作物，过日子是没有问题的。就像黄源夫妇那样的情况，要是有子奉养，则免奉养者徭役，无子的，有四种方式安度晚年，第一种是去养济院，也就是由政府筹办的公益性质的养老院，费用由县府来出；第二种是由亲戚收养。有人听了后可能会很惊讶，这也太理想化了吧？哈哈，确实，哪个亲戚会心甘情愿地给你养老送终呢？但是明朝有相关法令，不肯收养的，追其责。当然，即便有法令，也不是那么理想，强扭的瓜不甜，就算亲戚碍于法令勉强收养了，估计你的老年生活也不会幸福。要是连亲戚都没有，属于真正的孤家寡人，可以由同村的或邻居代为收养，官府会给予一定的补助；第三种，官府给予少量补贴，其余自行解决；第四种是由民间义社收养，官府会给义社以表彰。

看完上面的四种养老方式，除非自己特有钱，不然还是养儿防老靠谱啊。

此外，上了年纪的老年人如果犯了罪，官府会酌情量刑。所谓酌情，指的是七十岁以上的老人，假设所犯的罪行本来是需要流放的，则免其罪。要是年轻人犯了罪，如果家中有老人无人奉养的，本来是需要流放的，则杖一百，以为警戒，余罪收赎。

如果子女在赡养老人期间，不尽心尽责，或是心不甘情不愿的，慢待老人，不愿尽赡养的义务，按《大明律》规定，就是犯了弃亲之罪，杖八十。

以上所说的条例律令都源自《大明律》，体现了法律温情的一面，也体现了朝廷对老者的厚待，虽然说社会上也不乏老而无德之辈，倚老卖老的也大有人在，但是，无论怎么说，尊老敬长是中华民族最为宝贵的品德，当政者能善待老人，在下敬佩。

　　好了，以上说的是明朝在养老上的一些不太完善之处，下面再来说说明朝养老的可取可敬的地方。前面说到，朝廷尊老敬老，到了一定的年龄就会给予补助，甚至封爵，与县官平礼。洪武十九年（1386），朱元璋诏告天下，"诏有司存问高年"。前面我让大家记住这句话，是要在这里着重讲讲"存问高年"的事情。

　　那么什么是存问高年呢？就是慰问，每年春秋两季各级官府会组织活动，慰问高年，随手提些粮食、酒肉等慰问品，彰显朝廷对年老者的关怀。这种慰问形式，相信大家在新闻上也看到过，我就不多说了，着重来说说古代特有的一种慰问形式，叫做乡饮酒礼，就是把乡里有代表性的德高望重的老者请过来聚会。

　　这种聚会不是喝喝酒、说说场面话，严格来说，它是一种非常隆重、肃穆，甚至可以说是神圣的仪式，是中华民族重要的传统礼仪中的一种。

　　乡饮酒礼形成于西周，是一种出现在地方上的礼仪，专门请一些身家清白、年老德高，或是致仕回乡的官员，各个地方因行政级别不同，会要求各州、各府、各县正印，代表朝廷到场，以示朝廷的尊老敬长之心。

　　关于乡饮酒礼的细节，后面会有专门的章节说到，此处姑且按下不表，先来说说明朝养老制度的可取之处。

　　这所谓的可取之处，是指给年长者养老金，全部由朝廷支出，那会儿还没有养老保险之类的概念或制度，所以也不是事先缴纳养老金，到了退休年龄后按比例发放，换句话说，八十岁以上老人的养老金，完全是一项由政府全额出资的福利，这就可以对应到为什么要到八十岁以上才有资格享受养老福利了，你想啊，如果举国上下的老人，都以六十岁以上为标准享受由政府出资的养老福利，那么这项开支就太大了，明朝历代实施轻赋薄徭、藏富于民的财税政策，关于这个政策我在《大明梦华：明朝生活实录》里有详细讲到，这里不再重复，单说如此大的开支，纯粹靠政府出资，肯定是负担不起的。这样的政策有其先天性的缺陷，但不得不说，也有其可取可敬的地方。

以上说的是平民的养老，至于官员，大体与平民相同。

看到这句话，大家会不会感到惊讶？官员的养老福利大体与平民相同，难不成你是想说有明一朝，官员没有特殊性吗？

确切地说，真没什么特殊性，整体上来看明朝的官员是清贫的，这个问题同样在《大明梦华：明朝生活实录》中有所涉及，特别是在朱元璋时期，一般官员的地位甚至还不如百姓，为官者可谓战战兢兢，唯恐教人举报了吃官司。

不过，在养老制度上，朱元璋时期官员致仕（退休）后的福利可能是最好的。

纵览明史，关于官员致仕的福利语焉不详，这也是有些人抓住朱元璋时期的个案，而大加赞扬明朝官员养老福利之好的缘故。不过虽然无法从史料里得到官员致仕的具体待遇，但也可从各类史书的零星记载中，管中窥豹，具体来说，可分为两个阶段。

建国之初，朱元璋为笼络人才，录用官员不拘一格，无论是前朝官员，还是乡野名士，只要是有真才实学，一律录用。几十年后，政局渐稳，原先所用的那些人垂垂老矣，就只有让他们致仕还乡。

所以在洪武初年，文武官员年满七十者致仕，而到了洪武十三年（1380），则改为文武官员年满六十者，皆听致仕。到了洪武十八年（1385），诏令武官满五十以上致仕，由子孙代职。致仕年龄从高到低的变化，实际上是一个国家渐趋稳定的体现，一方面不需要那么多官员了，以致仕代替裁员，另一方面，则是国家逐渐强盛的表现，唯国家富强，人才辈出，那些曾经的功臣方可安度晚年。

在朱元璋时期，致仕官员的待遇相对来说还是不错的，《明会典》载：国初官员凡以礼致仕者，与现任同。

这句话有两处关键点，一为国初，二为以礼致仕。

先说以礼致仕，指的是在任期间，各项考查都合格，没有劣迹、正常致仕的官员，致仕后可享受同级官员的福利。虽然说终明一朝，官员的福利不算高，但是致仕后依然可享受在职时的福利，可以说是相当好的待遇了。

那么朱元璋为什么要如此做呢？原因无他，那些人要么是开国功臣，要么是建国后安邦的有勋之臣，要是亏待了他们，恐寒了天下有识之士的心。只是这样的待遇仅存于国初。

那么什么叫国初呢？大致时间是在朱元璋为吴王时到洪武初年（1368），此外，还有一层意思，是指建国初期，所有制度尚在完善的时候。

这么一解释就好理解了，因为在制度尚未成形时，朱元璋为了嘉奖开国之臣，暂时实施致仕官员的待遇与在任时一致。因此，到了后期以及明成祖朱棣执政时期，这项福利就没有了，只不过需要注意的是，虽说"凡以礼致仕者，与现任同"的福利没有了，然而致仕的官员还是会给予一定封赏的，或赐金、或赐物，或赐爵，不一而足，总之，不会让你空手而归。

可是成祖朱棣之后，官员致仕后的礼遇就大大降低了。

越到后期官员的福利越低，这无疑是一种怪现状。因为按正常的逻辑来看，国家发展到中后期，经济高速发展，国富而民强，官员的福利待遇理应增加才对，为何到中后期福利会不增反降呢？

其实答案在前文已经给出了，即致仕官员会给予一定的赏赐。如洪武四年（1371），李善长、刘基、宋濂、汤和致仕，赐厚礼，因为这些功臣的功劳是其他人不能比的；洪武二十七年（1394），赐致仕指挥姚德等四十余人，麦三千余石，以嘉奖他们督查山东屯田有功；朱棣时期，赐太医院使戴元礼白金五十两，钞一百锭。

戴元礼是什么人呢，为什么退休后能得到那么高的福利待遇？此人在朱元璋时就拜为御医，由于医术精湛，朱元璋视其为心腹，为了体恤他，准其雨天可以不用上朝，驾崩前还曾单独召他到床前嘱咐。在成祖朱棣还是燕王时，由于他生来嗜好吃生芹，有一天吃坏了肚子，腹部肿大，痛苦不堪，戴元礼妙手回春，只用了一剂药，当晚肚中之物暴下，病愈。

这么看来，这位神医退休后能享有较高的待遇也在情理之中了。

请注意，这些致仕官员所得到的是赏赐，而不是按照养老制度所享受的退休待遇，最为关键的是，能得到这样厚遇的，终明一朝，不过数人而已。换句话说，有明一朝没有制定官员的养老制度，致仕后会否得到赏赐，得看官员在任期间的政绩表现，以及皇帝的心情。你要是政绩差，再加上皇帝看你不顺眼，那你退休后就只能生死有命了。

说到这里，可能会有人觉得不服气，要知道无论哪朝哪代，官员的福利都要比平民好，这可以说是常识了，明朝不可能反着来，民八十岁以上尚且能够享受朝廷的福利，官员反倒是没有了，这个逻辑说不通啊？

没错，官员致仕还乡，一粒米都不给，的确说不通。要知道明朝官俸低是出了名的，清白的官员致仕返乡时，家中一贫如洗，还不如普通老百姓呢，且不说为国为民辛辛苦苦一辈子这样的虚话套话，他们在任期间多少是有些政绩和贡献的，如果朝廷无视他们的功绩，任由其老而无依，于情于理都说不过去。

事实上，致仕官员的待遇不是没有，还是说回前文提到的一句话，官员养老的待遇与平民大体相同，它明显地经历了一个由厚而薄、由赏而升的过程。

先说由厚而薄。礼遇之厚，主要在于太祖和成祖时期，前文已给出了例子，那么后来薄到什么程度呢？我还是给出个具体例子，以便大家能更直观地了解：

成化十五年，户部尚书杨鼎致仕，每月领米两石，岁夫（注：指服徭役的劳工）四名；嘉靖十六年，户部尚书孙交生病了，提前退休，诏加太子太保致仕，赐月米岁夫；万历二十六年，南京礼部尚书陶承学致仕，奉旨月给夫廪（注：指岁夫和粮食）。

从成化帝始，给月米和岁夫几乎成了定例，此后每月给的粮食虽或多或少，但都还是给了的，基本的温饱没有大问题。其次，考虑到官员致仕没有多少积蓄，致仕还乡时，朝廷会安排舟车，予以遣送。

从以上的文字中不难看出，致仕还乡后的礼遇明显低于太祖、成祖时期，而且即便是享受了这些薄礼的人，也只是一些品级比较高的中央官员，没有普及到地方衙门。

那么问题又来了，地方衙门的官员致仕后，他们要怎么生活呢，总不能脱下官服要饭去吧？

其实在成祖时期，已经考虑到了这个问题，对于特别困难的官员，比如家中无子嗣的，还乡后无人奉养的，或者在为官前，本来就是清贫之身，返乡后无法自给自足的，文武官员年龄在七十以上的……命有司每月给米二石，直至其身故。

只是这个制度，到成化帝时就变了，改为四品以上官员，年七十以礼致仕的，家贫不能自存者，有司每年给米五石。增加了品级的限制，只有四品以上的官员，才可以享受这福利。到了嘉靖元年（1522），又增加了些细节，改为五品以上，以礼致仕，年七十以上的，进散官一阶，其中廉贫不能自存的，"众所共知者"，每年给米四石。重点是增加了"众所共知者"，也就是大家都知道他是贫困的情况，要提供人证，众口一词，都说他家里困难，这才给他享受福利。

说到这儿，不由感叹不已啊，在我们的印象中，当官的往往比较威风，一呼百应，好嘛，到了明朝，要大家都指认他穷，确实是没法生活，这才给退休福利，这让当官的那些人脸面往哪儿搁啊。

不过，话又说回来，嘉靖帝出台这样的政策，应该也是无奈之举，肯定是有些人钻政策的空子，假装贫困骗取福利，这才不得已而为之，把这个漏洞给堵死了。

再来说由赏而升。在前面的文字中，大家应该也注意到，有些官员在退休致仕时有"诏加太子太保"、"加散官一阶"等字样，这就是由赏而升的意思，致仕后加官阶，虽然不是实职，但是不要看那是虚的，在中国，虚职的影响力同样是十分巨大的，某个人挂了某某头衔后，走到哪儿都会受人尊重，有些头衔哪怕不是官方所封，只是社会组织的头衔，也十分吃香，这样的事情十分普遍，相信大家也应该心知肚明吧？有了这些虚衔后，如果身体条件允许，再去社会上的一些机构任职，哪怕只是去教书，也要比一般人有分量。

再退一步讲，即便是一个秀才，在乡里的地位也十分特殊，更何况是一个进士出身，当了一辈子官的人呢？他无论走到哪儿，其社会地位始终是要高普通人一等。其次，官员致仕后，全家可享受免于税粮、徭役，哪怕真的孤老无依，或是身体抱恙不能劳动，最起码也可以享受平民的养老待遇，这就是终明一朝对老人最基本的尊重。

说到这里，大家应该也已看明白了，明朝官员无论是在职还是致仕，与唐、宋比较起来，可以说是相当凄惨的，甚至连元朝都不如，元朝时期至少还能够享受半俸的福利，到了明朝，除了社会地位比平民高一等外，实际生活条件相差无几。

/ 第三章 / 市井集时鲜，人间烟火味

● 市井那些事儿

在聊市井那些闲事儿前，我先坦白地告诉大家一件很严肃的事儿，其实我对市井的印象并不深，逛菜市场还是结婚后的事儿。

有人会惊讶地问：市井就是指菜市场吗？

对的。在市井这个词出现的时候，没有其他意思，就是指菜市场。

在我十至二十岁的这十余年间，父母主要以种地为生，夏卖西瓜，冬卖草莓，一年四季从田间到市井，风里来雨里去，都是他们的身影，而我却从没跟他们一起去过一次，现在想想，真的有点对不起父母，作为农家子弟，家里的长子，既不会种地插秧，也不会过秤卖东西，反倒成了文文弱弱一书生，不能为家里分担些什么，实在是说不过去。

事实上当时村里也有人看不过去，多次对我父母说，家里养着那么个大儿子，却像大小姐躲在闺阁似的，怎么不让他出来分担些？

我倒是想分担，可实在不是那块料，脑子尽用在书本上了。其次，我还有个天生的缺陷，脑子少了根筋，只要遇上数字，就一团糨糊，两眼一抹黑，白痴一般，到现在还不会看秤，有时候去菜市场买菜，人家说多少就多少，最多是装模作样地瞄一下，不懂装懂，免得让人给骗了，所以现在只能卖文为生，聊以度日。

鉴于此，真要说市井买卖，我还真是不在行，好就好在读了些书，这个章节就来跟大伙儿掉掉书袋子。

毋庸讳言，市井一词，无论古今，都是带有些贬意的，比如市井小人、市井无赖、市井之徒等等，又如说某人粗俗，就形容他带有股市井气儿。总而言之，市井不是个好词，一旦被冠以"市井"两个字，人人都不会高兴。那么问题来了，为什么会出现这种现象呢？这要从市井的源头说起。

市井，本是贫贱之人聚集的地方，所谓"古者相聚汲水，有物便卖，因成市，故曰市井（注：语出《史记》）"，意思是说古人聚在有井的地方，是为了方便取水把要变卖的东西洗干净，洗干净之后，看上去卖相好了，于是就地在井边叫卖，后来因为这个，就把卖菜的集市称为市井。

因井成市，这是早期的市井形式，事实上有井的地方，不止可以洗东西，而且还能让牛马饮水，卖完东西后，又能将牛马的粪便冲洗干净，总之在有井的地方，才方便交易。

不难想象，那不仅是小民汇集之所，更是污秽流散之地，不仅是讨价还价、锱铢必较的世俗所在，也是腥臭弥漫、俗话俚语流传的不雅之处。此外，更加让人难以接受的是，市井也是杀人砍头的不祥之地，古人有"刑人于市，与众弃之"的说法，后来所谓的"弃市"，就是将犯了重罪的人拉到市井砍了头，弃之于市，以起到警戒作用。

弃市作为死刑的一种，源自商周，一直延续到南北朝，到隋朝时，才将死刑定为斩、绞，首次将弃市从刑法中抹去。隋朝不仅开创了科举，还规范了刑法，他存在的时间虽短，但不得不承认那是一个极其重要的朝代。

不过抹去了，并不代表后世就没有了，在权力大如天的官本位体制下，有权有势的人是可以不遵循法律的，比如嘉靖二十七年（1548）十月，首辅夏言为严嵩所害，就是被斩后弃市的。

这就是最初市井的样子，不难想象，那样的鬼地方，有身份的人是肯定不会去的，不只是觉得肮脏，而且还是处决犯人的地方，多晦气啊。即便那些有身份的人日常所用的吃的，都来自于市井，但依然打心眼里看不起那种地方。

不光是个人看不起那种地方，从国家层面来看，也并不鼓励有身份地位的人去，《周礼·地官》记载："夫人过市，罚一幕；世子过市，罚一帟；命夫过市，罚一盖；命妇过市，罚一帷。"逛市场还要被行政处罚，那谁还敢去啊，连当作兴趣爱好偷偷去瞄一眼的念头都没有了，万一让人给发现了，被举报了，那是件多丢人的事啊。

周礼奠定了中华文明礼仪的基础，我们现在流传的绝大部分礼仪都源自周礼，这说明它绝大部分是好的，但不得不说，确实也有糟粕存在。好在这样的情形在隋朝有了改观。

又是隋朝！

前面提到，弃市这种行为在隋朝时被禁止了，这是一种文明的体现，商业发展的端倪。隋之前，哪里可以集结为市是被礼法约束的，不得越礼交易，《周礼·考工记》曰：匠人营国，方九里，旁三门。国中九经九纬，经涂九轨，左祖右社，面朝后市，市朝一夫。室三之一。

大概的意思是说，营建都城，九里见方，每个方向再建三道大门，城内纵横各九条大道，每条大道可容九辆车通行。都城左面是宗庙，右面为祭坛，前面是朝臣办公的地方，后面则为市集。这样的话南北取直，左右对称，向来是营建都城的基本格局，无论是唐朝的长安城还是明朝的北京城，虽然说大小不等，但无不以此规格营建。

看完这段话，相信大家明白了吧，虽然前面提到有井的地方就可以集结成市，但是，前提是得看这口井位于什么方位，宫门附近那是绝对不允许的，宗庙、祭坛、大道两侧等等，也是不行的，国家办公大楼的左右，肯定也不行，有损威严，只能是在办公大楼的后面，这后面当然也不可能去人家办公大楼的后院墙根脚下，那除非是活腻了，后面是指隔了几条街道，不影响人家办公，也不会影响到城市的美观，然后再选择有井的地方做买卖。

到了唐朝，商业空前发达，原先所谓的"市"的概念被商业大潮冲垮了。

"市"由"前朝后市"的突破，更准确地说，是小民或商贩向礼法的反抗或冲击，甚至可以说是一次开创性的商业上的革命，而且革命成功了，于是唐朝就出现了坊市。

不知道大家有没有看到过长安城的地形图，长安城总体看来形如棋局，呈一个四方形，东西向十四条大街，南北向十一条大街，共同分割成一百单八个坊，以及东、西两个大市，称之为东市、西市。唐朝百余万人口，就住在各个坊里，一个坊相当于一个小型县城，要比现在的小区大多了。

唐朝是有宵禁制度的，一更三点暮鼓敲响，就禁止出行，东西两市也会关门，二十五条大街除了巡逻队外，别说行人，连狗都看不到一条。但是，唐朝虽有宵禁制度，里坊则不在宵禁限制的范围内，所以当街道上悄无人迹，连狗影子都寻不到一条时，里坊内却热闹非凡，像是一方独立的小天地。

它们虽是独立的，坊与坊之间有高墙相隔，却隔不断百姓的夜生活，自然也阻止不了商贩们的经营。

有人的地方便有商业，唐朝率先做到了。

到了宋朝，更加开放，"坊"被打破，"市"如潮水一般汹涌地从"坊"内喷薄而出，涌向街道，奔向各个角落，在城市的任何一个地方，都可以看到商人的影子，交易的场景。而且宋朝没有宵禁，商业的繁荣可谓空前，每条街道都有店铺和商贩，昼夜不歇，耐得翁所著的《都城纪胜》这样描写临安：

自大内和宁门外，新路南北，早间珠玉珍异及花果时新海鲜野味奇器天下所无者，悉集于此；以至朝天门、清河坊、中瓦前、灞头、官巷口、棚心、众安桥，食物店铺，人烟浩穰。其夜市除大内前外，诸处亦然，唯中瓦前最胜，扑卖奇巧器皿百色物件，与日间无异。其余坊巷市井，买卖关扑，酒楼歌馆，直至四鼓后方静；而五鼓朝马将动，其有趁买早市者，复起开门。无论四时皆然。

这就是宋朝的伟大之处。

从商业角度来说，宋朝街市的出现，与其说是坊市制度被打破，倒不如说是打破了那道墙，那道坊墙是有形的，也是无形的，有形的墙立于各坊之间，人们虽然相对自由，但那自由终归是被封闭起来的，于是在人们的心中也就立了道墙，就是无形之墙，彼此之间都知道不可逾越，自然就没有人为了找刺激，以身试法。所以宋朝至少在商业上，是人们彻底解放的一个时代，也是具有标志性的一个时代。

到了明朝，在对待市场这件事情上，分为前期和后期，而且前期和后期犹如泾渭，异常分明。

明朝前期比较严苛死板，相比宋朝反而开倒车退步了，但是到了中后期，比之宋朝更为开放，也更为疯狂。关于明人后期的疯狂这件事情，我曾在《大明梦华：明朝生活实录》里讲到，那可能是压抑太久了之后，情绪的一次集中释放，虽有宵禁，却形同虚设，虽禁止侵占街道、沿街设摊，却无法阻止商贩的行为，索性就不管了，任由其发展。虽说阶层的顺序是士农工商，商人的地位名义上依然低贱，可是在商业高度发达、资本主义萌芽的时代，商人的贡献却是不可估量的，自然也就容不得他人看轻。

确切地说，明朝的市井文化，相当于是唐朝和宋朝的结合体，它是开放的、包容的，它不仅开放了海外的贸易，使商业成了文化交流的重要媒介，且百无禁忌，什么父母在家不远游，什么女子不可抛头露面……统统不复存在，不只是打破了那道墙，连传统的礼制也在商业的冲击下冰释瓦解。

到了这时候，社会面貌焕然一新，市井不再是低贱之人的去处，它与人们的生活密不可分，因为街就是市，逛街就是逛市，而逛街早已成为人们生活中不可或缺的一部分，像空气一样融入到人们的生活中哪还来低贱与高贵之分？它不仅仅只是购物，更是一种消遣。同时，商业的繁荣，与国家的经济也紧紧地联系在了一起，从而从国家层面对商业给予了高度重视。前面说到政府虽禁止侵占街道、沿街设摊这种行为，实际上街道摊贩密布，到处都可以看到小商小贩，朝廷则听之由之，未予管束，这是对商业行为的一种认可。诚如明朝文人谢肇淛所言：

金陵街道极宽广，虽九轨可容。近来生齿渐蕃，民居日密，稍稍侵官道以为廛肆，此必然之势也。

谢肇淛不仅是文人，其官至南京兵部郎中、广西按察使，这样的高官都说商贩侵占官道是必然之势，可见高层对商业行为的认可和肯定。

这样的一种社会和商业环境，是百姓之福、商人之幸，历朝历代对商业多多少少都有管制，无论是店铺的侵街行为还是普通小商小贩的流动摊点，均不可避免地有过被驱赶的情况，而且有时候被驱赶还是轻的，抄没货物都属常见之事。

对于这一点我可谓深有体会。前文提到，我除了会读几本书外，一无是处，为此曾去经营过一家小型书店，奈何是数字白痴，遇到数字脑子里就一团糨糊，于是乎经营不善关门大吉就是情理之中的事了，那么剩下的书怎么处置呢？去街上卖。

在街上卖书的那段日子，于我的生命中是黑色的，仿佛做的是不法的买卖，形同老鼠上街，一有风吹草动，神经就绷紧了，一有情况就迅速地将铺在地上的席子，连同书本一同卷起，往三轮车上一扔，跳上车子就跑，实在是狼狈至极。

说到这里，想到了一则典故，不妨一并儿说出来。

话说在崇祯七年（1634），成国公朱纯臣府上突然失火，五城兵马司认为，王府失火可能跟府外的商贩有关，那些商贩肆无忌惮地在王府外的大街上搭建棚户，说不定火种正是来自于棚户；其次，现在王府的火还烧着，如果外围的棚户不拆，在道路拥堵的情况下，会给救火造成影响，而且谁也说不准火会不会蔓延到棚户，造成更大的火灾和损失。综合以上情况，不如趁此机会，把成国公府外的棚户给拆干净了，一来趁机拆除违章建筑，二来有利于救火，这不是一举两得的事吗？

这确实是个好主意，崇祯帝也觉得是这道理，就准了五城兵马司的建议，拆棚户。这时候有人开口说话了，直接跟崇祯帝说："皇上，此举不可啊。"

崇祯帝一听，莫名其妙，明明是件挺好的事儿，怎么就不可了呢？

说这话的人名叫金光辰，崇祯元年（1628）进士，后官至大理寺丞，是个正直的好官，当时崇祯帝问他何以拆不得，金光辰说道："启奏皇上，那些在街上建棚户的，无一例外都是京师的贫民，他们想租店铺却没有那么多钱，这才退而求其次借街道一席地以谋生，假贸易而糊口，其业甚薄，勉强能够度日而已，拆了后教他们怎么过日子去？如果说火延棚户就要拆棚，那么火延房子，是不是就得把房子也拆了？"

崇祯帝听了这话，煞是惭愧，实际上他心里明白，所谓为了百姓安危，免去火延棚户之灾是借口，要借此拆除侵街棚户倒是真的，就这样不问青红皂白，概行拆除后，那些以此为生的百姓，可能真的就度日维艰了。

崇祯帝很多时候刚愎自用，但在对待百姓这件事上，可以说是位仁君了，因此改旨，不拆。

从这一则典故中不难看出，朝廷重视的不只是商业，而是民生，家中殷实有些家底的人，即便是要做生意，也是开店铺经营，哪个会建棚户而受那风吹雨打之苦呢？越是那些看上去违法违规的商民，其实越是值得同情，他们才是真正需要被照顾的一群弱势群体。崇祯帝从善如流，虽为亡国之君，犹令人敬重。

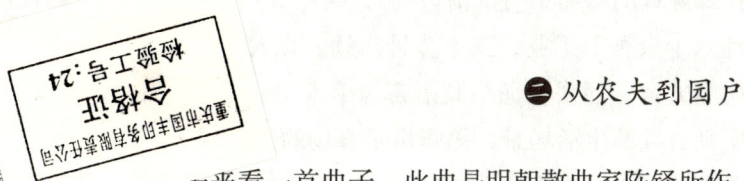

## 二 从农夫到园户

在说农夫和园户之前，我们先来看一首曲子，此曲是明朝散曲家陈铎所作，曲名就叫《园户》：

通渠灌圃随时序，分畦引架勤培瓠。呈新献嫩依豪富，寻僧觅道供斋素。人能咬菜根，百事堪为做，诸公近日憎梁肉。

有人可能会觉得奇怪，怎么让我们听曲儿了呢，再说我们也听不懂啊？不着急，且听我慢慢说来。

陈铎在正德帝期间，所任的是武职，具体职务是济州卫属上直亲军指挥使，由于他的祖上都是武将，所以他的职位是世袭的。陈铎是文人，他不太喜欢这个职位，因此也没怎么去履职，常常走街串巷，出入风月场所，纵观他写的散曲，大多数写的都是男女之事，有些还写得比较露骨，目的是去风月场所寻欢作乐时好让歌妓弹唱。

从艺术上说，那些曲子没有太高的价值，但奇怪的是，他的那些作品却流传了下来，这是为什么呢，难不成烂大街的作品也能成为经典？我们普遍有这么一个共识，就是能经得起时间的考验，流传千古的作品一定是好作品，那么陈铎的那些俗曲滥调为何能传下来呢？

我认为，陈铎的作品之所以能流传下来，就是因为他的俗。可能有人听了这话，惊得下巴都快掉了，庸俗也可以流传吗，当我们是文盲啊？

咱们都是文明人，别着急上火，先听我分析。我是这么认为的，俗可以分为两种，一种是恶俗，不分好歹歌功颂德，字里行间充斥着一股浓浓的媚主、奴才味儿，这种俗字是流传不下来的；另一种是低俗，低俗这个词儿听起来是贬义词，但我的理解是有人情味儿，因其"低"，所以接地气，把最底层老百姓的生活状态原原本本地记录了下来，这样的作品可能在一些所谓的高雅文人眼里，不屑一顾，不值一文，但是从作品本身客观地分析，是有其存在的价值的。比如陈铎的散曲集《滑稽余韵》，共一百三十六首作品，每首描写一个行业，共计六十余种手工业，三十多种店铺，以及对官场人物的讽刺，而且所用的都是明朝方言，通俗易懂，其语言像手术刀一样，直接入骨，刀刀见血，雕刻出了明朝百姓的生活场景，揭露出了官场的黑暗，《园户》就是《滑稽余韵》里面收录的其中一首曲子。

引出此曲，是想说明一件事情，园户是一种职业，只是他与农夫有本质区别，那么同样是种菜，区别在哪里呢？

农夫是单兵作战，在自家的一亩三分地上耕种，所种植的品种也相对单一，而且跟风相当严重，人家种什么农夫也种什么，或是哪类果蔬好卖，就去种哪类果蔬，缺乏创造性。

不过这也不能怪农夫，一般从事农业的人，知识相对匮乏，想创新也无从创新，基本是靠天吃饭。需要说明的是，我这样说不是在贬低农夫，中国的农夫有两样十分可贵的品质，那就是勤劳、能吃苦，无论寒暑，田畦里总能见到他们的身影，正是因了这种可贵的品质，市场上才不缺四季时蔬。

葡萄牙教士思巴鲁·达·克路士在《中国志》里这样描述：

菜园里有很多蔬菜，如大头菜、萝卜、白菜，及各种有气味的菜、蒜、葱等等，极其丰富。

克路士描写得比较简单，光"极其丰富"四字是无法全面了解明朝农业的，下面我就详细跟大家说说。

据《食物本草》记载（注：明朝时期的医学类书籍，作者和写作年份不可考，有争议），老百姓经常食用的菜类就有八十七种。这里需要解释一下，所谓的经常食用的蔬菜，是指已食用很多年，种植技术也相对成熟的菜类，比如蘑菇，别说是种植了，山上也到处可见，芹菜、大白菜，自古就有，小白菜在汉朝时就已出现，又如茭白、生菜、胡萝卜、莴笋、菠菜、香菜、茄子、扁豆、豌豆、萝卜、韭菜、苋菜、丝瓜、木耳、藕等等，都是十分常见的。

毫无疑问，这些常见的近百种蔬菜，都是普通农夫种植的，土地多的，雇佣几个劳力，多种一些，去市场上售卖，这才有了源源不断的四季时蔬。

那么哪些是不常见的呢？指的是在明朝才引进或传入中国没多久的蔬菜。

最典型的是土豆，又称马铃薯，大家都很熟，也是经常要吃的蔬菜，原产于南美洲，要是不加佐料的话，淡而无味，而且外观丑陋，没有什么吸引人的地方，所以当时即便是在国外，也并不受欢迎，后来由于爱尔兰爆发战争，粮食匮乏，为了充饥，人们才勉强食用这种东西。

大约是在万历年间，土豆传入中国，据万历朝举人蒋一葵描述：土豆，绝似吴中落花生及香芋，亦似芋，而此差松甘。

意思是说，土豆类似于芋头，但没有芋头好吃。

蒋一葵只是举人，按照明朝体制，只有进士才可以为官，举人是不可以当官的，但他跟海瑞一样，属于特例，先后任知县、京师西城指挥使、南京刑部主事，官还是不小的，他可以对土豆进行评价，而对普通百姓来说，别说是评价，连吃的机会都没有。

为什么这么说呢？别看土豆长得不好看，本身也不好吃，但是引进之后，属于进口产品，宫里还是少量种植了的，经御厨之手，自然不会难吃，因此成了宫廷美食，专属官家食用的高级食物，真正是物以稀为贵。明朝太监刘若愚在描述元宵节热闹景象时，提到了宫廷里的几样名菜，说是"辽东之松子，蓟北之黄花、金针，都中之山药、土豆"。

宫里的太监什么没见过？然他在说宫里的佳肴时，特意提到了土豆，不难想象，土豆之珍贵。而且从中也不难看出，普通老百姓想要吃到土豆，基本是不可能的。

其次是辣椒，原产地是美洲，明朝传入中国时叫番椒，说句实在话，这东西无论在哪个朝代，能够消受得了的也仅仅是个别省份，明朝虽引进了，但没人敢吃，口味太重，太辣了，然而因其叶绿而果红，且可以盆栽，最早的时候只把它当花来养，用以观赏，将它当作蔬菜那是后来的事了。

遭遇同等待遇的还有西红柿，此物酸而多汁，样貌比之土豆可谓是诱人多了，然在最初的时候也没人敢吃。

西红柿原产于秘鲁和墨西哥，又叫狼桃，传入中国后称番茄，中国南方至今一直沿用这个称呼。万历朝进士王象晋在《二如亭群芳谱》中如是说：

番柿，一名六月柿，茎如蒿，高四五尺，叶如艾，花似榴，一枝结五实或三四实，一数二三十实。缚作架，最堪观。来自西番，故名。

不知道大家注意到没有，这段话里面并没有提到番柿的食用方法和味道，只提了"最堪观"三字，可见它跟辣椒一样被明朝人当作盆景用来观赏了。

不只是明朝百姓不敢吃那鲜红的东西，原产地的人都不敢去碰，认为此物有毒。英国大臣甚至告诫人们，食用此物会有生命危险，千万别吃。后来还是有人拼了性命不要，冒险食用，这才广为传播。

待遇稍微好些的是红薯，这东西耐干旱、易移植，剪一段红薯藤往土里一插就能生长，而且它还不挑土地，哪怕是再贫瘠的地方也照样生长，一长就是一串，实在是投入少收获多的极好作物。但是红薯在万历二十一年（1593）之前，中国依然见不到它的踪影。

红薯又叫番薯，相信大家也看出些门道来了，凡是带有"番"字的，都是引进的外来物种，我的家乡在宁波那边，一直称之为番薯，没有红薯一说。

红薯是从吕宋（注：菲律宾）引进的，为了将它引入中国，还有个比较曲折的故事。

话说在福州府长乐县有个叫陈振龙的人，原是个书生，由于屡试不第，心灰意冷之下转而经商。福州靠海，与外界来往密切，这陈振龙虽无缘官场，但却颇有生意头脑，买了条船与吕宋通商。

由于生意上的关系，陈振龙常在吕宋居住，他发现红薯不仅好吃，在饥荒时还可以代替粮食，而且好种，随插随活，于是就起了心思，想把红薯带入自己的国家。那时候吕宋被西班牙侵占，那帮海洋上的强盗十分霸道，禁止将吕宋的一切作物带出境，一旦查到，就是重罪。

陈振龙常年在吕宋，知道那帮人心狠手辣，不敢轻易犯险，于是跟手底下的人商量，要怎样才能把红薯带出去。

人多主意也多，有个人眼睛一转，笑道："这也不难，过些天我们正好有批货要运出去，可以将红薯藤编在绳子里，装货时，只要不把编有红薯藤的那根绳子系得太紧，应该就能够存活。"

陈振龙大喜："就依此言！"

过了几天，到了发货当日，陈振龙差人去折了几根红薯藤，把麻绳拆开，编入红薯藤，装好货后，随车运送去码头。

西班牙人果然没有发现，经过七天七夜的航行，终于把红薯藤带到了中国。

然而带入中国后又出现了难题，这东西从未在中国出现过，而且现在也看不到实物，只不过是几根半死不活的草藤而已，即便是浑身长了嘴也没人信这东西能结出果来，并能当粮食来吃，更别提让他人去种植了，万一种不活，或是种出来后不能吃，不是白瞎了时间还惹人耻笑吗？陈振龙说不动别人，于是就抽出时间来，先在自家的园子里栽培，半年后，成功培育出了红薯，挖出一颗，带去县衙，希望能在官府的引导下，推广红薯。

知县试吃了那东西后，十分高兴，说这种东西生吃甘甜，煮熟后味道更美，而且还饱肚子，完全可以作为粮食的一种补充，欣然答应推广。这一年正是万历二十一年（1593）。

从这则典故来看，陈振龙无疑是红薯的鼻祖，他冒险将红薯引入中国，精神可嘉，也值得我等后辈铭记。这件事情记录在《金薯传习录》里面，这本书是陈振龙的后人编撰的，按理说是可信的，但问题也就出在这里。

首先，红薯作为随插随种的易于培植的作物，不是什么珍贵的东西，西班牙人似乎没多大必要禁止出境；其二，红薯在吕宋很多，是常见的作物，陈振龙作为生意人，如果要将红薯带回国，卖到明朝，应该不是难事，如果连红薯都要禁止买卖的话，陈振龙在吕宋还能做什么生意？

如果以上两点值得商榷的话，那么在万历二十一年（1593）前明朝老百姓没吃过红薯，就更值得怀疑了。

这里再提一个人，或许能佐证红薯是在何时出现的。这人叫苏琰，字伯润，晋江人，万历四十一年（1613）进士，官至山东道监察御史，后来因红丸案被罢免，于天启五年（1625）复职，著有《运甓斋集》《鸳鸯谱》《春秋传语编注》《自措斋文集》等作品，我们来看看在他的作品中，是如何记录红薯的：

甲申、乙酉间，漳、潮之交，有岛曰南澳，温陵洋舶道之，携其种归晋江五都，乡曰灵水，种之园斋。甲午、乙未间，温陵饥，他谷皆贵，惟薯独稔，乡民活之薯者十之七八。

这段话的意思是说，在万历十二（1584）、十三年（1585）间，福建漳、潮两地之间，有个叫南澳的岛屿，渔民在此泊船修整期间，发现了红薯种子，于是携种带到了家乡灵水，种在园子里。十年后，也就是万历二十二年（1594）到二十三年（1595）间，泉州发生自然灾害，粮食歉收，粮价飙升，惟独那红薯易于种植，没有受到灾害影响，居然还丰收了，乡民十有七八依靠红薯活了下来。

这段话是比较可信的。首先苏琰是一名官员，而且是名正直的官员，因其正直敢言，这才在红丸案时被罢官免职；其次，苏琰不是因为发现了红薯种子而特意记录这段话，而是记录了一场天灾，在天灾下乡民依靠红薯活了下来，除此之外，就没有其他成分了，换句话说他记录这段文字，没有任何利益、名誉之类的因素，所以红薯是在万历十二、十三年间被发现更可信一点。

另外，还有一件事情值得我们注意，发现某件事物时，是指已经存在的事物，如果那东西是不存在的，那也就无从发现了是不是？也就是说，明朝存在红薯的时间，可能要早于万历十二、十三年，比陈振龙从吕宋偷运进来的时间，至少要早十年。

那么问题就来了，明朝老百姓究竟具体是在什么时候见到红薯的呢？

据《东莞县志》记载，东莞海上商人陈益曾于万历八年（1580）将红薯引进中国。首先跟大家严肃地声明一下，我才疏学浅，而且也没有系统地研究过中国农作物的起源，不敢大言不惭地说，这则记载就是红薯出现在明朝的时间，不过倒是可以从侧面印证苏琰所言不虚，只不过中国地大物博，推广需要一定时间,从后来的史料记录分析,纵观整个明朝,红薯都没有全面普及,只有在南方的个别地区才能吃到。

玉米也是如此,嘉靖、万历年间就有了,但十分稀有,属于皇家御用的食品。

明末文人田艺衡在《留青日札》中说:"御麦出于西番,旧名番麦,以其曾经进御,故名御麦。"可见在明朝后期,玉米依然是稀罕物。

类似的不常见的果蔬还有不少,比如包心菜、四季豆等等,都是不常见的,限于篇幅,我就不一一列举了,倒是有一种蔬菜得跟大家提一下,那就是豆芽。

豆芽不是引进的物种,属于纯正的中国菜,已有上千年的历史,原因无他,因为黑豆、黄豆很早就有了,从史料记载来看,至少在汉朝就已经有黑豆和黄豆芽了,只不过那时候的豆芽主要用于祭祀或医疗,当蔬菜吃还不普遍,真正开始流行吃豆芽始于宋。

南宋人陈元靓的《岁时广记》是这样记载的:

京师每前七夕十日,以水渍绿豆成豌豆,日一二四易水,芽渐长至五六寸许,其苗能自立,则置小盆中,至乞巧可长尺许……

从这段话中可以看出两个信息,一是宋时流行的是绿豆芽,二是豆芽的培植并不容易,需要十天左右。

再来看明朝人培植豆芽的记载:

将绿豆冷水浸两宿,候涨换水,淘两次,烘干。预扫地洁净,以水洒湿,铺纸一层,置豆于纸上,以盆盖之。一日洒两次水,候芽长,淘去壳(注:语出《易牙遗意》)……

可见即便到了明朝,培植豆芽也不是件容易的事。

然而因其不易,又是无土栽培,冰肌玉质,宛如白龙之须,受人追崇,尤其是受到文人雅士的追崇。有些人可能会觉得奇怪,豆芽那东西还能受到文人雅士的追崇?哈哈,是的,有时候文人追崇的东西确实有点儿莫名其妙。

话说在宣德帝时期，有一年京试，朝廷出了道十分古怪的题，叫做《豆芽菜赋》。

看到这样的考题，那些熟读四书五经的士子都蒙了，我们平时读的是孔孟之书啊，论道谈经说的都是治国安邦的大事，而且按照往年京试的惯例，京试的试题都是治国理政，怎么突然让我们给一种蔬菜作赋？最为关键的是豆芽菜有啥可写的啊，朝廷出这种古怪的题目，有什么寓意吗？

在那次京试的学子之中，有个安徽蒙城的书生，姓陈名巍，略加思索，提笔写了一篇，因了这篇《豆芽菜赋》，陈巍名垂青史，也因了这篇赋，当年京试得了头名，拜浙江道御史，后官至按察副史。

听到这儿，大家可能也是莫名其妙吧？一篇《豆芽菜赋》能金榜题名，名利双收，这究竟是篇怎样的锦绣文章？

我浏览了下那篇文章，大概跟大家说一下，说是有南国之宾，做客上国，与北都主人谈论天下美食，主人列举了四海之珍馐后，客人则不以为然，说是"有彼物兮，冰肌玉质，子不入于污泥，根不资于扶植，金芽寸长，珠蕤双粒，匪绿匪青，不丹不赤，宛讶白龙之须，仿佛春蚕之蛰，虽狂风疾雨不减其芳，重露严霜不凋其实，物美而价廉，众知而易识，不劳乎椒桂之调，不资乎盐豉之汁，数致而不穷，数食而不斁……"

主人听后，不由失笑，此物不就是市井所卖的豆芽菜吗？

客人因此道出了一番道理，曰："夫天下之味，适口者为佳。天下之事，无欲者为贵，彼之所云者，非不口欲我之所，却也恐为心累……"

以两者对话为基调，从而道出"天下之味，适者为佳，天下之事，无欲为贵"，简简单单的一个菜，被他说出了别样的意味，以物比人，以人比事，回味无穷，的确高明，反正我个人是十分佩服的。要知道豆芽菜虽清淡，也很廉价，然而我就好那一口，即便是天下之珍馐放在我面前，都显得是多余的了。不但显得多余，还会让人心累。而人心，总是得到的越多越好，恰如对待珍馐美味，恨不得将天上飞的、水里游的、地上长的珍稀之物，统统收集过来罗列在桌上，哪怕每道菜只吃一口，也视之为享受，称之为尊贵的象征，这就是欲望啊。而天下之事，无欲者为贵，换言之，为官者又何尝不是如此呢？

这篇文章，不仅将豆芽视为不入淤泥的高洁之物，还进而谈到人品及天下之事，瞬间将区区豆芽提高到了一个其他蔬菜都无可匹敌的高度，简直是睥睨天下，无物可比。于是乎，从此之后，众多文人独崇豆芽，文人间聚会时，都以吃豆芽菜为高雅之事，如果席间没有豆芽，那就是俗，不是文人雅客的聚会。

因了文人的推崇，豆芽的吃法也就多了起来，有做羹的，有油炸的，有以鸡汤烫而食之的，甚至还有配燕窝的，称之为以白配白，以柔配柔，高雅之极。

闲话表过，言归正传。上文提到的蔬菜，要么是易于培植的，要么是刚刚引进没多久还没有得以推广的，那么有没有不太容易培植却又流行起来的蔬菜呢？

答案是肯定的，这就要说到园户了。

园户在唐宋时期专指种植、制作茶叶的农家，到了明朝，泛指大规模种植果蔬的人，也就是相当于农场主，与其他手工业匠人一样，一般拥有较强的技术，因其掌握了技术，自然也就可能存在创新。

园户最大的创新，抑或是种植技术的革命，就是反季节蔬菜。

不知道大家看到"反季节蔬菜"的字眼时，会是什么样感受？以我的眼光看来，也不过是欲望的表现罢了，种植的人图以利，购买的人食以异，无非都是欲望作祟。

反季节种植技术发明后，现在很多人都引以为荣，认为千年前我们的祖先就已经发明这么高端的技术了，我们的老祖宗端的是聪明之极啊。我倒觉得没必要骄傲，这种技术的出现，固然是人类征服自然的体现，但是，反季节的果蔬，且不论它的营养价值如何，吃多了有没有害处，单从食用的角度来说，也是不值得提倡的，不过是冬夏倒换，把夏天的果蔬放在冬天食用罢了，在口味上肯定不如应季果蔬好吃，何必呢？实际上，在发明这项技术的时候，我们的祖宗也是反对的。

现在我们已经意识到反季节蔬菜营养价值不高，而且口味也不怎么样，那么当时的人为何要反对一项如此伟大的技术发明呢？

总体来说有两个原因，一是贵，要知道应季蔬菜是十分便宜的，谁都吃得起，普通的老百姓天天都要吃那些蔬菜，而同样的菜，一旦反季节种植出来，其价格就会翻上数倍。究其原因，无非是种植成本大大提高了，仅仅为满足一时的口腹之欲，耗费大量的人力财力物力，值吗？二是吃了是否对身体有害的问题。当然，这个问题不在这本书探讨的范围内，按下不表，反正在汉朝时反季节蔬菜曾因"不时之物，有伤于人"而被禁止过。

只是有些事物，一旦开始了，就无法禁止。

无法禁止也有两个因素，一是图个新鲜，二是有种优越感。试想冬天啃着黄瓜，或手里捧个西瓜，走在大街上，那多拉风，那种优越感是其他东西无法替代的，那样的优越感别说是反季节蔬菜刚发明的时候，到现在都大量存在。

闲话表过，咱们言归正传，关于温室培育蔬菜，最早是在汉朝，其培育的过程大概是这样的：

太官园种冬生葱、韭菜茹，覆以屋庑，昼夜燃蕴火，待温气乃生（注：语出《汉书·召信臣传》）。

这段话是召信臣说的，此人曾任南阳太守，是位了不得的人物。他爱民如子，为劝导百姓耕种，常亲自下地，与百姓一起劳动。又兴修水利，使得地方上雨浸不涝，旱至无灾，造福了一方百姓，后来南阳人称颂曰：前有召父，后有杜母。

召父和杜母两人都是南阳的太守，说是那两人为官期间，宛如父母，关爱子民，这便是"父母官"这个说法的由来。

召信臣记录反季节蔬菜种植，不是要夸赞该项技术好，首先他指出，反季节蔬菜种植在太官园，也就是皇宫内苑，是专供帝王享用的；其次，为了种出反季节蔬菜，需要专门盖幢大屋，屋里面昼夜燃蕴火。这种蕴火不是明火，要是明火的话没白天没黑夜地烧，早把皇宫大院变成砖窑了，它不见火焰，燃烧物只是微微发红而已。换句话说，这种火不能太大，但也不能太小了，基本处于恒温状态。

大家想象一下，这种不温不火的蕴火，日日夜夜烧着，不能太热了，要是热过了头，不宜蔬菜生长，也不能太冷了，冷了没效果，培育不出蔬菜来，火候必须把握得恰到好处，所以得有专人看管，而且看管的人必须还得是这方面的专家。这样折腾下来，得投入多少人力物力？

这么一说下来，大家可能也意识到反季节蔬菜培育的成本高了，那么究竟高到什么程度呢？

召信臣又说："不时之物，有伤于人，不宜以奉供养，乃它非法食物，悉奏罢，省费岁数千万。"

光是吃蔬菜一年就要吃掉上千万的钱，别说在汉朝，无论在哪一个朝代，这都算得上是一项巨大开支了，而且汉朝的经济不如唐宋，说他们是在吸噬百姓骨血，也不为过。

后来果然禁了，只是禁而不止。

这就是人啊，在人的欲望作祟之下，一旦尝到了甜头，想要停止是需要较大的勇气和克制力的。而且芸芸众生，即便有部分人能克制，其余人呢？有钱人呢？人家什么都缺，就是不缺钱，有必要控制欲望、克制自己吗？于是乎到了唐宋，反季节蔬菜的种植技术越发成熟，有诗为证：

酒幔高楼一百家，宫前杨柳寺前花。
内园分得温汤水，二月中旬已进瓜。

这首诗叫《宫前早春》，相信有些人也读到过，是唐朝诗人王建所作，前两句说的是大明宫前的景色，不赘述，后两句比较有意思，内园分得温汤水，这温汤水应该指的是杨贵妃的洗澡水，或者是指华清池的温泉水，因了有温泉水浇灌，在大雪纷飞的二月天，就已经能吃到黄瓜了。

利用温泉水的热量催熟瓜果并非是唐朝的创新，但该技术则是在唐朝时期成熟起来的。为了确保反季节蔬菜的成功，专门设立了一个机构，叫做温汤监，隶属司农寺。

顾名思义，温汤监就是专门管理温泉设施的机构，并且负责温泉附近温室里的果蔬，设监一员，正七品，手底下另有丞二员，无品，这个机构属于唐朝首创。

唐朝的温室分为上下两层，室内又用纸覆盖，是密封的，因为大明宫位于北方，冬季时温度较低，必须得密封才能实现保温效果，其种植出来的作物在当时叫做堂花。

室内有沟渠，温泉就是通过沟渠引入的。然而光是将温泉引入室内还不够，还得施牛粪、硫黄等热性肥料，同时需要人工搅动温泉水面，使之热气蒸腾，加速循环，一旦沟渠里的水凉了，得马上排出凉水，再次引入温泉，如此周而复始，方能在几月后看到果实。

宋朝基本也是这样的做法，《齐东野语》载："凡花之早放者曰堂花。其法，以纸饰密室，凿地作坎……然后置沸汤于坎中，少候，汤气熏蒸，则扇之以微风，盎然盛春融淑之气。经宿，则花放矣。"

只不过宋朝比之唐人更风雅，或者说是更懂得享受，除了在温室内种植果蔬外，种花也十分流行，特别是那些士大夫，取堂花装饰屋子，或馈赠于友，每逢元旦（指春节）或元宵，亲友间赠送牡丹、金橘等成了种时尚，而受赠者，在寒冷的冬季，能收到鲜花，自然也是十分欢喜。

到了明朝，除温室外，还在炕洞里进行培植。所谓炕洞，其原理跟北方人睡的土炕是一样的，在底下生火，谓之炕。较之温室，炕洞在保温效果上可能会更好一些，培育出来的作物，当时的人称之为洞子货，于是洞子货在明朝成了个流行词。

无论是哪朝哪代，也无论是用蕴火、温泉还是炕洞，都有一个共同的特点，那就是费时费力费财。即便是到了宋明两朝，反季节花果蔬菜已比较普遍，有专门的园户培育种植，但是，所培育出来的作物，大多供应上流人士，跟普通的老百姓基本没有什么关系。

谢肇淛说：京师隆冬有黄芽菜、韭黄，皆富贾地窖火坑中培育而成。

从上文的介绍中，相信大家也看出名堂来了，如此精心培育，并非是普通人家所能消费得起的，因其稀而贵，因其贵而荣，连陆游也不免发出如是感慨：

白苣黄瓜上市稀，盘中顿觉有光辉。

由于白苣黄瓜这些东西在市场上十分稀有，买回来后顿觉盘中菜也有了光辉，可见反季节蔬菜之昂贵。

说了半天，那么究竟有多贵呢？刘侗的《帝京景物略》是这样说的：

元旦进椿菜、黄瓜，一芽一瓜，几半千。

说得明白一点，就是椿菜、黄瓜这些平常普通的蔬菜，在冬季需要近五百钱。纵观整个明朝，大米的平均价是每石六钱，一根反季节的黄瓜，得用近百石大米去换，这真的是件匪夷所思的事情。难怪后人有诗云：黄瓜初见比人参，小小如簪值数金。诚然不虚。

说到这里，本章节的内容就说完了，最后我发表一下自己的观点，不是我要反对技术的发展，只是任何一项技术的发展，必须满足一个前提，即造福于民。如果某项技术的发明，仅仅只是满足部分有钱人的口腹之欲，无法造福于民的话，不要也罢。

### 三 做饭、快餐和外卖

看到这个标题，有人可能快疯了，明朝有外卖了吗？那时候没手机，怎么订餐，总不能飞鸽传书吧？

订餐不是只有手机才能订，除了手机外还有很多方式可以订餐，请容我慢慢说来。在说之前，再请容我念一首诗，是陶渊明的《归园田居》：

暧暧远人村，依依墟里烟。
狗吠深巷中，鸡鸣桑树颠。

念完这首诗后，相信急躁的人已经安静下来了吧？当然，有人可能更急躁了，你说外卖就赶紧说，念什么诗啊！

咱们先不急躁，也不疯，好不好？快餐和外卖都跟做饭有关，我念这首诗不是诗兴大发，当然也不是为了装文雅，而是有原因的。大家再回味一下，这诗中的意境多安逸、多安静，怎是一个美字了得！趁着这份美好，请欣赏我写一篇抒情性散文，请注意，不要急躁。

印象中，我小时候住的村子也是如此，每当午时或黄昏后，家家户户屋顶上都冒着炊烟，没风的时候，那烟笔直地升上天空，在夕阳的映照下，散发着一股温暖，一份宁静。

炊烟冒过一阵子后，村里就会响起此起彼伏的喊声，那是母亲在喊贪玩不肯归家的小孩儿吃饭，尖尖的嗓门能穿透大半个村子。

一阴一阳，一刚一柔，组成一个家，而在一个家里面，厨房应该是最为温馨的地方，当男主人从外地或田间地头归来，远远望见自家的烟囱冒着炊烟，一身的疲惫便会随着那炊烟而消散。及至入了家门，看到厨房里妻子忙碌的身影，细嗅着飘出来的饭菜的香味，即便饭菜尚未入口，业已心满意足。

这便是家，家里最重要的地方并非是会客之所，也不是卧室，而是厨房。烟囱上所冒的也不是烟，而是人间烟火味儿，厨房里做出来的也不是菜，它是一种能暖透人心的食物。

看完了这段极好的抒情散文后，单身的是不是有种结婚的冲动？好了，咱们言归正传。

纵观整个明朝，由于前期崇尚节俭，别说是普通老百姓，即便是大户人家、官员等，也都是在家里吃饭的，那时候的家，承载着一个人除工作之外的一切，每个人对家的依赖程度都非常高。从家庭和谐的角度来看，人的欲望越少，对家的依赖度越高，家庭也就越是和谐温暖。

那么随着社会的发展，人们越来越忙碌，对家的依赖程度低了，家庭就不和谐了吗？我要是肯定地说是的，肯定会被人打死，所以只好说，这当然也不是绝对的，只是肯定会少一样东西，那就是人间的烟火味儿。

下面来跟大家聊聊那时候的老百姓是怎么做饭的。

有些人可能又要急躁了，怎么做饭也值得一说呀，是不是想着赚稿费想疯了？那么我想反问一句，怎么上厕所都说了，做饭还不让说吗？

我不是厨子，真要细说做饭那些事儿，还真的说不上来，这里只说做饭的历史。

说起做饭，我又得夸夸宋朝，那真是个伟大的时代，这不是说宋朝人特别能吃，个个都是吃货，指的是菜的品类在宋朝呈现出一种爆发式发展，在宋朝之前，人们做菜，无非是四种方法：蒸、煮、煎、熬，最多再加一样，那就是炙，即拿肉在火上烤，相当于现在的烧烤，著名的鸿门宴，别以为他们吃的是山珍海味，其实是一群有权有势的人围着烧烤而已。

关于蒸煮的方法就不用多说了，略过，来说煎熬。煎熬是指将鱼肉放入釜中，也就是锅里，加水后煮，等到汤将煮干时，加上调料，就叫做煎。如果在出锅前锅里还保留了些汤汁，就是没全煎干，那就叫熬，宋朝以前，做菜的方法，就是如此而已，简单到让我们怀疑古人是怎么熬过来的。

那么到了宋朝，菜品为什么会呈现出爆发式发展呢？是因为出现了两样东西，一个是锅，另一个是植物油。

锅很早就有了，但是宋以前的锅是用来煮的，原因是锅子很厚，受热慢，像铁块一样拿都拿不动，拿来爆炒是不太现实的，到了宋朝，随着科学技术的发展，把锅做成了浅底的，而且锅底也较薄，受热面积大，用大火烧的话，即可爆炒。

别看这个细小的变化，实际上是工业发展的一个见证，而工业水平的发展，也推动了餐饮业，炒菜开始大规模流行。

同样，植物油也很早就有了，但是由于技术的限制，没有直接食用，而是用来照明或者打仗的，在此之前，许多战争都记载了用麻油助燃攻城，而食用油则是动物的脂肪，称之为膏。

将植物油用于照明和军事领域，在相关技术尚未发展或成熟时是可以理解的，要知道植物油一旦应用于餐饮业，其消耗量是非常可怕的，宋人庄绰的《鸡肋编》如此描述植物油的消耗：成都元夕每夜用油五千斤。

光是成都一个地方，一个晚上就要消耗植物油五千斤，那么全国油耗之巨大就可想而知了。

植物油的巨大消耗，直接促成了制油业的发展，最著名的要数欧阳修的《卖油翁》了，这个大家都读过，我就不细述了，我想说的是，《卖油翁》那篇文章所体现的只是冰山一角，只能说明普通百姓已经可以走街串巷靠卖油为生了，大型的油作坊，作为植物油的原产地，在大型的城市普遍存在，而油酱铺在街上自然是随处可见了。

不知是不是这个行业刚刚兴起的缘故，宋朝前期对制作、销售植物油予以免税，这项免税政策，使宋朝的制油业得以空前发展，从那时开始，油作为生活的必须品，挤进了柴、米、盐、酱、醋、茶七大必需品之列，成为老百姓生活中不可或缺的一部分。

宋人对油的依赖到了什么程度呢？沈括在《梦溪笔谈》中如是说："今之北方人，喜用麻油煎物，不问何物皆用油煎。"只要是得下锅的食物，都得用油煎一下，事实上跟我们现在差不多，要是菜里没放点油，简直没法入口，哪怕是凉拌菜，也得放油。

沈括是北宋人，在北宋时期，老百姓炒菜大多用麻油，事实上到了南宋，用于餐饮的植物油已十分多样化，除麻油外，还有苢子、杏仁、菜籽、大豆油等，不过大豆油在宋朝尚未普遍应用，只有像苏东坡那样的专业吃货，才会想到用大豆油去煎豆腐。

随着植物油的多样化，油炸食品也日趋丰富起来，诸如油炸素夹儿、油炸糟琼芝、油酥饼儿、花花油饼、肉油饼等等，数不胜数，临安街头一路走过去，随处可见"嗞嗞"作响的油炸食品店，一趟街逛下来，一身的油腻味儿。

至于制油的方法，宋朝普遍有舂捣法、水煮法和压榨法三种，到了明朝，制作技法相对更加成熟一些，每一种油的制作工艺都不尽相同，《天工开物》记录了这样一段话：

凡取油，榨法而外，有两镬煮取法，以治蓖麻与苏麻。北京有磨法，朝鲜有舂法，以治胡麻。其余则皆从榨出也。

说的是各地制油的方法。此外，《天工开物》还详细介绍了榨油的具体方法，如榨法是"榨木巨者围必合抱，而中空之……空中其量随木大小。大者受一石有余，小者受五斗不足。凡开榨，辟中凿划平槽一条，以宛凿入中，削圆上下，下沿凿一小孔，削一小槽，使油出之时流入承藕器中……"

《天工开物》描述得较为详细，我就不 列举了，再掉书袋了有些人可能又要急躁了。咱们直接说随着浅底炒锅和植物油的广泛应用，除了油炸食品的流行外，最为显著的一个特点便是快餐业的兴起。

据说当时的快餐快到"一烹就起"，弹指间一盘菜就做好了。

"一烹就起"这种说法未免有些夸张，谁还没吃过快餐啊，再快也得等一等，只不过是在快餐刚兴起的时候，对当时的人们来说，相当于是从传呼机升级到了步话机，这边"啊"的一声，那边立马就能听到，十分新奇，因此才有"一烹就起"的比喻。实际上"一烹就起"指的是在明朝兴起的爆炒，在大火下的确很快，往往客人点完菜没多久，热腾腾的炒菜就上桌了。

那么当时的爆炒是怎么炒的呢？

爆炒分水爆、生爆、熟爆等许多种，我不是厨子，也没穿越到古代，不清楚具体的爆炒方法，不敢跟大家编瞎话乱讲，老老实实地去查阅了一些相关的古籍，和大家一起来学习明朝快餐的做法。

先来看一道爆炒肉：

用精肉切细薄片子，以酱油洗净，入火烧红锅爆炒，去血水微白即好。取出切成丝，再加酱瓜、糟萝卜、大蒜、砂仁、草果、花椒、橘丝、香油，拌炒肉丝。临食加醋和匀，食之甚美。

这段话出自高濂的《遵生八笺》，不难看出，这道爆炒肉非常简单，因为不需要炒得很老，所以的确可以说是一烹就起了。

再来看一道水炸肉：

将猪肉生切为二指大长条子，两面用刀花界如砖阶样。次将香油、甜酱、花椒、茴香拌匀。将切碎肉揉拌匀了，少顷，锅内下猪脂熬油一碗，香油一碗，水一大碗，酒一小碗，下料拌匀，以浸过为止。再加蒜椰一两，蒲盖闷。肉酥起锅食之。

这整段话就属最后一句最诱人，仿佛能闻到肉香味儿。我们再来看一道炒腰子：

将猪腰子切开，剔去白膜筋丝，背面刀界花儿。落滚水微焯，漉起，入油锅一炒，加小料葱花、芫荽、蒜片、椒、姜、酱汁、酒、醋，一烹即起。

这些语言不是特别难懂，而且我们也不是做厨师的，没必要去一字一句的解读，所以我就不翻译了，总之这一类做菜的方法很多，据说光是快餐的做法就达一百六十余种，可见菜品已是相当丰富了，不只是老百姓热衷于到外面吃饭，连宫里的皇帝也要吃外面的快餐。

大家可能会奇怪，宫里山珍海味享用不尽，别说是皇帝，就算是一般的嫔妃，那还不是想吃什么就吃什么？也有人会想，敢情是皇帝吃那些山珍海味吃腻了，想换换口味。

要是这么想的话就错了，至少有明一朝，皇帝还真不是想吃什么就能吃什么的。我在《大明梦华：明朝生活实录》一书中曾提到过一句话，当时有人开玩笑说京师有四大不靠谱，分别是：翰林院的文章，武库司的刀枪，光禄寺的茶汤，太医院的药方，这四大不靠谱把大明朝吃的用的和那些御用文人都讽刺了一遍，可见有些东西一旦垄断了，失去了竞争，真不是什么好事儿。

其他我们不去研究，只说光禄寺的菜真有那么难吃吗？凭良心讲，前期还是可以的，毕竟那是接待外宾的地方，又是皇帝家的食堂，再差也不会差到哪儿去。但到后期就变了味了，不只是菜的味道变了，由于那是个油水丰富的机构，腐败逐渐滋生，管事儿的只知道贪，不思进取，菜品翻来覆去做的都是老三样，别说皇帝，普通人也会吃腻的。谢肇淛如此评价光禄寺的菜，他说：

今大官进御饮食之属，皆无珍错殊味，不过鱼肉牲牢，以燔炙酿厚为胜耳。

大鱼大肉是有的，只不过统一往锅里一倒，随便那么一炒，熟了便了事，没什么新鲜的味道，无非是鸡鸭鱼肉罢了。

现在生活条件好了，大家都是吃过大鱼大肉的，讲句公道话，天天吃那些油腻的东西，哪个受得了？以至于宫里的皇帝娘娘们，到了饭点听到"光禄寺"三个字就倒胃口。让人倒胃口倒也算了，最可气的还特别费银子，万历朝时，光禄寺一年得花掉三十九万九千八百二十七两银子。大家想一想，二十七两银子就足够一户普通人家过上一年的日子了，光禄寺接近四十万两的支出，够百姓生活十八辈子了，的确是匪夷所思。

万历帝懒得去管那些小事，嘉靖帝却忍不了，曾放下狠话说："朕不省此三十余万，安所用也！"

意思是说我要是省不下光禄寺那三十万两银子，我这个皇帝还有什么用？这狠话说得好像他真能省下那笔银子似的，其实最后还是没省下来。

为什么嘉靖帝省不下光禄寺那笔开支呢？难道皇帝想取消一笔开支的权力都没有吗？其实嘉靖帝当时也是哭笑不得，他自己可以不吃光禄寺的菜，大不了让太监去宫外买快餐嘛，臣工们也可以不吃皇宫食堂的菜，因为他们听了"光禄寺"三个字也会倒胃口，入宫当差的时候，是从自己家里打包带来的，大不了到了饭点再加热一下。

说到这儿，有人可能会灵光一现，你不会说那时候有微波炉了吧？要是这样说的话，肯定是在抬杠了，加热一定要用微波炉吗，火炉子行不行？

好了，我们不要被杂念打扰，继续说光禄寺的事情。那不仅仅是个给皇帝和在宫里办差的大臣们提供伙食的食堂，它还负责接待外宾，或者有大型集会、祭祀等重要活动时，提供餐饮，在做这些事情时候，总不能也买快餐去吧？再者大型的集会、祭祀等活动，也不是一般的餐馆所能承受得了的，就算有饭店可以接那么大的单子，国家也需要脸面的，接待外宾去外面的馆子吃饭，你堂堂天朝，难不成连自己的食堂都办不起？所以恨归恨，留还是得留着。

上到皇帝，下至庶民，都要吃快餐，于是催生了另一个行业——外卖。

外卖分两种，一种是挑着担子沿街叫卖的，另一种是在餐馆里事先预订，到了约定的时间，由店小二负责外送。这两种外卖的形式，一种是被动的，另一种是主动的，分别可满足两种不同阶层的百姓。

沿街叫卖的被动的外卖形式，主要服务群体是普通老百姓，我在摆地摊卖书的时候，就是靠这种流动的外卖填肚子，相对来说价钱也要低廉一些。再比如自个儿懒得做饭，在家里坐等就行了，一般情况下，每条街都会有好几人叫卖，即便有一人没来，也不会饿肚子，大不了选择少一些罢了，这就是所谓的"就门供卖"。

另一种则是主动差下人去酒馆预订，提前讲好了需要些什么菜，什么时候送达，到时店家就会差店小二送上门去，就是所谓的"逐时索唤"，可以自己挑时间和菜品，当然也会贵上许多。

不过，无论哪种外卖形式，把饭菜送到对方手里时，前提是必须保温，不然花了银子，吃到的却是冷菜冷饭，哪个也不乐意。

那么当时的外卖是如何保温的呢？这就要用到食盒了。

食盒不是我们现在看到的普通的那种铁盒子或塑料盒子，当时的保温盒分上下两层，底层灌了沸水，上层放着菜，沿街叫卖的商贩，还会在担子外面包裹一层棉絮，以保证饭菜的温度。

写到这里，本章的内容就说得差不多了，不过我还想多啰嗦几句。大家对本章开篇陶渊明的那首诗还有印象吧？那代表的不仅仅是一种美，而且还有一份温暖在里面，我也说了，一个家最重要的地方，不是卧室，不是客厅，而是厨房，只有厨房的火在烧着，烟囱的青烟在冒着，女主人在厨房里张罗着，这个家方才有温度，有烟火味儿。如果每天下馆子，或者是叫外卖，生活便会如一汪清水，淡而无味。

　　在中国，每年最重要的节日无非是春节，无论身在何方，都要想尽一切办法回家，与家人团聚，而团聚之后最为重要的就是一家人坐在一起，吃一顿团团圆圆的年夜饭，大家不妨试想一下，如果那顿年夜饭叫的是外卖，家中没有丝毫的烟火味儿，那还能叫年夜饭吗，过年的气氛还会那么浓郁吗？

　　我倒不是反对便利，任何一种事物的发展和存在，都有其必然性，既是必然的，那么定然是合理的，只是任何一种便利，都是有针对性的，比如快餐和外卖，本来是针对忙碌的没有时间做饭的人群，如果快餐和外卖成为不想做饭的懒惰的理由，显然是不合情理的。因为这就直接将人类的文明和科技的发展史，变成了一部懒惰史，看似越来越便利，只要有家底，就可以衣来伸手饭来张口，看似自由了、省事儿了，实际上是将自己囚禁一隅，不出家门，不走街市，甚至连太阳都懒得出去晒一下，是有悖常理的。

　　这就好似发明了车子一样，如果依赖成性，连路都不想走了，那么车子的存在就不合理了。

　　当然，这番话肯定会有人不认同，赚钱不就是为了享受吗？有条件的话，为什么不让自己轻松些呢？好了，我就此打住，不过既然提到了餐饮，顺便说一下明朝的冷饮，他们是怎么制冰并制作成可口的冷饮的呢？欲知后事如何，且听下回分解。

### ㈣ 炎炎夏日里的冰镇食品

　　我不知道这样说有没有人反对：人类的发展史其实是一个欲望膨胀的过程，因为有了欲望而产生各种各样的幻想，因为有了幻想而去摸索实践，因为敢于去实践，就有了发展。

这么说可能会有些偏激，难不成所有的理想都是欲望在作祟吗？不过大家也不要将"欲望"一词理解为贬义，从人类发展的过程来看，"欲望"应该是个褒义词，试想一下，如果人类没有欲望，可能会同其他物种一样，停留在最原始的阶段。这就像我们在这个章节要说到的夏天吃冷饮一样，发明这东西其实就是欲望使然。

冬天是寒冷的，人们甚至都讨厌冰，碰都不敢去碰，然而换个季节就不一样了，在夏天看到冰，真的是亲切无比，要是在屋内放些冰，感受那丝丝凉气，或是在食物里掺杂些冰，吃着冰爽可口的冷饮，那该是多大的享受！

关于冬冰夏用这件事，其实很早就有人动了心思，早到哪个时期呢？说出来可能会把人吓着，西周时期就开始了，这在《诗经》里也有记录，我们不妨来看诗经《国风·豳风·七月》是怎么说的：

二之日凿冰冲冲，三之日纳于凌阴。四之日其蚤，献羔祭韭。九月肃霜，十月涤场。朋酒斯飨，曰杀羔羊。跻彼公堂，称彼兕觥，万寿无疆。

《国风·豳风·七月》共分八段，描写的是某个部落的奴隶们（相当于百姓）生活、劳作的场景，以上摘录的是第八段，大概的意思是：十二月大家忙着凿冰，一个月后，也就是正月，把凿下来的冰搬进冰窖里。二月初开始祭祖先，献上韭菜和羊羔。九月开始降霜了，十月清扫打谷场。忙完这些后，宰杀羊羔，并用美酒敬宾客。然后去主人所在的公堂，举杯共同敬主人，齐声高呼万寿无疆。

这段话里，有一个很重要的词，叫做凌阴，凌阴指的就是冰窖。豳地在陕西一带，冬天是极冷的，冰雪覆盖之下，寒冰取之不尽，当时的人们便把冰凿开，搬入冰窖，以备夏天时给主人享用。不难看出，在西周的时候，人们已经开始冬冰夏用了。后来又设立了一个专门的官职，唤作凌人，负责凿冰、藏冰等事宜。

千万不要以为凿冰、藏冰容易，其实是个技术活儿，其中最为关键的是凌阴的建造。

从文献来看，在周、秦、汉期间，为半地下室建筑，分两层，四周夯实，地面铺石头，冰块搬入地下第二层，密封，再用草叶覆盖，不使冷气泄露。

在封存冰块之前，还要用黑色的牲畜和黑色的黍祭祀水神，这当然是迷信，冰会不会融化跟神灵没有半毛钱关系。有人可能会嗤之以鼻，笑古人傻，其实任何事情都分两面，迷信当然不值得提倡，但换个角度，对大自然存一份敬畏心也是有必要的，科学越是向前发展，对大自然的敬畏心就越少，人类越来越肆无忌惮地破坏自然环境，无视一切，心存傲慢，这是要不得的，毫不夸张地说，今天的我们已经开始自食其果了。这是题外话，按下不表。

祭祀仪式结束后，在凌阴内部要悬挂桃木弓和棘箭，以便求个好兆头，颇有些像农夫祈求上苍风调雨顺的意味。

不过由于那时候技术有限，即便是将冰块藏在地下二层，上层又用草叶覆盖并密封了，然可想而知，密封程度肯定是一般的，在长达半年的储藏时间里，所融化的冰往往是十有七八，所以凌阴内部设有排水孔，以便融化的冰水通过水槽直接排入邻近河内。

辛辛苦苦凿来的冰块，十之七八付诸流水，大家听起来是否也觉得心疼？我们都心疼，当事人就更加心疼了，只不过那是无可奈何的事儿，只能眼睁睁地看着它们流逝。也因为这个原因夏冰很贵，贵到与金等价，是不是觉得匪夷所思？

更为匪夷所思的事儿还在后面，且容我慢慢道来。

及至夏天，就要开始颁冰了。请注意这个"颁"字，可见当时的冰不是用来卖的，而是用来颁发或犒赏的，当然不是颁给普通老百姓，只给大臣及有功之臣享受。而且颁冰还有一套仪式，像开朝会一样，召集文武两班臣子，按照功勋大小，论功赏冰。

在宫里领到冰的，内心的欢喜就不用说了，最教人激动莫名、自豪的是，将那冰捧在手心，捧的可不仅仅是一块冰而已，而是一份荣耀，体现的是帝王对自己的一种肯定。

这里有个问题，那时候没有冰箱，领到冰后要怎么处理呢？跑啊，撒开脚丫子使劲儿地跑，出了大殿后，大臣们一个个都变成了长跑运动员，在炎炎烈日下咬牙切齿地奔跑，要是慢跑了那块冰就会像流沙一样，在手中逐渐消失，如此重要的东西怎么甘心让它在途中消失呢？最后人跑中暑了，冰还在没在就不知道了。

当然，这只是我个人合理的想象，史料上是没有记载的。一般情况下，把冰拿回家后，会用它来冰镇食品。在夏天，水果是最为普遍的了，将之切好了，放在容器内，再把冰块往里那么一放，不消多时，就能享受到美滋滋的冰镇水果了。

奢侈一些的，会拿冰来消暑。具体的做法是将冰放在一个木盆里，人则坐在冰的旁边，使唤下人拿扇子扇风，这时候扇出来的风带着丝丝凉气，暑气顿消，实在是神仙一般的享受。

最会享受的是曹操。大家可能也听说过，曹操筑有三台，分别叫铜雀、金虎、冰井，由于艺术作品的演绎和渲染，铜雀台最为著名，但冰井台知道的人却不多，如果说铜雀台是大家议论国事，或聚众欢宴之所，那么冰井台就是曹操为自己私人打造的了。冰井台下挖了数口旱井，每口深十五丈，藏大量的冰，到了夏天，井下的寒气就不断地往上冒，这时候你要是坐在台上的楼阁内，沁凉如秋，比空调凉快多了，每至夏天，曹操就会于此消暑，会见群臣。

从上文中不难发现，当时藏冰是朝廷行为，老百姓不能私藏，也藏不起。到了唐朝，虽然说大唐王朝繁荣昌盛天下无匹，藏冰术较之秦汉也先进了许多，采用冰井藏冰的方法，井身之大之深，是秦汉时期没法比的，并设有冰井使专门管理。但是，冬冰夏用，普通人依然消费不起。

按理说，唐朝的藏冰术既然发展了，夏冰应该进入普通人家才对，为什么老百姓还是买不起呢？其实无非两个字——垄断，庶人不得私建冰窖。

从这个角度来看，大唐的开放是有限制的，大唐如同大海一般，包罗万象，无论胡人还是周边小国的人，都可以自由贸易、出入，但这片海是有边界的，比如长安城的里坊制，在说市井的章节里，我曾说到，从宋到明，里坊制的打破，市场就被彻底打开了，一如潮水，无孔不入，于是宋朝和明朝后期，资本主义开始萌芽，商业行为无处不在。

任何一样事物一旦垄断，就容易滋生腐败，甚至由此衍生出许多荒唐事。如唐朝杨玉环的族兄杨国忠，为图享受，大夏天的用冰砌墙为室，造了间冰室，三伏天在冰室里饮酒，里面坐的人还得穿薄棉袄，要不然体质差些的还受不了那寒意，你说任不任性？

唐朝也有冰商，只是由于个人不得私建冰窖，冰商想要藏冰，得去向官方租赁冰窖，冰本来就容易融化，再加上租赁的成本，夏冰贵如金就不足为奇了。

有这么一则笑话，说是在洛阳西南，有一位冰商，夏天时在市场上卖冰，他自认为可以大赚一笔，高声叫卖。期间倒是有客人过来咨询，只是听到冰价，都扭头而去。没过半日，冰一块都没卖出去不说，还全都化了，没赚到一分钱。可见在唐朝，由于冰价太高，就算是私人想做夏冰的生意，也并不好做。

真正将夏冰市场化，能让老百姓享受得起的是宋朝。

又是宋朝！

那真是一个神奇的时代，百业兴盛，百花齐放，人的智慧是无穷的，当夏冰的市场被打开，不再是稀缺品时，各种各样的冰制食品就纷纷涌现出来，诚可谓琳琅满目，让人眼花缭乱，我们不妨来看一段《东京梦华录》里的描述：

盖六月中别无时节，往往风亭水榭，峻宇高楼，雪槛冰盘，浮瓜沉李……不止是雪槛冰盘，浮瓜沉李，且冰雪凉水在巷陌路口、桥门市井皆卖。

怪不得"宋迷"那么多，这是有原因的，通过对比我们可以明显地发现，垄断与否、开放与否，造成的社会活跃度、市场繁荣度，简直是一个在天一个在地。

前文提到的冰雪凉水，可不只是冰水而已，其实是种冷饮，而且冷饮之多令人瞠目结舌，为了让大家有个立体的了解，我来罗列一部分宋朝的冷饮单子：

沙糖绿豆、漉梨浆、木瓜汁、卤梅水、红茶水、椰子酒、姜蜜水、香薷饮、紫苏饮、荔枝膏水、白醪凉水、梅花酒、金橘雪泡、缩脾观、沉香水、鸡皮麻饮、细粉素签、沙糖冰雪冷元子、水晶皂儿、生淹水木瓜、药木瓜、鸡头穰、甘草冰雪凉水、冰雪荔枝膏、广芥瓜儿、梅子姜、辣瓜旋儿、细料馉饳儿、香糖果子、间道糖荔枝、金丝党梅……

别看读起来有点像相声里的贯口，这还只是其中一部分而已，琳琅满目的冷饮，在大街上随处可见，最重要的是还不贵，只几文钱就能享受得到，炎炎夏日中怎么能抵挡得住那样的诱惑呢？以至于有人因一时贪嘴，吃坏了肚子。

　　有史可查的因冷饮而坏了肚子的是宋徽宗，倒不是说宋徽宗有多倒霉，也不是说他吃坏了肚子有多特别，能载入史册的一般不是帝王将相，就是某领域的名人，普通老百姓就算是拉稀拉晕在厕所，也没有史官替你记录。

　　闲话表过，却说宋徽宗由于冷饮吃多了，伤了脾胃，急性肠胃炎发作，狂泻不止，御医们想尽了办法，依然未见起色，拉得他连走路的力气都没有了，无奈之下，只得放下面子，张贴皇榜向民间求救，希望能在民间找到一位高人，替他止泻。幸好真找到了个高人，不然宋徽宗可能就没力气画画了，那人叫杨介，揭了皇榜入宫后，用大理中丸，以冰水煎之，以毒攻毒，这才让宋徽宗止了泻。

　　连锦衣玉食的一国之君王，尚且难以抵御冷饮的诱惑，更别说普通老百姓了。到了明朝后期，由于资本主义萌芽，私人建冰窖成为常态，夏冰更为普及，特别是在南方经济发达地区，所建的冰窖比厕所还多，那时候走在路上你要是不幸内急，那简直是场灾难，想要找到个公共厕所是极难的，但冰窖却随处可见，仅苏州城阊门外那一个地方就有二十四座。

　　京师作为达官贵人云集的地方，冰窖就更多了，几乎遍及全城。

　　写到这儿，不免有些感慨，有利可图就一窝蜂而上，而公厕作为公共设施，由于是公益性质，不仅无利可图，而且还需要投入大量的人力物力，就很少有人去做这件事了，即便是在一些发达城市，想要建几座公厕，也得等某位官员想到要给自己做些政绩时，才会去建几座，几千年来，大部分的福利，都得是官员作秀时老百姓方能够享受，这真的是件悲哀的事情。

　　言归正传。到了宋明时期，藏冰俨然产业化，冰窖主会租赁荡田（注：荡田又叫荡地，指临近江河湖泊等低洼田地），等冬季来临，在荡田内蓄满了水，一旦结冰，就雇用民工下地凿冰而藏之。

　　这是项一本万利的生意，水是天然的不用花钱，而且按照明朝体制，由于荡田的特殊性，课税要比普通的田地来得轻，所以很多人都盯准了这门生意，不惜斥巨资建冰窖。于是每逢三九寒冬，便形成了这样一幅奇特的场景：大批民工在窖主的带领下，浩浩荡荡奔赴荡田，凿冰之声，自昼而夜，绵而不绝。

随着夏冰的风靡，竞争自然也就越发激烈，话说在万历十六年（1588），杭州有个叫许三的人，不会读书，却颇有生意头脑，在冬冰夏用最火热的时候，东拼西凑借了笔银子，筑了座冰窖，当起窖主来了，没过两年，果然赚了不少钱。

这年五月，开窖取冰的日子近了，许三按例去附近兜售夏冰，让要冰的人事先缴纳押金，并发放冰票，约定在开窖日凭冰票统一取冰。

待他把藏冰如数预订出去后，这一日下午，许三去冰窖视察，以确保在开窖前万无一失。

开冰窖对做夏冰生意的人来说是件大事，只要是大事，那就需要有仪式感，开窖当日是需要祭祀的，这么做一则是感谢上苍庇佑，二则是祈祷来年生意顺利，不过做了两年生意，这些事均已形成一套成熟的流程，只要冰窖不出问题，许三就有把握使开窖日不出乱子。

到了冰窖，在守窖人的带领下，在周边走了一圈，发现下水道的流水量有些大，许三的心头不由生起股不祥之兆。要知道下水道的水是冰块融化的，水量越大就表示冰块融化得越多，许三的冰窖虽然不是最好的，密封度无法与官窖比，但也不是最差的，而且经过这两年的实践，他对融冰量已然大致掌握，现在这么大的流水量，显然是不正常的，就问守窖人是怎么回事。

守窖人也觉得莫名其妙，说："昨天还好好的，怎么今天的排水量就增加了呢？"

于是两人就沿着冰窖再次巡察，果然让他们发现了端倪，在向阳处有一个洞口。

那洞口还挺大的，足够容纳一个小孩来回自由爬行，只不过让一堆枯草盖住了，如果不仔细察看的话，不容易发现。更狠的是，洞口的方向位于西南角，午后的太阳偏西的时候，会照直了往洞口晒，大量热气灌入，不出一两天，冰窖里面的冰就会化尽。

许三急了，这肯定不是小孩的恶作剧，而是有人蓄意破坏，当下也顾不上许多，要叫人来开冰窖。守窖人闻言，惊道："现在还不知道窖内的情况，如果里面还有余冰，冰窖一开，就都保不住了。"

许三自然明白这道理，可如果不开窖，就无法知道损失，只怕报了官，官府也不会立案，就问他道："昨天你确定巡察过一遍？"

守窖人说："昨晚睡觉前我还看了一遍，并无问题。"

许三又问："出水量也没异常吗？"

守窖人肯定地道："没有异常。"

许三心想，照此说来，那洞口理应是在昨晚守窖人睡后挖的，从昨晚至今，不到一日，窖内的冰应还不至于全部融化。这么一想，稍微安心了些，只要没有全部融化，多少还能收回些成本，就按下开窖的念头，说："我去报官，你且在此死守，一步也不得离开。"

守窖人听许三要去报官，顿时就慌了，"主翁，我错了！"

许三转身，吃惊地看着他，"难不成是你干的？"

"不是。"守窖人垂着头道，"三天前家母祭日，我回家祭拜，又恐冰窖无人看管出了意外，因此才叫了钱二毛来看管，谁承想……就出了这档子事。"

许三闻言，气得直跺脚，要是那洞口是三天前挖的，那窖内还会有冰吗？

那钱二毛是个游手好闲的主儿，成天喝得醉醺醺的不省人事，叫他看管，有人没人根本就没什么区别，不由怒道："你怎会如此糊涂，哪个不好找，偏找他去？"守窖人不敢言语，只低头认错。

"罢了，我先去报官，你去把钱二毛找来，断不可教他跑了。"

许三是卖冰大户，也算是个有头有脸的人，加上如果冰窖里的冰让人蓄意破坏而融化，损失巨大，杭州府不敢不重视，立马差人去现场察看。

杭州府的人验看了那个洞口后，判断应该就是两三天前挖的，因此断定冰窖里的藏冰已全部融化，开了冰窖一看，里面储藏的冰果然已消融殆尽。见此情景，许三险些气晕过去。要知道储冰的成本极高，不说长达半年左右的消耗，单是采冰所雇用的人工开支，就是一笔不小的费用，现在藏冰全部付诸东流，他今年的生意也就泡汤了。

杭州府的人将许三、钱二毛及守窖人一同带回了衙门，知府按例询问案情。据那钱二毛交代，他总共看守了三天冰窖，其间没有发现意外。当然，他大部分时间都醉醺醺的，跟死人没多大区别，只要动静不是太大，他是发现不了。

现在基本可以确定，那洞就是在钱二毛看守期间挖的，至于钱二毛有没有跟对方合谋，那就不得而知了。

许三要求衙门将钱二毛打入大牢，不管此事他有没有参与，都脱不了干系。钱二毛听了这话，大声叫冤，他只是受那守窖人所托，暂守三日而已，而且出于人情，除了要几坛酒，没要任何工钱，帮人却帮出场牢狱之灾来，这哪门子的道理？

知府瞟了眼许三，说："你也不要着急，此案是哪个干的，尚无证据，不宜押人。"当下将守窖人和钱二毛都放了回去。

许三莫名其妙，怎么如此轻易就将人放回去了呢？知府说："本府与你说了，不要着急，两天后自会给你个交代。"

见知府胸有成竹，许三不敢多问，只得退出衙门。两天后，再去衙门讨问，那知府则差了人去抓守窖人。许三大惊，"是他干的？"仔细一想，却也说得通，那钱二毛是什么人？就是个二油子罢了，吃饱喝足了天塌下来也不关他的事，这种人即便借他个胆，也不敢去干那种缺德的事儿；再则他是个外行，就算是发现排水口的水量增加了，也看不出来。还有一个关键的地方是，钱二毛是个酒鬼，灌饱了黄汤倒头就睡，正是那些心怀叵测之辈蓄意破坏的好时机，不但不会被发现，而且还有人顶罪，这是多好的事啊。照此推断的话，守窖人的嫌疑的确是最大的。

如此一想，许三就明白了知府的用意，先放走他两天，所谓做贼心虚，做下了此等不法之事的人，定然惴惴不安，食不甘味，两天后突然被捕，以为事情败露，心中必然慌乱，这就是传说中的欲擒故纵。

被抓进去没多久，那守窖人果然就交代了，原来是城西藏冰大户郎衔春以三十两银子作为代价，串通守窖人设下此计谋，本想让钱二毛顶罪，哪承想聪明反被聪明误，一眼让知府看破了他们的伎俩，落了个锒铛入狱的下场。

翻出这桩公案，是想让大家了解这么一起恶性竞争事件，不需我多言，这样的恶性竞争当然是不好的，但也是在快速的市场化进程中，不可避免的，得经过一段较长时间，大浪淘沙之下，优胜劣汰，方才会趋于稳定，步入良性的市场轨道中。不过通过这件事也从侧面反映出明朝的夏冰不止便宜，竞争也十分激烈。

随着夏冰的普及，夏天吃冰或用冰消暑，早已进入寻常百姓家，那么有一个问题也就随之而来了，即老百姓买了冰之后，怎么收藏？总不能用一些，就去街上买一些，这样来回奔走，不只是不方便，消暑的目的没达到不说，还容易中暑。

从前文的叙述中我们已知，冰商藏冰用的是冰窖，开窖之前，需要先联系好客户，然后择日开窖，统一取冰，这么做的目的无非是要将冰的损耗率降到最低，至于卖出去之后，会否融化，那就是别人的事了，无关冰商。

人类的智慧是无穷的，买到夏冰后，为了将之保存，发明了一种物品，唤作冰鉴。

从冰鉴的用途来说，相当于现代的冰箱，当然，冰鉴不是明朝发明的，在西周、先秦就有了，只不过那时候的冰鉴，是青铜所铸，金器散热快，同理，冷气挥发也快，储藏功能不强，主要用于室内降温，在降温的同时，在冰鉴中放些水果、茶水等，可以随时取来食用，听上去已是相当惬意了。

到明朝的时候，冰鉴有了较大改进，一般为木质，富贵人家用红木，甚至有用黄花梨制作的，口大底小，呈方斗形，内部贴了层锡片，不仅可以保护木质箱体，而且还能使冰块保存更长的时间。除了实用外，这时候的冰鉴还十分漂亮，雕刻有各种复杂的图案或纹理，可谓融实用性与观赏性为一体，与室内其他家具丝毫不相冲突。

好了，关于冬冰夏用的那些事儿到这里就基本说完了，下个章节跟大家来说一下冬天取暖的事情，对老百姓来说，冬天取暖同样是件大事，如果准备不足，冻死人是常有之事。那么明朝人是怎么取暖的呢？且听下回分解。

## 五 屋外风寒内如春

这个章节重点说两件事，一为棉衣，二为地暖，这两样物件儿在人类取暖史上，具有里程碑式的意义。

有人可能不解，棉衣在人类历史上啥时候具有里程碑式的意义了，这意义是你给定的？

先别急，听我说完之后，大家就会知道棉衣对人类意味着什么了。如果常读史书，或者曾了解过历史相关的资料的人，对"麻衣""葛布"等字眼应该不会陌生，在各种历史书或历史小说上出现的频率极高，不明真相的人，可能会以为那是古人的一种时尚，那时候就流行麻衣葛布。不怕大家笑话，我也曾经认为那是一种时尚，只要见到书中描写人物时，出现"麻衣""葛布"等字眼，就认为那是道骨仙风的世外高人，或者是飘逸不惹凡尘的书生雅士，实在教人羡慕得很。

其实不是这样的，至少在棉布、丝绸普及之后，麻、葛布衣是个廉价、低贱的代名词，所谓布衣，常指百姓，就是由此而来。此外，在棉布普及之前，寒冬腊月，冻死人是常有的事儿。

本人才疏学浅，无法统计出每个朝代冻死人口的具体数量，但是从历朝历代的人口以及气候变化中，还是能看出一些端倪的。比如秦朝，约为两千万人口，这个数字在经历了战国的战乱后是相当了不起的，而且彼时的疆域只有三百四十万平方公里，相对而言，人口算是比较密集了。

经历了战国纷乱后，秦朝的人口呈现出爆发式增长，这是因为秦朝的保暖措施做得比较好吗？当然不是的，抛开政治原因，还有一个现象也非常重要，那就是秦朝那会儿的气候比较舒适宜人。

有人可能会说，你又不是气象专家，而且就算是气象专家，也不可能检测到几千年前的天气情况，你怎么可能知道秦朝那会儿的天气比较舒适宜人？

咱们不抬杠，我不妨从天候的视角，跟大家说说中国历史上各朝各代的分分合合。

公元前211年，秦始皇下旨，令三万人迁徙到北河（河套一带）榆中（内蒙古伊克昭盟东部一带），开发边疆，从事农业生产生活。

这个记录说明什么呢？在没有足够的保暖措施的情况下，迁那么一大批人去北方是会冻死人的，秦始皇不糊涂，而且比一般人精明，如果不是气候条件允许，他不会贸然做出那样的决定。汉朝的时候也这样，公元前119年，汉武帝迁七十余万人至陇西、上郡等北方之地，开荒垦种。

西汉时期人口为五千九百万，东汉人口则为六千五百余万。在此后的四百多年里，大汉天朝几乎成了一座无法逾越的高峰，这个所谓的高峰，不仅仅只是体现在人口的增长上，由于气候宜人，国家统一，在经济、疆域等方面，至少在唐朝出现以前，没有哪个朝代可与之比拟。

魏晋之后，气候转冷，极寒天气对人类造成了极大的威胁，麻衣、葛布、枯草、树叶根本无法御寒，特别是在北方地区，那些靠游牧为生的民族，无以为生，怎么办呢？只能纷纷南下抢劫掠夺。那会儿中原的百姓本就不怎么好过，在农业歉收的情况下，加上战争，民不聊生，从此后进入了魏晋南北朝的大分裂时代。

三国末期，统治区的人口仅为一千七百余万，还不如秦朝，可见亡者之众。到了两晋，虽然严寒还没有完全过去，但是由于时局渐趋稳定，略有好转，西晋高峰时期的人口约为三千万。

到了隋唐，气候转暖，草长莺飞，北方民族大部分也安定了，这时候，气温适宜，国家统一，人口再次呈现出爆发式增长，至隋大业五年（609）达到顶峰，约为五千万，及至唐朝更不得了，玄宗时期是人口的高峰期，约为七千六百万，至此，汉朝创下的人口数量纪录被打破，大唐盛世，永载史册。

然而在唐宋之间，还有一个寒冷期，那就是五代。北方民族再次受到冰寒袭击，不得已南下，天灾人祸之下，人口骤降，五代末年，南北人口相加起来，也不过两千八百余万。

每一个数字的背后，都是一条条鲜活的生命，特别是与盛唐相比之下，更是触目惊心。

好在五代之后，又迎来了一个全盛时期，此时的气候再次温暖宜人，百姓安居乐业，人口的增长又一次达到了一个前所未有的数值，北宋有九千三百余万，南宋也不少，约八千万，两宋算不上强，但绝对可以说是全盛时期。

从上面的文字中不难看出，气候可以决定一个国家的盛衰，气候不稳定，则经济不稳定，经济不稳定，则国家必乱，可见环境可以改变一个人，也能改变一个国家，舒适地生活在当下的我们，且行且珍惜吧。

两宋之后，从气候上来看，出现了一件奇怪的事，明朝的天气并不友好，除了自然灾害多之外，温度也很低，至少比之唐宋要低得多，换句话说，从前面几百年来的规律来看，明朝应该是个大分裂的时代。然而实际情况却刚好相反，明朝不仅没乱，而且无论是人口还是经济，均达到了一个前所未有的高度。一般认为，万历年间人口达到峰值，为一亿五千余万，这个数字远远地将宋朝抛在了脑后，让两宋望尘莫及。

那么问题就来了，在自然灾害频发、气温较低的情况下，明朝为什么不但没有乱，而且人口还赶超了两宋呢？

只有一个解释，那就是科技，科技的发展才是抵御天灾最有效的方式，明朝时候的百姓早已告别了麻衣、葛布时代，棉衣、棉被已经普及。

读到这里，有一定历史知识的人可能会产生疑惑，棉花在宋朝就已经出现了，你怎么说到明朝才普及呢？

确切地说，棉花在宋之前就出现了，如果要追溯棉花的历史，负责任地讲，在秦朝就有了，据说是从印度、缅甸等国传入的。但是，需要注意的是，出现并不代表普及，至少在宋朝以前，别说是老百姓，即便是上流人士，也极少见到他们穿棉衣、盖棉被的记载。究其原因，无非是科技尚未达到那种水平。

那么，在棉衣、棉被还没有普及的时代，人们是怎么过冬的呢？有诗云：

布衾多年冷似铁，骄儿恶卧踏里裂。

这是唐朝诗人杜甫的诗，从这首诗里我们完全可以看出，当时的人们过冬时是多么的艰难，这哪是过冬啊，过不好那是要命的。

布衾指的是用麻布做的被子，那被子几年用下来，又冷又硬，像铁一般，那样的被子能有多少保暖效果？特别是在极端恶劣的天气下，不冻死也会冻出病来。

当时的富贵人家，会在麻布做的被子里塞一些动物的毛发，这样保暖效果相对会改善一些，只是苦了普通人家，他们只能在被子里塞些枯草树叶，俗称褥子，这种褥子保暖效果奇差，在大雪纷飞、寒风呼啸的晚上，盖着这样的褥子睡觉，要是还能睡得安稳那简直就是睡觉界的天才。

两宋时期，棉花已大量种植，但是尚未达到普及的程度，属于只有贵族才能享用之物，普通百姓是可望而不可即的。

明朝开国之初，可能是朱元璋吃了太多的苦，对饥寒的印象实在太深刻了，以农桑积储为急，下旨在全国种植棉花，强制推广，《明史·食货二·赋役》有这样一段话：

凡民田五亩至十亩者，栽桑、麻、木棉各半亩，十亩以上倍之。麻亩征八两，木棉亩四两。栽桑以四年起科。不种桑，出绢一匹。不种麻及木棉，出麻布、棉布各一匹。

这个制度不仅给出了具体种植棉花的数量，连相关课税也一并予以明确。你如果不愿意种也可以，不种桑的，罚绢一匹，不种麻、棉的，罚麻布、棉布各一匹，不种什么罚什么，就像武林高手一样招招指向要害，以国家的名义，强行推广棉麻。

可想而知，在这样的政策下，棉衣、棉被不再是稀缺物品，进入了寻常百姓家，即便气候再恶劣，百姓御寒也都不成问题了。从这个角度来看，老朱之策，委实高明。

再来说地暖。说起地暖，不得不说到北京城的明皇宫。整个皇宫建筑面积约十五万平方米，大小宫殿七十余座，房屋九千余间，规模之大，举世无双。许多人去紫禁城，都叹为观止。事实上，紫禁城除了雄伟的外表外，还有一项教人瞠目结舌的设计。

在说这个设计前，我想问大家一个问题，去过的人有没有发现紫禁城的烟囱？有的人可能会嗤之以鼻，烟囱肯定在厨房啊，皇帝办公、居住的地方怎么可能会有烟囱？

那好，我再来问个问题，过冬时，没见住在宫里的人冻得瑟瑟发抖，也没见他们围着火炉烤火，相反，一入各个殿内，暖气融融，十分舒服，这暖气是从哪儿来的？有的人可能又会嗤之以鼻，当然是有专人生火供应暖气啊！

好，我再问最后一个问题，在哪儿生的火，烟往哪儿排的？

首先可以确定一点，宫里是有取暖设施的，那会儿没有电，要取暖必然需要生火，只要有火，必然生烟，可是，无论是在历史剧里面，还是史书上面，都没有表现出这一点，当然，要是宫里烟火缭绕也不太像话，这就要说到紫禁城的地暖设施了。

成祖朱棣虽然跟太祖一样，提倡节俭，抠门抠得要死，可在迁都之初，在建造皇宫上面，可谓毫不吝啬。事实上皇宫分为地上地下两层，地下除了排水设施外，还设计了地暖，换句话说，皇宫的地下是空的，暖气通道四通八达，连接着每一座大大小小的宫殿，冬季来临时，地暖系统就会启动，暖气通过地下的通道，输送到各个宫殿。

这些暖气的源头是炭火，早期是有烟雾产生的，只不过出烟口安排得比较隐蔽，看不到，自然也就看不到烟雾了。明朝后期，开始使用无烟炭，这才真正实现了无烟化。

这是皇家的地暖设施，普通百姓当然是无法享受的，那么百姓家是怎么取暖的呢？

一般人家，会在屋里置一盆炭火，要是山里的农家，则会直接在屋内生一堆火，如此做法虽会让屋内烟雾缭绕，却也有两样好处，一是省了灯油钱，二是足以取暖，一举两得。

说到这儿，不禁让我想起两样东西，一为火熜，二为火炉。

火熜是圆形的，可以捧在手里，底部盛放炭火，上面有一个盖子，盖上有孔，蜂窝状，家里做完饭菜后，女主人会飞快地打开火熜盖，将没燃尽的炭往里装，没一会儿火熜就热了，白天会在火熜上面裹一层布，捧在手里或贴在胸前取暖御寒，到了晚上，将火熜往被窝里一放，过些时候再躺进去，那叫一个暖和！

在被窝里放火熜是有风险的，睡相不好的人，仿佛那床是他睡着后施展本事的舞台，四处横行，那样就容易踢倒火熜，将炭灰和炭火洒一床不说，还容易着火。记得小时候，我睡觉时就踢倒过一次，烧坏了一床被子，挨了一顿大骂。

后来去北京时，在郊区的四合院里见过一种火炉，炉子内直接烧柴火，炉子顶部接了根长烟囱，一般会弯弯绕绕地绕屋一周，最后延伸至窗外，这样烟囱散发出来的热气会留在屋内，且可以将烟排出屋外，实在妙极。

不过无论是烧柴还是烧炭，都会造成山林面积大量减少，前文提到，宋朝时，山东一带的大片树林就已经没了，并且这一趋势在向太行山、河南、陕西、湖北交界以及江南一带延伸。明朝也好不到哪儿去，大面积的植被破坏后，必然引发自然灾害，这是人类追求享受的后果。

也许有人会说，那是科技落后的结果，然而科技发达后，自然就不会遭到破坏了吗？答案当然是否定的，只不过破坏的东西比古代更广泛一些而已，除了森林覆盖率在不断缩减外,现在的空气、水、土地几乎没一样没遭到人类污染。

当然了,我也属人类,也是破坏自然的源头之一,没有在这儿指手画脚批判的资格,闭嘴,退下。

/ 第四章 / 莫叹岁月短，仪式添庄严

一 婚嫁趣谈

岁月长，人生短，要将短暂的人生活出乐趣，或是活出个子丑寅卯来，那么人生就需要有仪式感，如此方才有趣，方显得庄重。

如果说中国人的生活是最有仪式感的，只怕很少有人会反对，一句礼仪之邦，影响了几千年的礼仪，深深地刻在了国人的骨子里，流淌在血液中，即便是吃个饭、喝杯酒，也有个讲究，得有个说法，丝毫不缺仪式感。虽说演绎到后来，借礼仪之名衍生出许多龌龊不堪的事来，但不管怎么说，礼仪的本质是好的，如果生活中没有仪式感，那将会是何等的枯燥。

从这个章节开始，跟大家来说说人的生命中那些重要的仪式，也是我们传统文化中最为重要的一部分。

有句俗语说，人有三喜，这三喜分别是：久旱逢甘雨，金榜题名时，洞房花烛夜。除这三喜外，人生中还有三件大事儿，必须郑而重之隆重地对待，即生、死、婚三件事儿，这个章节咱们先来说说结婚这件事儿。

在《大明梦华：明朝生活实录》一书里，我曾略有提过明朝的婚姻，说是到了明朝后期，男女之间的婚姻是自由而奔放的，不过在该书中，我只说到了世俗之相，而世俗之礼则一笔带过，不曾去深究，这里就来跟大家详细说说。

所谓父母之命，媒妁之言，这在婚姻中一直是不可或缺的一部分，即便是到了现在，就算男女双方是自由恋爱，到了谈婚论嫁时，男方也得装模作样地请一个媒人，走完这个流程，这就是传统文化的魅力。

在现代社会中，有很大一部分人在反传统，也有一些年轻人从心里抵触传统，其实我在十几二十岁的时候也有过这种情绪，认为传统的就是陈旧的迂腐的不可取的，只有接受新的事物那才叫时尚，才能跟得上时代的发展。其实时代的发展和传统是不相抵触的，而且随着年龄和阅历的增加，我越来越觉得传统的重要性，因为如果我们抛弃了传统，相当于自己挖断了自己的根，失去了这个民族的特色，那是件十分可悲的事情。

闲话表过，言归正传。在整个婚礼过程中，一共有六道程序，分别是纳采、问名、纳吉、纳征、告期、奉迎，其中纳采、问名是相亲期间的程序，纳吉、纳征是到了定亲的时候要做的，告期、奉迎就是到了成亲环节。事实上，成亲之后，还有程序，比如递见面鞋脚、完饭、做三日、会亲家等等，这一套流程走下来还是比较复杂的，将它比作过五关斩六将也毫不为过，而且这套程序还会因地域的不同，略有改变，下面容我细细道来。

先说纳采。所谓纳采实际上就是派一名媒婆去探女方的口风，看看女方家有没有意向成就这门婚事，这个流程在我国农村至今还存在着。中国人最讲究一个礼字，别说是去女方家纳采，就算是平常去串个门，也不会空着手到对方家里去，所以，媒婆去探口风时，一般会捎带些礼物。

最早的时候，按照周礼，纳采时带雁，有句成语叫鸿雁传情嘛，带只雁上门，最合乎情理，可惜的是发展到后来，奢靡之风渐盛，觉得提区区一只雁有点儿寒酸，就开始带首饰、鹿、羊等等贵重物品。不过纳采作为婚俗的第一步，成不成还不知道呢，家里再有钱，也不会让媒婆带太多贵重的东西，一般能过得去，觉得不会太丢面子就行了，万一不成呢，总不能让人原样再带回来吧。

要是女方不想结这门亲事，媒婆无功而返，那就没下文了，从哪儿来回哪儿去。要是女方有意，就会做上一桌好菜，款待媒婆，饭毕，也会稍回些礼让媒婆带回去，俗称谢允。意思是说这门亲事我们同意了，所谓来而不往非礼也，让媒婆也捎一点礼过去给未来的亲家，表示敬意。

如此一来一回两方都有意了，好事就近了一步，自然是可喜可贺之事，不过也不要高兴得太早，认为媳妇儿有着落了，这仅仅只是近了一步而已，距娶到媳妇儿还有一定的距离，纳采完毕后，接下来的事情就无关个人意愿了，得看苍天答不答应。

大家看到这儿，惊得连下巴都快掉下来了，成个亲还得看天意吗？不是，刚才不是说纳采成功了，女方也有那意思了，说明这亲事快成了呀，怎么接下来反而要看天意了呢？

第二道流程叫问名。问名不是问你姓什么叫什么，而是托媒婆去女方家问对方的名字和生辰八字，去问的时候也会带一些礼，然后把女方的名字和生辰八字写下来，媒婆拿了这庚帖，交给男方去卜问，看是否合适。用大白话讲就是给算命的去算一卦，看看命数啊、八字啊等等合不合。

不过有些地方在把庚帖拿去卜问时，会先在家里放上三天。放在哪儿也有讲究，一般人家的灶台上方都供着灶王爷，庚帖会被压在灶王爷的香炉下，如果三天之内没事发生则罢了，要是不巧发生了些事情，哪怕是些鸡毛蒜皮的小事，比如家里的碗摔了，杯子掉地上了，家里有人无故摔跤了等等，这说明灶王爷在暗示，这门婚事不合适，不管你喜不喜欢，该吹还是得吹了。

看到这儿，有些人的下巴又掉下来了，打破只碗也能毁一门亲事，这是不是太草率了点？

这里跟大家解释一下，任何一件事情，不管它合不合理，既然存在那就肯定是有原因的。据我所知，当时局动荡，社会不安定，连活着都是件不太容易的事儿时，老百姓大多不会去顾及那些子虚乌有的事儿，比如自东汉以降，三国、魏晋时期，只要有合适的，就不管那三七二十一了，"岁遇良吉，急于嫁娶"。意思是说，有婚结那就结别废话了！然而一旦社会稳定，生活富足了，家家户户就开始重视了起来，比如唐宋，问名一事十分流行。

明朝是个特殊的时代，确切地说，他是比较有个性的时代，无论是生活、举止还是言谈、行为，初期还遵循古礼，到了中后期，礼制被打破，整个社会犹如春潮一般涌动起来，有些事物就被忽略了。

在嘉靖朝，问名、纳吉这两个环节不流行已久，只模仿《家礼》中的纳采、纳币、亲迎等礼行之（注：语出嘉靖十年的《士庶婚礼》）。可见至少在嘉靖年间，问名一事就已经不兴了。

不过话又说回来，所谓不兴，只是随着社会的发展，人们思想的改变，大部分地区不兴那一套了，然而在一些偏远地区，其实一直流传着这一俗礼，至少我结婚的时候，母亲还是偷偷地拿着庚帖去神婆那里问过一次。问了之后，是吉是凶我不知道，母亲也没跟我说过，不过我倒是觉得，发展到后来，问吉不一定就是迷信，而是一种情结，不问一下，仿佛心头挂了件事不曾放下似的，难受。

闲话表过，言归正传。却说三日之后，如果没有发生任何意外，男方就会拿着庚帖去卜一卦。卜卦也有讲究，不只是生辰八字不合不能成婚，生肖要是相冲了，也是不可以的，比如说一龙一虎，那就是龙虎斗啊，不吉利，吹了吧。

当然，要是男方真相中了对方，铁了心了，那也成，可以请相师想办法破解一下，大不了多花点钱。

问名在最初还是比较纯粹的，就是问一下女方的姓名和生辰八字，发展到后来就变了味了，所问事情越来越多，所涉及的问题也越来越细，比如说女方的家世、出身、家产、品德、身体状况等等，统统要过问一遍。

这些问题有些是需要讲究的，比如身体状况、品德等，如果不问清楚，娶了个不良无德的恶妇回来，那就真的家无宁日了，别想过好日子。但是问家世、出身、家产等等这些问题则有些世俗了，一门亲事的成败，关系到家产的多少，门第的高低，无论换在哪个年代，说起来都是不妥的。

当然了，我也不是在反对这种形式，毕竟爱情是浪漫的，而婚姻是现实的，这里涉及门当户对的问题，如果真把两个文化背景不同、受教育程度不同的家庭拉到一起，没有共同语言的话，也是件挺可怕的事情，未必就会幸福。而有的时候门第的高低，出身的不同，就会涉及文化背景、教育程度这些事情，所以不能一概而论，需要充分考虑到这些现实问题。

问名过后，就代表老天爷答应了，接下来就是纳吉。顾名思义，所谓纳吉就是算过卦之后，将这个好消息告诉女方，说老天爷答应了，我们的姻缘是相配的，我俩也是天造地设的一对儿，表示可以纳征订下这门亲事了。

这时候双方都会十分欢喜，男方会带些珍稀的礼物上门，女方也会热情招待，虽然说跟女方接触的依旧是媒婆，但是到了这一步，双方已经从心里认定了这门亲事。

　　纳吉过后就是纳征了，这一步很重要，通俗些说就是纳聘，俗称纳彩礼。同样，初期比较简单，特别是明朝前期，从上到下提倡节俭，没人敢奢侈，只是后来性质就变了，彩礼越来越丰厚，也越来越现实，条件好的家庭倒也罢了，反正负担得起无所谓，就是苦了普通老百姓，竞相攀比之下，大家都红了眼，生怕被人比下去，于是乎竭尽资材，华靡相高，一份彩礼出去，那岂止是脱一层皮啊，简直是伤筋动骨，好几年都缓不过劲儿来。同样，女方的妆奁嫁资也是以奢华为荣，嫁一个女儿，一生的积蓄就没了。

　　说实在话，我的内心是很难理解这种行为的，有多少能力办多少事，量力而行不就行了吗，明明只是普通人家，就那么点儿家底，干吗非要跟有钱人攀比？然而，不理解归不理解，一旦真正碰到了，谁敢拍着胸脯说能坚守那个底线？至少迄今为止我还没看见过，天下没几人能免俗，绝大部分会被这股风潮推着走，身不由己。

　　究其原因，无非是拉不下脸，为什么拉不下那脸？说句扎心的话，无非是穷罢了。我们不妨试想一下，如果你有身份有地位也很有钱，有朝一日你的儿女结婚了，说是要提倡节俭，婚事一切从简，有一大帮人给你吹捧，说你这个人真是有古人之风，尚古从简实在是时代的楷模。但如果你要是穷，没家底没身份也没啥社会地位，有朝一日儿女要结婚了，你说一切从简，那么受到的待遇将会是天壤之别，云泥之判，没一个人赞美你崇尚节俭之风，只会说你寒酸，连儿女的婚事都操办不起，冷嘲热讽之风大起，刮得你脸面扫地，恨不得找个地缝钻下去。

　　这就是现实，残酷得刺心，所以有的时候即便是你想特立独行，不跟那个风，对方肯答应吗，社会能容得下你吗？你可以说你无所谓，但是在左邻右舍的议论下，日后你的父母你的家人走出去，会否让人指指点点，让人在背后耻笑嘲讽？总之，条件好的人家婚礼越办越奢靡，只想风风光光地嫁女成亲，而普通人家，则是赶鸭子上架，不得不跟。在金钱的催动下，整个社会越来越现实，以至于发展到后面，婚姻简直成了一桩特殊的买卖，讨价还价之事时有发生，也有要价还价不成，就一拍两散的。

　　在彩礼这件事情上，早已偏离婚姻的本质，变得扭曲畸形。而这种扭曲畸形的怪现状是中国几千年来怎么治都没能彻底根治的顽疾。在这里，我们也不能一味地责怪于民众，将这种错误发展的趋势推到百姓的愚昧无知上面去。归根结底，是历朝历代以来百姓的生活大多没有保障，心中没有安全感，婚姻的本质是嫁对人娶对人，要一个安全感，以及美满的家庭，作为男女双方的父母他们当然不是财迷，这么做的目的无非就是不安全的心理在作祟。

当然，除此之外，还有一个因素，那就是自尊心。纵观明朝婚俗，成化帝前后是一条明显的分割线，成化之前，民风淳厚，婚俗尚简，自成化之后，嘉靖帝始，世风愈下，奢靡之风愈演愈烈，那么到底有多奢侈呢？成婚当日，凡"男子冠巾丝履，妇女珠翠金宝，绮縠锦绣罗织（注：语出万历年的《兖州府志》）"。

这三句话，从表面上看没有什么特别的地方，但是，我要是拎出几个词语出来，可能会让大家大吃一惊。比如上文出现的"珠翠金宝"，那金宝是什么东西呢？它不是金元宝，那东西比金元宝可贵重多了。

金宝是云锦的一种，专业名词叫做妆花，妆花有很多种，金宝是妆花的一种，全名叫做金宝地。

那么什么叫妆花，这东西究竟有多昂贵呢？

妆花，云锦中的极品，一段妆花，往往有十多种甚至三十种颜色织成，别看它用色多，由于做工精湛，色多而不显杂，纹饰杂而不乱，那金宝地就是用不同光泽的金线织成的，以圆金线织成金地，在金地上又织出五彩缤纷的花纹，再用扁金线织出大片锦纹，衬托其间，光彩夺目，如果说它是寸锦寸金也毫不为过。这种云锦，换在以前，即便在宫廷中也是不常见的，后世虽然发明了机器，可以代替人工织锦，但是妆花是不可被替代的，再好的机器也织不出妆花来，只能用手工来织，所以一段妆花，往往需要几十两金子。

类似的例子，在《金瓶梅》一书中屡见不鲜，这里我就不赘述了，言归正传。纳征之后，就意味着正式订婚了，从中国传统文化的层面来看，男女双方的婚事已经得到媒妁、父母和上天的认可，已经是名义上的夫妻了，只差选个好日子拜堂成亲入洞房。

接下来便是请期，大白话讲就是选日子。千万不可小看选日子这个流程，同样也是相当有讲究的，需要再次到算命的那儿去推算，选出吉日良辰后，依旧由媒婆捎上请期礼书去女方家里，请期礼书上写有男女双方的生辰，以及成婚的良辰吉日。女方嫁女也不是任由男方摆布的，按照男方给出的日子，他们也得去请人核算一下，如果核算无误，女方对此无异议，这事就算成了，如有意见，则须综合双方意见，再行择期。

请期的时候，媒婆除了要捎带礼书外，还要带礼烛、礼炮，并备上相应礼品，请期之后，男女双方就会向亲朋好友散发礼饼，告知大婚的好日子。

同其他婚俗程序一样，起初向亲朋好友告知大婚的吉日，真的就只是送礼饼而已，没有其他东西了。我也见过礼饼，有盘子那么大，一块礼饼小孩得吃好几天，饼正面撒了许多白芝麻，当中印着红印，喜气洋洋的。后来由于大操大办之风盛行，告知吉日所送的礼也越来越丰盛，除礼饼外还有糖果等零食以及面巾等生活用品，豪气一点的，还会在礼品当中直接放钱。

请期过后，亲朋好友都知道婚期了，只等大婚。

前文我说了，人生有三件大事、二喜一悲，即生、死、婚三件事儿，一个人的一生中，如果不是重复结婚，那么大婚就是人生中最后一桩大喜之事了，当然，即便是重复结婚，离了结、结了离几次，那感觉也未必有第一次时的那么刻骨铭心。记得我结婚当天，真的把我感动得差些落泪，看着身边的女人，想着她将与你携手一生，此生无论富贵贫穷，不相别离，那种感觉很奇妙，无法用言语表达，永生不忘。

由于大婚的重要性，那一天是非常讲究的，其排场之大也超过了婚俗当中的任何一项流程。

先说大婚前一天，女方要把嫁妆送往男方家里，将嫁妆一箱一箱摆放整齐，并且要把箱子的盖子一一打开，这个举动有个好听的说法，称之为开箱发财，当然，要是说现实一点，也有显摆嫁妆的意思，嫁妆越丰富，女方越有面子，这整个程序叫做铺房，沿袭的是宋朝的礼法。在嫁妆里面，一般会放一双红色的筷子，筷子是"快子"的谐音，就是快些生子的意思，是对未来的一种寄托。新郎的鞋都是由新娘亲手一针一线缝的，放在新房里后，得把新娘的鞋插在新郎的鞋里面，两双鞋合在一起，就是和谐的意思。

有人说，哦，原来和谐这个词是这么来的呀。哈哈，是不是这么来的我不知道，但是和谐在古人心中就是合鞋的意思。

当天晚上，新郎要请几个小孩去新床上睡一觉，叫做压床，从今往后多子多孙。

从以上段落中我们可以明白一个道理，现代人玩的那些谐音更是古人玩剩下的。从中也不难看出，中国人的想象力真的是天马行空，极其丰富，一事一物，信手拈来，随便一凑，居然毫不唐突，最为神奇的是，这些风俗居然还能世代相传。

次日黄昏时分，也就是大婚当天，男方从家中出发，敲锣打鼓、兴高采烈地往女方家迎亲。

这时候，新郎骑的是高头大马，穿的是大红袍，那气势、神态，跟中了状元似的，那神态简直是睥睨四方，旁若无人，相当的神气。当然，路人遇见迎亲的队伍，都会自觉地避让，让神气的新郎横着走。

说到这儿，想起一件事，跟大家一并儿说了吧。生活中常听一词，叫做"新郎官"，新郎当然不是官，但是，在成婚当日，许与官相等，也就是说新郎在大婚的那天，真的是官。《明史·礼志》这样记载：

在婚俗、婚服上面，许与官相同，凡庶人娶妇……婿常服，或假九品服，女服花钗大袖。

那一天，新郎穿的是九品的官服，虽然只是个虚名，没有人给他实权，但是对普通的老百姓来讲，真的是种莫大的荣耀。新娘穿花钗大袖，通俗些讲就是凤冠霞帔以及艳色的对襟大袖，同样也是九品命服。

按理说，大婚当日，规制与官同，不分贵贱，在等级分明的体制下，算是不错的待遇了，可人心是永远不会满足的，到嘉靖朝时就彻底乱了，朝廷虽有限制，然"克遵者鲜"，说到底这还是跟社会风气有关，更与朝廷的态度有关，一个开放时代，也就不存在什么僭越之说了。

那么乱到什么样的程度呢？

早期普通百姓完婚，虽然允许穿九品服，但你想想啊，那毕竟是仿制品，是假的，仿制出来的东西跟原版在材质上是没法比的，特别是新娘穿戴的凤冠霞帔，无论是凤冠也好，霞帔也罢，与真正命妇所穿戴的区别更大。我们以凤冠为例，命妇的凤冠一般由珠翟、翠云、翠牡丹叶、翟簪、珠结、宝钿花等物件组成，这些配饰都是真金白银，民间的凤冠虽说在款式上跟正版的差不多，但那些镶缀的珠宝却是假的，冒牌货。

客观地讲，婚服的饰品假的才是正常的，如果都是真金白银，跟正版的一模一样，反倒显得更假，对不对？毕竟男方不是真的官员，女方也不是真的命妇，说穿了你就是一对结婚的新人而已，要是穿着打扮非要跟真正的官员、命妇一模一样，不是自己跟自己过不去吗？但是人有了钱，想法就不一样了，不是真正的官员、命妇怎么了，就不能穿好点的贵重点的衣服了吗？于是乎，那些有钱人家就开始任性地改造婚服。

不难想象，那改造过程不是一步到位的，毕竟朝廷明文规定，提倡节俭，所以前期得有个试探的过程，有人改出来了，见官府没阻止，就开始得寸进尺。

《金瓶梅》在描述李瓶儿出嫁时，身戴一百颗西洋大珠，一对二两重的鸦青宝石，头上堆满了珠翠，那一身服饰价值三千两银子，不说其他排场，光是她身上穿戴的，普通百姓几十年甚至一辈子都挣不到。

奢靡一事，说穿了就是心态问题，心态好的，便如采菊东篱下，悠然见南山的陶渊明，只要放下了，管他俗世如何喧嚷，心远地自偏。只是绝大多数人是达不到那种境界的，为此，奢靡在大多数人身上，形同瘟疫，会迅速扩散，见有人改了凤冠霞帔，其他人纷纷跟进，一个比一个奢华，一个比一个珠光宝气。至此，婚礼不单单是一场婚礼，而是凸显社会地位、炫耀财富的舞台，相当于竞技场一样，比拼起来那叫一个残酷。

竞相炫富自然不值得提倡，但在特殊的时代，虽然比较封闭死板，却倒也有一个好处，由于等级森严，官是官，民是民，婚姻最是讲究个门当户对，有官衔品阶的人家，理所当然该配官宦人家，而在明朝中后期，随着社会风气的开放，商人地位的提升，一概唯金钱论，门第观念被打破了，不同阶层的人互相结亲不再是件新鲜事儿，所谓英雄不问出处，不管出身如何，但要一夜暴富，即便与权贵攀亲，也不是什么难事。可见明朝的商业冲破的不仅仅是政治的藩篱，还有礼制的壁垒，毫不夸张地说，这是社会的一个巨大的进步。

可惜的是，这种进步会形成一种恶性循环，要攀贵的必须得拿出实力来，于是乎彩礼越来越重，婚礼的排场也越来越大，当婚姻与商业挂钩，可能变质的不仅是婚姻本身，还有人心，以及尊严。

也有人不信邪，偏逆势而行，说是在山西大同，有一对年轻人，成婚前约定，不跟风，不与人攀比，并且为了厉行节俭，不戴珠宝，不搞排场，试图在那物欲横流之中刮起一股清流。

　　山西是什么样的地方啊？晋商云集，其富人之多不亚于江南，在富人环伺之下，力倡节俭，回归婚姻的本质，是需要勇气的，说实话，我在看到那段史料时也是十分佩服那对新人。可惜的是他们并没得到赞许，反而招来了诸多讥讽，被年轻人嘲笑，被年老者指指点点地说道，一生只成一次亲，至于吗？

　　理性地讲，那对新人的做法是对的，成自个儿的亲，结自家的婚，关别人什么事呢？我结我的婚让别人说去吧。然而在这物欲横流的社会之中，但凡涉及人生大事，绝大部分人都是非理性的，结婚跟人攀比是不理性的，人家结个婚你在背后说三道四，当然也是不理性的，因为轮到你自己去操办婚丧嫁娶这些大事时，同样也会倍感压力，这时候别人在你背后戳你脊梁骨，你愿意吗？

　　不过也有那么一些人，情愿去背负巨大的经济压力，大操大办，似乎唯有如此，平凡庸碌生命中才有了些光彩，有了件值得炫耀的事，也才有资格去嘲笑别人。

　　说到此处，我也只能徒叹奈何，那么不说也罢，再继续说迎亲的话题吧。

　　且说新郎骑着高头大马往女方家迎亲时，新娘正在闺房里忙着化妆打扮，涂胭脂、抹口红、绾青丝等这些琐事就不说了，在打扮过程中有一项程序非常重要，叫做绞脸。

　　绞脸，又称开脸，就是要把脸上的汗毛绞去，可比刮胡子疼多了。一个女人一生只绞一次，其重要性等同于男人的成人礼。绞脸过后，即嫁作人妇，从此后为人妻为人母，告别了少女时代，从这个意义上来说，这是一个十分神圣的仪式。

　　执行绞脸的人一般由一名已婚妇女来担任，由于这是个神圣的仪式，选择执行绞脸的人选也有讲究，必须是丈夫、儿女、公婆齐全的，三者缺一不可，俗称全福妇，只有全福妇才有资格给新娘绞脸。

　　正式绞脸时，全福妇手持一根细麻绳，绳的两端系在右手的食指和拇指上，左手捏住绳的中间部分，使之呈一个三角形，一边给新娘绞去脸上的汗毛，一边唱：

　　上弹天地父母，中弹夫妻和顺，下弹子孙满堂；左弹早生贵子，中弹勤俭持家，右弹白头到老。

还有一种唱法是：

左弹一线生贵子，右弹一线产娇男，一边三线弹得稳，小姐胎胎产麒麟。眉毛扯得弯月样，状元榜眼探花郎，吾等今日恭喜你，恭喜贺喜你做新娘。

歌词很粗很俗也很吉利，虽道是没人会去相信这一弹一唱人生就万事大吉了，然而一则是为讨个喜庆，讨个吉利，二则是作为一种仪式，或许在旁人看来会觉得滑稽可笑，但是当你真正地经历了那一刻，沉浸到那种氛围当中时，它是极为神圣的，甚至会为之感动落泪。原因无他，对当事人来说，它不仅是一种仪式，而是对过去岁月的一种告别，她将要去迎接一种全新的生活方式，一种既憧憬又让她隐隐感觉到害怕的生活，那是一个陌生的地方啊，甚至连要嫁的那个男人是何等模样都是未知的，教她如何不为之担忧呢？可那又是每个女人都向往的生活，她成家了，要独立了，今日之后，她的身份不仅仅是女儿了，更是妻子是母亲，是那个家的女主人，教她怎能不为之激动、憧憬呢？

外面的鼓乐声由远而近，越来越响，吉时将至，新娘的绞脸仪式也在这一刻结束，面貌焕然一新，眼神不由自主地往窗外飘去。

不多时，新郎的迎亲队伍到了女方的家门口，主婚人扯开嗓门高声喊："贵门之女，今嫁，归于某家，不胜感怆，告祝讫，出迎婿于中门之外、揖婿人。"这些话出自《朱子家礼》，主婚者只需要把文中的"某"改成男方的姓之后，照本宣科即可。

喊声一落，有人庄严地从队伍里走出来，手里提一只雁，到阶庭时，新郎高声喊："某受命于父，以兹嘉礼恭听成命。"语言也是出自《朱子家礼》，新郎只是照本宣科，下同，不再重复解释了。

新郎的话落后，奠雁礼开始。

所谓奠雁礼，是新郎执雁拜谢岳父母。

相信大家也看出来了，要是按照礼法，雁一直贯穿婚礼始终，奠雁就是向岳父母表决心，也是向岳父母谢恩的一种形式。大概就是感谢岳父母养育了某某，并且教导有方，知书达礼，能娶到她是我三生有幸，今后我一定不会辜负她，会一辈子对她好之类的话。

按照古人的意思，雁者，南来北往，顺乎阴阳，其性忠贞，若对方故，终身不寻配偶，以雁为礼，实际上不是为了求个好兆头，而是新郎的一种决心，寓意从今往后，生生世世不相分离。

奠雁礼后，到了新娘出阁之时了，这时候女方的母亲和亲戚都坐在闺阁之内，脸上没有一丝儿的喜悦之色，相反，一个个都是一副悲戚之状。千万不要认为那是矫情，从母亲的角度来讲，女儿出嫁的这一天，真的是悲喜交加的，女儿要嫁人了当然是高兴的，可是一手带大的女儿，现在将嫁作人妇，从此以后，要在一个陌生的家庭生活，会不会受婆家的气呢，会不会待不习惯呢，或者说会不会受苦呢，要真是受委屈了该怎样才好？

看着一身红妆的女儿，母亲的眼泪便止不住地落将下来，其余亲戚一同陪着哭泣，谓之哭嫁，有越哭越吉利的说法。

是流程也好，真伤心也罢，面对着一屋子哭哭啼啼的人，作为新郎，心里真的是五味杂陈。我当年成亲时，也经历过这一幕，心里真的不好受，那情形就好像我要抢了他们的女儿一样，手足无措，不知道该怎么办才好，只得期期艾艾地发愿："我一定会待她好的，一定不使她受委屈，敬请爸妈放心。"说实话，当时脑子里一片空白，都不知道那些语无伦次甚至连语句都不通顺的话是怎么说出口的，说完之后这才牵了她的手，出了门来。

临出门时，女方母亲还要叮嘱一番，诸如要孝顺公婆，须待之如亲生父母一般，不得怠慢；要敬夫婿，须使夫妻和睦，不可使性子等等。叮嘱之后，这才让女儿盖上红盖头，在全福妇的陪同下送出门来。上花轿时，要由长兄或父亲抱上轿去。

迎亲的队伍一路上吹吹打打，热闹至极，到了男方家时，在震耳欲聋的鞭炮声中，新娘下了轿，这时候有钱的人家，从门口到屋内一路上都会铺红毯，新郎牵着新娘的小手从红毯经过。而一般的人家，出于节约，铺不起红毯，则用其他的东西代替，反正只要让新人的脚不沾地就行。我成亲那会儿，地上铺的是麻袋，由于麻袋不够多，得有两三个人一起侍候，后面的两人将走过的麻袋收起来，递到前面，前头那人再忙着往前铺。

我记得非常清楚，那时候在我前面铺麻袋的是姨妈，她是个信佛的人，只见她一脸严肃虔诚，铺得十分认真，仿佛那铺下去的不是麻袋，而是某种信物，边铺边在嘴里轻轻念叨：传袋接袋，传宗接代，一代胜一代……可见在婚礼之中，无论哪个环节的仪式，在老一辈人的心里，都是十分庄严、神圣的。

在新娘跨入门槛时，前面有一个火盆，盆里当然不可能是熊熊大火，那样的话新娘的衣服就会给火燎了，只是有点儿星火而已，新人要从火盆上跨过去，称去晦气。到了屋内，拜天地的大礼就正式开始了。

拜天地应该是整个仪式中最神圣的，时至今日，我去参加别人的婚礼时，看到这种仪式，说不清为什么，依然会莫名感动。同样，对当事人来说也是如此，当主婚人以响亮的嗓门高喊：一拜天地，二拜父母，夫妻对拜时，每一次相拜，心头都是庄重而虔诚的。我当年行三拜礼，到夫妻对拜时，没拿捏好尺寸，头与妻撞了一下，双方都失笑出声，觉得不够庄重，恨不得再郑重地行一次礼。然而有些时候礼如人生，不可复来，婚礼更是如此，事隔多年，那些发生过的不完美，未尝不是件趣事。

三拜礼后，入了洞房，在洞房里还有三礼，称之为同牢合卺，拆分开来说就是同牢、合卺、结发三礼。

牢者，牲口也，如用牛、猪、羊三样，则称太牢，用猪、羊两样称少牢，夫妻俩同吃一个碗里的食物，寓意共同生活从此开始了。

合卺，俗称交杯酒。这个仪式我得着重说一下，千万不要让电视剧给骗了，以为交杯酒就是男女双方挽着彼此的手臂交错着喝一杯酒。最早的合卺酒，盛酒的器具用的是匏瓜，那东西跟葫芦的形状差不多，有时候在古文中也有特指葫芦的情况，将它一切为二，一人拿半边，各自在上面斟满了酒，交给对方，然后举起匏瓜一起喝了，就是合卺。

匏瓜的味道是苦涩的，与酒混在一起，酒味也会变得苦涩起来，寓意夫妻俩自此后同甘共苦，患难与共。后来不知道是不是找不着匏瓜了，还是觉得麻烦，在洞房里用匏瓜的几乎看不见了，以杯子代替，不过形式还是一样的，各自倒满后，交给对方，一同喝下。

结发，又叫合髻，由于时代的不同，结发礼的名称也有不同，不过结发代指原配夫妻之意，从无更改。《礼记·曲礼》是这样说的：

女子许嫁，缨。

《仪礼·昏礼》又说：主人入室，亲脱妇之缨。

这里有个很重要的物件儿，叫缨，什么是缨呢？就是扎头发用的丝绳，有缨束发，表示此女已有婚约。大婚当天，拜了天地父母，新郎进入洞房内，将新娘头上的缨取下，夫脱妇缨，自当晚开始，那就是结发夫妻了。

到唐宋时期，结发的形式略有改变，称之为合髻，具体做法为"凡娶妇，男女对拜毕，就床，男左女右，留少头发，二家出匹缎、钗子、木梳、头须之类，谓之合髻（注：语出《东京梦华录》）"。

再到后来，结发的形式越来越淡，男女只取一根头发，绾在一起，就算是完成结发礼了。我结婚时，虽然其他流程都基本按照古礼，但却没看到结发，实际上结发礼现在已经没有了。所谓的交杯酒，也变成了挽着手臂的交臂酒，明知是错，也只能一错到底。

这就是所谓的潮流大势，不光是婚礼，其他事儿也是这样的，一旦成势，非一己之力所能挽回，只能随波逐流。

整套婚礼的流程大概就是这样，个别地区由于习俗不同，婚俗方面也会有些变化，不尽相同，大家要是觉得我上面讲的，跟你所在地的婚俗不太一样，不要骂我没文化没知识还在这儿胡编瞎说，那仅仅只是地域不同、风俗不同造成的差异罢了，总体是差不多的。最后再简单说说婚后的俗礼。

绝大部分地区，婚后第二天新娘是要向公婆敬茶的，这是众所周知的事，我就不多说了。还有个比较特别的礼仪，叫递见面鞋脚，所谓"洞房昨夜停红烛，待晓堂前拜舅姑"（注：诗出唐朱庆馀《近试上张水部》），说的就是向舅姑递见面鞋脚，《金瓶梅》对这个礼仪有较为详细的描述：

到第二日，妇人（指潘金莲）梳妆打扮，穿一套艳色衣服，春梅捧茶走来后边大娘子吴月娘房里，拜见大小，递见面鞋脚。

不难看出，递见面鞋脚乃是新娘见舅姑或是舅姑姐妹之礼，鞋脚指的是鞋面，还没有缝上鞋底的半成品鞋，那鞋面是新娘亲手绣的，表达的是一份敬意。

其次是完饭，即在女儿出嫁的第二或第三日，娘家人要送饭菜到婆家，谓之完饭，也有叫朝礼的。这个在古书中也有记载：

"三日，女家送冠花、彩段、鹅蛋……并以茶饼鹅羊果物等合送去婿家，谓之'送三朝礼'也（注：语出《梦粱录·嫁娶》）。"

"到次日吴月娘送茶完饭（注：语出《金瓶梅词话》）。"

上面两段话，前一段出自宋朝的《梦粱录》，后一段出自明朝的《金瓶梅》，两相比较下可以看出，宋朝时是婚后三日完饭，而明朝则是在婚后第二天。这也可能是宋朝叫三朝礼，而明朝叫完饭的缘故。

那么明朝时婚后的第三天叫什么呢？也是个比较重要的日子，叫"做三日"，即在婚后第三天，要请女方亲眷来吃酒。《金瓶梅》这样描写做三日的场景：

到三日，杨姑娘家并妇人两个嫂子孟大嫂、二嫂，都来做三日……自此亲戚往来不绝……一般三日大酒席，请堂客会亲吃酒，只是不往房里去……衙内这边下回书，请众亲戚女眷做三日，扎彩山，吃筵席……吴月娘那日亦满头珠翠……做三日赴席，在后厅吃酒（注：以上段落摘自《金瓶梅》第七、第十九回等章节）。

说句题外话，在我的印象中，婚后第三天是吃茶果，那天会摆上十来桌的茶果，各种各样的点心都有，而且吃的是流席，满村的去拉人来吃，桌上的点心吃完了随时添加。

最后是回门，即新婚夫妇一道儿回女方家，是真正意义上的夫妻二人首次回家省亲，所以也是比较隆重的。不过回门之日，各地皆有不同，有婚后第三天的，也有第六或第七、八、九天的等等，不一而足。个别地区也有婚后第二天回门的，如湖南和浙江。

## 二 从武大郎之死说起，论明朝的丧葬习俗

在中国的传统文化中，谈死亡是件比较忌讳的事，比如口语中只要是提到"死"字的，一般都是较为恶毒的语言，即便是真有人死了，在日常交流中，也会将死字隐去，比如仙逝、归天、故去等等，民间报丧时，也只会说某某人走了，或是某公驾鹤西归之类，绝口不提死字。

所以在决定要写这个章节之前，我纠结了很久，到底写还是不写？

好在纠结的时间不长，就耽误了几口茶的工夫而已，原因无他，因为我说的是文化，而且那些文化正在流失，必须将它传于后世，让子孙后代知道老祖宗的礼仪文化。文化是不分雅俗的，无论他怎么起源，目的为何，皆是中华文化重要的组成部分，从这个角度出发，谈什么都不需要忌讳，该怎么说就怎么说便是了，如实记录，应该是一个文字工作者最基本的道德。

给自己弄了个这么高大上的理由后，我就释然了，那么就从武大郎之死说起吧。

为什么要从武大郎之死说起呢？说句戳心窝子的话，因为他够倒霉。

至于武大郎是什么人，相信大家都非常熟悉了，不需要我多做介绍，说白了，他就是宋朝时普通老百姓之中十分普通的一个人，贩夫走卒嘛，没什么起眼的。他要是只娶个一般的农家姑娘过日子，以他的勤奋以及吃苦耐劳的精神，平平安安地过一生是没有问题的，可阴差阳错，娶了那潘金莲过门，因此惹出祸事来，让家里那狠心的婆娘与西门庆合谋给毒死了，真的是旷古奇冤。

武大郎死后，《水浒传》第二十四回是这样说的：

王婆买了棺材，又买些香烛纸钱之类，归来与那妇人做羹饭，点起一盏随身灯，邻舍坊厢都来吊问。那妇人虚掩着粉脸假哭……王婆取了棺材，去请团头何九叔。但是入殓的都买了，并家里一应物件也都买了，就叫两个和尚晚些伴灵。

请大家注意上文中的吊问、入殓、随身灯、伴灵等词语，下文将会重点解说。

却说那武大郎让人害死也就算了，而且他的身后事还办得十分草率，《水浒传》第二十五回这么描述：

王婆一力撺掇那婆娘当夜伴灵。第二日，请四僧念些经文。第三日早，众火家自来扛抬棺材，也有几家邻舍街坊相送。那妇人带上孝，一路上假哭养家人。来到城外化人场上，便叫举火烧化。

大家有没有看出苗头来？

一般来讲，停灵三天，在第三天入土也不是不可以，我们现在一般也是这么做的。但是在明朝这却是不合规矩的，按照明朝的丧葬习俗，停灵时间一般都要与七有关，可从一七到七七，不一而足，主要还是看家庭的具体情况，但再怎么穷，一般人家也至少要停灵一七，家里条件好的或死者是受人尊敬的长辈，也有停七七四十九天的。至于皇帝，那就说不准了，首先得看陵墓修建的进度，然后再看具体的日子，少则一月，多则也有一年的。

据我所知，明朝停灵最久的是徐皇后，从病逝到下葬，前后加起来将近六年。

可能很多人听了都不敢相信，停灵六年，怎么停的，有这必要吗？

徐皇后叫什么史书上没有记载，是徐达的长女，成祖朱棣的皇后，大婚后两人的感情非常好，前后一共为朱棣生了七个儿女（注：朱棣总共九个儿女，其中七个由徐皇后所出，分别为三子四女），永乐五年（1407）七月，徐皇后病危，朱棣简直是痛不欲生，大家猜看到朱棣伤心欲绝的样子时，徐皇后说了什么？

她说："上泣，后亦泣。"

从徐皇后的这句话里我们就能够看到，两人的感情真的非常好，言下之意就是说，你哭了，我心里会舍不得，也会难受。这是多深的情，多厚的爱啊。

后来徐皇后归西，朱棣说了这么一句话，他说："今朕入宫不复闻直言矣！"意思是，从此以后再没有人能与我推心置腹地说话了。可见在朱棣心中，徐皇后不只是皇后，更是知己，在徐皇后过世后的近二十年里，朱棣一直没有立后。

那么为何徐皇后崩后，要停灵六年呢？究其缘由，是朱棣放不下，舍不得。

我们都知道，朱棣是位雄才大略的皇帝，在夺位之初就已设想好，要将首都从南京迁往北京，所以登基之后，做了许多准备工作，如永乐元年（1403）二月，"设北京留守行后军都督府、行部、国子监，改北平曰顺天府……"在永乐二年、三年两年间两次"徙山西民万户实北京"；永乐四年（1406）闰七月，"诏以明年五月建北京宫殿，分遣大臣采木于四川、湖广、江西、浙江、山西（注：语出《明史·成祖本纪》）"。

从以上文字中我们可以看出，朱棣是在永乐四年（1406）准备营建新都，并且决定于次年动工，只是营建新都不是一朝一夕的事，再加上此后数年战事不断，以及受到修建南北大运河等事的干扰，使之财政紧张，就没什么精力去想建新都的事了，因此一直拖到永乐十三年（1415）下诏建北京城垣，次年召天下民工，分番赴工。

徐皇后病故于永乐五年（1407），这时候北京城的营建工程还没有动工，然而在朱棣心里，迁都是早晚之事，既然他早晚要从南京离开，那么就不能把徐皇后孤零零地葬在南京，为此，在营建新都之前，率先"营山陵于昌平，封其山曰天寿（《明史·成祖本纪》）"，在北京皇城营建之前，先建陵墓，"又四年而陵成，以后葬焉，即长陵也（《明史·后妃传》）"。永乐十一年（1413）二月，徐皇后入葬长陵，因此，徐皇后成了第一位入葬明十三陵的人，足见朱棣对这位皇后爱之深。

永乐二十二年（1424），朱棣驾崩于北征途中，八月，返回北京，太子朱高炽率百官哭迎至大内，奉安于仁智殿，这时候，迁都到北京已经有四年了，四年后两人终得以同葬长陵。

也就是自朱棣后，紫禁城仁智殿成为皇帝停灵的地方，成为定制。

说到这里，涉及一个问题，顺便提出来跟大家分享。无论是停灵七天、四十九天还是六年，都会有一个问题，即尸体是怎么保存的？特别是夏天，不腐不臭吗？

这可能是平日里大家都不愿去想的一个问题，但是在古代这却是个十分现实的问题。

首先，得说明一个前提，即欲长时间保存尸体的，必是大户人家或是王公贵族，总之非富即贵，对普通的老百姓来说那将是一笔巨额的费用。而那些有钱的人家为了达到目的，他们会不惜财力。所以一般处理尸体可分为两个步骤，在未入殓前，要给死者黍酒沐浴，先是用香汤洗净遗体，而后用酒擦拭全身，也有用水银代替酒的，效果更好。停灵时，用大量冰块放在灵床底下，以保证遗体不会变质。另有比较特殊的，会将遗体内脏摘除，再加入水银，就可以保证数月之内遗体不腐；第二步，也就是入殓后，通常装尸首的棺材有里外两层，棺为内椁为外，棺与椁之间的夹层，用石灰、糯米汁浇灌填实，使棺与椁之间严丝合缝，坚硬如石，处于一种真空的状态，从而达到密封效果，且棺椁所用的材料一般也是防腐的，帝王用梓木，所以后世帝王的棺椁称之为梓宫。官宦人家则用油杉，老百姓多用土杉、柏树等。

做到以上两点，停灵数月或数年，就不成问题了。

言归正传，话说武大郎死后，在第三天就被火化了，按照明朝的丧礼，确实是太委屈他了，那么明朝的丧葬礼仪究竟有怎样的程序？这个过程有点儿复杂，且容我慢慢道来。

明朝的丧礼程序，可分为四个大类，即初终、治丧、治葬、葬后等，四大类又分为若干项，十分之繁琐，要是将整个流程细说下来，须费许多篇幅，或是单独成书都不成问题，本书讲的是整个社会的俗事，因此只能拣紧要的讲，太细碎的就省略了。

丧礼是人的生命中最后一项仪式，对死者来说是辞世，而于生者来说则是告别，由于这一别就是永诀，再无相见之期，因此在向死者告别时，每一项流程都十分庄重，否则便是大不敬。所谓死者为大，不管去世的人生前是尊是卑，是善是恶，亲属都要为他举行隆重的葬礼。

先说初终。通俗些说，初终就是临终的意思，处于弥留之时。这时候，家属会将亲人迁到正室，称之为迁居，《明史·礼志》说"凡初终之礼，疾病，迁于正寝"。这就是民间通常所说的寿终正寝，唯如此，一生方才圆满。

迁到正寝后，无论是帝王还是庶民，一般都要交代遗言，这一番遗言，无论对错，家属都要点头答应，使之走得安心。交代完毕，为示对亲人的尊重，亲属要祈祷上苍，并请良医前来。

有人可能会觉得奇怪，这时候为什么还要请医生来呢？事实上大家心里都明白，眼前的亲人已不久于人世了，然而即便如此，也要尽一分心，尽力地挽留一下，看看是否会出现奇迹。这种行为实际上与求神拜佛相差无异，仅仅只是为了表示心中的一份寄托罢了。洪武十五年（1382）八月，马皇后病重，群臣向太祖恳请"祷祀、求良医（注：语出《明史》）"。这说明，在当时无论是皇家还是百姓家，都存在弥留之际请良医的习惯。

向天祈求并医治无效，家属就得着手准备后事了，打扫房间，并摒弃周围所有杂音，使亲人有个安静、干净的环境，以便让他能安详地辞世。

行将气绝时，家属会将棉絮放在亲人的口鼻处，这个举动称之为属纩。

什么叫属纩呢？属者，放置也，纩者丝絮也，将一缕丝絮放置在亲人的口鼻处，如果丝絮动，则说明亲人气未绝，丝絮静，则亲人已辞世。属纩也有讲究，《明会典》载：男子不绝于妇人之手，妇人不绝于男人之手。乃废床，寝于地，孝子啼，余皆哭。

临终时，实施属纩之礼的人必须由同性亲属完成，气绝时，要将死者移至床下，此时在孝子的带领下，在场者无不为之哀号。

举哀哭泣也是有讲究的，《明会典》描述如下：

孝子坐于床东，余在其后、啼踊无算。兄弟之子以下，又在其后，俱西面南上。妻坐于床西，妾及女子、子在其后，哭踊无算。兄弟之女以下、又在其后，俱东面南上，藉稿坐哭。内外之际，隔以行帷。祖父以下，于帷东北壁下南面西上。祖母以下，于帷西北壁下南面东上。外姻丈夫，于户外之东北面西上。妇人于主妇西南北面东上，皆舒席坐哭。若捨窄、则宗亲丈夫在户外之东北面西上。外姻丈夫在户外之西北面东上。若内丧、则尊行丈夫、外亲丈夫，席位於前堂，在户外之左右，俱南面。宗亲户东西上，外亲户西东上。

在场的人根据远近亲疏，各就各位具体坐在哪个方位都是有讲究的，不过大家只要知道有这么回事就可以了，没必要深究，我也不多做解释了。

这时候，家属要换下常服，换素衣，叫做易服。易服之礼也有定制，"男子白布衣，披发徒跣；妇人青缣衣，披发不徒跣；女子亦然。齐衰以下，丈夫素冠，妇人去首饰（注：语出《明会典》）"。这是对丧服具体的规定。

哀哭后，民间有个比较特殊的仪式，叫做招魂。大概的过程是这样的：

执行招魂的人手拿一件死者生前的衣服，爬上正室屋顶的飞檐处，高高地站在上面，昂首挺胸向北而立，左手执前领，右手执衣腰，口呼死者名字，一般男子呼其名，妇人呼其字，喊"某某复！"仪式毕，下来后卷衣盖在尸体上。

这个仪式的本意是，人初亡，魂未远，招之使其复活。不过，世人皆知人死不可复生，所以招魂的形式并不普遍，后多用于死后而不见尸体的人，比如死在江水里，或出海时坠入海中，不见尸体，这才以衣招其魂而葬，是为衣冠冢。

招魂后就要立丧主了。所谓丧主，就是主持丧礼的人，一般情况下由家中的长子担任，如果没有长子，或是长子已故，或是因故不能参加葬礼的，则由长孙主持，其妻则为主妇，协助丧主。长孙还不能独立主持的，由其他人协理。不过这是咱们老百姓的安排，要是皇家治丧，那就有专门的治丧官了，不需要皇帝、皇后亲自打理，要是官宦人家，有功勋的，朝廷会派专人治丧，以示皇帝的关怀之情。而一般的官员，大部分名义上由长子或长孙主持，实际上跑腿的都以下人为主。

丧主人选落定，就要治棺椁了。前文提到，由于尸首至少要停放一七，所以棺椁的材料、工艺都是十分讲究的，皇家由工部负责打造，且用的是上好的梓木，棺木周围以龙纹打底，描金彩绘，十分华美。在制造流程上一般是先涂一层朱红漆，再贴金，最后再彩绘。棺与椁之间灌石灰、糯米汁以密封。

至于官员的棺椁，据《明史》记载，棺用油杉，椁用土杉，涂红漆。但是随着明代社会的开放，这一套制度一如服饰、饮食一样，也被打破了，一些有钱的人家也有以杉木为椁，楠木为棺的。更有甚者用汉白玉为棺。

老百姓除了用杉木外，也有用柳木的，但是到了明朝晚期，有钱人家也不乏用楠木的，无论是材料、工艺都不输皇家或官家。

以上琐碎的事情准备完毕后，就要准备发丧了。所谓发丧，就是将丧事告知亲友。有话则长，无话则短，一边请人发丧，一边就着手进行治尸及布置灵堂。

布置灵堂的事就不多说了，重点说一说治尸。治尸，通俗地说就是给死者整治仪容，《仪礼·士丧礼》记载：

> 楔齿用角柶，缀足用燕几。奠脯醢、醴酒。升自阼阶，奠于尸东。

楔齿就是将死者的嘴用角柶（注：角柶是古代的一种礼器，状如匙）撑住，目的是要给死者喂最后一口饭，实际上是含在嘴里的，说是带一口饭上路，在黄泉路上不至于挨饿，《礼记·檀弓》说法是："楔齿，缀足，饭。"

死亡是庄重的，民间有事死如事生的说法，因此《礼记·檀弓》所说的"饭"就引申出另一种礼仪，称之为饭含礼，普通百姓自然是含一口饭了事，官员则有规定：

五品以上饭稷含珠，九品以上饭粱含小珠（注：语出《明史》）。

当然，到了明后期，这些规矩如同其他礼仪一样被打破了，富贵之家除了饭之外，所含之物也越来越广泛，各类珍珠、贝类、金钱等珍贵之物不一而足。

这之后要为死者沐浴更衣，移至灵床，盖上被衾，称之为袭尸。按照明制，死者所穿衣服的多少也有定数，三品以上为三件，四品、五品两件，六品以下一件。

这些事一般由丐户去完成。需要注意的是，丐户不是乞丐，专指下等庶民，《万历野获编》对此有明确的说法：

今浙东有丐户者，俗名大贫。其人非丐，亦非必贫也，或云本名"惰民"，讹为此称。其人在里巷间任猥下杂役，主办吉凶及牙侩之属。

布置灵堂时，要为死者立灵位、设铭旌。灵位大家都能理解，就不需要多说了，铭旌指的是招魂幡，一般竖在灵柩前，上书"某某之灵位"等字，其长度有定制，四品以上长九尺，六品以上长八尺，九品以上六尺，庶民则五尺。

至此，死者已入灵堂，初终之礼结束，治丧礼开始。

治丧是丧礼的核心，这整个过程由于是要面对众多亲朋好友，一场送别之礼，渐渐地演变成了攀比炫富之所，即便是普通人家，没什么家底，也不肯在这个环节上丢了面子，由是打肿了脸充胖子，不甘落于人后，"丧婚过侈，至有须产嫁女，贷金葬亲者（注：语出万历《长洲县志》卷一《风俗》）"。

贷金葬亲就是贷款去办葬礼，听起来真的有些夸张。其实在洪武时期，有人就提出过这种现象，说是：

京师人民，循习旧俗。凡有丧葬，设宴，会亲友，作乐娱尸，竟无哀戚之情，甚非所以为治。乞禁止以厚风化。

相信大家对这种现象也有同感吧？不止明朝，现在的很多葬礼也是这样，大操大办，鼓乐喧天，作乐娱尸，在这样的氛围下，参与丧礼之人的脸上，确实没有多少悲伤之情。

朱元璋听了此话后深以为然，他是节俭之人，怎么可能容得下那么奢侈荒唐的事情存在？于是着手制定丧葬礼法：

古之丧礼，以哀戚为本，治丧之具，称家有无。近代以来，富者奢僭犯分，力不及者，揭借财物，炫耀殡送，及有惑于风水，停柩经年，不行安葬。宜令中书省集议定制，颁行遵守，违者论罪如律（注：语出《明会典》）。

意思是说，古代的丧礼以哀伤为本，怎么治丧，也以家庭的实际情况来定，可现在倒好，没钱的借钱治丧，争相炫耀，办个丧事竟成了比富的舞台，这还成什么体统啊，着令中书省商议定规矩，颁令遵行，要是还敢乱来的，按律办理。

明朝初期由于这些条令的出台，相对来说大家还算是本分的，不怎么敢乱来，奈何到了中后期，各种制度礼法被打破，那些条令也就有名无实，"丧葬之家置酒留客，若有嘉宾，丧车之前，彩亭绣帷，炫耀道途（注：语出万历《嘉定县志》）"。

为了面子，不惜贷金葬亲，这种行为于情于理、于礼于法都是说不通的，所以当时一些有识之士对此深恶痛绝，明朝著名的文人顾起元愤而怒道："旧时吾乡凡有婚丧，自宗勋缙绅外，人家虽富厚，无有用鼓吹与教坊大乐者，所用惟市间鼓手与教坊之细乐而已。近日则不论贵贱，一概溷用，浸淫之久，体统荡然。"

闲话表过，言归正传，再来说治丧礼。先是小殓，这是在亲人去世后的第二天进行的。殓者，敛也，敛藏不复见的意思，此礼《明史》也有定制，官员"朝服一袭，常服十袭，衾十番"。这些衣物不是穿在死者身上的，而是让死者带走的，因此只是盖于尸身。百姓除了没有朝服外，其余大致相等。

小殓后就是大殓，于小殓次日进行，也就是入棺。为什么要在死后第三天入棺呢？有个说法：

三日而后殓者，以俟其生也，三日而不生，亦不生矣。

事实上在亲人去世后，家属依然抱有一丝希望，望其复生，如果三日不复生，那就死心了，所以大殓之礼，亲人往往会越发悲哀，一旦入棺，从此后再无法见到那熟悉而亲切的相貌了。

遗体入棺，除去将死者的头发、指甲等放在尸体旁边外，还要将其生前常用的物品，一并放入棺内。这种形式就是按照事死如事生的习俗，本意是将死者生前常用的或用习惯了的东西，让他带走，以便他在另一个世界里也能如常生活。人死如灯灭，生前用到的东西死后怎么可能还能用到？实际上这是在世亲人心理上的一种慰藉，一份寄托。但是发展到后来，这样的一份寄托也变味道了，让死者带去的物件儿越来越多，越来越贵重，发展到这种程度，实际跟慰藉、寄托没多大关系了，体现的是人性之贪婪，生前有多少财富，即便死了，也要拥有多少。

大殓之后，直至下葬前的那些日子，家属每天都需要在日出和日将落时祭拜，称之为朝夕奠。如逢初一、十五的日子，则要进行朔望奠。尊者坐哭，卑者立哭，以表达家属之哀痛。

这时候，讣告已发出，前来吊丧的亲友陆续赶到，这就涉及另一个礼节，叫做赠襚。

我曾在《大明梦华：明朝生活实录》里说到一个词，叫做招资，意思跟这里的赠襚一样，原意是亲友救济、馈赠，"凡民有丧，匍匐救之"。

什么叫匍匐救之呢？匍匐就是急切的意思，形容心情之急切，可见家中有丧时，亲友都会赶来救急，这符合礼仪之邦的规范。

发展到后来，救济也有了新花样，宋朝时是这样的：

故古有含襚赠賻之礼。珠玉曰含，衣衾曰襚，车马曰赠，货财曰賻，皆所以矜恤丧家，助其敛葬也（注：语出《司马氏书仪》卷五《丧仪一》）。

这是宋朝的赠襚之礼，花样繁多，而且所赠之礼，明显也厚重了许多。那么明朝呢？且看《明史》朝廷对官员的赠襚：

賻赠之典，一品米六十石，麻布六十匹。二品以五，三品、四品以四，五品、六品以三，公侯则以百。永乐后定制，公、侯、驸马、伯皆取上裁。凡阵亡者全支，边远守御出征及出海运粮病故半支。

有明一朝，崇尚节俭，所赠之礼并不算多，官方尚且如此，民间就更少了。

只是到了后期，赠襚变成了一种人情，哪还有什么救济的意味，反而徒增经济压力。这些俗事，我在《大明梦华：明朝生活实录》里讲得比较详细，为了免去骗稿酬之嫌，这里不复赘述。

且说丧礼的第三个流程治葬，先是选择墓址，称之为卜宅兆，会邀请精通风水的人来选择吉穴。

择吉穴一事，无论古今，都很重视，认为陵墓位置的优劣，可以直接影响子孙的富贵，鉴于此，没有人敢不重视，甚至于出现在选不到好墓址时，宁愿不葬的情形。

作为心理上的寄托也好，风俗也罢，择吉穴并无不妥，只是万事万物皆有度，做事行为应有底线，要是过度迷信，没有吉穴就不葬死者，事情的性质就变了，从这个角度来看，下葬已经不是要给死者入土为安那么简单了，而是为了生者的福荫，这不就是本末倒置、是非不分了吗？对死者的敬意同样也荡然无存了。时有人对此现象也颇为不满，说：

世俗信葬师之说，既择年月日时，又择山水形势，以为子孙贫富贵贱贤愚寿夭，尽系于此，而其为术又多不同，争论纷纭，无时可决，至有终身不葬、累世不葬或子孙衰替忘失处所弃捐不葬者，正使殡葬实能致祸福，为子孙者亦岂忍使其亲臭腐暴露而自求其利耶，悖礼伤义莫甚于此！

这段话出自弘治年间户部尚书、武英殿大学士丘濬的《大学衍义补》，丘濬是理学名家，被誉为是明朝的文臣之宗，其终生治学，对这种为了追求虚无缥缈的利益，而不顾死者的行为深恶痛绝，这才有了上面这段义愤填膺的话。

那么怎样才算得上是吉穴呢？其实对于吉穴之定义，最早是十分简单的：

所谓美者，土色之光润、草木之茂盛，他日不为道路、不为城郭、不为沟池、不为贵势所夺、不为耕犁所及，即所谓美地也。古人所谓卜其宅兆者正此意，而非若后世阴阳家祸福之说也（注：语出《明会典》）。

你看，就是这么简单一事，附带了阴阳风水之说后，就彻底变了味了，而且是越变越复杂,什么阴阳风水、山川形势、五行八卦、生辰属相,样样都要顾及,但凡有一样不到位,唯恐影响子孙福祉,就要另寻地址,不只是有违礼制,更是悖离孝道。哪还有什么孝字可言啊,中华民族的孝从来都没有涉及过利益,为了敬老尊老体现孝道,往往是自己委屈些都不在话下,什么时候出现过为了在世者的利益,而不让死者入土为安,甚至入葬后还要去惊动死者迁坟的举措?让过世之人死了还不得以安息,绝非尊孝、敬孝之人所为。

不说了,再说的话牢骚会越来越多,咱们言归正传,只说墓址选定后,就要营造墓室了,这个环节称之为穿圹。不过关于具体筑墓的事我就不细说了,只引一段《明会典》关于筑墓的流程,以便使大家有个大体的印象:

遂穿圹,乃刻志石、造冥器、备大舆、作神主、以俟发引。

在筑墓的过程中,有个有趣的现象,不妨在这里一并说说。相信看过《大明梦华:明朝生活实录》的读者应该还记得,里面我曾说到跟风的那些雅事,无论这个人有没有文化,都要请文人取个字或者号,那样听上去就会显得文雅一些,有些人发迹后建了座大宅子,也要请人题字,要是有名人落款那就更理想了。当时建陵墓也是这样,在志碑上要请人写挽诗,说是"今仕者有父母之丧,辄编求挽诗为册,士大夫亦勉强以副其意,举世同然也(注:语出明陆容《菽园杂记》)"。

那些人的父母去世了,就要请文人写挽诗并编印成册,文人们也没办法,风气如此嘛,只能勉强答应。可见,写挽诗为册或刻碑一事,在当时十分流行,至少在有明一朝,写挽诗成了丧礼的一部分。

陵墓营造完毕,冥器等物件儿备齐后,就要准备出殡了。这时候天色微熹,灵堂外燃了两根大火烛,亲朋好友都到场了,灵堂内鸦雀无声,执事之人将灵柩抬到灵堂正中,停放妥当,司礼者连喊三声启殡,家属要上去抚柩哀号。

出殡前,还有一项重要事宜,就是朝祖,朝祖一事,《礼记》曰:

丧之朝也,顺死者之孝心也。

意思是向宗庙的祖宗告别，哪怕是过世之人，依旧对这个家怀有难舍之情，向祖宗告别体现的是一个孝字。

朝祖的时间，具体由出身而定。如果是皇家，那礼仪就复杂了，而且由于身份不同，朝祖时所去的庙宇数量也不等，比如皇家为七座，诸侯五座、大夫三座、士二座。士二座指的是父庙和祖庙，而普通的老百姓除非有特殊的功勋，否则父亲是不可能立庙的，所以百姓朝祖时只需要祭祖庙即可。至于具体礼节，姑且摘录《明会典》第九十七卷，以明世宗生母、章圣皇太后蒋氏身故时的朝祖之礼，以飨读者：

钦定捧主官九员，俱具青服，恭捧各庙主，诣太庙奉安讫。

太常寺陈设脯醢酒果于列圣位前，不奠献。执事官先设褥位于太庙丹陛正中。

梓宫至端门外，上具青服。太常寺导引官导上，诣桑主舆前跪。太常卿跪于上之左，奏请慈孝献皇后朝祖。

上捧桑主由太庙中门入，至太庙丹陛上立。典仪唱迎神，各捧主官上香退，典仪唱行朝祖礼，太常卿进立于殿中北向，内赞奏跪。

上捧桑主跪奉于褥位。内赞奏谒辞。太常卿跪奏曰：孝玄孙嗣皇帝，谨奉慈孝献皇后谒辞。讫，内赞奏四拜礼，兴，平身。

上跪捧，桑主起立。太常卿跪奏曰：礼毕，请还宫。

这个礼仪很细碎繁琐，大家知道有这么个礼仪存在就可以了，没必要细究，我也偷个懒不解释了。再说普通老百姓的朝祖之礼，如果祖庙小，容不下灵柩以及那么多人，就化繁为简，持招魂幡进去代替灵柩，所执行的礼节跟皇家的那一套大致相同，不同的是，皇家朝祖需要几天，士大夫两天，而百姓一天就足够了。

朝祖后第二天，就要发引入葬了。发引前要行祭拜礼，送葬途中，按照《礼记》所载，是不歌、不唱、不敲的，明朝时不禁乐，一路上敲锣打鼓，十分热闹隆重。

在民间，有些地方在发引前，还有摔盆的习俗，《金瓶梅》中描写李瓶儿发引前，女婿陈经济跪而摔盆，把那盆摔得越碎越好。

摔盆是有讲究的，也就是说摔盆之人必须是继承家业的人，比如长子，如果没有长子，则由长孙代替。如果没有长孙，就由次子代替……无子无孙的，也可以由同姓家族里血缘最近的侄子代替，反正要按长幼嫡庶轮序。要是不幸没有儿子、没有孙子也没有侄子，没人摔盆怎么办呢？其实那就是传统意义上所说的未得善终。

摔盆不是说像放鞭炮一样，摔出个响来，图个热闹就行了，传说是人死后都要在孟婆那儿喝孟婆汤，喝了孟婆汤之后前世的事就都忘记了，可是活着的人不这么想，摔盆是希望过世的人不要忘记在世的亲人。

当然，这传说有些自相矛盾，孟婆汤既然有忘记前世之事的功效，怎么可能是摔一个盆就能化解的？后世之所以还流传着这个习俗，无非是去晦气、图吉利、求个好兆头而已。

这风俗与其他风俗一样，也讲究个男左女右，如果过世的是男性，则摔盆的人用左手，如果过世的为女性，则摔盆的人用右手。要是第一次没把握好力度，没把盆摔破，就不能再摔第二次了，得以脚代替，将盆踩碎。

可能有人会担心，要是踩不碎呢？那就麻烦一直踩吧。

摔盆之后抬棺的人抬起灵柩，招魂幡在前，灵柩随后，孝子、孝孙扶柩边哭边紧随而行，一路浩浩荡荡往陵墓而去。

抵达墓地，棺椁入穴之前，要祭山神，而后以长幼轮序，依次哭诀，在亲人的哭号之中掩圹，就是将墓口的洞补上。棺椁入墓，亲人要将灵位捧回家供奉，叫做安灵，又叫回灵。只要有这灵位在，在家属眼里，亲人便未走远，能随时祭拜或是倾诉。逝者已矣，而所谓的灵魂，又是极为虚无缥缈之事，所以无论古今，一方灵位，是生者心理上唯一可慰藉的东西。

最后来说说葬后礼。死者入土后，有这样一种说法，人死之后，魂魄不会即时被押解到地府，而是在人世间四处游荡的，所以要以另一种仪式，使其魂魄安定，不再漂泊，这仪式叫做虞礼。

虞者，安也，既葬其父母，迎精而返，日中祭之于殡宫以安之礼（注：语出《仪礼·士虞礼》）。按照身份等级的不同，虞礼也有差别，皇家有九虞礼，大致形式且看《明史》的记录：

行初虞礼。皇太子四拜，初献，奠帛酒，读祝，俯伏，兴。亚献、终献，四拜，举哀，望瘗。内官捧神帛箱埋于殿前，焚凶器于野。葬日初虞，柔日再虞，刚日三虞，后间日一虞，至九虞止。在途，皇太子行礼。还京，皇帝行礼。

官员跟老百姓一样，都是行三虞礼，至于官民的虞礼形式，《明史》同样有记录：

凡虞祭，葬之日，日中而虞，柔日再虞，刚日三虞。若去家经宿以上，则初虞于墓所行之。墓远，途中遇柔日，亦于馆所行之。若三虞，必俟至家而后行。三虞后，遇刚日卒哭。

上文中的刚日就是单日，三虞后，遇单日就要在灵位面前哭，以示对死者的思念，这些事情我就不具体展开来讲了。卒哭时要有祭品，并拜祭。葬礼后三日，还有暖墓之礼。所谓暖墓，就是去墓前祭祀，如《金瓶梅》中有在陈经济死后暖墓的情景的描述：

不想那日，正是葬的三日，春梅与浑家葛翠屏坐着两乘轿子，伴当跟随，抬三牲祭物，来与他暖墓烧纸。

整个葬礼的流程至此基本结束，之后还有头七，称之为小祥，二十五月后的大祥，二十七个月的禫礼等等，无非都是祭拜，就不多说了。不过禫礼之后，亲人就可以脱掉丧服了，因此禫礼又称除丧服之礼。

这一章有点闷，感谢大家耐着性子阅读完本章节内容，不过既然看下来了，我想问大家一件事，大伙儿读完后有什么感想或是体会吗？

我以为，丧葬文化无非就遵循一个字——礼，而这一套礼仪，又始终围绕一个字——孝，这是丧葬文化的初衷，也是核心，至于后来衍生出来的比富、讲排场，以及各种迷信行为等等，是过度演绎丧葬文化礼仪的结果，不可取。

## 三 出生、诞辰与做寿

我在前面说过,人有三喜,也就是人生中的三件大事,其中婚和丧葬这两项礼仪前文已经交代了,这里就来说说生日这件事儿,由于做寿与出生本质上没有区别,无非就是庆生嘛,我就偷个懒儿,在这里一块儿说了。

婴儿出生的日子,又叫诞生礼,是人的一生中第一项礼仪,当然是需要郑重对待。这第一礼从出生的那天起一直到满周岁,每个重要的日子都有一套非常严格的流程。

中国有句古话叫做不孝有三,无后为大,生儿育女是大事,客观地说,讲究一下也是正常的,你想想一个新生命呱呱落地,来到这个世界,成为这世界的一分子,也将成为家庭的一分子,这是件多么喜悦又庄严的事情啊,这时候不讲究,还想到什么时候再讲究去?

按照古礼,如果生的是男孩,要挂一张弓在门的左侧,称悬弧,如果生的是女孩,那就不能挂弓了,得在门的右侧挂一条手绢或丝巾。

有人可能会说这挺好,男孩挂弓,代表阳刚勇武,女孩挂手帕,代表阴柔文静。是的,表面上看是挺好,但这里面是有讲究的,讲究的地方就在男孩挂弓于门的左边,女孩挂丝巾在门的右边,这左右一分高下立判。

为什么这么说呢?很简单,按照中国传统,左为贵,右为卑顺。

看到这儿,有人可能不乐意了,先别急,也不要急着拿出女权的那一套来理论,听我继续往下讲。

众所周知,中国一直有重男轻女的习俗,要是生了几个儿子,则人丁兴旺,皆大欢喜,要是生了几个女儿,那一家人就会唉声叹气、愁眉苦脸。实事求是地讲,这个习惯肯定是陋习,是封建糟粕需要抛弃的。但是,这个所谓的封建糟粕、陋习,并非一开始就那样,而是让后人歪曲了。男尊女卑的传统,在最早的时候并没有尊卑之别,只有重男轻女之风。

大伙儿可能看蒙了,这有区别吗?

这里我负责任地告诉大家,有区别的,而且区别很大。要知道无论是《周礼》还是《礼记》，都成书于汉朝，而且记载的是先秦的风尚和礼仪，先秦是什么样的时代啊，那是一个诸侯争霸、天下大乱的时代，战争在那会儿就跟现在社会上打架一样，非常频繁，也极为平常，老百姓听说又打仗了，脸色都不会变，依旧一边喝着小酒一边聊天。说到这儿就会引出另一个问题，谁去打仗？

提出这个问题，无论男女老少第一反应肯定是：当然是男人去打仗啊！

是的，至少在历史上，让成千上万的女人去冲锋陷阵的事儿我还没见过，上阵杀敌的都是男人，而且一开战必然会造成成千上万的伤亡，于是男丁稀缺就成了常态。从这个角度来看，男人的多少，决定了家国的兴亡，哪个敢不重视？顺着这个角度，我们再把眼光放低一点，延伸到民间，战争是常态，男人战死也是常态，那么传宗接代，当然也就成了一件至关重要的大事。

说到这里，再说把弓挂在门的左边这件事儿，其实此事本身没有尊卑之别，他充其量只是一种尚武的表现。只是发展到后来，国家逐渐稳定，盛世之下，开始讲究家族大小，而家族的大小，家门的势力，也需要看男人的多少来定，换句话说，一个家族威不威风，在地方上霸不霸气，得看家中的男人多不多，有没有手段，于是乎，重男轻女才渐渐地演变成了男尊女卑。

解释完了男尊女卑这件事后，咱们再回头来说说诞生礼。诞生礼只是一种统称，一般分为三朝、满月、百日、周岁等几个流程，所谓三朝，俗称三日，就是小家伙出生的第三天要举行的礼仪，目的是要给婴儿祈福。

三朝礼因地域不同，略有差别，然而寓意则是一样的，无非是求个平安，我简单地说一下。

在古代医学水平尚不发达的时候，生儿如历劫，在生产过程中，无论是产妇还是婴儿，都是一大劫难，我们在电视剧上也经常看到难产死的，动不动就一尸两命，还有婴儿虽生下来了，但由于产妇大出血，一命呜呼的，甚至是出生没几天就夭折的等等，总之生小孩是件关乎生死的大事，只有度过了三天，看产妇和婴儿都健健康康、平平安安，家里人才会放心，为此，三朝礼是祈福，也是感恩。

在婴儿出生的第三天，要请接生婆上门来给婴儿洗个澡，谓之洗三。洗三不是说扒了小家伙的衣服洗个澡就完事了，是有讲究的，不能乱来。

首先，接生婆需要很庄重地净手焚香，然后到产房里拜祭床公床母，在古人眼里能够顺利产子，母子平安，床神功不可没，所以必须得还礼。而后依次祭拜碧霞元君、催生娘娘、送子娘娘、豆疹娘娘、眼光娘娘等神灵，祈祷神灵护佑，好让婴儿日后耳聪目明，无病无灾。

看到这儿有人可能会笑，原来生个小孩还需要这么多神灵齐心合力保护啊！这个当然是封建迷信，但是在科学不发达的古代，有那样的行为也正常，我们可视之为一种信仰。

祭拜完毕，开始给婴儿洗澡。洗澡所用的东西，会根据地域、水土等不同而出现差异，有用桂花心、柑仔叶、龙眼叶、鹅卵石及铜钱煮成的汤水洗澡的，那鹅卵石越圆越好，洗澡前在婴儿的胸前轻轻地敲三下，称之为做胆，将来就有胆气了，而石头圆滑，则可使婴儿将来变得成熟会变通。所选择的那些植物，除了有去疹护肤的功效外，更希望孩子将来犹如果树一般，枝繁叶茂，开花结果，一生圆满幸福。

也有用桃树根、李树根、梅树根煎煮的，据说是可以终生无疮无疥；有用端午的艾叶、虎头骨煮汤的，能辟恶气，提升婴儿胆量；有用姜葱煎汤的，不过用姜葱煎汤来洗，纯粹是迷信，取的是那两种东西谐音，姜与强相近，是希望孩子将来能够坚强，葱与聪同音，希望孩子将来聪慧，能出人头地……总之，洗三之礼，意在祈求平安，希望小家伙将来能有所作为。

洗完后要穿满月服。满月服可能现在很难见到了，其实是种很可爱很喜庆的衣服，又称红婴仔衫，是人的一生中所穿的第一套礼服。

既是礼服，肯定跟普通的衣服是不一样的，帽子有些类似于将军戴的头盔，当然是棉制的，要是真头盔套上去，小家伙细皮嫩肉的哪受得了啊。帽子上绣有吉祥图案，坠了流苏，两侧有用红线所刺的"寿"字，寓意安康长寿；内衣是白色的，白布所制，但必须是用红线缝的，红白分明，寓意孩子将来可以清白做人；衣襟不缝边，故意露着毛边，有人也许会想，那多难看啊。难不难看是其次的，露着毛边就意味着线头是往外伸展着的，象征幸福永不到头；外套一般是红衣，寓意日子红红火火。另外还配了件小围裙，腰部是白色的，用红线绣了个寿字，裙体为藏青色，寓意踏踏实实，朴素为人。

穿了衣服，洗漱完毕，一切准备停当，家里就会差人去向产妇娘家报喜。娘家人听到消息后，就会准备喜蛋、面条等礼物，赶去道喜。那边厢请人去报喜,这边厢也不闲着,开始给婴儿开奶。

开奶通俗点说就是给婴儿喝第一口奶,注意,我这里用了个"喝"字,没用"喂",不是我不会用词,而是有讲究的。

开奶也是在婴儿出生的第三天进行,因此又叫三朝开奶。开奶前婴儿喝的不是奶,具体喝的是什么,还是由地域决定。比如有些地方第一口喝的是黄连汤,也有些地方喝的是五味汤,就是酸甜苦辛咸啥味道都有,一口给婴儿灌下去,希望小家伙在尝遍人间五味后,能苦尽甘来。

这些寓意好是好,真是苦了小家伙了,初到人间,什么好东西都没吃着,先被灌了些乱七八糟的汤进去。喝了这些东西后,就真正开始喝奶了。但是,这第一口奶不能喝自己亲妈的,得喝别人家的,这时候婴儿如果会说话,他一定会大叹一声说:"唉,我真的是太难了!"

喝别人家的奶也有讲究,要是男婴,得喝生了女儿的产妇之奶,反之要是女婴,得喝生了儿子的产妇之奶,且必须是不同姓不同族的,为什么要这么搞呢?说出来不怕笑死你,据说是为了将来容易找到对象。

这些习俗当然是不可信的,哪有喝奶决定不打光棍的道理,要是多喝几个产妇的奶,是不是将来就妻妾成群了?然而习俗这种东西,一旦流传,深入人心,别人家都那样做了,你要是不做,心里会有阴影,过不去那个坎,而且这又不是什么特难办的事情,于是不管信还是不信,大家都照着做了。

那第一口奶,叫做开喉奶,喝完别人家的奶之后,小家伙才算真正能喝上自家亲生妈妈的奶了,但是⋯⋯有人可能惊呆了,还有但是啊!那当然啦,礼仪最重要的一个元素是什么?那就是繁琐,没有那么多"但是"都不好意思称之为礼仪。

亲生妈妈的奶不是凑上去直接让小家伙吸的,要先挤一滴出来,滴在汤勺里,然后再在汤勺里滴一滴上好的陈年墨汁,喂给婴儿喝。

婴儿要是会说话,这时候可能又会大叹一声说:"唉,我真的是太难了!"

这么做的目的聪明的读者可能已经想到了,是的,喝了墨汁儿肚子里不就有墨水了吗,有了墨水那就是有学问了啊,寓意将来一定能成为大才。

如此一番折腾下来,婴儿方才可以痛痛快快地喝上母乳,这时候娘家人差不多也到了,三朝礼就这样在娘家人的道喜声中结束。

三朝之后是满月。跟三朝礼相比，满月礼会显得越发庄重，按照我们的传统习惯，越庄重的礼仪就会越繁琐，这时候，意味着婴儿可以在母亲的怀抱下走出来了，亲朋好友也会从四面八方赶来，看望满月的小家伙。

宾主咸至，满月礼就正式开始了，由于这个过程相当繁琐，我要是展开来讲，那得写上半本书，你们也没那么大的耐心，所以我去繁就简，着重来说说一件事。

有人想什么事这么重要呢，确切地说，在满月礼的整个流程当中，这件事情非常重要，但却是已经被我们抛弃了的，现在基本上看不到了，叫做射礼。

谢礼是六艺之一。读过古书的人可能略有了解，所谓六艺，《周礼》是这么说的：

养国子以道，乃教之六艺："一曰五礼，二曰六乐，三曰五射，四曰五御，五曰六书，六曰九数。"即礼、乐、射、御、书、数六艺。

在这六艺之中，礼居首，乐次之，射居第三位，可见射礼的重要性，子曰："君子无所争，必也射乎，揖让而升，下而饮，其争也君子。"用大白话说就是，君子可以什么都不争，倘若非要有一件事要争，必须是"射"，这也就是所谓的君子之争。

事实上孔子所说的揖让而升，指的是比赛，只不过这比赛比的是射箭，意在强身健体，相当于我们现在的体育项目，在奥运会场上，虽然各国选手争得你死我活，但是，争得有礼有节，无论争得有多么激烈，都是在礼数约定的范围之内，所以说争而有礼，其争也君子。

而五射，具体是指白矢、参连、剡注、襄尺、井仪等五种射箭技术，俗称箭术，我简单地介绍一下这五种箭术的比赛方法。所谓白矢，是说箭穿靶而箭头发白，说明准确有力，正中靶心；所谓参连，先放一箭，紧接着三箭连发，一箭咬着一箭，前赴后继，笃笃笃几声响，皆中靶心；所谓剡注，讲究的是一个快字，拉弓即射，动作连贯，毫不拖泥带水；所谓襄尺，是君与臣一起射，两者并立，但是出于礼节，或是尊卑长幼，臣要让君一尺距离，也就是君前臣后。君与臣比赛，要么臣不能让君输得太难堪，让君王面子上下不来，要么不能输得太刻意，扫了君王的兴，总之这个环节属于友谊赛，礼数第一，比赛第二；所谓井仪，就是四箭连贯齐发，且要箭无虚发。

看到这儿，有些人可能会目瞪口呆，这种箭术只在武侠小说里见过，跟神箭手也没多大区别，古代的书生，真有这么厉害吗？

我可以负责任地告诉大家，是的，真有这么厉害。事实上古代的书生都是骑射双绝，文武双全，前文提到的五御其实就是五种驾车技术，分别指的是鸣和鸾、逐水曲、过君表、舞交衢、逐禽左等驾驶技巧，十分了得，飙车对他们来说那是小菜一碟，随便拎一个书生出来去抓贼，都能把贼追得怀疑人生。

说到这儿，就引出了一个问题，既然古代的书生那么厉害，为什么到了后世，就成了文弱的代表，成手无缚鸡之力了呢？

在说这件事情前，请先容我大叹三声，我是码字的，勉强也算是书生中的一员吧，说句实在话，确实没多少力气，打小就被我那些朋友嘲笑，说是文静得跟女人一样，成天只会躲在房里，上不了山下不了地，插不了秧收不了谷，总之千言万语汇成一句话，那就是百无一用是书生。是的，我是书生，可我是男人啊，那会儿我恨不得找个地缝钻进去。那么为什么会造成书生文弱的现象呢？归根结底，不是书生无用，而是教育出了问题。

看到这儿可能有人心里会咯噔一下，你这书范围还挺广啊，说着说着谈到教育问题了。教育问题是个老大难的问题，要是真展开来讲容易扯远，那么我就从历史的角度来说说这件事儿。

前文提到，六艺出自《周礼》，也就是说，在周王朝时，六艺就已经十分流行了，后来在圣人的推广、要求之下，一个书生，他的任务不能光是只会读书、读死书，或者只懂礼乐、谈风雅，还得锻炼身体，换句话说，那时候的书生是又猛又酷还懂礼数，耍帅读书两不误，这也是孔子可以带着弟子在春秋战国那样的乱世之中，长途跋涉周游列国的根本原因，要是以后世书生的标准去看待孔子周游列国这件事，是无法想象的，就算没饿死也没累死，也早被人打死了。

到了隋朝，开设科举，六艺就逐渐荒废了。我倒不是说开科举不好，必须承认科举绝对是一项伟大的创举，但是，凡事有其利必有其弊，科举一开，一切以考试为标准，以文才论高低，哪个还有闲功夫去学骑马射箭，书还读不读了，前程还要不要了？于是乎，六艺从此之后就成了个摆设，就像花瓶一样它必须摆在那儿，然而其作用仅仅只是为了撑个台面、摆个架势而已，手无缚鸡之力的文弱书生自此产生，百无一用是书生也成了读书人的标签。

读书人只会读书，书生文弱绝对不是什么好事，于国于家、于人于己都不利，后世似乎意识到了这一点，无论是汉唐还是宋明，朝廷都在提倡六艺，但味道却变了，那种感觉就好像把川菜移植到浙江去了后，经过一系列改良，虽然川菜依然是川菜，但吃着却不是原汁原味，总感觉少了些什么。六艺也是如此，到了后世六艺不再是门技艺，却发展成了门艺术，加入了许多花里胡哨的不太实用的东西，无论是射还是御，成了表演，更具观赏性质，装腔作势的好看倒是好看了，可那玩意儿离最初的六艺标准已经相差十万八千里。

朱元璋的眼光还是很毒的，他显然意识到了这一点，所以在立国的时候，就提倡要兴汉礼、重六艺，令天下州府教学时必须学六艺，规定每天下午未时练习，每月初一、十五要考核，所谓躲过了初一，躲不过十五，无论怎样都逃不过考核，所以在明朝初期，书生的精神面貌还是有些变化的，至少不是那么文文弱弱，动不动就跟个娘们儿似的拿子曰那一套跟人家讲道理。只是到了后期，大概从成化帝开始，六艺再次成了个没用的花里胡哨的东西，到底怎么没用、花里胡哨到什么程度，我不妨摘录一段古书上的记录给大家看一下：

复乃召集诸生，讲解明悉，分以执事。未几，按礼画图，举而行之，则见其雍雍然，肃肃然，容止有仪，进退有度甚矣（注：语出嘉靖十七年朱缙《射礼集解》）。

不知道大家看明白了没有？在举行六艺的时候，学校召集学生，讲解规则，各执其事，然后"按礼画图，举而行之"，换句话说就是按照约定俗成的动作，一步步去完成，好像做广播体操那样，动作整齐划一，每个学生的形态是"雍雍然、肃肃然"，形容学生的神情、动作很从容很大方……

看到上面那段话我想骂人，这要真遇上了坏人，或者是正儿八经的体育比赛，这么一搞，不就是等着人家骂你是书呆子吗？哪个撸袖子打架还跟你"雍雍然、肃肃然"地讲举止大方？撇开打架不谈，就算是以锻炼身体为目的，这样的做法，也是偏离了方向。

然而在以写锦绣文章为目的的科举时代，人人都以学富五车、能背四书五经为荣，即便有书生想学六艺，只怕也是求之而不得，除非你十年寒窗，不为功名，就只为图个痛快。

十年寒窗，不为功名的傻子有吗？几乎没有。然而在行为上没有，心里却还是存有那么点美好的愿望的，每一位父母都希望自己的孩子，身体康健，阳光向上，因此在满月礼开始之前，先要行射礼，而射礼这个重要的六艺之一的项目，到了这里，也就彻彻底底成了一种传统礼仪，更多的只是一种象征意义。更为可悲的是，到了现代，连那种具有象征意义的假把式也不搞了，直接收礼金，然后大家吃吃喝喝。

看到这儿，我不知道大家是什么感受，反正我是觉得挺不好受的，但不好受又能怎样呢？有些传统丢了就是丢了，凭少数有心人想将它再次振兴，难如登天。

好了，发完牢骚，来说正事儿，看看满月礼上的射礼是怎么搞的：

男子生，桑弧蓬矢六，以射天地四方。天地四方者，男子之所有事也（语出《礼记》）。

这个不解释了，无非是想男孩子将来阳刚一些，以天下为己任，大度大方大气，有男儿气概，于是搞这么个仪式，在心理上得到些许安慰，所谓的"射天地四方"就是象征性地往东南西北射四支箭，然后……就没有然后了。

射礼毕，司仪宣布礼仪正式开始，先是告上，念颂文告天地，其次是告祖，一般由父亲执香立于祖宗牌位前，上香行礼，告知先辈，我们家添了个大胖小子。

这一番祭祀之后，满月的小家伙就要出场了，由母亲抱着，面见众亲友。需要注意的是，这时候不是大伙儿一起上去围观，这个在小家伙的小脸蛋上捏一下，那个摸一下，来宾都得肃立而观，双手垂直立正，眼巴巴地看着。父亲走上前，将准备好的玉佩戴在小家伙身上，玉是宝物，纯洁无瑕，此举是望子有君子之德，期女有贤良之心，实则是父母望子成龙、望女成凤的意思。

父亲郑重地给婴儿戴上玉佩后，转身面向亲人，宣布孩子的名字，当然不是什么李梓轩、赵雨涵啊之类的言情式名字，这一点古代人比我们还是要讲究一些，取名要有出处，取字要按辈分，比如我，我在家族里是"孝"字辈，当年爷爷给我取的字叫"孝盛",今天我写书用的笔名就是从这个字上面演化过来的。

报名之后要向大家解释名字的含义,众人击掌称好,父亲领着妻儿,一一认亲,虽然说孩子刚满月,不会喊人,也不可能把那些亲戚朋友一一记在心里,但这个过程却极为郑重,要与每一位亲朋好友都近距离地接触一回。这一形式做完后,表示家族承认了这个小家伙,司仪念认定文书,来宾双手合十,为孩子祈福。

这一套程序结束后,来宾祝贺,主人答谢并致辞,礼成,司仪宣布宴席开始。

宴席当然不是白吃的,这一点古今相同,中国人是最讲究礼尚往来的,串门都不好意思空着手,孩子满月当然是要意思一下的。与其他所有的宴席一样,开始时宴简礼轻,后趋于奢靡,不赘述。

满月之后就是百日了,民间又叫百岁,从性质上来看,与老人过寿,祝其长命百岁的寓意差不多,只不过孩子还小,这个礼仪又称祈福。

我也是刚添了个小家伙,深知养儿不易,事实上在百日之前,小家伙无比娇弱,在医学并不发达的古代,依然有夭折的可能性,在百日当天,为其祈福,期望他能健康成长。

不知道大家注意到没有,从出生、满月到百日,无论礼仪流程怎么变,其核心始终是希望孩子健康,只不过在百日时,表现得更为突出、明显一些而已。可见在父母眼里,孩子的健康始终是最重要的,无论将来富贵贫穷,出人头地或碌碌无为,若无健康的体魄,来这世间走一遭,也就没多大意义了。

百日最重要的一项礼仪是穿百家衣。所谓百家衣就是,至少从一百户人家收集一百块布,然后将那一百块布拼凑起来做成衣裳,五颜六色的,各种布料都有,这样的衣服肯定不会好看,但好不好看是其次,重要的是其寓意,百家衣是集百家之福,希望孩子长命百岁。此外,还有一层意思是希望孩子将来能吃苦耐劳,让他知晓一切之成果,都是通过劳动、付出而来,体会先苦后甜之意。

对这个礼仪,我是比较欣赏的,什么叫传统文化?从民间而来,传达的是最朴实的心愿,希望将来顺顺利利、无灾无病。为什么这些文化需要传承呢?

我认为，目的是要传承这种朴实的向上的精神。一个民族再怎么发展，一个家庭再怎么富裕，这些传统文化都不可丢，一旦丢了，无论是一个民族还是一个人，魂就没了，再怎么体面风光，也不过是行尸走肉而已。

穿了百家衣后还要戴长命锁，又叫百岁链，寓意锁住小生命，使其健康成长。一般人家的长命锁是铜制的，由姥姥或舅舅赠送，家境稍好些的，戴银制的，或是镀金的，富贵人家则银质镶金，当然，也有土豪用纯金的。

百日之后是周岁。周岁也是个重要的日子，同样十分喜庆，由于在此之前，小家伙基本由大人抱着，还不会走路，到了周岁之际，蹒跚学步，牙牙学语，这时候亲戚朋友会买鞋过来，给小家伙试穿，一般都是颜色鲜艳的布鞋，比如绣着虎头的小红鞋之类的，十分可爱、精致。

其次，还有个重要的仪式——抓周，又称试儿，这个仪式从南北朝开始，历朝历代都十分流行，将各类物件放在小家伙面前诱惑他，让他选择最喜欢的一件东西，验其习性，关于这个仪式，古人是这么说的：

儿生一期，为制新衣，盥浴装饰，男则用弓矢纸笔，女则用刀尺针缕，加饮食之物及珍宝服玩，置其儿前。观其发意所取，以验廉贪愚智（注：语出《颜氏家训》）。

从字面上不难看出，目的是想从小家伙的兴趣中看出他将来会从事什么职业，如抓笔，皆大欢喜，是块读书的料，将来肯定有大出息。如抓算盘，也高兴，将来能大富大贵等等。事实上，抓周不可能观察出一个周岁小儿的将来，其体现的是父母的一种期望，望其好，望其一生顺顺利利，衣食无忧，逍遥快活。

关于婴儿诞生的那些事儿，到这里就基本介绍完毕了，篇幅也不算短了，然千言万语可汇总一句话，那便是可怜天下父母心。其实，父母为孩子操心的岂止是从诞生至周岁这些日子啊，只要他们尚在人世，嘴里念的心里牵挂的，总是孩子，即便孩子已经长大成人了，在他们的心里，依然是那个长不大的让他们牵挂的小家伙。

写到这里，不瞒大家，我不争气地掉了眼泪，我一直漂泊在外，与父母聚少离多，犹记得母亲弥留之际，我依然远在千里之外，而她也依旧挂念着她远行在外的孩子，我只能隔着手机屏幕喊她，她听到我的声音后，使尽最后一口气，答应了几声，这才放下了心，咽下了最后那口气，借此方寸之地，祈吾母在天上安好，儿已成人，勿以吾为念。

姑且按下情绪，咱们再来说寿礼。所谓做寿，其实就是做生，庆祝来到这世上的日子，因此后世又称生日。

说到生日，我需要郑重地说一下，生日一词，至少在汉朝之前并没有庆生的意思。有些人可能会觉得奇怪，生日不庆生那该干些什么呢？生日指的是在世的、活着的日子，你庆祝活着的日子干什么？所以在汉朝之前没有庆生的习俗。

读历史书的大多是有文化的，肯定会有人不满意我这种说法，不要以为你是写书的就欺骗我们读者，祝寿在先秦不就有了吗？《诗经》里便有"九月肃霜，十月涤场。朋酒斯飨，曰杀羔羊。跻彼公堂，称彼兕觥，万寿无疆"之句，如果说"万寿无疆"不是指祝寿，还能是什么？

跟大家解释一下，那时候所谓的万寿无疆，表达的是祝福、客套或者恭维的意思，通观此诗，是出自《诗经》的《国风·豳风·七月》，从七月写起，一直描绘到年终，直观地表现了农民耕种劳作的场景，辛苦了一年，到了年终自然是要庆祝一下的，所以才有"跻彼公堂，称彼兕觥，万寿无疆"之句，去主人的家里聚会喝酒，在此欢乐的特殊时刻，祝主人万寿无疆，无非是讨个喜庆。如果将这个说成祝寿，那就大错特错了，其实只是祝福而已，不是过生。

闲话表过，言归正传。到了汉朝，虽然出现了祝寿的场景，但是，那时候的祝寿依然不是庆生，而是祭祀。举个例子，比如传说中的某菩萨的诞辰，老子、孔子等圣人的生辰等等，对那些举世公认的名人、神人，将他们的生日当作节日来过，这时候所谓的祝寿，其涵义更多的是纪念。

真正提到在世者过生的是隋朝，首次提到生日的是《颜氏家训》，其中一段话前文略有提及，现在我完整地摘录出来，供大家参详：

江南风俗，儿生一期，为制新衣，盥浴装饰，男则用弓矢纸笔，女则刀尺针缕，并加饮食之物，及珍宝服玩，置之儿前，观其发意所取，以验贪廉愚智，名之为试儿。亲表聚集，致宴享焉。自兹已后，二亲若在，每至此日，尝有酒食之事耳。无教之徒，虽已孤露，其日皆为供顿，酣畅声乐，不知有所感伤。梁孝元年少之时，每八月六日载诞之辰，常设斋讲；自阮修容薨殁之后，此事亦绝。

这段话有两层意思，第一层是说，婴儿出生后是第一次庆生，前提是这是父母为你操办的，在这之后，也就是你长大了，如果双亲俱在，每年的这一天，都会置办些酒菜，招待亲友，以为庆祝。庆生之礼，首次出现在史籍之中。不难看出，从隋朝开始，民间已开始庆生。但这里有个前提，必须是二亲俱在。

那么为什么要双亲俱在才可以庆生呢？请看第二层意思，文中提到，那些没有教养之徒，虽已失去双亲，然而每至生日，依然纵情声色庆贺，不知道感伤。不知大家是否看出了苗头？那时候的生日，不是为了庆祝，而是感恩，儿之诞辰，母之苦难，为生一儿，丧命者不在少数，生一儿如历一劫，这个咱们在前面就已经提到过，既然如此，那么生日不该感恩吗？所以文中列举一事，说是梁孝元帝年少时，载诞之辰，常设斋讲，吃斋礼佛，一直到母阮修容（注：修容不是名字，而是等级，九嫔之一）死后，他就不再设斋讲了。

从南北朝到隋朝，生日极为纯粹，就是为了感谢父母的养育之恩，事实上这也是生日的全部意义所在，后世的生日，呼朋唤友，招亲待友，大家在一起热热闹闹地吃吃喝喝，似乎跟母亲已没什么关系了，实际上已失去了生日的意义，按照古礼，生日的主角理应是父母，而非本人。

我这么说不是指后世之人都是忘本之辈，时代在变，潮流在更易，就如同前文说的，到了明朝后期，条文律例都如同虚设，文化的演变，不是统治者所能左右的，生日也是这样，将父母撇在一边，自个儿呼朋唤友庆祝，渐成常态，谁能将这股风潮扭转过来？谁也没有这样的能力！

从隋朝开始到唐朝，生日的味道又有所变化，皇帝的寿诞被提高到了政治的高度，而且随着佛教东入，影响日盛，佛祖的诞辰在民间的流传也越来越广，庆生活动越发频繁。比如唐玄宗时期，他将自己的诞辰称为"千秋节"，自打玄宗皇帝后，千秋一辞成为寿诞的敬称。至于佛祖、老子、孔子、皇太后等等有影响力或颇受人敬重之人的诞辰，则称之为圣诞节。

看到"圣诞节"三个字可能小伙伴们都惊呆了，这个词在唐朝就有了？

是的，在唐朝就有了，圣诞节不是西方的专属节日，严格来说，也是我们的传统节日。

随着官方庆生的增多，民间也开始慢慢普及，老百姓庆生的形式，大致可分三大类，一种是出生的日子，即生日，也就是婴儿刚出生时所办的三朝、满月等形式，第二种叫诞辰，即每年固定的生辰庆祝，另一种就是祝寿。

祝寿也是有讲究的，民间有过九不过十的说法，比如六十花甲之寿，一般按虚数过，实际年龄是五十九岁，那么为什么不过整六十的寿辰呢？

花甲之年算是高寿了，意味着平平安安地活到了老，人生圆满了，要是在整六十岁的时候大肆庆祝，难免有洋洋自得之意，所谓举头三尺有神明啊，古人在这方面还是有敬畏之心的，如果让神明看到了，哦，你活到六十就满意了高兴了是吧？那行，就提前把你收了吧，岂不就空欢喜一场了？所以做九不做十，目的是要收敛些，不张扬、不自得，以免触怒神明。

千万不要认为这种做法可笑，细想一下，为什么很多传统演变到后来就变了味了？有些事情真的是细思极恐，你想想连花甲之寿都需要低调收敛，还有什么事情是值得张扬的呢？还有就是敬畏心，对生命对自然的敬畏，人一旦失去了这种敬畏，说是洪水猛兽也不为过。说到底，这是我们这个民族的传统美德，低调内敛，不炫耀，踏踏实实过日子，无论处于怎样的境地，皆平淡如素，此乃大智慧也。

可以毫不夸张地讲，任何一项传统，其初衷都是好的，诚如礼尚往来一般，造成了礼仪之邦的美名，然而谁能想到，就因了礼尚往来，会给后世造成人情负担呢？做寿、庆生也是，本是为了感恩，即便不学梁孝元帝吃斋礼佛，为母祈福，也不该大摆宴席，大肆挥霍，以至于到后来，参加寿宴都成了一项人情负担，此礼已非礼也。

自唐以降，到了宋朝，民间贺寿之风大盛，不仅仅成为了一项人情负担，还成了巴结阿谀的好时机，但凡有些地位权力的，一旦到了寿辰，门庭若市。

到明朝时，朱元璋崇尚节俭，在立国之初就遏制住了这一势头，每年圣诞，大臣上表要庆贺时，他都是一律回绝，不仅口头上回绝了，还在圣诞那天斋居素食，并成定例。此后，成祖朱棣也是如此，延续了太祖的节俭之风。

可惜的是，如其他风俗一样，到了明朝中后期，奢靡之风大盛，这时候，生日已经与感恩毫不相干，流于为宴而宴的俗气，关键是俗气倒也还罢了，还要做些恶心的事情。

特别是那种一夜暴富的土豪，每年生日，必要向附近的才子征集诗文，就像我们现在搞个什么活动，就要面向社会征文一样，土豪也搞这一套，面向全社会征文，优秀的征文被看上了后，要么贴在屏风上，要么装裱在画框里，当然，既然是征文，肯定是要给作者支付奖金的。一些不知名的地方文人，写上几字，赚些奖金，以此来贴补生活家用，也无伤大雅，苦的是一些大文豪，架不住熟人求情，碍于面子，也不得不昧心写些恶俗的文字。

弘治年间，唐寅休妻后得了场大病，以卖画为生，生活潦倒，日子过得那叫一个苦，常常连饭都吃不上。有一天，苏州府一位黄姓老太太做寿，得知唐寅素有才名，就邀他去寿宴上做诗。

乡里乡亲的，要是一口拒绝当然不太好，何况唐寅的日子并不好过，走一趟拿些赏金，还有好酒好菜白吃白喝，也无不可，就答应了。

寿宴上，老寿星叫唐寅做首诗，唐寅答应，起了身，不假思索，指着老太太大声道："这个婆娘不是人。"

大伙儿闻言，脸色都青了，这请来的是何方妖孽，竟在寿礼上大放厥词！

唐寅不慌不忙，又大声吟道："九天仙子下凡尘。"

听到后面这句，众人这才喜笑颜开，夸他果然有才华。但是夸归夸，所有宾客的心里都明白，夸一个老太太为九天仙子，真的有点儿恶心了。孰料，气氛刚刚好起来，唐寅又冷不丁来了一句："儿孙个个都是贼。"

大伙儿都蒙了，前面说这个婆娘不是人，你圆过去了，这一句说人家子孙都是贼，你要怎么圆？只听唐寅道："偷得蟠桃奉至亲。"

至此，皆大欢喜，这一首诗一波三折，被传为佳话。然而，从字面上理解，这所谓的诗，毫无韵味可言，转折虽妙，却无不阿谀奉承之辞，唐寅是什么人啊？那是赫赫有名的大才子，像他这样的人才为了讨口饭吃尚且如此，民间的三流文人写起寿诗来，恶心程度就可想而知了。

对于这样的现象，有人曾痛批说：诗坏于明，明诗又坏于应酬（注：《围炉诗话》吴乔语）。

除寿诗之外还有寿序，一般是先有诗后有序，目的是予以进一步阐明诗意，这就更恶心了，诗本来就很酸的了，再经过序的进一步解读，那叫一个酸爽，能把人的牙根都酸得受不了，恶俗程度无与伦比。明后期文人归庄对当时的情形深恶痛绝，痛批曰：

凡富贵之家，苟男子不为盗，妇人不至淫，子孙不至不识一丁字者，至六七十岁，必有一征诗之启，遍求于远近从不识面闻名之人。启中往往诬称妄誉，不盗者即李、杜齐名，不淫者即钟、郝比德，略能执纸笔效乡里小儿语者，即屈、宋方驾也！

意思是说那些个土豪们，到了寿辰就面向全社会征文，要人家来歌功颂德，但是你想要人家来歌颂你，那么你就得先恭维一下人家，在征文启事中夸赞一番对方，于是乎就形成了种恶性循环，不是将对方比作李白、杜甫，就是比作屈原、宋玉，可笑的是，那些人大多只是地方上的三流文人而已。好嘛，彼此一顿好夸，浮夸之风不绝于世。

由于这样的浮夸之风流行，甚至于出现了同寿不同礼的怪事。话说有三位老人，同住一个地方，都到了花甲之寿，北面老人的儿子在朝为官，南面老人的儿子是个富商，唯独东面那老人，其子女都碌碌无为，不过寻常百姓人家而已。说来也巧，那三位老人同一天贺寿，于是就出现了截然不同的场景，北面那家门庭若市，车马相接，熙熙攘攘，全城权贵几乎都到齐了，以至于那条街整日拥堵不堪，车马都给堵死了。南面那老人的门庭内外，虽无北面热闹，却也不差，亲朋好友往来不绝。与之相比起来，东面门庭则冷清了许多，只几位挚友、数个亲戚而已。

怪不得明末书生毛奇龄痛骂曰：此明代恶习，宜屏绝亟！用大白话来骂的话就是：这种狗屁的臭毛病应该立刻马上明令禁止！

这个章节主要介绍了婴儿诞生的礼仪，以及由贺寿引出来的话题，说的是史话，实际上引出来的则是世道人心，至于祝寿的具体礼仪，无非是小辈拜寿，同辈祝寿罢了，我就偷个懒不絮叨了。

前文在提到明朝养老的事情时，曾说到一个礼仪，叫做"乡饮酒礼"，这种礼仪今天已经不存在了，但是其意义依旧非常重要，下一章节就着重来说说乡饮酒礼。

## 四 宾傧案

在正式说乡饮酒礼之前，我先来说个故事，需要提前跟大家说明的是，中间插入这个故事，不是为了增加篇幅骗酬费，我在前面说过，乡饮酒礼这个礼仪今天已经不存在了，很多人可能听都没听说过，为了让大家能更好地理解这个礼仪，我就以故事的形式，来阐述它的重要性以及存在的必要性。

说是在松江府华亭（注：上海奉贤）有一位书生，名叫何良俊，刻苦好学，闭门苦读二十年，满腹经纶，哪承想寒窗苦读二十年，每次考试都名落孙山，后来以贡生的身份在翰林院授孔目一职。

在明朝，孔目是个不入流的职位，换句话说就是没有品级的。我们都知道，无论是官场还是职场，那简直就是个尔虞我诈的没有刀光剑影的战场，无品无级等同于没本事，是要被人看不起的，更何况何良俊只是个书生，除了会读书外其他的啥都不会，让他去掌管书籍倒是合适，去官场那真的是自讨苦吃。书生有书生的意气，比如像我这样的，本来在某局供职，由于是个临时工，没人看得起你，于是一气之下就出来了，此处不留爷，自有留爷处，会写文章也算是一门手艺活，还怕没饭吃吗？何良俊也是这样，他是有才学的，而且自视其才比那些人要高得多，一气之下辞官还乡，哪怕是草屋粗饭，也要比在那鸟地方受气来得强！

隐居松江后，何良俊潜心著书立说，自称与庄周、王维、白居易为友，将他住的那间破屋命名为四友斋，不与外界往来。

四友斋这名字听上去好听，其实就是间仅供遮风挡雨的茅草屋而已，然而这不重要，在何良俊心中，即便是豪门华宅也比不了他的四友斋。这种底气固然有自视清高的成分在，但是何良俊的那间茅草屋是真的藏了好东西，据说藏书有四万余卷，名画百余轴，满屋书香气，这些家业可能比不了真金白银，但我有一句说一句，还真不是哪个豪门可以跟他比拟的。为搜集书籍，何良俊节衣缩食，哪怕不吃不喝，也要把喜爱的书买回来，阅览好书时，废寝忘食，不觉饥饿，正好省了饭钱。

可能有人会说，这不就是书呆子吗？

是啊，是书呆子。特别是在嘉靖朝时期，资本主义萌芽，百业兴盛，财富与权力成了绝大多数人追求的目标，在这样的社会风气下，何良俊自然是个异类，是个不折不扣的书呆子。好在这傻小子有毅力，人这一生啊，最怕的就是坚持二字，你想一辈子就坚持一件事，这是件多么可怕的事情，还有什么难事能在坚持面前不卑躬屈膝？

二十年闭门苦读的冷板凳都坐下来了，凭着过去的学问著书立学还能算作什么难事吗？简直就不是个事儿！于是乎，后来著成了《四友斋丛说》、《何氏语林》、《书画铭心录》、《拓湖集》等等著作，终成一代大家，成为明朝历史上著名的戏曲理论家。

隆庆辛未年（1571）十月，知府李葵庵要行乡饮礼，他知道何良俊在地方上的名望，专门差人去请，让他前来观礼。何良俊听得来使之意，似乎没多大的兴趣，只淡淡地说道："余一介寒士，无功名傍身，不去也罢。"言下之意是说，我一无官职，二没功名，只不过是个住在茅屋里苦苦度日的乡野草民罢了，官府这么隆重的仪式要我去做什么？

来使说道："先生此言差矣，当年太祖垂世训示，乡饮酒礼乃尊老敬贤之仪，必是有德者参加，先生德才兼具，为申府垂范，百姓楷模，如先生坚辞不肯屈驾，试问申府哪个还有这般资格？"

何良俊微微一笑，颇有深意地看了眼来使，说道："申府傍海，富庶之地，不乏才俊，请转告太府，莫再为难小生了。"

来使无奈，只好回去了。李葵庵听了禀报，有些不高兴了，愠恼道："此人颇是轻狂！"

那来使说道："禀太府，据下官所知，何良俊往年也曾去参加过郡县所办的乡迎礼，今太府抬举，他绝无坚辞不往的道理，下官以为，恐有因由。"

李葵庵听了这话，似乎意识到了什么，问道："梁教授身体可康健？"

那来使道："梁教授虽年迈，腿脚却倒利索。"

李葵庵道："他与何良俊交好，且让他去走一趟。"

梁教授名叫梁思谋，原来是府学教授，相当于现在的大学校长，是个爱读书的老学究，上了年纪后，退居在家，与何良俊性情相投，常有往来。

梁思谋听了知府的意思后，心里就已经明白了个大概，答应走这一趟。及至见了何良俊，笑道："元朗安好啊？"

那来使刚走半日，梁思谋便来了，何良俊再傻也知道他所为何来，就说道："教授是来做说客的吗？"

梁思谋只笑不说，自个儿找了个地方坐下，待何良俊沏了茶上来，泯了口茶水，这才白眉一动，叹了一声，说道："老朽非是做说客来了，这申府上下，还有哪个比老朽更懂元朗啊，你是心有怨气，不想再去凑那热闹罢了。"

何良俊哼的一声，道："岂止是有怨气，是恨，倘若世风不改，光是做那些表面功夫又有何用？"

梁思谋问道："太府力排众议，让你去做介宾，何以是表面功夫？"

何良俊道："在下非是对太府有意见。"

梁思谋呷了口茶水，目光一瞟，似笑非笑地问道："非是针对太府，那么元朗是对哪个有怨气？"

"不瞒教授，迩年在下曾去过两次乡迎礼，你道在下看到的是何种场景？"何良俊眉头一蹙，砰的一声把手里的茶杯放在桌上，愤然道，"丝竹歌舞不绝，污言秽语盈耳，放肆狎欢，这哪是乡迎礼，分明是声色场矣！最让在下愤慨的是，那般场景，竟以乡迎礼为名，堂而皇之地出现在府学之内，这不只是斯文扫地，污辱学府，更会教坏学子，给他们树立反面榜样，真正是岂有此理！"

梁思谋问道："是哪个州县这般肆意妄为？"

"教授不知情吗？这般明知故问，莫非是想袒护府学？"何良俊是性情中人，霍然起身道，"果若如此，今日谈话便到此为止，教授请吧。"

梁思谋了解他的性情，却也不恼，说道："知道些，但老朽退世隐居，不曾目睹，故不敢妄自揣度。"

"申府上下，哪个州县不是如此乎？"何良俊痛心疾首道，"洪武五年，太祖召天下举行乡饮酒礼，以思化民俗复于古，定每岁孟春正月、孟冬十月行之于学校，所用酒肴，毋至奢靡，举贤者参与，教化民众。百年来，一代一代例行祖制，此乃我大明安定之根本，孰料到了今天，参与之宾僎，非富即贵，一切以财富和权力论,将贫贱贤德之辈拒之于门外,好好的乡迎之礼,竟成了贵族追名逐利之所,有些纨绔子弟,不学无术,参加了一次乡迎礼,便刻碑纪念,堂而皇之与贤者比肩。那些沽名钓誉之辈为了参与,不惜贿赂,而举贤者,亦昧着良心,无论来者有无德才,但要有财即可,竟生生把举贤之事当成了生财之道,吾本狂生,不承想此世道竟比吾更狂,如之奈何?便只有龟缩陋室,只当不闻不见。"

梁思谋道:"正因如此,你便更不能辞太府之请。"

"为何?"

"可知太府为了举荐你,承受了多少压力?"梁思谋道,"府学本推举了二人,一贵一富,皆是地方权贵,太府将名单都退了回去,为使本次乡迎礼的参与者实至名归,便跳过府学举荐,直接邀请于你,莫非你还不懂太府的苦心吗?"

何良俊反问道:"莫非教授不知在下用心吗?"

梁思谋愣了一下:"元朗不妨明言。"

"教授知在下是个执拗的性子,那么请恕在下放肆了。"何良俊眉头一扬,道,"太府既有决心退回权贵之请,何不更进一步,查办申府治下那些名不符实的乡迎之礼?"

梁思谋毕竟是大学校长,按现在的话说,也是属于体制内的公职人员,有功名在身,听了何良俊的话,被惊着了:"值得如此大动干戈吗?"

"值!"何良俊斩钉截铁地说,"不动干戈,难以正风气。"

"老朽明白了。"梁思谋起身,"若不依你所言,便坚持不参与是吗?"

"正是。"

梁思谋辞别何良俊,来向李葵庵回禀。李葵庵知道了何良俊的意思后,左右为难。他当然知道现在世风日下,社会上早已是乌烟瘴气,如果不下决心铁腕治理,确实难正风气。可是,当今社会,官商勾结,那些人要么有钱要么有权,啥都不缺,唯独缺名,他们挤破了脑袋不择手段去参加乡迎酒礼,无非是要求个虚名,这早已不是什么秘密了,整个社会争而效仿,权贵竞相争抢名额,如果真要去治理,那可不是闹着玩的,会牵一发而动全身,得罪申府上上下下的权贵,真到了那时候,即便他贵为一府的父母,恐怕也难有立足之地了。

李葵庵一时间难以抉择，抬头问道："先生不妨谈谈看法。"

梁思谋想了想道："元朗虽固执，不知变通，然反过来一想，今人就是因为太懂得变通，太会投机取巧，致使追名逐利者众，如元朗之辈反倒是显得可爱了。"

"看来先生也是支持变革了？"

梁思谋点头道："老朽在元朗面前虽没明确表态，事实上内心却颇是赞赏，如今社会，缺的就是真性情之人，倘若再让那些权贵去乡迎礼上滥竽充数，会伤了更多读书人的心，倒不如发一发狠，抓个典型出来，以正风气。"

李葵庵是个有理想的官，不然的话他也不会把府学推荐上来的人退回去，派人去请何良俊了。但身在官场，他也有他的顾虑，这件事即便要做，也得讲究个策略，不能硬来。

过了几天，华亭县举行乡迎酒礼，按照近些年来的旧例，来参加的都是关系户，以及一些有头有脸的人，何良俊作为乡贤、地方知名文人也应邀去了。走入县学时，何良俊看到满目都是衣冠楚楚、锦绣华服的权贵，那一个个油头粉面的，明明没多少文化，却还在那儿装斯文。丝竹音乐不绝于耳，音乐声中，要是仔细去听听，他们所谈论的无非是哪儿好玩，哪儿有好吃的，甚至谁家姑娘漂亮等等，没见谁讨论文化，然而神奇的是，语言越低俗，交流起来居然越快乐。

何良俊只觉与这里的氛围格格不入，不觉皱了皱眉头。走入众人中间时，知县与大家介绍说，这位是本县最负盛名的才子，寒窗苦读几十年，著作数卷。大家一听，纷纷向何良俊颔首致意，看上去彬彬有礼，可是何良俊能从他们的眼神中感觉出来，那都是表面上的客套，实际上没有一个人将一介穷酸放在眼里。

何良俊习惯了，在这物欲横流的社会，凭借的无非是财富多寡，权势的大小，有哪个会在意读书多少呢？

寒暄声中，乡迎酒礼正式开始，何良俊冷眼看着，这时除大宾、年长者之外，众人俱皆肃立着，知县高举酒杯大声诵读："恭惟朝廷，率由旧章，敦崇礼教，举行乡饮，非为饮食。凡我长幼，各相劝勉。为臣竭忠，为子尽孝，长幼有序，兄友弟恭，内睦宗族，外和乡里，无或废坠，以忝所生。"

这一套说辞是古书上背的，知县说完，率先饮酒，饮毕，将酒杯交给旁人后，向众人施礼。众宾还礼，复位落座。

这个过程还是挺严肃的，至少做得像模像样，然而落座后就开始乱了，彼此交头接耳，相互劝酒，说说笑笑，与日常宴会没什么两样。

有人来向何良俊敬酒，何良俊却冷冷地看着，他厌烦了这种应酬，并没要回敬的意思，搞得那敬酒的人十分尴尬。知县见状，急上来打圆场："元朗今日似心不在焉啊，所思何人？"

何良俊看了眼知县，道："所思者本朝太祖也。"

知县听他把太祖皇帝抬出来了，微微一惊，而后又笑道："元朗端的会开玩笑，本县举行乡迎酒礼，你何以想到了圣祖高皇帝？"

何良俊沉声道："乡饮之礼废，则争斗之狱繁，本朝自立国始，便重礼教，洪武五年，太祖诏礼部定乡饮礼，于是礼部奏取《仪礼》及唐宋之制，又采周官属民读法之旨，参定其仪。十四年，又命礼部申明乡饮酒礼，曰：立国以来，虽已举行乡迎酒礼，而乡间里社之间恐未实行，今时和年丰，民间无事，宜申举旧章，因定年高有德者居上，高年笃厚者次之，以齿为序。十六年，又诏颁发《乡饮酒礼图示》，每岁正月十五日、十月初一日，于儒学行之。其仪，以府州县长吏为主，以乡之致仕官有德行者一人为宾。择年高有德者为僎宾，其次为介，又其次为三宾，又其次为众宾，教职为司正。"

何良俊说的是朱元璋如何兴乡饮酒礼的典故，这在当时只要是读过书的，或是在官场上混的都听得懂，所以他这一番典故说下来，一时间在场人鸦雀无声。知县讪笑道："元朗究竟意欲何为？"

何良俊环顾在场的人，霍地叱问道："敢问在场人等哪个合乎礼制，这些人又是如何选出来的？"

这话一落，无疑捅了马蜂窝，言下之意分明就是说，今天来这里的人，没有一个是有德有才、德才兼备的，换句话说，眼前这些衣冠楚楚的家伙，没一个人有资格参加乡迎酒礼。这下把大家都激怒了，我们没德没才没资格来参加，难不成你就有资格？你一个穷酸多读了几年书，就算是德才兼备了吗？那些人非富即贵，平时哪个见了他们都得点头哈腰，只有他们瞧不起人的分儿，今天倒好，反让一个穷酸给侮辱了，一时间骂声四起，还有人威胁说，今天你小子出了这个门，就别想回家，去号子里蹲着吧。

知县也被惹恼了，冷笑道："你是在怀疑本县吗？"

何良俊冷冷一笑："你敢将堂上之人的身份一一道来，与在下对质吗？"

一介书生，无官无职，敢跟县长针锋相对，而且是在名流权贵云集的乡迎酒礼之上，这是前所未有的事，众人纷纷猜想，这小子的脑子是让驴踢了吗？在这物欲横流的社会，只有掌握了权力和财富，才有发言权，你何良俊就算是当地的名流才俊，有一定的名望，可是这些虚头巴脑的虚名在权力面前是不值一提的，当下就有人跳出来，厉声道："你个不知天高地厚的书呆子，请你来是给你面子，不要真把自个儿当回事了，我等之身份是否适合参加乡迎酒礼，自有县老爷说了算，什么时候轮到你来指手画脚了，你配吗？"

大家吵着，门外忽然来了一群人，走在前面的两人，一位是申府的李葵庵，一位则是监察御史冯少伟，紧随其后的是府学的前教授梁思谋，在梁思谋的后面跟了一班衙役，见到这个阵仗，所有人都傻了眼了，特别是华亭知县，顿时面若白纸，浑身发抖。

如果说在场的权贵们可能还不知申府的意图，然而深谙官场之道的华亭知县却已心知肚明了。果然，冯少伟瞪大眼睛往堂上一扫，沉声道："乡迎酒礼的目的是敬贤德、尊长者，使百姓识廉耻、懂礼仪，何良俊作为华亭才俊，他若不配提出异议，参加此盛礼，莫非你等配吗？"

此话一落，全场鸦雀无声。事实上大家心里都明镜似的，今日来的这些人，除了何良俊之外其他人都是靠关系进来的，政治上的事可大可小，但如果冯少伟真要以太祖时期的乡迎酒礼标准来追究今天的这件事，那么今日在场的所有人包括华亭知县在内，无一能逃得过追责。

"都带回去。"李葵庵蹙着眉下了命令，将人悉数带走。三天后，申府严格按照祖制举行乡迎酒礼，大宾请的是当地致仕的官员，僎宾请的是年高有德者，介宾、三宾等请的都是当地有德或有才学的人，司正由府学教职担任，赞礼者由老成的生员充当。

当天，前往府学外观礼的人达数百，为弘扬传统，教化百姓作了典范。

故事到这里就讲完了，毕竟是明朝时期的故事，我没有采用纯现代语言来讲，略用了些古言手法，可能大家会觉得莫名其妙，乡迎酒礼究竟是种什么样的礼仪，官府竟然会那样的重视？李葵庵不惜得罪权贵，也要使这一传统回到正轨上来，究竟图什么？

要理解李葵庵的行为，首先得理解什么是传统。

我个人认为，优秀的传统文化就是一个民族的根和魂，它应该是纯粹的，在世人的心中就像信仰一样，坚定不移地遵循着，无论贫穷还是富贵，身处怎样的境地，都会自然而然虔诚地实行，就像清明、元旦等传统节日，或是婚礼、诞生等礼仪一样，犹如融入了我们的血液里，只要到了时候，无论身在何方，大家都会不约而同地过节或举行礼仪，没钱的，无非过得简单一些，家境好的就过得好一些，但无论过得简单还是豪华，那种仪式感、庄重感和神圣感却是一样的，就像过年，无论桌上的菜有多少，丰不丰盛，也不用去管过去的一年赚了多少钱，那份年味儿，那种和家人团聚的喜悦，并无区别。

不妨想象一下，如果传统的元宵灯会，变成了富人的专属，穷人无权参加，那么它还有存在的意义吗？不仅没有意义，还会产生恶劣的影响，而且是对传统的亵渎，会造成不稳定的因素。同理，乡迎酒礼也是这样，朱元璋当年恢复乡迎酒礼，目的是要尊长敬贤，使人知晓礼义廉耻，通过对那些贤德者的尊重，起到教化民众的作用。然而，一旦乡迎酒礼成了权贵的专属，成为他们获取虚名的途径，社会风气就会日益恶化，其后果是相当严重的。

那么乡迎酒礼究竟是个怎样的传统礼仪，下回分解。

## 五 乡迎酒礼的变迁

乡迎酒礼始于周朝，只不过随着朝代的更替，在分分合合中时断时续，至少在战乱时期就不去讲究那些礼仪了，但是到了隋唐，国家稳定，百姓富庶，出于统治需要，将之纳入了礼典，此后，历史进入大统一时期，乡迎酒礼也就一直被传承了下来。

前文提到，明朝建国初期，朱元璋就颁布诏令，诏有司举行乡迎，沿唐宋之制，取《周官》之旨，定其仪。纵观有明一朝，乡迎酒礼一直贯穿始终，从无间断。

按照朱元璋的设想，举行这个礼仪，目的是要使百姓知尊卑贵贱之体，然后要在每年的年末察看老百姓的善恶，换句话说，乡迎酒礼作为国家礼制，是对地方实行统治的一种手段，目的是要通过乡迎酒礼，甄别百姓之善恶。

此外，实行的范围除了府、州、县外，还深入到了农村，具体是怎么实施的，我们来看一段《明会典》里记载的原话：

以百家为一会，粮长或里长主之，百人内以年最长者为正宾，余以序齿坐……若读律令，则以刑部所编申明戒谕书兼读之。其武职衙门、在内各卫亲军指挥使司及指挥使司凡镇守军官，每月朔日亦以大都督府所编戒谕书率僚佐读之。如此，则众皆知所警，而不犯法矣。

从《明会典》的记载中不难看出，乡迎酒礼是作为国礼要求在全国推行，并且要当众读律令，就像读刑法一样，一条一条读，目的是起到一种警示作用，使百姓知法、懂法、不犯法，原话是"众皆知所警，而不犯法"，从而达到社会稳定和谐的效果。这是明朝的一个创举，前朝的乡迎酒礼中没有读律令这个流程。

后来又明确了所参加之人的身份，必须是"年高有德者居上，年高笃厚者次之，其有违条犯法之人，列于外坐，同类者成席，不许杂于良善之中"。让高龄的品德好的老者坐上席，也就是正宾，高龄的老实厚道的次之，把那些犯了事儿的也召集起来参加仪式，让他们听听条律，看看人家有德之人是什么样的风范，从而起到教化作用。总而言之，乡迎酒礼的终极目标是"家识廉耻、人识礼让、父慈子孝、兄友弟恭、夫和妇顺之道不待教而兴"。

除了那些被拉去教育的犯法之人，对被邀请去参加的老者、致仕官员或当地乡贤而言，绝对是一种荣誉，因为你的品德、身份没达到那种层次是去不了的，所以这些人要通过层层筛选，比如州府举行乡迎酒礼，由村里推荐到县，经县里举荐、审核，再推荐给当地的大学，经大学的教职人员重审后，将名单递呈到府，由府里确认后，最终在监察机构的监督之下，确认名单。这一路审核下来，程序还是相当严格的，一般人一生之中要是能参加那么一次，就算是无上的荣光了，因此参加之后，那些人要么造册要么刻碑，以作留念，这也是到了后期，那些权贵竞相争抢名额，甚至不惜贿赂的主要原因。

为使大家对这个礼仪有个较为立体的了解，我大概还原一下乡迎酒礼的整个过程，相信大家看完这个过程，就能体会到它的庄重和真正的寓意所在。

首先，参加者包括主人，要是县里举办的，主人就是知县，要是府里办的，主人就是知府，依次为大宾、介宾、僎宾、众宾、贵宾以及那些犯了事儿的家伙。大宾人选一般是退居二线的官员，且在位期间勤政爱民，退休后风骨如旧，依然是一方的精神领袖；介宾、僎宾、众宾、贵宾都是当地名流，请注意，这里所谓的名流，跟钱多钱少没关系，要么有德，要么有才，要么有名望，总之，在道德上必须要有影响力，是可以服众的德高望重的人。

前面我大概介绍了举荐的流程，那么举荐的具体标准是什么呢？李濂的《嵩渚集》是这么介绍的：

月旦之轻重，年华之高下，家世风门之清浊，著述之有无。

直白些说就是人品、年龄、家门、著作都要具备。

举行地点在当地学校，学校是传授学识、弘扬儒学的地方，本身就比较庄严，再加上这种聚会名流咸集，所以每年举行的时候都会引起轰动，为此，在乡迎酒礼举行的当天，围观的观众很多，那一天学校是对外开放的，只要不吵吵嚷嚷，能够保持肃穆，无论贵贱，都可以进学校参观整个仪式。

在正式举行前两天，需要对整个过程进行一番演习，以免出差错。举行当天一早，执事的会提前将酒菜准备好，准备的这些酒菜只是做做样子，不会很丰盛，特别是在明朝初期，真是可以用粗茶淡饭来形容。不过话又说回来，所谓的酒菜实际上只是一种象征性的东西而已，没人去学校里大吃大喝，大家心里都明白那不是可以放开了吃喝的地方。

然后是排座次，分为上中下三等，一切都准备好后，来观看的围观群众也聚集不少了，礼仪正式开始。

正式说之前，跟大家提个醒，这个仪式很庄重、严肃，参与人员的动作、站位都有严格的规定，所以有些地方我可能会讲得细一点，望大家不要嫌烦；其次，为了显示出庄重肃穆，下面的文字我也会写得正经一点儿，不能为了突出幽默而破坏了仪式的氛围。好了，说完前提之后，咱们正式开始。

这一天，主人穿着崭新的官服，从头到脚一尘不染，打扮得十分利索，差人去请宾客，即便在这之前已知要来参加的人，已经把流程都演了一遍，大伙儿也知道定的是今天这个日子，但是，知道归知道，礼数归礼数，请宾这个流程还是需要的，代表了对宾客的尊重。

没多久，执事者在门外高声报：宾至！主人整理衣冠，快步迎出门去。

这时候受邀而来的大宾向东而站，主人出门，面西而站，双方的站位是面对面的，两厢见了，互相行三让三揖之礼，什么叫三让三揖呢？就是他行揖礼的时候，你为了表示谦恭，得回个礼，你行揖礼的时候，他也要谦让一下，来回三次之后，主人隆重地将大宾迎入门去。没多久，执事者又喊：僎至！主人又出门去迎，行礼如前。如此反复，将每一位宾客迎入内后，各就各位落座。

大厅是面向大门的，因此，从门外看，厅内情形一览无余，从座次上不难看出，严格按照食仪而行。

那么什么叫食仪呢？就是饮食礼仪，这一套我们中国人是最讲究的，主人坐在哪个方位，客人之中尊者坐在哪里等等，无论哪种规格的饭局都非常讲究。

这时候，主人坐在东南面，大宾坐西北，僎宾坐东北，介宾坐西南，其余众宾分别坐在宾、僎、介等人的后面，这么安排的缘由是，按食仪那套规矩来说，以面东为尊，而南北向则又以面南为上，大宾坐西北而面东南，跟主人正脸相对，这是为了表示尊重，其余座次都依此礼排序。

除此之外，还列有贵宾席，是给六十岁以上长者坐的，六十岁以下的人，没有座位，只能在边上站着。倒不是说不尊重六十岁以下的人，这么做有两个缘由，一是体现尊老的传统，二是为民作表率，让大家知道尊高年、懂齿序的礼法。

贵宾席之外另设有教授席，也就是学校校长坐的位置。校长作为学府的尊长，肩负传道播教的责任，他们同样是值得尊敬的，因此特地单设席位。

最引人瞩目的可能是被区分开来，列于一旁的那些违法犯纪的家伙，他们也有席位，只不过跟那些道德楷模完全隔开，什么叫区别对待？这就是，一旦犯了错，别说你不能跟贤德者同席，跟普通的良民也是有区别的。无论别人看你是什么样的眼光，都得受着，并要以此吸取教训，不要再犯错误了。

仪式正式开始，执事者高声唱："司正扬觯（注：觯是一种盛酒的器具）！"唱毕，引导司正（注：司正由学校的教职人员担任）从西面阶梯徐徐入厅，到大厅正中位置站住，朝北面向众宾肃立，这时执事者又唱："宾僎以下皆立！"

除宾、僎等德高望重的人之外，其他人都要起立，执事者喊："揖！"司正面向众宾作揖，众宾还礼。

礼毕，有人将酒端上来，执事者接在手里，转身郑重地转交给司正，然后回身侧立。司正接过酒杯，慢慢地高举起，微提一口气，高声唱："恭惟朝廷，率由旧章，敦崇礼教，举行乡饮，非为饮食。凡我长幼，各相劝勉。为臣竭忠，为子尽孝，长幼有序，兄友弟恭，内睦宗族，外和乡里，无或废坠，以忝所生。"

这一套说辞是固定的，都是照着古书念，无论哪一级官府举行乡迎礼，都要高唱这一段。有些人可能会觉得好笑，搞得跟唱戏一样，按既定的流程走，连说辞都是照念的，太形式化了，这不就是形式主义吗？

这里我必须郑而重之地说一下，什么叫形式主义？就是做样子给别人看。但是，形式和仪式是有本质区别的，形式主义和仪式感也是有根本性区别的，别的我不乱举例子，就拿婚礼那套固定的仪式来说，那些流程大家不都熟悉吗，什么你愿意吗，我愿意，一拜天地、二拜高堂之类那套说辞，彼此不也都烂熟了吗？为什么我们每次去参加婚礼时还会被感动？事实上，无论哪种仪式，流程、语言都是老祖宗传下来的，翻来覆去无非就那些东西，然而千百年来我们依然乐此不疲，为什么？原因就是那些仪式在我们心中是神圣的。

闲话表过，继续往下讲。唱完这段话，执事者喊："司正饮酒。"司正仰首饮毕，再向众宾行礼，众人还礼，此一环节结束。

第二个环节是读律，所读的是《大明律》，前面说了，这是明朝特色，在此之前没有这个环节。朗读者一般由学校的教谕，也就是老师担任，朗读对象就不用我说了，肯定是针对那些犯了事儿的人。这时候，那些家伙会被叫到正厅中间位置，低头恭立，执事者高捧律书庄严地将它放到大厅正前方的桌子上，即犯事的那些家伙的正对面，转身引导读律的老师到桌前，高喊："宾僎以下皆拱立！"

请注意，第一个环节喊的是"皆立"，这里用的则是"拱立"，一字之差，表达的意思完全不同，拱立是对法律的尊重。那些犯了事儿的家伙态度就更加需要恭敬了，必须是一副认真悔过的态度，不然的话，那就是顽民，会受到更加严厉的批评教育。一般情况下，也没人敢在众目睽睽之下犯傻，都是老老实实地接受教育。

第三个环节是饮馔，用大白话说就是开始要喝酒了。执事者唱："设馔案！"厅外侍候的人会抬一张桌子到里面，先放在大宾面前。然后依次抬入馔、介、主等人的桌子，一一放好，菜也会陆续地上来，这才正式开始饮酒。

看到这儿，大家可能会恍然大悟，哦，原来在此之前是没有桌子的！

没错，在这之前只有椅子没有桌子，准备的酒菜当然也没有摆上来，所以前面司正饮酒时，大家面前是没有酒的，从中也不难看出，所谓的乡迎酒礼主要环节是在饮馔，前面只是铺垫，烘托出那种肃穆的氛围。

在整个饮馔礼上，敬老尊贤的传统展露无遗，执事者唱："献宾！"主人起身上前，站在北面，从执事者手中接过酒爵。需要留意的是，爵与觯不同，觯有点儿像瓶子，完全是一种礼器，所以它平时是不大会用来当酒器的，而爵则是一种常见的盛酒器皿，三足，青铜所铸，用它来盛酒，体现的是一种身份的象征。换句话说，平时在自个儿家里饮酒，绝对不用会爵，如果在自己家里一个人独酌独饮用爵，那就太矫情了。

主人捧爵，走到大宾面前，俯身将爵放在大宾的桌上，退一步，行礼。这种时候主人无论是什么身份，哪一个级别的官员，都必须毕恭毕敬地行拜礼，且要行两拜。注意，这里的拜不是跪拜，是躬身行拜礼。大宾虽然说是退居二线的官员，没什么实权了，但作为前辈，会坦然受了此礼，然后起身答礼。

主人从执事者手里接过另一爵酒，走到僎宾面前，做同样的动作，依次献酒，而后回到自己的桌前。

在这整个过程中，是主人献酒，但彼此都还没饮酒，还没到喝的时候，只是在献酒时可以在言语上有交流。

执事者唱："宾酬酒！"大宾、僎宾等一前一后先后离席，依次向主人献酒，动作如上，同样在献酒过程中双方可以交谈，但不饮酒。归位后，执事者唱："饮酒！"这才到了喝酒的时候，众人举爵互敬饮酒。

这个献酒、饮酒的程序一般至少要走三轮，最多十轮。有人一听傻了，这像做戏一样，一献一饮，要走那么多轮，固然有敬老爱贤之寓意，可是刻意造作的成分还是重了些，究竟有多少实际意义呢？

我还是那句话，乡迎酒礼能一代一代流传下来，可能其象征意义大于实际意义，婚礼千百年来也都按着那套程序走，大家不都乐此不疲吗？没有搞那一套，反而会觉得人生中缺失了些什么。这或许就是传统文化的真正魅力所在，正因为那套流程早已烂熟于胸，当这种仪式一起时，人们才会越发会感到庄重、神圣。相反，要是谁都没见过那套流程，完全不熟，彼此都是大姑娘上轿头一遭，可能会生出些新奇感来，但是，仪式感、庄重感和神圣感，绝对会荡然无存。

乡迎酒礼也是如此，无论那套流程走了多少次，事先排练过多少遍，只要大家都是郑而重之地在对待，那么它就是神圣的，这也是传统文化全部的意义所在，千秋万代，不移不动，犹如在我们心里扎了根，能潜移默化地影响一代又一代的人。

其次是官方重视，上到朝廷，下至村里，无不精心筹办，对于来参加的人而言，就是一种荣誉，且毫无疑问它是神圣的，这也是有人参加后要造册刻碑的原因。而对围观的群众来说，看到的是官员对乡贤的敬重，对老者的敬爱，从而极容易在心理上形成敬老尊贤的观念。

闲话表过，言归正题。且说饮酒后，就有人上来将桌子撤下去。可能部分读者会惊讶，这就把桌子给撤下去了？手慢的人可能连菜都没吃上一口呢？大家想象一下当时的画面，门外有上百号人围观呢，吃得下去吗？人家大老远赶来，站了半天，总不能是来看一群人怎么喝酒吃饭的吧？所以，酒是形式，礼才是重点，既然礼将成，酒当然就要撤下了。

执事者喊："宾僎以下皆行礼！"大家都起立，主人离席出来站在东面，众宾客站在西面，双方相对行个礼，互拜两遍，执事者又喊："送宾！"双方分别从东西两个方向依次走出大厅，到学校门口后，拜别，在寒暄声中，宾客离开，整个仪式结束。

请容我先舒口气，这一套仪式的流程写下来很不容易，倒不是说有多难写，而是尺度把握的问题，语言不轻松吧，怕会破坏仪式的庄重和严肃性，太正经吧，又恐大家看着太沉闷，借用现在流行的一句话：我真是太难了！

好在不管难不难，我都把它写出来了，你们也都看完了，最后我来做个总结。从上面的叙述中相信大家也看出来了，整个乡迎酒礼的仪式隆重而庄严，从洪武开始，至少到成化年间，一直就这么遵循下来基本上没有大的变化，然而从弘治帝开始，到正德帝时代就变味了。倒不是说一定是人变了，而是整个社会的风气变了。从生活层面上说，应该是变好了，开放了，人们更加自由了，在全民解放的时代，忽略或丢失掉一部分传统的东西，去迎接新的事物，或者说新的风俗，无可厚非，因为只要官府还在一如既往地执行，官方没有变味，就意味着根还在，人们依然会坚信，无论拥有多少财富，无论生活发生了怎样的变化，那些东西没有丢，还在。而且只要学校还在教，在传授，每一代人还是会记得那些传统的。

真正可怕的是官府也变了，在财富的冲击下，权力被腐蚀了，乡迎酒礼成了权贵争名逐利的手段，学校在举荐贤德时重点衡量的不是人品，而是财产和权力，如此一来，败坏的就不仅仅只是学校本身的风气而已，更会影响到学生的思想以及他们的行为方式，年轻一代的思想和行为方式一变，那就是件非常可怕的事情，这意味着从下一代开始他们就不会再去注重传统文化，以及传统文化中的那些传统美德，空有财富，无根无魂，这才是真正悲哀的地方。

这样的担忧并不是杞人忧天，到了嘉靖朝时，别说是整个社会没了礼节，连书生也缺失了尊贤敬老之心，海瑞在浙江淳安任知县时，曾如此说道："生员多系年少后生，邈然不知让道，眇视高年长者，以故事视乡礼，凡进酒供汤馔，礼貌衰慢……"

海瑞的担忧也就是我说的悲哀的地方，学生在学校读的是圣贤书，本应该是最为纯粹、最是知书达礼之人，为天下百姓之表率，然而令人心痛的是，他们反倒成了一群没有礼貌的人。如果再往大了讲，今后他们出了学校为官执政，会怎样对待百姓，如何恪守本分？要是为父为母，会怎样教育子女？

一个人，倘若丢了最基本的道德观，傲慢而无礼，学富五车又有什么用呢，腰缠万贯对这个社会又有多少好处呢？

还有一种情况，乡迎酒礼上不再设违条犯律之人的席位，都是乡里乡亲的，抬头不见低头见，为了避免争执，或者说碍于情面，被废弃搁置了，彻底使乡迎酒礼变成了一种形式。更有甚者，将之变成一种娱乐的形式。这不是我瞎编胡说、杞人忧天，明弘治七年进士李梦阳，记录了这样一件事：

说是有一位乡贤，名叫贾宏，受邀去参加开封的乡迎酒礼，结果进入学校后，竟以为走错了地方。

一群人喝得醉醺醺的跟着歌妓在那里咿咿呀呀地唱，跟现在KTV包厢里的情景没多大区别，不仅如此，那些人穿深衣大带，五颜六色的，竞相斗艳，于是贾宏叹言：乡迎礼，虽实行，已亡矣！

到了这一步，亡的岂止是乡迎酒礼而已啊，而是失去了对儒学、对传统的敬畏，如前文所说的宾僎案，在明朝后期并非个案，而是相当普遍的事情。发展到这种地步，执政者肯定会感到担忧，如果整个国家都变得浮躁，唯财富论，这是件多么可怕的事儿。

然而可怕的事情后面还是发生了。

在《大明梦华：明朝生活实录》一书中，有个章节叫做"文官制度变迁：从全民监督到王朝崩溃"，专门论述了君臣关系，为什么嘉靖、万历帝累年不上朝，国家不会乱，为什么崇祯帝勤奋节俭，明朝却走向了末途呢？其实归根结底就是信仰的缺失。

在万历帝之前，文官们是有信仰的，他们秉承了儒家的传统思想，以天下为己任，一个人如果有理想有奋斗的目标，再大的困难也不怕。可是万历朝之后，理想没了，目标没了，他们变得自私了，贪墨横行，从以天下为己任，到自私自利，中饱私囊，皇帝再勤奋，也是徒然。

请大家不要误会，说了这么多，我不是说乡迎酒礼的名存实亡，导致了王朝的覆灭，而是说人们对所有的传统都失去了敬畏，整个社会都变得浮躁起来，只崇拜金钱，仰慕一夜暴富者，而那些权贵们对读书人、对知识和传统可以肆意地嘲讽，像何良俊、贾宏之辈，反而成了异类，这不仅仅是世风日下而已，而是整个社会的悲哀，甚至可以说是一个民族的悲哀。

有人说，明朝之亡是亡于国家穷，有人说是亡于军事弛废，有人说是亡于贪墨，也有人说是亡于党争，难道明朝之亡，仅此而已吗？穷、军事弛废、贪腐、党争等的确可以使社会动乱，民不聊生，然而整个国家的崩溃，实际上是整个体系和秩序的崩溃。

这个话题有点大，也过于沉重了，打住，下个章节来讲些稍微轻松点的事。

## 六 束脩礼及上学那些事儿

"老师"这个词是相当有分量的,他代表的是德高望重,代表的是教书育人的责任,所以自古以来,不是阿狗阿猫都可以被称之为老师的。因此,无论朝代怎么更替,尊师重道都是历朝历代所重点提倡的,如果一个人不尊重师长,就不配作为一名读书人,如果他不配读书,那么一生也就废了,由此可见,尊师重道代表了一个人的品德,非常重要。

在古代上学可不像现在,报个名入了校就完事了,至于老师姓甚名谁不重要,以前入学相当于入师门,是要郑重拜师的,这可能是我们这个民族最为神圣、庄严的礼仪之一了,《太公家教》(注:相传为周朝宰相姜子牙所著)有这样一段话:

弟子事师,敬同于父,习其道也,学其言语。
黄金白银,乍可相与,好言善述,曼出口舌。

忠臣无境外之交,弟子有束脩之好。
一日为师,终日为师。

这段话很朴实,也很好理解,我就不翻译了,从中不难看出师生间是非常纯粹的,不要以为有钱就了不起,拜师是不讲究这些的,黄金白银怎么可以赠送给老师呢?那样就太世俗也太看不起老师了,所以说"弟子事师,敬同于父",因为父与子之间是不可以用金钱衡量的,所以"弟子有束脩之好,一日为师,终日为师"。后来衍生为"一日为师终身为父",其实意思是一样的。

上文中有一个比较特别的不常见的词,叫做"束脩",这是拜师礼的一种,因此后世也有将束脩比喻入学的。

在正式说入学礼之前,请容许我先把明朝各级学校的情况简单介绍一下,以便大家对明朝学校的情况有个大致的了解。

明朝的学校相比于前朝,应该说要更加完善一些,大致可以分为三个级别,即国子监，府、州、县学以及社学。

在明朝建国之初，朱元璋意识到基础教育的重要性，在洪武二年（1369），就令各郡县立学，"延师儒，授生徒，讲论圣道"。并且强调，这是当务之急，必须立即实施。不过在明初，由于国家初立，百废待兴，受到各种各样条件的限制，府、州、县各级学校的生员名额是有限制的，府学生员四十名、州学生员三十名、县学生员二十名，一所学校只能收这么些人。那么为什么要做这样的限制呢，是教书的老师不够吗？

严格来说不全是因为老师不够，更多是出于财政的不足，因为那些学生在入学读书后，他们的口粮是朝廷免费提供的，月供米六斗，由地方官供给鱼肉，并且学生家属可以免去差徭二丁。也就是说，只要家里有一人入学读书了，家中两口人可免于徭役，不需要去参加由官府强加的义务劳动或者当兵了，所以那些读书人又被称作廪膳生。

到了洪武二十年（1387），社会逐渐稳定，读书人也随之增多，原来的条件已无法满足现状，于是又下令各级学校增收生员，这批生员被称作增广生员，增广生员的名额同样也是府学四十人、州学三十人、县学二十人，在廪膳生的基础上又增加了一倍。不过增广生员跟廪膳生的待遇还是不同的，增广生员不食廪，也就是不能享受由国家免费发放的口粮，但可以免差徭。到正统年间，再次扩招生员，这次扩招，名额无限，被称作附学生。

有人做过统计，明初生员约为六万，到中期约为三十余万，后期为五十多万。这些数据并不能说明什么，单一的数据是没有说服力的，我们得从明朝各个时期的人口来判断教育的普及程度。

负责任地讲，从明朝各个时期的人口来看，教育的普及程度并不算高，以明初为例，人口约为六千万，而生员只有六万，千分之一的比例，一千个人里面只有一个人是读过书的，显然读书没有普及；中期人口过亿，三十余万的生员也不算多。那么这是不是代表了明朝社会绝大多数都是文盲呢？

不是的，我们看问题不能只看一面，上面的那些数字并不能代表明朝的教育普及程度不高，也不能就此认定绝大多数人就是文盲了，这不是一个概念，为什么这么说呢？这就要说到学校的等级了。

洪武八年（1375），朱元璋下诏，令天下立社学。所谓社学，是指里社所办的学校，相当于是村办学校。明朝一般是五十户为一社，每社立一所学校，入学年龄为十五岁以下的少年，或七八岁以上的儿童。

这种村办学校带有一定的强制性，《明史·杨继宗传》是这么说的：

民间子弟八岁不就学者，罚其父兄。

这句话很好理解，就是社会上如果有儿童年满八岁了还没有去上学的，那么这家的父亲或长兄就要受到相应的惩罚和制裁，这就是我所说的生员数量的多少不代表受教育程度高低的原因。杨继宗的生活时代在天顺、成化以及弘治年间，从他生活的年代来看，至少在明朝中后期，基本上不存在文盲。

不过这同时也暴露出了另外一个问题，既然明朝的基础教育已经普及，达到人人有书可读的地步，为什么生源还是这么少呢？

个人以为，可能与观念有关。明中期虽然大多数人都富起来了，但是改变的仅仅只是生活环境而已，人们的观念、思想却没有发生多大的改变，父母培养孩子也没那么积极、急迫，所以在村办学校里读了几年书，要是不想读了，那就回家种地。而到了明朝后期，人口有所减少，但生员反而剧增了，恰好说明了这一点，经过几代人的努力，生活已经相当稳定、富足，这时候人们的思想和观念与刚富起来的那会儿完全不一样了，更加注重对后代的培养，也更加在意学识和文化修养。综上所述，学校生员的多少，和钱多钱少没多大关系，是和人们的思想、观念挂钩的，明朝的村办学校要求七八岁以上儿童必须入学，这种强制性的目的仅仅起到扫盲作用，想要让更多的人接受更好的教育，具备更高的学识，需要时间去改变百姓的思想观念。

除了村办学校外，基础教育还有私塾（个人开办的书塾）、族塾（宗族内部的书塾）、坐馆（有钱人家请家教到家里教书）、义学等等，总之形式多样，基本上实现了人人有书可读。

看到这里，大家是不是觉得明朝教育的普及率很高，朝廷对教育也很重视？客观地讲，确实是这样的，无论是个人还是国家，想要发展、振兴必须依靠知识，没有知识即便是一夜暴富，也是昙花一现，这一点执政者比任何人都明白，所以无论在哪个朝代，普及教育和发展经济从来都是同步进行的。但是，明朝的教育政策虽然相当完善，也并非是没有缺陷的，比如说村办学校，跟我们现在的幼儿园一样，不在义务教育的范畴之内，县里的学校给学生免费提供口粮，并且可以免除徭役，村办学校的学生是没有这种优待政策的，所有的费用都得自理，这可能就是明朝初期教育普及率不高的原因，哪怕是有年满八岁的儿童不就学者罚其父兄的规定，可是我们回过头来想一想，如果家里实在贫困，无能为力的话，要么想办法逃学，要么父兄只能认罚，对于极度贫困的家庭来讲，连生活都难以为继，还挣扎着去学校有多少实际意义呢？

村办学校的老师称作社师，由当地官府任命，然而对社师的要求却没有严格规定，担任社师的有退休的官员、在读生员、落第秀才、举人或是老年儒生等等，没有工资，属于义务教学，唯一的生活来源是靠学校的学田或是学生缴纳的微薄的学费。

村办学校的优秀学生是可以升入县学去读书的，不过从前面所讲的情况来看，升学率不是很高，绝大多数人识字了后就各奔前程、各找各妈去了。

考入县里的学校后，就是秀才了，这就意味着有功名在身了，可以享受朝廷拨给的米粮，官府提供的鱼肉，并免去徭役。有些读者读到这里脑子里灵光一现，你的意思是不是说，考进县里的学校后就可以一辈子白吃白喝了？

不好意思，我必须给有这种想法的人泼桶冷水，当然不是的，天下没有免费的午餐，朝廷也不可能去养一群好吃懒做的废物，你想要享受朝廷的福利，可以，那就得勤奋刻苦地读书学习，别掉队，努力使自己成为一个对社会有用的人才。

有些勤奋好学的朋友听了后眼睛一亮，是不是只要是人才就可以白吃白喝了呢？是的，只要你使自己成为了一名对社会有用的人才，国家就会给予你相应的福利。但是，请注意这个"但是"的后面后果很严重，无论是府、州、县哪一级的学校，入学十年，如果成绩不好，不好意思，罢黜学籍，罚充吏役，且要追缴廪米。换句话说就是，除非你一级一级考上去了，不然的话，出来混总是要还的，开除学籍，罚去当苦力，并且那十年吃的喝的口粮，都得吐出来还了。

有人看到这里瑟瑟发抖，要是还不起怎么办？那就多当几年苦力呗，谁让你不好好学习，天天向上，争取做个对社会有用的人才呢？

要是成绩优秀，或者是那种传说中的学霸，在乡试、会试中都一次性考过了，那么恭喜你熬出头了，可以直接入仕去当官；要是通过了乡试，中了举人，但会试落第了没考上怎么办呢？没关系，因为一次考不上不代表你的能力有问题，有时运气不好也会考不上，再说了你已经是举人身份了，是个无可争议的人才了，可以再给你一次机会，进入大明朝的最高学府国子监继续进修。

大家看明白了吧？进入县学就是秀才了，乡试中了是举人，会试中了就可以去当官了，再不济也是个储备干部，所以说国子监虽然是当时最高的学府，但它存在的意义跟现在的大学是有区别的，更像是一个人才储备库。作为国家最高级的学校，入学后待遇当然也是相当不错的，朝廷不仅会负责你的口粮，连穿的衣服、戴的帽子和盖的被褥都免费提供，过年过节时还有奖金。要是已经结婚了的，朝廷替你养老婆，连你家里老婆的开支朝廷也一起出了。当然，这里指的老婆的开支，只是基本的生活开支，每月给你些米啊肉啊之类的，可以吃穿不愁饿不死；要是未婚的，要是搞了对象，并且定了结婚的日子，成绩优秀、表现突出的学生，朝廷给你出聘礼，让你可以安安心心地读书，风风光光地结婚；要是外地的学生，想回乡探亲，作为国家最高学府的学生不能太寒酸啊，朝廷会补贴一些买衣服的钱以及路费。

从以上的文字中不难看出，国子监的待遇岂止是一个好字了得，简直是面面俱到，保姆式服务啊。客观地说，待遇确实相当不错，朝廷这么做的目的只有一个，那就是让你好好学习，天天向上，争取早日成为一个对国家对社会有用的人才。

不过也不要高兴得太早，社会上一切的所得都需要跟付出成正比，待遇好，要求自然也高，学校实行的是军事化管理，凡读书、起居、洗浴都得严格按规定的来，未按规定的，一律体罚。日常的功课有背书、讲书、作文、写字等，每三天要背一次书，关键还不能死记硬背，在能够倒背如流的同时还得要通晓其义理，明白你背的是什么。要是背得不全，或者是所背诵文章的意思理解得不够透彻全面，那就要挨打，一般是打十大板。每月作文六篇，没完成的也得挨打。每天写仿书一幅，字体不限，但必须工整，要按时完成的，没完成的，一个字——打。

国子监的学生分六堂，通俗些讲，就是好班和不好的班，六堂分别是正义、崇志、广业、修道、诚心、率性，正义、崇志、广业三堂为初级，学时一年半，考试合格的，升到修道、诚心二堂，又学一年半，经考核，文理俱佳、经史俱通的升入到率性堂。

升入率性堂后当然不是说你就可以率性而为，爱咋咋的，还得继续努力地好好学习，天天向上，每月要考一次，优秀的记一分，及格的记半分，成绩不好的不记分，一年内累积到八分为合格，就可以出学入仕了，不合格的，继续学习。

在国子监读书的学生，都有机会去社会上实习，这个举措在此之前是没有的，是明朝的创举，《明会典》载：

令监生分拨于在京各衙门，历练事务三个月，考核引奏，勤谨的送吏部附选，仍令历事，遇有缺官，挨次取用；平常的再令历练；才力不及的，送还国子监读书；奸懒的发充下吏。

国子监的学生会被分配到京城的各个衙门实习，时间是三个月，这个制度叫做监生历事制，可以有效避免一些只会死读书的、空有理论而不会做事的书呆子日后进入衙门为官，实习期间表现优异的就送吏部待选，遇有官缺时就起用。表现不太好的，继续历练，不及格的，从哪儿来还回哪儿去，送还国子监继续深造。至于那些偷奸耍滑的家伙，或是在实习期间就拿着鸡毛当令箭，把自己当回事儿的，直接发配充当劳役去了，免得日后为害一方。

有时候实习的人多了，除了分配到京师的衙门外，也有去地方衙门的，让他们具体负责管理粮田、督修水利等等，只要有些悟性，真心想为老百姓办事的，去地方上历练绝对是个较好的锻炼机会。

以上就是明朝各级学校的一些情况，下面重点来说说入学的那些礼仪。

入学礼被列为人生四大礼之一，另三大礼仪就是前面所说的出生、婚礼、丧礼等，可见入学在人的一生中是多么重要。这种话现在的人听来可能会嗤之以鼻，入学还要讲什么礼，有比学区房重要吗，有比选择一个好学校重要吗？

是的，时代变了，人心也变了，拜师对现代的人来说，只存在于遥远的古代，当成一种史迹来看待，随之尊重师长这种观念也在慢慢地淡化，别看现在家长群里大家对老师都十分恭敬，好话连篇，实际上彼此心里都明白，那只是表面上的客套罢了，说俗气一点，那是因为存在着利害关系，我的孩子掌握在你手里，表面上对你客气一点，尽量配合一点，就是希望你对我的孩子多上点心，多关照一些，更有甚者还向老师送礼、贿赂，实际上是将师生关系扭曲、畸形化发展了，跟一日为师、终身为师的传统师生关系差了十万八千里。

　　闲话表过，言归正传。在入学礼之中，最让我看重的就是前文提到的束脩，说起这事，我的眼前就会出现这样一个画面：学生从京师会试归来，这时候已经有功名在身，虽然还没去上任，却俨然是个官员了，然而一见到老师，噗通跪下，以晚辈之礼拜见老师，那情形就像见到了父亲一样，那一跪何其自然，是融在血液里的，毫无做作。每当看到那一幕时，不知道为什么，我总会眼眶湿润，那才是师徒，才是师生，中间不存在任何利益关系，什么叫一日为师终身为师？那就是。

　　有这样一个故事，北宋著名的哲学家杨时与游酢，去拜访授业恩师程颐，走到程府门口时，恰逢恩师在睡觉，为了不惊动恩师，他们没进屋去，站在门口等着。偏不巧，天空下起了雪，而且越下越大，鹅毛般的大雪纷纷扬扬，然而即便如此，两人始终站在门口静静地等着恩师睡醒。

　　这要是发生在现代，估计会被人笑死，那不是傻子吗？就算是老师没睡醒，你不会去其他地方先避一避雪呀？或者找个茶馆，烤着火喝着茶不是舒服多了？

　　是啊，古人咋这么傻呢？

　　程颐醒转时，杨时与游酢二人成了雪人，与地上的雪融作一处，这就是程门立雪的故事。

　　实事求是地讲，这不是傻，耍小聪明谁不会呢？这是一种态度，是对师长的尊重，也是儒家文化的精髓所在，而这种谦恭不是一朝一夕养成的，学生在入学当日就开始接受了这种思想。

　　所谓束脩，指的就是学生第一次去见老师时的礼仪，那一天，父母会准备十条干肉，拿绳子绑成一束，让孩子提去给老师，这就是束脩。去见老师的那天，孩子不能穿平常的衣服，要穿青衿衣衫，青衿是指青色的交领长衫，是读书人常穿的衣服，到了老师家门口，恭身站在台阶下，向门童说明来意。门童听了，入内去报，须臾复出，传达老师的回话，说是才疏学浅，恐误人子弟，让学生再觅高人。

这当然是推让之辞，不能当真的，出门前父母也交代了，要是老师拒绝你，你得坚持，不能转身就走，所以小孩听了这话，站在原地执意不肯走，表明求师的决心，若蒙恩师垂青，肯收为门下，毕生永铭师恩。老师见此子决心求学，这才勉强答应，让人请学生入门。

到了院子内，老师从里屋出来时，要立即拜倒，行跪拜礼，先生回拜，拜毕，学生将礼物送上去，请先生收下。先生收下礼物，表示他们之间的师生关系就建立了。

孔子曾说："自行束脩以上，吾未尝无诲也。"自愿提干肉前来的，每一个人我都会予以教诲。事实上干肉只是一种象征性的东西，代表的是一种求学的态度，以及对师长的尊重，要知道这一教就是几年，甚至是几十年，哪个会贪那十根干肉呢？如果真要是支付酬金的话，那几根干肉也是远远不够的。因此孔子的这句话，也可以理解为，每个自愿来求学的，我都会教他。

入学后，还有两种仪式，叫做释奠、释菜。关于释奠，《礼记·文王世子》是这样说的：

凡学，春官释奠于其先师，秋冬亦如之。凡始立学者，必释奠于先师先圣。

即用酒食祭奠先师周公和先圣孔子。不过自打宋朝以后，因尊孔子为师圣，成为主祭对象，另加入了其十位弟子，即十哲。

释奠礼不仅是学校的一项仪式，而且是带有官方性质的。国子监释奠时，由国子监祭酒代天子献祭，要是县学释奠，则由知县初祭（第一位上前献祭），县丞亚祭，主簿终祭，突出的是官府对学习的重视，营造的是尊敬师长的氛围。

释菜礼与释奠礼的形式一样，只是释菜礼不杀牲，只用野菜祭先师，敬奉先生，其礼虽轻，其情也重，更具象征意义，表达的是敬师长之心，而非物质。

相传，在孔子周游列国时，风餐露宿，食不果腹，饿肚子是常事，有一次，师徒一行人受困于陈国，好几天没吃饭了，只能靠底下的弟子采些野菜来充饥，众弟子觉得这次死定了，多半凶多吉少回不去了，天天发愁，不知道该怎么办好。只有颜回，每日释菜于野，就是把野菜摘回来敬奉先生，天天如此，从无间断。

颜回这么做有两层意思，一是敬重先生，不忍心看他挨饿受苦，哪怕他现在只能采些野菜来给先生吃，那也是必须去做的事情，代表的是弟子对老师的关心；二是环境再难，也会坚定不移地跟随先生，一日为师，终日为师，不离不弃。后世行释菜礼，应该也是这个意思。

正式入学后，还有一项仪式，叫做开笔礼。开笔前，老师会在学生的额头上用笔点一颗朱砂痣，叫做开天眼。这个我们在一些影视剧中应该也看到过，很多小孩子眉眼中间有一颗红色的朱砂，看上去相当可爱，那不是为了漂亮或可爱父母给点上去的，是学校老师点的天眼，寓意从此以后无论学习哪种知识，都能融会贯通。此外"痣"与"智"是谐音，所以这个举动又叫朱砂启智，实际上真正的意义是，希望学生今后好好学习。

启智后就要开始写人生当中的第一个字了，一般是简单但有非凡意义的字，比如人、大等。何以为人？立于天地之间，所以甲骨文的人字形，是个侧面垂臂直立行走的人。走向何处？未来。未来就是希望，而这个希望是要靠人去劳动、创造获得的，这就是人的意义。那么何为大呢？天大地大，人亦大，所以大字的甲骨文是一个张开双臂顶天立地的人形。开笔写这两字，先生要教学生的不止是写字，还教会了他们日后怎么为人。

自打入学这天起，小小少年就成了一位正式的学生，成为读书人了，每天背一只书箱，来往于家和学校之间。从此后，书箱是一种符号，而读书则成了一种使命。

## 七 成人礼

成人礼，男的称冠礼，女的称笄礼，是成人的一种标志，同时也是向家族宣布，从今天起家里的各类活动都有资格参加了，而且无论男女也有了婚嫁的权利。《礼记》称"二十曰弱，冠"，所以年满二十又叫弱冠之年，表示已经是成年人了。

朱元璋建都南京后，就要尽复华夏之制，因此在洪武元年（1368）就下诏定冠礼，无论官员还是百姓家的子弟，只要到了年龄，都得举行这些礼仪。并明确复衣冠如唐制，也就是说明朝的冠礼是沿袭唐宋的，我们来看一段明朝对冠礼的规定：

士民皆束发于顶，官则乌纱帽、圆领袍、束带、黑靴，士庶则服四带巾，杂色盘领衣，不得用玄黄；乐工冠青云纹字项，巾系红绿帛带；士庶妻首饰许用银镀金，耳环用银珠，钏镯用银，服浅色团衫，用纻丝绫罗绸绢；乐妓则戴明角冠，皂褙子，不许与庶民妻同；不得服两截胡衣；其辫发椎髻胡服胡语胡姓一切禁止，斟酌损益，皆断自圣心，于是百有余年胡俗，悉复中国之旧矣（语出：陆釴《贤识录》，《明实录》中也有相似记载）。

咱们先说冠礼。按照明朝礼制，男子年满十五到二十岁的就可以行冠礼，具体的礼仪流程官和民没有多大区别，举行地点在宗庙或祠堂。行冠礼前十天左右，要先挑个好日子，这日子当然不是自己翻下黄历挑的，得去请有经验的算命先生来挑，如果在十天内没有吉日，那就延期，等下旬。选定日子后，将日期告诉亲朋好友和族人。

行礼的前三天，要筮宾，筮不是占卜的意思，这里指的是选择，宾指的是德高望重有威望的人，要选择两名德高望重的人充当大宾和赞冠人，请他们来主持。选定了人后，出于尊重，主人要亲自去请三次，说明原因，这也是一种仪式，即便是来宾愿意出面主持，一般也要谦逊推辞一下，主人再三邀请，来宾才答应说："君既有命，某敢不从。"

除皇帝外，冠礼主要有三个程序，叫做三加之制，皇帝跟任何人都不一样，一加就行了，就是加通天冠，顶天了，再加也没什么可加的了。太子以及太子以下的官员、百姓，都是实行三加之制，只不过由于身份的不同，所加的服饰也略有不同，比如官员的三加是：一加缁布冠，二加进贤冠，三加爵弁，老百姓的三加为：初加巾，次加帽，三加幞头。

冠礼当天，来参加仪式的亲朋好友、族人都是盛装出席，肃穆而立，人人都很庄重。在大厅的东面，放了个帐篷，这个帐篷绝对不是因为来的客人多了，没地儿住了，临时搭一个给客人住宿用，而是今天的主人，即加冠的少年临时坐的地方，叫"张幄为房"，这个临时的"房"比我们露宿用的帐篷要高，要宽敞，加冠的少年勒帛、素履，就是系着丝质浅色腰带，穿着素色的鞋子，静候在房子里面。

帐篷一侧有个台阶，叫做阼阶，通俗点说就是东边的台阶，在阼阶的东南方向，站了三个人，手里分别拿着盥洗用品和丝巾、帽子和幞头等东西，这么安排目的是待会儿仪式开始后拿着方便。

主人也就是要加冠的少年的父亲，站在阼阶下面，族内亲友站在东面，差不多跟手捧物品的那三个人是同一方向，年长的在前面，年少的在后面，以长幼秩序往后排。待大宾、赞冠者到门口时，主人要迎出门去，分别向大宾、赞冠者行揖礼，宾回礼，入内。到了台阶下时，主人要回身再行揖礼，请宾登阶。主人从阼阶拾阶而上，在阼阶东面站定。大宾由西阶拾阶而上，在西阶的西面站定，面向东。赞冠者要先净手，然后从西阶而上，站在大厅的中间靠东边位置，面向西。

一切准备就绪，执事的人问是否可以开始，主人点头示意，这时候大宾在东面，也就是在帐篷外面铺一领席子，席子略朝北，铺好后将行冠礼的少年徐徐引出房来，面南而站。大宾向少年行揖礼，以示尊重，少年由于在加冠前还是属于未成年人行列，所以无须还礼，只将双手合放在腹前，微微示意。

少年站在席子右侧，面向席，赞冠者拿着梳子、头巾、发带等上前，站在席子的左侧。大宾又上前，再次向少年揖礼，意思是仪式要开始了。这时候少年屈膝向东跪于席子上，赞冠者入席，跪在少年后面，给他梳头、盘发髻、束发带。

主、宾走下台阶，大宾盥洗净手，此时南面的执事者将冠巾捧过来，大宾上前两步接过冠巾，转身，神色肃然，步履从容地走到少年面前，然后将冠巾交到赞冠者手中，大声唱曰：

吉月令日，始加元服，弃尔幼志，顺尔成德，寿考惟祺，介尔景福。

这句话也是照着古书上念的，大意是讲，这个月的吉日，为你穿戴上人生中的第一件成人的服饰，愿你从此以后能够抛弃幼稚的思想，以成人的德行做事，并愿从今往后，长寿平安，福泰安康。

唱毕，赞冠者将冠巾双手交到大宾手上，大宾接过，庄严地给少年戴上。

大宾复位，少年穿戴好后转身再次回到帐篷里面，脱去童子服，换上深衣大带出来，拱手面南而站。

从戴冠前到戴冠后，大家是否注意到了少年的动作变化？这时候他已经是个成年人了，拱手面向众人，这个拱手的动作，实际上是成年人之间的一种礼仪，换句话说，未成人是不能行这种礼的。

很多人看到这里恍然大悟，原来是这样，以前在影视剧里经常看到一些小毛孩像模像样地拱手作揖，难道是错误的？是的，小毛孩和大人一样行拱手礼是错误的。

戴好冠巾后接下来还要加帽，流程与上面说的差不多，为了避免凑字数骗稿费之嫌，我就不多说了，不过流程虽然相差无几，大宾的唱词却略有不同，转录如下：

吉月令辰，乃申尔服，敬尔威仪，淑慎尔德，眉寿万年，永爱胡福。

三加唱词：

以岁之正，以月之令，咸加尔服，兄弟具在，以成厥德，黄耇无疆，受天之庆。

至此，加冠仪式基本完成，然后设醮席。醮席不是宴席，是一种简单的答谢礼，也可以理解为是一种仪式。赞冠者在帐篷内把器具洗干净了，当然，本来就是干净的，洗器具也是一种象征性的动作，叫做"洗觯倒酒"，觯是青铜器制作的酒具，属于礼器的一种，平时不会用来喝酒。在觯内倒了酒后，还要放一把小匙，口朝下。

大宾站在门口东面，接过赞冠者手里的觯，走向席前。此时，少年站在席之右侧，面南，大宾站席之左侧，向北，又高声唱曰：

甘醴惟厚，嘉荐令芳，拜受祭之，以定尔祥，承天之休，寿考不忘。

少年拜受，接觯在手，转身面向醮席，赞冠者将干肉和肉酱放到席上，少年跪下，用那只小匙将酒从觯中舀出少许，洒在地上，重复三次。赞冠者在旁唱词，也要唱三次，唱词如下：

初醮曰：旨酒既清，嘉荐亶时，始加元服，兄弟具来，孝友时格，永乃保之。

再醮曰：旨酒既湑，嘉荐伊脯，乃申尔服，礼仪有序，祭此嘉爵，承天之祐。

三醮曰：旨酒令芳，笾豆有楚，咸加尔服，肴升折俎，承天之庆，受福无疆。

重复三次后，少年起身，走到席之西头，将觯放于地上，向大宾行拜礼。拜完后，起身，面朝北坐下，取干肉在手，再起，从西阶而下，面朝北拜父母，献干肉。至此，冠礼基本结束，剩下的就酬宾送客，大家吃吃喝喝，说说笑笑，我就不多说了。

最后来说说女子的笄礼。什么叫笄呢？笄是发簪的意思，笄礼说白了就是为女子盘发戴簪子，所以又称上头礼，整个仪式流程和冠礼大致相同，也是十五岁至二十岁左右就可以行笄礼，有笄日、笄宾以及三加之礼，不同的是笄礼的主人是母亲，父亲就靠边站了，而且参加的大宾、赞冠者以及所有的亲朋好友，都以女性为主，男人都靠边站了。

不是我重男轻女，而是笄礼与冠礼的流程相差无几，就不啰嗦了。不过有件事需要特别说明一下，就是到了明朝后期，成人礼已不是那么注重了，基本流于形式，特别是普通的百姓甚至不办这类仪式了，所以成人礼到后来基本就荒废了，那么问题来了，成人礼作为人生中一项重要的仪式，为什么会荒废呢？

说起来有些可惜，不过成人礼的荒废，也不能全怪百姓不遵守传统，从前文中相信大家也看出来了，程序相当繁琐，每个人所站的位置、方向，都有严格的规定，一步都错不得，别说是当事人按规定走位，我把那一套程序说出来，都觉得晕头转向；其次，这样的场面必须是大户人家才可以，你想啊，要在厅内搭帐篷，还要有阼阶、西阶等等台阶，普通人家有这条件吗？最后，成人礼毕竟与乡迎酒礼等礼仪不同，前者纯属私人行为，要是条件不允许，没必要非得去打肿脸充胖子，搞那一套形式。而后者则是一项社会行为，是带有政治色彩的，做好了，形成一定的影响力后，能起到教化民众的作用，消失了才是真的可惜。

不过有个非常奇怪的现象，我们没能坚守的传统，日本、韩国却一直在传承。几年前，我写《兰陵王传》时，想要还原《兰陵王入阵曲》，可是在国内，无论是词还是曲，都找不到，反倒是在日本，还能找出那首曲子，最后根据日本流传的那首曲子，再结合人物生平，填了词，才算是弥补了遗憾。后来写《师任堂》的时候，发现韩国照搬了中国的儒家文化，所读的书，无不是儒家典籍，所行之礼，也是我们老祖宗的那套礼数。

同样，笄礼也一直在日本和韩国流行，且从未间断，每年的三月三定为女儿节，举行笄礼，成为日本重要的五大传统节日之一。

令人费解的是，今天我们有不少人反过来去嘲笑日、韩迂腐，说他们无论男女，无论什么场合必躬身行礼，一副唯唯诺诺的样子，特别是日本的妇女，那腰杆简直没直起来过，动不动就弯腰鞠躬，其实很多时候我想忍不住问一句：嘲笑别人的时候是不是也打了自己的脸呢？

传统有其利弊，去其糟粕，存其精髓，抛却该抛却的，当无不可，要是一股脑儿全丢了，我们还剩下什么？

好了，不说了，关于传统礼仪以及人生中的那些具有仪式感的事情基本都说完了，这一路看下来，是不是觉得有些沉闷，甚至有点儿烦？其实了解一下没什么不好，至少可以在别人面前吹个牛。其次，很多的传统都在流失，即便我们不继承或不能将其发扬，但是了解一下还是有必要的。

从下个章节开始，内容就没有这么沉闷了，我会跟大家说些吃吃喝喝、养狗撸猫之类的休闲的话题。

## 第五章 / 暇时侍花草，品味慢生活

### 一 大明著名猫奴

网上有很多讨论明朝的帖子，说什么的都有，但是，大家都有个统一的意见，即在中国历史上，明朝的奇葩皇帝最多，有养虎养豹的啊，有爱做木匠的啊，有潜心修道的啊，还有热衷于养猫养狗的啊等等，总之五花八门，爱好广泛，且个性十足。我们现在去看那些历史会觉得很有趣，可能还会觉得那些皇帝很可爱，可是当时的臣子和百姓却会觉得很苦恼，一家之主都不能那样瞎搞，一国之主怎么能天天不务正业呢？

既然说到这儿了，我就提一个问题，请大家认真思考三分钟：为什么明朝的那些皇帝会那样不务正业呢？

如果大家读过我另外一本说明朝的书《大明梦华：明朝生活实录》的话，那么应该对明朝的社会有一个较为深刻的印象，明朝初期，是比较刻板的，但是到了中后期，又是比较开放的，甚至"开放"这个词都还不足以去形容当时的环境，准确地说，是从上到下的个性解放，全无禁忌。不止是言官可以谈论朝政，对皇帝说三道四，甚至骂皇帝骂得唾沫星子横飞都是常有的事儿，连普通百姓也可以对时政评头论足，有些特别叛逆的如李贽之辈，公然反对儒家学

说，提出自己的理论，由此引来一大堆粉丝，用现在的标准来看，李贽绝对是自媒体流量大号，虽然说他的言论为主流反对，没有被官方承认，但是这并不妨碍他的理论可以大行其道。

所以我认为，在那样的社会环境下，皇帝有些个性，释放天性，无可厚非，甚至是在情由之中的，凭什么老百姓可以按着自己的性子来，皇帝就不行呢？说到底皇帝也是人，在私人生活方面稍微任性一点，也是可以理解的。

我这么说可能许多人会不认同，没关系，每个人的观点不一样，这是好事，我也不过是在表达个人的看法，抛出一些自己的观点罢了，仅供大家参考。

闲话表过，言归正传。话说嘉靖帝养过很多猫，是个名副其实的猫奴，撸猫高手。由于他养的猫很多，要是放在自己起居的地方，那就满地都是猫了，大臣要是来商量个事都没下脚的地儿，所以在宫里专门建了个养猫的地方，叫作猫儿房，有专人伺候。

有些名贵的猫跟人一样，还是有名分的……哦不对，应该说是有些名贵的猫比人还金贵，宫女让皇帝临幸了都不一定会给名分，但猫却有名分，而且还专门有太监侍候，那小日子过得跟娘娘没多少区别……哦不对，可能比有些娘娘的身份还要金贵些，有"近侍三四人，专伺御前有名分之猫，凡圣心所钟爱者，亦加升管事职衔（注：语出《酌中志》）"。

这句话的意思是说，让皇帝喜爱的猫，是可以有名分的，事实上从嘉靖帝后面的表现来看，他喜爱的猫不止有名分，死后还能享受特殊待遇。

嘉靖帝最爱的两只猫，一只叫霜眉，全身毛发呈淡青色，没一根杂毛，而且那毛是微微卷曲着的，模样儿十分可爱，最特别的是它的两条眉毛，是白色的，万青丛中两撇白，且还白得莹白如雪，异常醒目。

霜眉的可爱之处不仅在它的外表，性格也很是温顺，嘉靖帝走到哪儿，它也跟到哪儿，寸步不离，而且时常给你露出一副乖巧的样子，乖巧到什么程度呢？据传，那猫是通人性的，嘉靖帝打盹时，它从不吵闹，就算是想拉大小便了，也忍着，绝不会做出任何动作去吵他，等嘉靖帝醒了才出去解决。

当然了，这样的记载明显有夸大的成分，把只猫描写得跟奴才一样乖巧是不太现实的，只不过霜眉比其他一些没教养的猫要乖巧一些罢了，不然的话在万千好猫中，嘉靖帝也不会独宠霜眉了。

皇帝是没有知己的，越是聪慧精明的皇帝越没有朋友，连找人玩一下人家都会怀疑是不是别有用心。毫不夸张地说，皇帝拥有四海疆域，无上的权力，看上去是最自由、最受人崇拜的人，但实际上却是最孤独寂寞、最没自由的，甚至连自己的心声都不能轻易向人露出半分。最匪夷所思的是，无论怎么苦怎么寂寞怎么无聊，他都得端着，装作一副高高在上、不可侵犯、不食人间烟火的样子，就好像他就是在享受寂寞，天生就是喜欢无聊。所以对嘉靖帝来说，霜眉虽然不能说话，不能逗他开心，但不能说话的猫，恰恰就成了他可以吐露心声的倾诉的对象，不用怕它背叛，也不用怕它会向他人吐露皇帝软弱的一面，揭皇帝的短儿，为此，霜眉能成为嘉靖帝的知己，其实一点也不奇怪。

　　人会死，猫当然也不能例外。有一天霜眉死了，有人描述当时的场景时说，嘉靖帝的表情就像死了爹妈似的，如丧考妣。用"如丧考妣"去形容嘉靖帝的心情，我个人认为有些过分了，原由很简单，其一是对帝王的不尊重，别说是一代人君，哪怕是普通的老百姓，死了一只宠物，人家伤心难过是正常的，用"如丧考妣"去形容，也是不合适的；其二，未能理解嘉靖帝真正的悲痛所在，在那冰冷的宫廷，只有霜眉最是体己，霜眉在，他的心才会有个慰藉的地方，霜眉没了，连最后那点慰藉之处都没了，怎能教他不为之悲痛？为此，"上痛惜，为制金棺，葬之万寿山之麓；又命在值诸老为文，荐度超升（注：语出《万历野获编》）"。

　　悲痛是人之常情，是可以理解的，不过制金棺、葬万寿山、写祭文，还叫上一帮道士为它超度，那就有些任性了，动物毕竟是动物，给它超度算是怎么回事，让它来世化作一位姑娘来宫里吗？

　　与霜眉一道载入史册的还有只名猫，叫作狮猫。狮猫与霜眉不同，如果说霜眉是猫界温柔的代表的话，那么狮猫就是霸气的代表，偏于野性，看上去像狮子一样，有一双大而极为有神的眼睛，脖子上有一圈毛极为特殊，跟母狮子一模一样，走起路来雄赳赳、气昂昂的，有种不可一世的气势，霸气侧漏。

　　狮猫的存在，对嘉靖帝来说可能更像是一个玩伴，它纯真无邪，不会起坏心思，然而看上去又是那样的霸气，特别是那眼神，简直藐视一切。这也是符合嘉靖帝心理的，他需要有个强悍的伴儿，但前提是这个伴儿不会对他产生威胁。只是在现实生活中，不可能有这样的人，特别是对帝王而言，这样的伴儿几乎是不可能存在的，即便真的存在，也不会获得他真正的信任，早晚会让他给赐死，唯独此猫，它不迷恋权力，更不可能贪财，与那些官员勾结贪污，更不会对主人产生异心。无论从哪方面看，这天底下再没有比猫更适合当他的玩伴了。

只是可惜，后来狮猫也死了。人尚且有生老病死，更别说猫了，嘉靖帝伤心归伤心，同样给了狮猫应有的待遇。不同的是，在写祭文时，出现了一个特殊的人。

这个人叫袁炜，字懋中，浙江慈溪人。据《明史·袁炜传》记载，此人是个大大的才子，嘉靖十七年（1538）会试第一，殿试第三，授编修，后任侍读，由于青词写得好，甚得圣心，眷遇日隆，从侍读学士一路高升，直至入阁，晋建极殿大学士，跟宰相只有一步之遥了，其升职之快，像直升飞机一样扶摇直上，《明史》称是前未有也，也就是说这个人的升级之快，在明朝历史上是独一无二的。

然而，《明史》对此人的记载，有些自相矛盾，称他是"性行不羁"，也就是说放纵不羁，随心所欲，是个性情中人。那么问题就来了，如果袁炜真的"性行不羁"，估计往上升的速度也未必能"前未有也"，不仅不会爬那么快，而且还有被人打压下去的可能性，历史上由于性情放纵、随心所欲的人，可以说百分之百做不了高官。

我做此推测，是有依据的，那只狮猫死后，嘉靖帝命令阁臣写青词。在嘉靖朝，内阁都是青词高手，只要嘉靖帝传出片纸，那些人就可以瞬间写就，速度之快简直是信手拈来皆成文章。但是在给狮猫写祭文时，唯独袁炜的青词得到了嘉靖帝的认可，原因是词中有一句"化狮为龙"，契合圣意。

什么是青词呢？通俗点说其实就是道家的祭文，言词华丽，通篇都是一些词藻堆起来的，没有多少实际意义，所表达的是对天神的敬意以及求仙问道的诚意。

青词不是明朝独有的，唐朝的时候就有这种文体了，所以在元朝时就有人总结说："青词主意，不过谢罪、禳灾，保佑平安而已（注：语出《玉堂嘉话》，作者王恽）。"但真正将青词发扬光大，为人们所熟知的却是嘉靖帝，从嘉靖十七年（1538）始，十四位内阁辅臣当中，有九人是靠写青词入阁的，其中就包括大家比较熟悉的严嵩父子、徐阶、李春芳、夏言等重臣，不难看出，会写青词，成了嘉靖朝晋升、入阁的必备手段，同时，我们也不难想象，这种文字是毫无现实意义和文学造诣的，纯粹是一种讨好奉迎的文字罢了。

从这个角度去看，我们就可以发现，袁炜"性行不羁"与实际并不相符，不信的话，我摘录一首袁炜的青词来给大家看看，证明一下到底有多恶心：

洛水玄龟初献瑞，阴数九，阳数九，九九八十一数，数通乎道，道合原始天尊，一诚有感。

岐山丹凤双呈祥，雄鸣六，雌鸣六，六六三十六声，声闻于天，天生嘉靖皇帝，万寿无疆。

并不是文人相轻，从文人的角度看，能写出这种酸词的人，说他"性不羁"，打死我也不信，这哪是什么"性不羁"，简直就是个马屁精。可惜的是找遍史料，没能找出他写狮猫的那首青词，不过以袁炜的为人，寓意狮猫"化狮为龙"，倒也并不稀奇。

袁炜写出"化狮为龙"之词后，嘉靖帝就将狮猫的墓命名为"虬龙冢"，将墓旁种植的柏树，命名为"虬龙柏"。什么是虬龙啊？虬龙是一种无角的幼龙，传说中的神兽，可见狮猫在嘉靖帝心目中的位置有多高了。

霜眉、狮猫死后，嘉靖帝又养了许多猫，毛色纯白的叫"一块玉"，全身黑色只有肚皮上一块白的叫"乌云罩雪"等等，虽说这些猫不可能都享受到霜眉、狮猫那样的待遇，但在生活上却比普通人还要过得好，每天四斤七两肉，肝一副，这要是在普通人家，一个月都不一定能吃上那么多肉。

比起嘉靖帝，同样爱猫的宣德帝就显得文雅许多。嘉靖帝养猫，是将猫当作挚友，而宣德帝就很明白，猫就是猫，宠物而已。

从对待宠物的态度完全可以看出一个人的心态，嘉靖帝前智后愚，登基之初，革除弊政，整顿朝纲，减轻赋役，真的是大刀阔斧，壮志凌云，朝野上下焕然一新。然而从嘉靖二十一年起（1542），局面急转而下，为什么会这样呢？

这一年，发生了一件史上绝无仅有之事——宫女造反，嘉靖帝差点死在宫女手里，史称"壬寅宫变"。起因是嘉靖帝迷信道教，不只在宫里修道，还炼丹，道士炼丹和嘉靖帝炼丹最大的不同之处在于，道士不会干非法的事情，要不然就成了妖道，成为打击的对象，嘉靖帝是一国之尊，天下之主，他可不会去顾虑这些，反正犯了法也没人敢去动他，从民间大量征集十三四岁的少女，取其初潮的经血，炼制丹药，那炼出来的东西叫做"红铅"，据说吃了这种"红铅丸"可以长生不老。应召入宫的少女苦不堪言，这种苦女性朋友可能更容易体会，有被采血而落下病根的，也有失血过多致死的，更折磨人的是，为了保证少女初潮经血的纯正性，在经期来临之前，不得吃五谷杂粮，只能吃些桑叶，把人家当蚕来养，更苦的是连水都不能喝，只能采些露水来解渴。

宫女们受不了，就造反了。

嘉靖帝没死，只是在鬼门关绕了一圈。但是这一圈绕回来之后，嘉靖帝的疑心病就更重了，谁都不信，更要命的是，他觉得这次没死，是因为信了教，全仗神灵相助才免于一死，于是越发沉迷于修仙求道的那些事儿，至于国事，先抛到一边去吧，不重要。

嘉靖帝是孤独的，只有那不会说话，不会起异心的猫，才是他唯一能够信任的，也是他心灵上唯一可以慰藉的。

宣德帝不同，他很大程度上继承了祖父（注：指明成祖朱棣）的秉性，能文能武，骁勇善战，还相当自信，曾几度随朱棣征讨蒙古。即位之初，更是以雷霆之势平定了汉王朱高煦之变，在位期间，内有三杨（注：指杨士奇、杨荣、杨溥），以及蹇义、夏原吉等能臣，外有英国公张辅，地方上又有于谦、周忱等干吏，开创了"仁宣之治"。

他怕什么？可以说他什么都不怕，所以宣德帝养猫，纯粹是因为兴趣爱好，最关键的是，宣德帝习武，身体棒棒哒，而且还有雅性，能绘画，还会写书法，从他留下来的绘画书法作品来看，堪称是位杰出的书画家，在艺术造诣上可以跟宋徽宗齐名。

处理完国事，来了兴致时，宣德帝就会去院子里撸猫，手里抱着一只，旁边又坐着几只，身边全是猫，另一只手则拿着画笔，将那些猫的形态画下来，那情形隐居的名士也没他悠闲，其传世的画猫的作品有《五狸奴图卷》《花下狸奴图轴》《壶中富贵图》等等，画中每只猫神态各异，栩栩如生。

譬如那幅《五狸奴图卷》，五只猫在树下玩耍，花色不一，神形各异，灵动之极，这是画作中表现出来的猫的形态，但如果仔细看整幅图的话，又能向观画的人传递出一分淡淡的安详和温暖的感觉，能让人感觉到安逸、惬意。有人说字如其人，事实上画也是如此，画中所表达的那份安逸、惬意，也正是宣德帝对生活的态度，在他看来，养猫、画猫只是给生活注入些情趣，而非必需品。

是的，情趣，不只是宣德帝，对大部分人来说，养猫就是为了给生活添些情趣而已。比如文人养猫，那就更添情趣了。

先说一位历史上最著名的猫奴——宋朝大诗人陆游。

什么叫猫奴？不是说猫主人是猫的奴才，必须侍候它吃喝拉撒，前文提到宣德帝的画作，细心的读者敢情也发现了，他称猫叫做狸奴，《尔雅翼》云："猫通谓之狸。"什么意思呢？就是说狸是猫的别称，而"奴"字，有点儿爱称的那种感觉，即亲切又可爱，所以"狸奴"一词就这么流传了下来，成为猫的代称，相对应的猫奴，也有点儿昵称的意思，并不是谁是谁的奴才。

陆游写了很多诗，写猫的诗句也不少，我没有专门做过统计，据说有十二首之多，先来看一首《赠猫》：

裹盐迎得小狸奴，尽护山房万卷书。
惭愧家贫策勋薄，寒无毡坐食无鱼。

说是赠猫，其实是拿盐换猫，无论是宋朝还是明朝，盐是受官府监管不能私卖的，属于稀缺品，裹一袋盐去换一只小猫，就当时来讲，代价不算小了。第二句是对小猫的期许，说他家里穷得啥也没有，就剩下些书了，希望养了这只猫以后将来能护房中那万卷书。

那么陆游养了猫后，这个梦想成真了吗？好像没有，不光没有，家里的情况还更糟了，我们来看这一首《二感》：

狸奴睡被中，鼠横若不闻。
残我架上书，祸乃及斯文。

地上的老鼠到处乱窜，蛮横得不得了，把书架上的书都咬坏了，可是他养的那只猫还跟没事儿似的，只当没听见，舒舒服服地躲在被窝里睡觉，似乎还睡得挺惬意。见此情形陆游哭笑不得，那么他把猫怎么样了，会不会一怒之下炖了吃了？再来看一首诗：

执鼠无功元不劾，一箪鱼饭以时来。
看君终日常安卧，何事纷纷去又回？

这猫虽然不会捉鼠，而且还只知道吃鱼偷懒，但是，看着它终日没心没肺地安卧的样子，还挺可爱，于是诗人的心情又好起来了，不会抓老鼠怎么了？千金散尽尚且还易复得呢，几卷书算什么？姑且就原谅那小东西罢了，有它静静地陪伴着，挺好！

有一天，那只猫估计是良心发现，再这么颓废下去对不起那位任劳任怨的主人，终于让陆游看了一回猫捉老鼠，把陆游激动得啊，写诗的时候恨不得在标题里就把他那猫的神气劲儿告诉读者，取的那标题一口气读下来能把人的脸憋红《鼠屡败吾书偶得狸奴捕杀无虚日群鼠几空为赋》：

服役无人自炷香，狸奴乃肯伴禅房。
书眠共藉床敷暖，夜坐同闻漏鼓长。
贾勇遂能空鼠穴，策勋何止履胡肠。
鱼飧虽薄真无愧，不向花间捕蝶忙。

这标题的意思是，讨厌的老鼠老是啃我的书，还天天来啃，幸亏我养了只猫，把那些老鼠都捉干净了，为此，我要写一首诗赞美它。看了这个标题后，还需要读他写的诗吗？基本不需要了，他要在诗里写的事情，已经在标题里详细地告诉我们了。当然了，为了尊重陆游，他的诗咱们还是要认真来看一下的。

先是夸猫怎么怎么的好，而且是一顿好夸，他说我没人陪啊，只有这只小猫肯无怨无悔地在禅房陪我，最让我感到惬意暖心的是，那软绵绵的小家伙依偎在我身旁真的挺暖和，有时候一人一猫就这样静静地坐着，虽然说长夜漫漫，但是有猫做伴，也能感觉到岁月静好。

以前他的禅房到处都是老鼠，那么现在为什么会这么清静了呢？嗯，这当然是我那只猫的功劳啦，是它清空了老鼠的巢穴！为了犒劳那小家伙，我准备了些鱼，只不过我手头紧，给它准备的鱼不多，亏得是那小家伙不嫌弃，而且最近它也不向花间捉蝴蝶玩耍了，只认认真真捉老鼠。

于是陆游就更爱猫了，在《十一月四日风雨大作》时，写下此诗：

风卷江湖雨暗村，四山声作海涛翻。
溪柴火软蛮毡暖，我与狸奴不出门。

又是风又是雨的，懒得出门，于是在屋内生了火，抱着猫，舒舒服服地待在家里，好不温暖！

上文出现的诗，只是陆游写猫的其中一部分，而且是在不同时期写的，我将这些诗连贯起来解读，目的是想让大家看到陆游的撸猫史，从中不难发现诗人爱猫之甚，也不难看到诗人通过养猫，收获了许多快乐。

再来看明朝书画大家文徵明的养猫经历。说起文徵明的大名，应该是无人不知无人不晓，论文，他与祝允明（号枝山）、唐寅（字伯虎）、徐祯卿（字昌谷）并称"吴中四才子"，民间又称"江南四大才子"，在野史、话本里面这四位可都是主角，风流倜傥，才盖当世，要说明朝的顶级流量，这四位绝对是排得上号的；论书画，他又和沈周、唐寅、仇英合称"吴门四家"，精通诗文书画，人称"四绝"，在文化造诣上被誉为"明朝第一"，可谓真风流，真才俊。

文徵明在山水、人物、花卉、兰竹等艺术领域无不精通，在他的绘画作品中，很多植物都画过，但是家畜，他一生只画过一只，那就是猫。听起来似乎对猫情有独钟，实则不然，文徵明养猫的动机与前面提到的几位都不太一样，他更务实一些。

文徵明所画的那幅猫画叫做《乳猫图》，是只黑猫，看上去也不是很可爱，画中题了一首诗，诗名《乞猫》：

夜来鼠辈欺猫死，窥瓮翻盘搅夜眠。
闻道狸奴将数子，买鱼穿柳聘衔蝉。

画中的这首诗只是应景而已，而且不是画家的原创作品，出自宋朝诗人黄庭坚的手笔，他只是借这首诗，表达乞猫的心情，为示诚意，又在画中题款曰：小斋近失猫，苦鼠辈作孽，闻浒该家有乳猫，写此并画聘之。

文徵明的目的很明确，养猫就是为了让它捉老鼠，但不能平白向人家索要，那多不好意思啊，于是画了一幅画当作酬金。

用我们现在的眼光去看，那猫主人如果能将那幅画珍藏起来，当作传家之宝留给子孙，代代相传，必是价值连城，从这个角度来看，那只猫真是太珍贵了，一猫千金！

文徵明虽是文人，他的一生也是相当的有传奇色彩，但在对养猫这件事的态度上，与陆游不同，陆游似乎更有情趣更文艺些，即便那猫不捉老鼠，照样宠着，而文徵明养猫的目的就是要让它看护书房，比起陆游家的猫，文徵明家猫的生活可能要单调得多。

明朝许多人家都养猫，特别是那些富贵人家，有闲情又有钱，就把猫当宠物养，比如潘金莲，这位赫赫有名的千古第一妇女的闺房里就养了一只白猫：

潘金莲房中养的一只白狮子猫儿，浑身纯白，只额儿上带龟背一道黑，名唤雪里送炭，又名雪狮子。又善会口衔汗巾子，拾扇儿。西门庆不在房中，妇人晚夕常抱他在被窝里睡，又不撒尿屎在衣服上，呼之即至，挥之即去，妇人常唤他是雪贼。每日不吃牛肝干鱼，只吃生肉，调养的十分肥壮，毛内可藏一鸡蛋。

不难看出，那雪狮子比普通人家的孩子养得还要好。而绝大多数人家养猫，与文徵明一样，既不过分宠着，也不会去虐待，只要它能捉老鼠，那就好生养着，虽说很多时候由于经济原因，不能餐餐让它有鱼吃，但也不至于让它饿着。

每一只宠物的后面，都有一个活生生的人，那人对宠物的态度，能准确地看出其心态，孤独者将之当作知己，一起吃一起睡，对着它说话，倾诉衷肠，终日好生护着养着，生怕亏待了它，一旦失去，往往痛不欲生；乐观者将之当作玩伴，一同生活，一同玩耍，一同面对生活的风风雨雨，生也罢死也好，都是生命的过程，但求活着时找寻乐趣；忙碌者为生活奔波，所养的宠物自也需要一起为餐食劳作，世上任何的生命，都需要为自己活着而付出代价，没有哪一种生灵可以例外。

## 二 正德帝：把豢养大型动物的传统发挥到极致

熟悉我的人应该知道，我是一个历史爱好者，以写历史小说为生，送自己四个字：鬻文为业，也算是对自己的定义。作为一名以写历史为生的人，其实我早就盯上这位富有传奇色彩的皇帝了，后世有很多人骂他，说他不务正业，一天天的就想着玩，性子一上来就啥都不管不顾，骄奢淫逸……我可以这么说：所有骂过他的人，其实心里都是羡慕他的，别说是掌管了一个国家的皇帝，即便是普通老百姓，心里对自由的向往，对诗和远方的渴望，也就是闲下来时偶尔幻想一下罢了，有几个人敢真正地抛开世俗琐事的束缚、不顾一切地去追求自由呢？

比如我，无数次幻想过去大漠草原穷游，在茫无人烟的沙漠上，吼一嗓子，在白云蓝天之下仰望雪山，不用去想浪费了多少时间、金钱，抛开一切俗务，全身心地投入到大自然的怀抱，感受自然之美，体验生命的本真。

美吗？是的，美啊！可家里有两个小孩，一个还在牙牙学语，一个尚未成年，你敢不顾一切出去穷游吗？有时候越是美丽的幻想，越不切实际，所以我也就只是想想罢了。然而也正是因为如此，就更加羡慕那位皇帝，那就是大明朝历史上独一无二的最率性的皇帝——正德帝。

了解明史的人可能都知道这位皇帝，于是心中就产生疑问：难道你推崇那些不学无术、游玩嬉乐的人，那可不是什么正能量啊？这里我必须声明一下，我是一个非常正经的人，心里也从来没有起过什么邪念，怎么会去崇拜那些不学无术之徒呢？只不过在我眼里正德帝并不是一无是处，他的一生极有可能是让人给刻意抹黑了。

这么说有三个依据，第一，成王败寇，后世写史的时候抹黑前朝是常事，这种事情在中国历史上可以说是一种正常的现象；第二，正德帝英年早逝，而且没有儿子，嘉靖帝以藩王的身份直接继承大统，他是正德帝的堂弟，虽有血缘关系，但我们都知道，堂弟能有多亲？特别是那些大家族的堂弟，基本上也没什么感情，在有利益纠葛的前提下，甚至是有些讨厌他的，嘉靖帝上台后，为了摆正自己的位置，想要追加他的父亲兴献王为帝，追封其母为后，以凸显他的地位是正统的，不是别人无奈之下让给他的，于是就产生了一场大纷争，这就是大明史上著名的"大礼仪之争"，最后以嘉靖帝胜出而告终。在这样的政治背景下，在与群臣的面红耳赤的争议之中，顺便把正德帝抹黑一下属于是正常的手段，没什么可意外和惊讶的；第三，正德帝爱自由，不喜被礼法约束，于是到处乱跑，从南到北祖国的大好河山都让他跑了一遍，想法更是天马行空，最夸张的是往往想到什么就做什么，完全不会去顾及他人的目光，反正你们想怎么看就怎么看，我玩我的，又不花你们一毛钱。这样的性子如果是普通人也没什么，还挺潇洒的，但是身为一国之君，无视礼制，无规无矩，那就不行了，这在臣子和全国百姓眼里看来，简直是件匪夷所思的事情。但是，说一千道一万那只是他的个性，张扬了些，率性了些，本性是不坏的。比如他去宣府当"镇国公"这件事儿，一个国家的皇帝，本来就是天底下最大的主儿了，可他不，跑去边关当了镇国公，这样的事情就算你把史书翻烂了，也找不出第二位，是亘古未有的事情。

然而我们看事情得从各个角度看，正德帝去当镇国公当然是出格的，可是他虽然坐在镇国公的位置上，却没有忘记他皇帝的身份，心里还惦记着国事，在宣府的时候特别强调，但凡京师的奏章一律送到宣府，他要亲自御览，可见他虽然贪玩，但该做的事还是做了。

还有件事，杭州府钱塘县发生了一起命案，死者身中五刀，刀刀致命。钱塘县经过一番调查后得出结论是自杀，把这个结果报送到杭州府，杭州府复审后，觉得没问题，再送刑部。刑部核审时，觉得案理不通，打发回去要求重审。

杭州府重审后，还是觉得没问题，依旧按自杀报上去了。按理说，地方衙门反复审查没问题，刑部也不会揪着不放，但明朝的官员有个特点，那就是爱较真，而且较起真来连皇帝都怕他们，人命关天，只要还有疑点，那就必须查清楚，查到没有疑点为止，于是就将这个案子移交给了大理寺。

反复审查没有结果，也不知道为什么，这起普通的自杀案就传到了正德帝的耳朵里，当下传旨让大理寺把案宗拿过来，让他看看。正德帝看了之后，生气了，而且气得还不轻，勃然大怒道："你们把我当傻子呢？五刀，五刀啊，刀刀都插在要害，天底下谁这么恨自己，一口气在自个儿身上插五刀？就算是他特别恨自己，照着心口插了一刀了，还有力气插四刀吗，你们插一个给我看看？"

正德帝发完这通火后，还说了一句话，说："欲将朕比晋惠帝乎？"

这句话说得很重，晋惠帝是什么人？那家伙是晋武帝司马炎的次子司马衷，是个痴呆儿，智商低下，有人给了他十二字评语：惠帝之愚，古今无匹，国因以亡。说是那家伙的痴呆愚蠢程度，天下无敌，所以国家就亡了。傻就算了，他还娶了个悍妇贾南风，那强悍程度也是天下无敌，皇帝无能，贾氏掌权，引来了八王之乱。正德帝看这件案子时，觉得他的智商被人踩在地上摩擦了，这么简单的案子，你们查了半天说是自杀，想唬弄谁呢？想把我当晋惠帝唬弄过去吗？于是下旨严查。

最后查出来的结果当然不是自杀，要是自杀一刀命中要害后肯定就挂了，就算短时间内没挂，谁还有勇气和力气咬着牙再在自己身上插四刀？真相是钱塘知县的老婆和侄子联手干的。

从这事中我们不难发现，正德帝虽然顽劣，任性了点，但是有底线的，而且头脑十分清醒，在大是大非问题上，谁也别想去唬弄他。关键是有自知之明，别看他爱玩爱自由，要个性，但绝不做晋惠帝之流的人物。

我不能再继续往下说了，再说下去正德帝就会被我说成是个完美的爱耍帅的少年了，难免有误导读者之嫌，现在来说说他的缺点，从皇帝的角度来看，缺点还不少，比如他不爱听经筵，这对人君来讲是件不可思议的事儿。

经筵的目的是要皇帝学习儒家经义，广知博闻，这件事自汉唐以降，到宋朝已经制度化了，历朝历代的帝王几乎没有敢不遵守的。到了明朝也是一样，在每月的二日、十二日、廿二日要听三次，而且这每月三次的经筵很隆重，犹如朝廷的盛典，一般由一位有功勋的大臣负责，外加内阁学士辅助，六部尚书等大官陪着，另有展书、侍仪、供事、赞礼等工作人员参与，场面庄重，称为"大讲"。

除大讲外还有"日讲"，就是每天要讲一次，让皇帝来听，这个的确挺烦的……日讲由侍读官和内阁学士陪同，参加的人员没那么多，规格也没那么高，由于形式相对简略，又称小经筵，所以明朝的经筵制度是每旬一大讲，每日一小讲，大家想想正德帝就跟猴子似的，他哪里坐得住？就算坐得住也受不了那些官员在他面前念经似的讲大道理啊！

那怎么办呢？把他们给废了拉倒！

正德帝觉得这个主意是极好的，说干就干，下诏废了尚寝官和文书房的内官，这样一来就没人来劝他去听经筵，耳边少了"嗡嗡嗡"的声音，减少了约束，平时也没那么烦了。但是那些内官虽然废了，可经筵这事是祖宗定下的规矩，是不能随便废的，有时候还是躲不过去，怎么办呢？

装病！到了要去听经筵的时候，要么肚子疼，要么头疼，反正浑身不舒服，借口找遍了，浑身上下也反复地疼了几遍，还是躲不过去，怎么办呢？

逃课！逃课这件事儿还是相当刺激的，而且还有人给他出主意，传授怎么逃课才能合情合理的宝贵经验，于是在刘瑾等"八虎"的帮助下，偷偷溜出宫去玩成了家常便饭。

正德帝是弘治帝的独苗，没人跟他争帝位，两岁就被立为太子，从小娇生惯养，任性惯了，在八虎的诱惑下从此就撒开了玩，著名的豹房就是出自刘瑾的手笔。

不过需要说明的是，豹房不是专门用来养豹的，更不是动物园，实际上是正德帝的离宫，关于这个地方，正史、野史记载得相当多，大部分是以贬低为主，说豹房其实就是正德帝寻欢作乐的场所，无论是臣子还是百姓的老婆，但凡只要让正德帝看上了，一律召入豹房，这还不够，为了寻求刺激，还引入藩邦女子无数。《明实录》说："上佛经梵语无不通晓"，有人认为，正德帝通晓佛经，会说外国语言目的就是与外国的女人交流起来方便。

客观地讲，正德帝没有史书上所说的那么糟糕。先说寻欢作乐这件事，历朝历代的皇帝大多有三宫六院，佳丽无数，若是非要给他们戴上寻欢作乐这顶帽子的话，大多数帝王可能都无法幸免；再说豹房是个淫乐窝这事儿，正德帝好酒色是不争的事实，但还没到过度淫乐的地步，不说多的，我只举一个例子。

正德帝驾崩于正德十六年（1521），原因是正德十五年（1520）九月落水后受寒不治，于次年正月崩，那么问题就出来了，出在哪里呢？正德十二年

(1517)十月,蒙古王子伯颜叩关,正德帝兴奋得不得了,我还没腾出空儿去找你呢,你倒是自个儿送上门来了,好啊,这些日子我恰好闲得发慌,去跟你玩玩,于是率军亲征。

正德帝兴奋了,可是众大臣听到这消息时却如同五雷轰顶,面无人色。他们怕什么呢?怕的不是正德帝体力不行,人家的身体正如刚出笼的老虎一样虎虎有生气,恨不得扑上去就将伯颜啃了,身体根本不是问题,他们是担心这时候距离土木堡事件不过七十年,对那些老臣来说,那场灾难依然历历在目,万一同样的事情再发生一次呢?大明朝可经不起那样折腾了,于是集体力劝。

当然,正德帝没听,他想要做的事情,神仙都拦不住,况且在宫里呆得实在无聊之极,有个正当的理由去塞外散散心,怎么可能错过?遂以"大将军朱寿"的名义率兵迎敌,文官一个也没让他们跟着,以落得个耳根清净。

到了宣府,正德帝就迫不及待地去巡边,查探敌情、了解环境,关于这次出行,《明实录》是这么记录的:

自宣府抵西陲,往返数千里,上乘马,腰弓矢,冲风雪,备历险厄,有司具辇以随,也不御。阉寺从者多病惫弗支,而上不以为劳也。

什么意思呢?说是正德帝刚到宣府就去西边查探敌情了,往返数千里,他乘马悬弓,冲风雪、历险境,连眉头都没皱一下,给他准备了车驾偏不坐,坚持跟军队里的将领一样骑马,有些随从都顶不住病了,可他依然跟没事儿似的,"而上不以为劳",在他脸上看不到丝毫疲态,这种精神状态,这样的斗志,怎么看都不像是一个纵情酒色之徒。

要是这还不足以说明问题的话,我不妨再从时间节点上予以进一步说明。豹房建于正德二年(1507),正德帝是在正德三年(1508)住进去的,到巡边去跟伯颜应战这一年,差不多是十个年头,如果说豹房是用来寻欢作乐的话,在这十年间,日日笙歌,夜夜美女在怀,不说把身体彻底搞垮,至少也虚亏了吧?怎么也不可能在十年后出现"阉寺从者多病惫弗支,而上不以为劳"的情形。

还有一件事,在与蒙古人交战期间,正德帝与士兵同吃同住,没有什么架子,也不搞什么特殊待遇。这倒是符合他的性子,一旦玩性上来,他就不是什么皇帝了。

  双方激战数日，正德帝没有坐在军营里观战，玩那套运筹帷幄的把戏，这个人跟猴子一样是坐不住的，于是跟将士们一起亲自上阵杀敌，史书上记载是"乘舆几陷，险象环生"，可见是真的跟人拼命去了，而且表现得还挺勇敢的，有那种一马当先、奋勇杀敌的气势，据传还亲手杀了一名敌兵。

  上阵迎敌，生死只在顷刻，可不是闹着玩的，一般人绝对做不到，更加不是沉醉在温柔乡里的人可以办到的事儿。

  关于那场战争，疑点较多，比如"蒙古军队阵亡十六人，明军阵亡五十二人（注：语出《武宗实录》）"。当时，明军约有十万人，蒙古军约四五万，十几万人交战数日，双方总计阵亡六十八人，这是在玩吗？不过这个问题不在本书的探讨范围内，暂且搁下，我还是那句话，正德帝虽然贪玩，也好酒色，但他是有底线的。

  再来说正德帝淫人妻女这件事儿，我查阅了不少史料，确实有不少这方面的记载，比如"每夜行，见高屋大房即驰入，或索饮，或搜其妇女，民间苦之。"

  如果这一记载属实，那么正德帝简直就是强盗，夜间行走的采花贼，简直任性到无法无天了。但是，需要注意的是，正德帝在位时，正处于明朝的盛世时期，我们看历史看多了，都会形成这样一种认识：无论在哪个朝代，只要是处在盛世时期，别说是皇帝，连官员也不敢明火执仗、堂而皇之地进入民宅明抢豪夺，淫人妻女，这样的情形只在个别末世皇帝之时存在，正德帝不大可能会那么胡来；其次，正德帝的确贪玩，但他不是大恶人，比如在南巡回京途中，经过镇江，见水里的鱼儿游来游去，一时兴起，要学一学渔夫撒网捕鱼，结果坠入水中，最终一命呜呼，悲剧收场，其种种行为，都不过是任性贪玩罢了，而非昏庸之辈。

  最后再提一事，大量的写史或说史者人云亦云，说正德帝之所以没有子嗣，就是因为沉溺女色，过度淫乱导致的，于是很多人痛恨正德帝，说这种人活该没后代。这就更加可笑了，我只听说过四处风流，私生子无数的，从没见过一位妻妾成群，还四处招人妻女而没生下子女的。正德帝无后唯一的可能性是他在生理上有问题，但肯定不是纵欲。

分析完正德帝的人品后，再来说他是如何豢养大型动物的。

豢养大型动物不是正德帝的独创，而是有传统的，在汉朝的时候就有"大宛之北，胡人献狮"，这个传统一直延续到明朝，直至正德帝的父亲弘治帝，认为进贡大量狮子，除了消耗大量人力和财力外，没有什么实际价值，这才取消。

勤俭的弘治帝可能做梦也没想到，他的儿子会将这一传统再次发扬光大。

除了豢养狮子外，养大象也是个较为悠久的传统，从大家最为熟悉的曹冲称象的故事中就不难看出，养大象在三国时期就有了，不然你以为宫里的人能随时随地找一头大象去称重吗？

明朝养大象的地方共有两处，一处叫内象房，是御马监管理的，那些大象专为举行大型庆典所用，为此，又专门设立了个驯象地方，叫做演象所；另一处叫外象房，弘治八年（1495）所建，具体的位置在北京的象来街，也就是今天的长椿街。

从象来街往东南方向直走，到虎坊桥，就是养老虎的地方，正德帝兴趣来了时，经常在这里跟老虎玩。从象来街往东，有条未英胡同，未英是喂鹰的谐音，是喂养猎鹰的地方。此外，还有养狗、养狐狸的地方等等，在朱国桢的《涌幢小品》中有一组具体的数据，摘录如下：

西华门狗五十三只，御马监狗二百一十二只，日共支猪肉并皮骨五十四斤。虎三只，日支羊肉十八斤。狐狸三只，日支羊肉六斤。文豹一只，支羊肉三斤。

豹房土豹七只，日支羊肉十四斤。西华门等处鸽子房，日支绿豆粟谷等项料食十石。西苑豹房畜文豹一只，役勇士二百四十人，岁廪二千八百余石，又占地十顷，岁租七百金，此皆内臣侵牟影射之资。

从以上的数据中不难看出，皇宫大苑附近的皇家动物园实在不少，所养的动物当然也不在少数，所养的绝大多数都是大型凶猛动物，唯独不见温顺可爱的小动物，这是为什么呢？

这跟正德帝的性格有关，他喜欢刺激，蒙古人前来叩关，他不但不害怕，反而兴奋得像是要去旅游一样，亲自去边关指挥作战、冲锋陷阵；犯上作乱的宁王朱宸濠，本来已经让王守仁给抓住了，可正德帝觉得人是别人抓住的，没劲儿，不过瘾，又叫人放了，然后亲自动手再去抓一次等等诸如此类的事情，或许在别人眼里看来是那么的惊世骇俗，可在正德帝看来则不算什么，我就是爱玩爱刺激，那么豢养大型凶猛动物也就不是什么稀奇的事情了。

  文中提到的西苑豹房，就是为后人诟病的正德帝离宫，明眼人可能已经发现了一句较为敏感的话——养文豹一只，没错，就是文豹一只，正德帝倒是不贪，只养一只。那么上文提到的土豹七只又做何解释呢？

  其实土豹不是豹，应该是指猞猁，形状跟狸猫差不多，会爬树，性凶猛。文豹就是金钱豹，以凶猛见称，是豹中的极品，这些动物都合正德帝的胃口。

  老虎也是猛兽，是百兽之王，也是正德帝所喜欢的。有一天，正德帝兴致来了，要去跟老虎耍耍，底下的人也都知道他的性子，于是就把虎房的门打开了，让他进去。

  正德帝虽说已经不是第一次玩大型动物了，可旁边跟着的太监依然心惊肉跳，莫名惊慌，要知道虎坊里的老虎虽说是已经被驯化，可那毕竟是食肉动物啊，又长了那么大的个儿，谁也不敢保证老虎不会发威。

  正德帝进去后，太监的眼睛就往旁边的几个人瞟了一瞟，那几个人正是钱宁、江彬、许泰等勇士，个个都是一等一的高手，可能是有技艺傍身，艺高人胆大，个个面无惧色，不当回事儿。太监急了，交代了句："好生护着主子。"那几个人应声好，一起跟着进去。

  正德帝哈哈一笑，昂首挺胸而入，直往那斑斓大虎走去。那老虎蹲在墙角，可能是见惯了人，看到正德帝走上去，依然是一副懒洋洋的样子，趴在那儿没做出什么动作。

  正德帝走到老虎旁边，伸手摸了摸虎头，那虎就跟猫似的眯了眯眼，一副温顺之状。要是换作一般人，摸了虎皮，过些瘾就知足了，可正德帝不是一般人，他见那只老虎温顺得跟只猫似的反而火了，大喝道："乖巧若猫，朕养你何用？"抬手就是一巴掌拍在老虎的脑门上。

  啪的一声响，大家的心随之都提到了嗓子眼儿上，这天底下哪个敢在老虎面前发威？恐怕除了正德帝再也找不出第二人了。钱宁等人也怕出事，围了上去，随时准备救驾。

  突如其来的一个巴掌，把那老虎也拍蒙了，然而还没等它反应过来是咋回事,正德帝又是一声低喝,抬腿就骑到了虎背上。

俗话说老虎不发威,你真把它当病猫了?老虎到底是老虎,被人拍了一巴掌,又让人骑在背上,它也火了,只听得一声虎啸,呼地站了起来,虎头往后一偏,张开血盆大嘴就咬。

正德帝是尚武之人,当然是有些本事傍身的,身子一偏,没教它咬着,兀自牢牢地骑在虎背上。那老虎一口没咬到,又是一声虎啸,惊天动地,扬起四条腿在房内绕着圈儿狂奔,试图要把背上的正德帝甩下来。

这下轮到正德帝慌了,老虎毕竟不是马啊,不好控制,而且虎背上滑不溜秋的,没着力的地方,随时都有可能摔下去,而一旦摔下地,那老虎一转身就可以把他吞了。

这一慌不打紧,紧张之下,正德帝果真从虎背上摔了下来。别看那老虎平时温顺得跟猫似的,可被惹毛了发起威来,虎威俱在,霍地转身,一个虎扑,从上往下扑向正德帝,这下饶是正德帝天不怕地不怕,生来爱刺激,可当下的情形实在是太刺激了,吓得面无人色,急切间叫了一声:"钱宁救我!"

钱宁是锦衣卫千户,臂力奇大,骑射功夫更是了得,左右开弓,例不虚发,深得正德帝喜欢。然而一个人本事再大,遇上老虎发威,也有些儿发怵,听到正德帝的叫声时,兴许是吓着了,竟然愣在那儿没上去前救。

倒是江彬的反应奇快,那老虎刚刚跃上半空,他也跟着扑了上去,其速度与那老虎相差无几,就在正德帝将要落入虎口时,江彬刚好赶到,一记铁拳打在老虎的耳根子上,那老虎被打得脑袋嗡嗡直作响,吃痛之下,厉啸一声,往一边倒去。

看到正德帝脱险,闻警赶来的虎坊勇士七手八脚把正德帝抬出门去,并迅速关上了那道铁门。

正德帝出了一身冷汗,瞧了眼钱宁,显然对他有些不满,又回头瞧了眼江彬,好像对他也不怎么满意,说了句:"朕自有办法应付,安用尔。"意思是说,我其实有办法对付那只大虫,不需要你来救。事实上他是感激江彬的,只不过生性好强,嘴硬而已。

江彬聪慧,岂能不了解正德帝心思?不但没敢居功,反而跪下道:"臣鲁莽,愿领罪。"

"罢了。"正德帝挥挥手道,"小事而已,不必小题大做。"话虽这么说,从此之后却渐渐疏远了钱宁,重用江彬,正德十二年(1517),封他为平虏伯,十四年(1519)提督东厂兼领锦衣卫,权势一时无两。

这就是正德帝,率性爱自由,个性鲜明,优缺点都十分明显,但还没到因了贪玩而坑害百姓的地步,甚至连不断上疏劝诫的臣子们,都没有受到过责罚,比如英国公张懋说:"惟皇上嗣位以来,日御经筵,躬亲庶政,天下喁喁望治。迩者忽闻宴闻之际,留心骑射,甚至群小杂沓,经出掖门,游观园囿,纵情逸乐,臣等闻之,不胜惊惧。"

这话说得不可谓不重,跟老子训儿子似的,明确地告诉正德帝与小人为伍,纵情玩乐,太不像话了。正德帝可能觉得他语气虽说得重了些,但本意是为他好,所以没有追究,当然也没把他的话当回事,该怎么玩还是怎么玩。

唯一被罢免的是谢迁、刘健二人,倒不是说正德帝一定要罢免了他们,而是谢、刘二人因力劝无果,就以告老还乡来作威胁,说皇上你要是再这么下去,玩物丧志,我们就不管你了,你放我们告老还乡吧。

正德帝说好呀,那你们就回家好好过日子去吧,照准了。这是正德帝贪玩的一面。另一方面,在大事上则毫不含糊,行事果决,甚至有那么一股狠劲儿,诛刘瑾,平安化王,捉宁王,败蒙古军等等事情,在其短暂的一生中,无论拎出哪一件,都是值得称道的。

可以说,正德帝是因玩而生,为玩而死,见水中群鱼戏水,就要学做渔夫撒网捕鱼,不慎落水,一命呜呼,终年三十一岁。由于他的性子与传统社会和自小学儒家典籍的文官格格不入,所以污蔑、贬斥他的人众多,而留给史册的则是诸多疑惑和他充满传奇性的一生。

### ❸ 极致的优雅:弄花、侍草、读书

"优雅"两字范围很广,得另外写一本书才能说全,你比如说现代的文艺小资范,也是种优雅,泡一杯茶、捧一本书也叫优雅,还有像我现在这样,在电脑面前码着字,叼着根烟,难道不优雅吗?还有李子柒那种过着世外桃源般的

生活等等，也可以称作优雅。

古代人的优雅生活也跟我们一样，有很多种过法，不过说到田园赋闲的生活，很多人第一反应可能会是陶渊明，想起《桃花源记》以及这首诗：

结庐在人境，而无车马喧。
问君何能尔？心远地自偏。
采菊东篱下，悠然见南山。
山气日夕佳，飞鸟相与还。
此中有真意，欲辨已忘言。

这不仅仅只是优雅，而是一种极致的优雅，晋代名士的风骨以及他们的生活，一直是后世所向往、模仿却又难以真正做到的。

我也喜欢安静，非常向往"结庐在人境，而无车马喧"，可矛盾的是又耐受不了那种环境。

为什么会产生这样的自相矛盾呢？我说句真心话，这句真心话也可能会得罪人，实事求是地讲，文人往往是矫情的，当然了，这句话骂了同行也骂了我自己，由于受到古圣贤的影响，极为羡慕那种自由自在、无拘无束的生活，但同时心里又非常明白，那样的生活是要付出代价的，至少你得舍下名利以及当下的舒适生活。最重要的是，即便你真的舍得放下，到了那种没有车马喧的地方，其实也受不了。

我的老家位于海边的一个村子，三面环山，一面临海，这样的村子其实比一般意义上的农村，相对来说要好一些，算不上是在大山环绕的封闭的环境里面，可是纵然如此，待上个把月后就慢慢厌烦了。像我这种"鬻文为生"的码字的人，大部分都是夜猫子，"早睡"是常事，过了凌晨去睡觉，没有人像我们这种人一样"早睡"的，那半夜饿了怎么办？村子的店子哪家起这么早？又没夜宵店之类的，拿什么填肚子？最叫人无法忍受的是夏秋季的蚊虫，你晚上点个灯，不管门窗关得有多紧，总有飞蛾啊、蚊子啊之类的飞进来，那些小东西简直是无孔不入。白天要么不出门，出门就会被咬一身包回来，奇痒无比，拿什么擦都没用。但是，我有时候还是会发一些这样的感慨：城市生活太喧闹，生活节奏又快，每天早晚马路上车水马龙，都是些忙忙碌碌为生活奔波的人，不如农村来得清静，也不如农村的生活来得悠闲，一边享受着城市里的便利，一边却又嫌吵，这不是矫情还能是什么？

之所以会这样不留情面地自己打自己的脸，是因为我心里明白，过不了那样的农村生活，特别是年轻时，山村里的静，静得惊心动魄。把静与惊心动魄组合在一起，不是我乱用词语，而是在那种静谧的环境中，藏了个不安分的心，成天做梦想要飞出去，于是偶尔从山林里传出来的砍柴声，或是大鸟的鸣叫声，在群山之间围绕、回荡时，会惊醒了我的梦，那声音在我的印象中真的可以用惊心动魄来形容。

我讨厌那种静谧中的惊心动魄，或许正是有这种无法静下的心态，所以可能也做不了真正的文人，更无法与那些名士比肩，也因此，我给自己的定义是鬻文为生的人。

前些日子读张岱的《陶庵梦忆》，对作者的心态肃然起敬，那才是真文人、真书生！

《陶庵梦忆》大多写的是作者的所见所闻，串联起来就是一幅活色生香的明朝民间生活图景，其中有两篇文章写到作者自己的房子，为之惊艳。

第一篇叫《梅花书屋》，是因为院子里种了梅花而得名，说是老屋本来已经塌了，作者筑地，建了一间大大的书屋，旁边有间耳室，摆了张床，作为休息的地方。房子的前后都有空地，在后墙地基上建了一座坛子，种上三株牡丹，估计是主人侍候得好，那牡丹也争气，每年开花的时候，能开三百余朵花，花出墙头，花团锦簇，美不胜收。坛子的前面种了两棵海棠，那海棠也很争气，花开时，如积三尺香雪，赏心悦目。

光是看到上面的描写，我就开始向往了，这足以证明无论在哪里，只要心态好，到哪儿都是仙境。然而梅花书屋的景观远不止此。坛对面又砌了座石台，在石台上插了太湖石数峰，就形成了一座小型的假山，挨着假山的是一棵梅花树，树枝遒劲古朴，梅树底下又种了滇茶数茎，妩媚其旁。

"妩媚其旁"四个字实在太形象了，梅树遒劲，滇茶妖娆，就像一男一女站在院子里，平添许多情趣。梅树下面除了滇茶外，又种了些许的西番莲来点缀，这西番莲是种有藤的植物，一般种在篱笆下面，会顺着篱笆往上爬，张岱将它种在梅树下，藤就缠绕着树干，宛如璎珞。

书屋的窗外搭了座竹棚，周围种宝襄花，这宝襄花是什么花我不知道，也没见过，但据张岱的描写，应该也是种有藤的植物，藤蔓密密麻麻地覆盖了竹棚，成了座绿色的天然凉棚。门前的石阶下绿草深三尺，花和树夹杂其中。前后的明窗，也就是向阳的窗户，在花影树叶映射下，渐作暗绿色。

这样的布置，按我们现代人的话说，张岱绝对是个小资，非常的有情调，他就坐卧在这书屋内，怡然自得，怡然自得到什么程度呢？别看他这书屋是在老屋的基础上翻新的，而且地段也不是特别好，不过是在农村的一块破地上，但是，只接待有文化的文雅高流佳客，其他人一概莫入。你以为你是当官的，或者是在地方上有一定名望的，就能成为张岱的座上宾？没门！

由于他羡慕倪瓒的清闷阁，于是又将这个地方叫作"云林秘阁"。

各位想想，这是种什么样的心境？在塌圮的旧屋上建了座书屋，觅得一个清闲的地方，不慕权贵，不迎俗辈，自得其乐，至少在我眼里看来，这就是书生之风骨。要是换作是我这样的，别说没有这种风骨，更无法免俗，要是当地一名当官的领导来拜访，那还不得屁颠屁颠地迎出门去？

抛开这些不说，如果让我去修一座已经倒塌了的老屋，可能也没那闲情逸致，更别说修得那样的风雅了。因为修这样一座书屋，钱倒还在其次，花的时间肯定不少，而对绝大部分人来说，时间就是金钱，一大家子人要糊口呢，上有老下有小的，哪来那么多闲功夫？

这就是人与人之间的差距，你放不下，舍不掉，就只能融入滚滚欲流之中，无法自拔，剩下的就只有羡慕他人的悠闲，和对自由的向往了。

事实上人的自由，关键在于心，自由一定要是诗和远方吗？不是的，张岱在倒塌的房屋基础上新建一座书屋，过得比任何人都要逍遥自在，而且那书屋里面也没什么贵重的东西，更没有豪华的布置，甚至于在富贵之人看来，只不过是一处陋室而已，然而他照样可以高傲地说，"非高流佳客，不得辄入"，做到这样的境界，不在于钱多钱少，也不在于住的地方是否足够豪华，无非心境而已，因其无欲无求，方才遗世独立，出落凡尘，并世无双。

另一篇叫做《不二斋》，这也是一座书屋，是张岱的曾祖父建的，到了张岱手里，早已破落不堪了，于是修修补补，成了又一处休闲的好地方。

不二斋旁边有一棵梧桐树，高三丈，绿影千重。围墙西侧有个空缺的地方，觉得不美，于是种了几株腊梅补上。夏天的时候，抬头仰望，但见绿影，不见暑气。后窗有几竿方竹，随风摇曳，潇潇洒洒。他的朋友郑子昭写了一副横批，曰"满耳秋声"，挂在门上。

阳光洒下来，抬头看到的不是炫目的强光，而是如同玻璃云母般晶莹斑斓的光影，张岱就盘桓在此清凉世界，怡然自得。

在阅读《陶庵梦忆》的时候，看到这里，我仿佛看到了张岱一副陶醉的面孔，那种对田园生活的享受，是装不出来的，他是真正的喜欢这种静美的环境。而他那绝代文士的气息，也随之在不二斋弥漫，人因斋而陶醉，斋因人而优雅，人景合一，实在妙极。不过更妙的还在后头，我不知道大家能不能理解，反正我看到下面这段话时就惊呆了，所以我先把原话摘录出来，供大家品鉴，只见不二斋内：

图书四壁，充栋连床，鼎彝尊罍，不移而具。余于左设石床竹几，帷之纱幕，以障蚊虻；绿暗侵纱，照面成碧。

在我眼里看来，这一段语言妙不可言，也从中能够看出不二斋并不大，然而就是因为它不大，越发显得安逸温馨，大家想象一下，四周的墙壁上都是图书，一直延伸到床上，由于四周都让图书塞满了，所以那些喝酒的器具就只能放在床边上，这么一来，在看书的同时，如果想要喝一杯酒，随手一拿就能拿得到。

这真是一个书生住的地方，满屋书香，有点儿乱，却乱得舒适，至少在我看来是这样的，这时候如果有个爱干净的女人，把书给移走了，一摞一摞地给叠了起来，然后又将酒具收拾起来放橱子里去，干净倒是干净了，也宽敞了亮堂了许多，却少了人文气息和乐趣。

当然，每个人的看法不同，有些人就是爱整洁，看了上面的文字反而会认为那就是狗窝，其实狗窝也无所谓，只要自己觉得舒服就行，反正我在看到"图书四壁，充栋连床，鼎彝尊罍，不移而具"这十六个字时，顿时眼睛一亮，因为这样的布置，可能也就是真正爱书的人才能做得出来，有些故作风雅的人，弄个书房只是为了摆设，显得文雅，实际上真正不落俗流的是那种不拘小节的文化人。

闲话表过，我们继续来看不二斋还有哪些景色。夏天的时候，建兰、茉莉花都开了，芳泽浸人，沁入衣裾，真的是人在花中人也香。重阳前后，把菊花移到北窗，且将菊盆分为五层，不同颜色的花交错地放着，与阳光交相辉映。冬天来时，梧桐叶落，飘飘洒洒，而腊梅则开花了，冬天的太阳晒到窗户时，张岱就拿了块毛毯垫在地上，静静地坐在窗前晒太阳，屋内还有只小火炉烧着，微微眯着眼睛，悠闲地看着窗外的风景。春天的时候，墙壁下都是山兰，门槛前是半亩的芍药，大多是罕见品种。这时候，张岱沐浴着春光，把衣服解开了盘坐着，由于无论寒暑都极少出门，后来想想真的如在隔世。

什么叫宅男，这才是真正的宅男，而且还是宅出了境界的那种，只有隔世闭门而居，送走了繁华，方才留下了满屋的清雅逸趣。不过大家也不用羡慕，我前面说了，我做不到张岱那样的境界，很多世俗的人都做不到，因为一个人想要做到"行至水穷处，坐看云起时"，必须经过岁月的洗礼，只有心静了，整个人才能静下来，而要做到真正的心静，不是说我今天看本书心就算是静下来了，那充其量只是暂时地静了一下子，明天你照样浮躁，只有历经了沧海桑田，看透了人情冷暖，才能达到心如止水，除此之外，都是矫情。

在张岱的另一本著作《快园道古》里，有一篇序文，是董金鉴写的，其中有一句说："先生本世家子，年五十遭国变，杜门谢朋好，著书等身。"

这句话是什么意思呢？张岱生于万历二十五年（1597），历经了泰昌、天启、崇祯三朝，看到了明朝的衰亡，经历了家道的中落，直至康熙十六年（1677）辞世。他本是官宦之家，属于世家子弟，在中年之前他的生活还是相当优越的，崇祯八年（1635），乡试落榜，写下《跋张子省试牍三则》那样的雄文，狠狠地讽刺了考官之后，从此再无入仕的念头。后来又经历国破家亡之痛事，从此隐居林泉，潜心著作，这才有了后世我们看到的诸多名篇，也才有了"非高流佳客，不得辄入"的潇洒。

不瞒大家，我也有一座书斋，很小，是在阳台那里隔了一个空间出来，在门的右侧挂了一块木牌，上书"萧盛"两个字，旁注八个小字："萧盛两极，人生况味"。推门进去，宽四步，长不过十步，只容得下一椅一桌一书柜，简陋得不像话。但是，同样是陋室，布置和心境与张岱相较，那简直是天上地下，这就是人生阅历不同，决定了个人的品味和心境。

当然，我也不能一味地贬低自己，没心没肺地尽情打自己的脸，至少在爱书这件事情上我跟张岱差不多，我看书时，看几页停下来休息时，一般不会去折书页，怕把纸张弄皱了，用书签夹着，以备下次继续阅读。几年前曾任老家文联一份杂志的主编，辞职去湖南时，硬是将那些年编辑过的杂志打包带往湖南，如果不带走这些，仿佛人走了，魂还留在那儿，心里会觉得少了些什么。

许多书是老书，发黄了，但是，书毕竟是书，与废纸是不一样的，依然藏着。最关键的是，老书跟新书的味道不同，新书有墨香味儿，清新怡人，确实能让人陶醉，而老书散发的是一种浓浓的岁月留下的味道，捧着发黄的老书放到鼻端，说不上来究竟是什么味儿，却能让人回味，而且通过那味儿还能回忆起当时看此书的情形，以及那时的快乐。

或许这就是书的魅力，它给人带来的精神上的愉悦，是任何东西都无法替代的。

张岱三代藏书，据说积书三万余卷，可谓真正的书香门第，有一天他祖父对他说："吾诸孙中惟尔好书，尔要看者，随意携去。"张岱兴奋得如获至宝，挑选了高祖、曾祖、祖父批阅、校注的书，一一写下来后去给祖父看书目。祖父十分欢喜，命人将那些书给他抬走。

书对于读书人来说那就是个宝藏，是多少金钱也买不到的，特别是祖孙三代的那些藏书，可以说是三代人的智慧和心血的结晶，可世事难料啊，崇祯乙丑年，祖父去世，张岱那时恰好在杭州，他的那些叔叔、堂弟、表亲、门客等人，认为那些旧书放在家里，除了生蛀虫外就没什么用了，于是胡乱搬走，烧的烧、扔的扔，三代遗书一日尽失。

这种事对一个读书人来说，不啻五雷轰顶，令张岱好几个月都没缓过劲儿来。还有更惨的，张岱说自己藏书四十年了，也有三万余卷，乙酉年（注：按照张岱藏书四十年来计算，应是指顺治二年，即1645年）为了躲避兵祸，前去浙江嵊县，读书人嘛，除了书也没什么珍贵的东西，就随车装了几箱他那些藏书，谁承想半路遇上了一群兵痞子。

有句老话说得好啊，秀才遇着兵，有理说不清，那些当兵打仗的哪管得了你是什么书，撕了当柴火煮饭，烧不完的，被抬到江边，浸湿了，裹在皮甲内，作战时可以挡飞箭流弹。

张岱打打不过他们，说理也没法儿跟他们说清楚，只能眼睁睁地看着，一边叹气，一边跌足大叫，四十年啊，相当于大半生所积累的书，就这样在一日之间尽失，于是他发出了这样一句感慨：此吾家书运，亦复谁尤！意思是说我家那些藏书的厄运啊，普天之下真没哪个能比得上的，简直是倒霉到家了。

好在他的心态还是比较好的，书没了如同覆水难收，伤心又有什么用呢？于是又这样开解自己：

我明中秘书不可胜计，即《永乐大典》一书，亦堆积数库焉，余书直九牛一毛耳，何足数哉！

说我大明朝的藏书啊数不胜数，光是《永乐大典》那一套书，就堆了几个书库，我那些藏书跟朝廷相比，算什么呢？简直是不值一提，既然如此，那你还叹什么叹呢，尽早放开那些心结吧。

在明朝后期，随着商业社会的发展成熟，老百姓手里有钱了，侍花弄草、修建书房之类的事情，在社会上十分普遍，并逐渐形成了一种风潮，只要是有些家底的，无论是否爱书，都要修一座庭院，而院中必建一座藏书阁，这样既显高贵，又显高雅。这就好比我们现在买了房，装修之后，客厅内必须得挂两幅字画一样，懂不懂画、会不会品画这都不重要，重要的是不挂两幅字画，它就衬托不出房子和主人的优雅。有钱有关系的，请当地的书法家写两幅，手里钱不多的那也容易，在网上买两幅，管他谁写的呢，买回来了挂上再说，有总比没有好吧？

从成化至万历年间是修建园林最多的时期，为什么会出现这种现象呢？其实原因并不复杂，古往今来，社会的发展往往分几个阶段，初期是脱贫致富，这时候大家都还不怎么追求享受，目的是创业；中期的时候经过艰苦创业，有一部分人先富起来了，从农村往城里搬，这时对先富起来的那些人来说，他们受够了乡村物资的贫乏，交通的不便，生活的单调，只要手里有些钱，就会去城里置业；到了后期，这个情况就反过来了，经过几代人的努力，城市繁华得不得了，道路也拥堵得不得了，堵车成了生活的一部分，跟吃饭逛街一样寻常，而这一代人恰恰都是在城里出生并成长起来的，受够了城里的这种拥挤和喧哗，于是手头宽裕的就开始往农村搬，在城郊或乡村修建私人的园林别墅，一是图个清静，二是有钱了之后需要追求一种精神境界或精神上的享受。

想要图清静，图精神上的享受，不是像那些世外高人一样，在村里随便搭建一座茅草屋就可以达到要求的，我既然有钱，而且在图清静的同时还要兼顾享受，那就得有投入，所以在修建园林时，假山是必需品，园子里没有山，那就没有气势，然后再种植一些奇花异草，这些花草不求多，求的是"奇异"二字，得是人家没见过，最好也没听说过的，这样的话客人一来，当客人发出惊叹的声音，然后你再跟他们介绍那些花草时，才显得有面子，显得你品位独特，有眼光。除了奇花异草外，还要种几株修篁，也就是竹子，竹子代表的是气节，又显高雅，能显示出主人的高风亮节，所以也是必须要种的。

如果要追求品位，造假山的石头也不能随便应付，明眼人一看就知道你这石头是好石头还是劣质石头，有些人可能会觉得奇怪，石头只分软硬，难道还分好坏？

其实在普通人眼里石头是没有好坏之分的，哪来那么多穷讲究，但是对那些玩家来说却十分讲究，也非常看重这个，以至于很多石头都成了千金难求的稀品物。在众多的石头当中最贵的要数太湖石，不知道大家还有没有印象，我在说张岱的梅花书屋时，曾提到园子里插太湖石数峰，可见文人是很稀罕太湖石的，文人是什么人呢？文雅人，那些知名的文雅人追求的东西，那就肯定是文雅之物，于是乎，那些为了装文雅的人纷纷跟风效仿，跟炒房一样，把本来普普通通的石头炒得比黄金还贵。

在太湖石之中，又以洞庭西山的石头为佳，颜色是黑的，但中间又夹杂着白色的纹理，高数丈，看上去也有那种自然古朴的气势，据说好的优质的石头价值百金，成色稍微差一点的也不下十金，普通人辛辛苦苦干一辈子，还不如一块石头。

在全国修建园林最多的要数江浙一带，而在江浙一带园林最集中的要数杭州和苏州，没办法，谁叫那两块地方富人多呢。有人曾说：

北土名园，莫多于都下，南中名园，莫盛于西湖。

北方的著名园林大多在北京，有权有势的贵人多，所以园林多半是以华贵、气派为主。而南方的名园则集中在西湖一带，那地方临水环山，是弄花侍草、拨琴弄弦装高雅的好地方，所以他的功能并不在于居住，而在于休闲，所以在整体结构和装饰上，以幽静、赏心悦目为主，至于实用性就没那么重要了，好看就行。

有亭台楼阁、老树修竹，环境是优了，但还缺个雅字，所以园林中还得有书，有了图书才能称为雅。有些人建藏书楼、书房之类的，只是为了装风雅，那些书除了沾灰外没有任何作用，但是，对另一部分人来说，却是生活中必不可少的一部分，他们不是要装风雅，而是生活中必须得有书。比如那些退休的官员，书对他们来说是有感情的，因为他们一生所有的功名都是从书中而得，退休后如果依然能与书为伴，那么人生也算是圆满了。所以居住的房子可以随便怎么建，或是买幢现成的能住就行，唯独书房必须按照自己的意愿和想法去建，比如明文学、书画大家九疑先生李日华的书斋，是这样布置的：

溪山纡回处择书屋，结构只三间，上加楼层，以观云物。四旁修竹百竿，以招清风；南面长松一株，可挂明月。老梅寒蹇，低枝入窗，芳草缛苔，周于砌下。东屋置道、释二家之书，西房置儒家典籍，中横几榻之外，杂置法书名绘。朝夕白饭、鱼羹、名酒、精茗。一健丁守关，拒绝俗客往来。

李日华是万历二十年（1592）的进士，官至太仆少卿，日子还是比较滋润的，至少比张岱要好很多，其名下有鹤梦轩、六研斋、紫桃轩等三座书屋，藏书数万卷，里面的装修、陈设当然也要比张岱豪华一些，吃的也比较讲究，朝夕有白饭、鱼羹、名酒，午后休闲时泡一壶名贵的茶，为了防止有人来打扰，门口专门派一名壮汉守着，拒绝跟俗客往来，那小日子过得相当逍遥惬意，不像张岱，鼎彝尊罍，不移而具，旁边有酒就可以了，没那么讲究。

高濂在鸿胪寺任职，会写诗文，精通音律，而且还懂养生，属于资深的小资，在生活上肯定要更加讲究、精致一些，他的书屋是这样的：

窗外四壁，薜萝满墙，中列松桧盆景，或建兰一二，绕砌种以翠芸草令遍，茂则青葱郁然。旁置洗砚池一，更设盆池，近窗处，蓄金鲫五七头，以观天机活泼。

上面说的只是他书房里面大致的装饰，他对书房内的陈设是有详细规划的，说出来吓死人：

斋中长桌一，古砚一，旧古铜水注一，旧窑笔格一，斑竹笔筒一，旧窑笔洗一，糊斗一，水中丞一，铜石镇纸一。左置榻床一，榻下滚凳一，床头小几一，上置古铜花尊，或哥窑定瓶一，花时则插花盈瓶，以集香气，闲时置蒲石于上，收朝露以清目。或置鼎炉一，用烧印篆清香。冬置暖砚炉上。壁间挂古琴一，中置几，如吴中云林几式最佳。壁间悬画一，书室中画惟二品，山水为上，花木次，鸟兽人物不与也。上奉乌斯藏佛一，或倭漆龛，或花梨木龛居之。否则用小石盆一，几置炉一，花瓶一，匙箸瓶一，香盒一。壁间当可处悬壁瓶，四时插花，坐列吴兴笋凳六，禅椅一，拂尘、搔背、棕帚各一。竹铁如意一。右列书格一，上置周易备览书，书室中所当置者：画卷各若干轴，用以充架……此皆山人适志备览，书室中所当置者。画卷旧人山水、人物、花鸟，或名贤墨迹，各若干轴，用以充架。斋中永日据席，无事扰心，阅此自乐，逍遥余岁，以终天年。

论精致讲究，高濂是此中高手，没几人能超越他的，桌边、墙上、桌面、地下所有的物件，一一详细规划，错一样都不行，他认为这些东西都是书房里必须配备的，只有如此，才能逍遥余年，过得舒畅。

当然，也有人认为，书房不在于具体的布置装修，因为装修是个无底洞，你想要装个一百万都没有问题，但你要是装个十万也是可以住人的，没必要太讲究，真要是有钱没地儿花，那还不如选个好地段。明朝有个著名的造园师，名叫计成，建造园林无数，见多识广，一语道出书房择地的要害，他说：

书房之基，立于园林者，无拘内外，择偏僻处，随便通园，令游人莫知有此。

他的意思是说，建书房干什么啊？无非是读书嘛，而要读书的环境必须静，所以得选个偏僻的地方，这个偏僻不是说找个鸟不拉屎的地儿就叫偏僻了，那不叫偏僻叫隐居，而且还只是小隐，大隐要隐于市，园林是四通八达的，让人家以为这是个旅游景点。

这是不是有点无招胜有招、无剑胜有剑的感觉？这可能是建造书房园林的终极目标吧，你想啊，把一块地方打造得跟旅游景点似的，还不让人知道这是你的私人园林书房，这得是块多大的地儿啊，得花多少钱装修？

不过这倒是让我想起了清代诗人袁枚，他就有一座园子，叫做随园，意思是一座很随便的园子，随便到什么地步呢？没有围墙，由于装修得很漂亮，附近的人都去参观，袁枚也不拦着，还在大门上挂了副对联说：放鹤去寻山鸟客，任人来看四时花。你们想来就来吧，喜欢就行，随时欢迎。

以上说的都是侍花、弄草、读书的雅事，既然是雅事，当然得是雅人去做，哪怕是附庸风雅，也必须得有一定的家底才能那样去折腾，这些事对普通百姓来说，则是可望而不可即的。

当然了，雅不是富人的专属品，严格来说雅是一种气质，哪怕你住在茅草屋里，只要终日读书，或者喜欢文化方面的事情，那你身上就必然会透露出一种文雅之气。老百姓虽建不起园林，但并不妨碍他们读书或者侍弄花草什么的，张岱的《陶庵梦忆》里记录了一位奇人，爱花草如命，侍弄那些花草就像养育小孩似的细心。

这人叫金乳生，体质偏瘦，看上去也没多少力气，他生平最大的爱好就是种花草，平时没事也不出门，对谈恋爱那些事儿也不感兴趣，甚至于有种把花草当老婆的意思，照顾得无微不至，真正的资深宅男一枚。

乳生的家在河边，临河建了小轩三间，左侧栽了竹子当作篱笆。北面临街，筑了面土墙，与街隔绝，免得让人把他的花草踩坏了，墙内还砌了花栏，三尺多长，不宽，栏前还用螺山石垒了座假山。

从结构上看，这临河的小轩不大，是狭长型的，然而经过乳生的精心布置，小而精，是典型的小户人家私人宅院。但是不要看它小，所种植的花草却是五花八门，无奇不有。

有四季的草木百余种，间杂着种植，浓淡疏密，都是经过精心布置的。春时的花草以罂粟、虞美人为主，山兰、素馨、决明映衬。夏天以洛阳花、建兰为主，蜀葵、乌斯菊、望江湖、茉莉、杜若、珍珠兰映衬。秋天以菊花为主，剪秋纱、秋葵、僧鞋菊、万寿芙蓉、老少年、秒海棠、雁来红、矮鸡冠映衬。冬天以水仙为主，长春映衬。此外，还有木本植物：紫白丁香、绿萼、玉碟、腊梅、西府、滇茶、日丹、白梨花等等，种在墙头屋角，以遮挡烈日。

小小园中，百花盛开，四时常艳，可见乳生是位真正的爱花草人。乳生爱花，并非虚于其表，他是真爱，爱到什么程度呢，说出来让人惊讶：

由于乳生的体质不好，常生病，可是即便如此，依然每日早起，下了床也不洗漱，披头散发地趴在石阶下捉虫。园内有花草千百种，他每天要给每棵花草捉一遍虫子。

乳生对害虫了如指掌，比如火蚁能使枝叶枯萎，黑蚰会让花草瘦弱，蚯蚓、蜓蚰会伤植物的根，象干、毛猬会把草叶吃光……每一种害虫捉法都是不一样的，如果一味鲁莽地去清除，就有可能伤了花草，乳生爱花草像爱老婆孩子一样，自然细心对待。那么他是怎么弄的呢？

比如火蚁，把鲞骨、鳖甲之类的食物放在旁边，利用这些东西的香味把火蚁吸引出来；黑蚰这种虫子要用细小的麻绳在筷子上裹好，将它捋出来；抓蜓蚰需要在夜深人静时，拿灯火灭杀；如果是蚯蚓则要用石灰水浇灌；毛猬要用马粪水将它杀死；象干虫要用铁针把它捅死……

这些事情都是细活儿，成千上百种花草，每天那样细细地捉一遍，需要花费大量的时间和精力，可乳生却没觉得苦，而是乐在其中，哪怕冬天的时候手冻得开裂，夏天的时候热得汗流浃背，他也不顾。

大家能想象得出那种场景吗？早上起床，不洗脸不梳头，甚至是不吃不喝，天天趴在地上，认真地给花草捉虫，或许在大部分人眼里，那不是个傻子就是痴人。没错，我也觉得此人非傻即痴，却痴得可爱。

或许这世上也只有可爱之人才活得真实愉快。

最后张岱又说："青帝喜其勤，近产芝三本以祥瑞之。"意思是说，乳生的行为感动了上苍，特赐灵芝三株，在他的园子里生根发芽。这应该是夸张的写法，灵芝自然是不可能平白无故长出来的，不过乳生之举，确实感人。

乳生的行为似乎让我也悟到了一个道理，侍花弄草这种悠闲文雅的事情，不一定是文人雅士或富贵人家的专属，只要有心，而且心静得下来，有几分闲情，即便像乳生之辈，照样也可以逍遥自在。最为可贵的是，乳生的那三间小轩虽然临河，可以取水，但另一面是临街的，或许是经济原因，不能随性地选择园林的地段，然而他用一堵土墙相隔，隔离了尘世的喧嚣，旁若无人地活在自己的一方小天地里，如痴似狂地生活着，活出了自在、逍遥，以及他人无可企及的惬意。

### ㈣ 由雅入俗的书画界

看到这个标题，先敬告书画界的朋友们切不要对号入座，把正在看的这本书撕了擦屁股去，有句话叫字如其人，无论是书法还是绘画，只要人雅，作品自雅，这里我要说的只是一种现象，对事不对人。

说句心里话，我一直非常仰慕能书会画的书画家，他们的字或铁画银钩，气势磅礴，或古朴隽永，意境幽远；他们的画或质朴浑厚，浑然天成，或生动有趣，栩栩如生。每次观赏优秀的书画作品时，无不击节赞叹，那样的佳作非妙手不可成。

写书作画跟我们这种写作完全不同，书籍成稿后一般是批量印刷，可以无限量复制，所以每本书的价钱不会太高，至少是普通老百姓所能承受得起的。而书画则刚好相反，讲究的是"真迹"二字，最好是孤品，要是复制品，那就不值钱了。从传播的角度来看，书籍要比书画更容易一些，特别是在当今的这个电子化时代，复制一本书实在太容易了，只要作者授个权、签个字就算是正版，一不小心就成名成家。可要使一幅画成名，以我的浅陋之见来看，没那么容易，必须内外兼修，所谓的"内"是指自身的天赋，"外"则是要有人力辅助，背后需要有推手，而人力的辅助又可细分为两点。

第一，作者本身具有名气，或是锋芒初露，惊动四方，人成名了，书画自然也有了名气。以晚明书画界四大家为例，邢侗少年聪慧，出身书香门第，七岁能作擘窠大书，铁画银钩，气象万千。需要注意的是，擘窠大书不是说拿着扫把一样大小的毛笔来写字,它只是一种毛笔字的别称,相当于写比较规整的方块字。十三岁时就能作雅宜(注:临摹明代书法家王宠的书法)楷书,惊动了当地教育机构的一位老师,说这小子的书法有前辈大家的风范,是个天才啊,出于爱才之心,把他推荐去了济南泺源书院读书,相当于是保送去了名校,这件事在当时成为美谈,同时也对邢侗产生了重要的影响,因为这是一种认可,对他今后的发展必然能起到促进作用;其次,至少在附近乡里,邢侗就算有了一些名气。后来拜大文人、万历年的阁臣、太子太保兼东阁大学士于慎行为师,这种机遇对一个文化人的发展来说,是不言而喻的。最关键的是,于慎行欣赏他的才华,并没有以师父自居,对外只称是知己,这意味着什么呢?意味着邢侗受到了官方和名人的认可,肯定了他在艺术上的成就。

不过邢侗自己也争气,在万历二年(1574)中了进士,次年任南宫知县,此后就一路升迁,扶摇直上,从知县到御史,巡河东、按三吴、督两广,随着地位的提升,无疑他书画作品的价值也水涨船高。

需要特别说明的是,邢侗不是那种钻营投机的人,于慎行欣赏他,且引为知己的原因除了他有艺术才华外,更看重的是他的人品。他晚年辞官归乡,专攻书画,影响就更广了,其书画作品不只在国内求之不得,有高丽人想买一幅他的书画,托人四处购买,后虽如愿,但到手后的价钱却与黄金等值。又有琉球使者来中国时,办完公事后,还是不肯离去,直至买到了邢侗的书法一幅,方才如愿而归。

再来说晚明书画四大家的第二位,他叫张瑞图,书法俊逸,擅画山水。不过张瑞图的出身没邢侗那么好,农民家庭出身,家里很穷,穷到连灯都点不起,但是张瑞图十分好学,没日没夜地读书练字,到了晚上家里没灯,就到村头的白毫庵里面,就着神像前的长明灯夜读。

有句话说得好,世上无难事,只怕有心人,如果一辈子只做一件事,即便不能成名成家,那也能做出声响来,张瑞图的书法完完全全是无师自通,苦练得来的。一般人背书是捧着书苦读,死记硬背,张瑞图有自己的方法,他是直接拿笔抄写,抄几遍后就印在脑子里,烂熟于胸了,不仅把书背了下来,同时还兼顾练了书法,一举两得。

这种方法说起来轻松,想要坚持下来,没几人能真正做到。穷有时候也会成为一种动力，张瑞图这么刻苦，就是想做出一些成绩来，以便将来养活家人。

写到这儿，不由得引出我的一些感慨来。在刚开始学习写作的时候，我也只是纯粹的爱好，那会儿在老家农村的房子里，不分昼夜，不计寒暑，趴在桌上写，所写的稿纸都齐腰了，右手中指由于时常扣着笔的缘故，扣出老大的一个茧子，然而再苦再累也没有改变我的想法，脑子里就一个念头，我想成为一名作家，至于成为作家后，能赚多少钱，完全没有去想过。后来真正靠鬻文为生，把爱好变成了职业，心态就变了。

人在不同的阶段想法也大不相同，年少时，一味追求梦想，无所顾虑，那时候对待写作这件事儿真的像朝圣那样虔诚，当有了家庭、孩子，责任感油然而生，既然他们是要与你共度一生的亲人，那么你便有责任让他们幸福，不说锦衣玉食，至少也得保障衣食无忧吧？所以如今写作对我来说可能更在意会带来多少经济效益。

张瑞图家里穷，婚后靠妻子王氏纺织来支撑家里的日常开支，王氏相当贤惠，她任劳任怨，不但不责怪丈夫只会读书写字赚不来钱，而且还认为丈夫平时读书辛苦，把家里好的东西都留给他吃，自己则偷偷地喝些麦粥充饥。有一天张瑞图回家，发现王氏正在喝麦粥，顿时被那一幕感动了，潸然泪下，我张瑞图何德何能啊，娶了这么个任劳任怨的好女人！心里暗暗发誓：一定要发奋图强，让她过上好日子。

功夫不负有心人，三十三岁那年，也就是万历三十一年（1603），张瑞图乡试中举，三十五年（1607），殿试第三名，高中探花，授翰林院编修。

看到这里，相信大家和我一样，为张瑞图和他的妻子感到高兴，他们终于熬出头，不用再过苦日子了！

每个人的行为都跟他的出身有着千丝万缕的联系，入了官场后，张瑞图的仕途可以用四个字来形容——平步青云，天启六年（1626），授礼部侍郎，同年秋入阁，晋建极殿大学士，加少师。

入阁意味着什么呢？从明朝的体制来说，意味着进入了权力的中心，同时，距离宰相即明朝的首辅只有一步之遥了。那么他为什么会升迁得这么快呢？是他真有本事吗？

在官场，所谓的"本事"有两种解释，一种是靠真才实学，凭自己的实力爬上去，另一种就是拉得下脸、弯得下腰，靠拍马屁上去，不幸的是张瑞图属于后者，是靠魏忠贤一步一步扶持上去的。

魏忠贤是什么货色相信大家都知道，虽然我们不能全盘否定他对朝廷的贡献，但他是真贪，跟这样的人沆瀣一气的，绝大部分也好不到哪儿去，那么张瑞图是不是真的有辱斯文呢？

客观地讲，张瑞图也不是一个泯灭良心的斯文败类，没错，他是想上进，这个志向自打在村里抄书的时候起一直到入阁，始终未渝，这也是他攀附魏忠贤的根本原因，从这一点来说，的确有负文化人的身份。但是，看人看事我们得看得全面一些，不能把人一棍子打死，身在官场，他深知权力的可怕，特别是那个时候的内阁，几乎成为了魏氏的私人内阁，其权势倾天，一时无两，别说是一两个官员，就算是皇帝想要对付他，也不是一时半会儿能办到的事儿，在权力大如天的特殊时期，除非是辞官归乡，跟他彻底撇清关系，不然的话真的是一点办法也没有。说到底张瑞图只是个普通人，他要养家、要生存，不是什么脱凡出尘之辈。

在朝政被魏忠贤把持的那段时间，张瑞图的内心应该是矛盾的、痛苦的，他知道不该助纣为虐，更不该为那种人歌功颂德，替他写什么生祠碑文，只是他抵抗不了权力，也舍不下眼前优越的生活，去过从前的苦日子。他能做的，就是在大是大非问题上坚持原则，以免沦为彻头彻尾的魏家走狗，让斯文扫地。

比如在天启五年（1625），懿安皇后病重，魏忠贤欲迫害懿安皇后的父亲张国纪等人，张瑞图出面阻止，张氏的亲戚这才得以保全；又如，次年李承恩、惠世扬等人入诏狱，本来拟在冬至日处决，张瑞图苦心挽回，终使天启帝降旨停刑。

良知是一个文化人必备的素养，如果失去了良知，那么他的作品再精再妙，也不过是绣花枕头烂草包，只有表面的光彩，却是没有灵魂的。追求名利没有错，说到底文化人也是人，也有家庭，有父母妻儿需要供养，如果为了追求理想的境界，或者坚守所谓的风骨，而不顾父母妻儿的温饱，甚至是生死，那么所谓的境界和风骨，反倒是不值得提倡和赞美的。

我这么说不是在为张瑞图开脱，追求名利没有错，要是彻底堕落了，那才是大错特错。张瑞图依附魏忠贤，为他写生祠碑文，固然有违文化人的风骨，可在大是大非问题上，他还是坚守住了原则，说明他良知未泯，这也是在崇祯帝清算阉党时他还能逃过一劫、罢官还乡得以善终的原因所在，也是他的作品能够流传后世的关键因素。

同样，由于个人的影响力，张瑞图的书法不仅风靡国内，连日本书坛对他也极为推崇，且对日本的书法界产生了较大的影响。

第三位叫董其昌，是松江府华亭人，擅长山水画，精通书法，还会写诗文，他的性格跟张瑞图相反，是个知进退之人，不该做的事绝对不做。

董其昌是个神童，打小就写得一手好文章，文采斐然，是十里八乡公认的学霸。这样的学霸考试肯定是没有问题的，要是换在今天，清华北大都可以轻松拿下，十七岁那年参加府试，董其昌信心满满，以为必中头名，哪料天有不测风云，放榜的时候一看，居然只中了个第二名。

大家可能留意到了，我用了"居然"二字，这也是董其昌当时的心情，居然是第二名？我那必得的第一名给哪个小子拿了去了呢？打听之后方才得知，原来不是他成绩不行，如果光是以文采而论，他本来的确应该得头名的，只是古代考试不像现在，只要答案全对，第一名肯定跑不了，但是古代除了文章要写得好之外，字也要写得漂亮，然而董其昌的字实在是太难看了，跟得了癫痫的蚯蚓一样，考官们考虑再三，将他放在了第二名。

以府试第二名中举，应该是件非常光彩的事情，按现在的标准来看，相当于全省第二啊，足以轰动乡里，登上当地报纸的头条，让人家对你刮目相看了。可董其昌却被这件事给刺激到了，不是他矫情，他是真的不高兴，从此以后发奋练字，大有一种不将字体练好誓不罢休的态势。

一个人要是真的下苦功夫勤奋努力起来，真的是件非常可怕的事情，万历十七年（1589），董其昌因书法文章俱佳高中进士，授庶吉士，入翰林院。

庶吉士是个什么职位呢？准确地说，不是官职，因为它没有品级，相当于是储备干部。但是，授庶吉士对刚通过殿试的进士来说，则是相当光荣的，洪武初年，朱元璋就定下规矩：选进士在六部诸司及翰林院观政，相当于是实习的干部，在六部下面各个衙门观政的叫观政进士，在翰林院里观政的就是庶吉士。换句话说，庶吉士不是人人都能当的，是在众多进士之中选出来的一批优秀人才。

约从景泰帝开始，形成了一个惯例，不是进士不入翰林，不是翰林不能入内阁，所以从景泰帝开始，明朝内阁的绝大多数成员，都是庶吉士出身，包括著名的首辅张居正，也是从庶吉士一步一步爬上去的。

此后，董其昌由于书法文章卓绝，在很长一段时间内任太子朱常洛的侍读。

按照明朝的体制，既是庶吉士，又是太子的老师，今后官运亨通几乎是铁板钉钉的事情了，然而奇怪的是不久之后，董其昌却告病还乡了。

是真病了吗？当然不是的。

从董其昌生平多次告病还乡的经历来看，他的心态应该是非常平和的，不争不抢，也不冒风险，是自己的终归会到自己手里，不是自己的他也不强求。在任太子侍读期间，发生了万历帝时期著名的"国本之争"，也就是朝中分了两派阵营，一派支持长子朱常洛，另一派支持福王朱常洵，两派争得面红耳赤，恨不得撸起袖子干一场。

作为朱常洛的老师，按理说董其昌应该支持自己的学生，然而他却选择了远离纷争，暂避锋芒，退居松江。

是明哲保身吗？也不全是。从我上面的描述中相信大家也能看得出来，董其昌在艺术上是有洁癖的，入仕为官不是他人生的终极目标，不然的话当年考了个第二名就应该很高兴了，还疯狂地去练字，把自己练成个书法家干什么？可能他是想在读书练字上再做出些成就，不想把自己的后半生押在政治上。

这一退就是二十多年，人生有几个二十年呢？特别是在古代，平均寿命也就四五十岁，二十年相当于半生，从这一点足以看出，他没想过有朝一日要位极人臣，主宰天下。不过在这二十余年里，他也不是毫无收获，像《葑泾访古图》《鹤林春社图》《浮岚暖翠图》《神楼图》《西湖八景图》《溪回路转图》等诸多流传于后世的画作都是在那个时候问世的，最关键的是，他虽然退居故里，不再问朝廷的事情，但毕竟是太子的老师啊，而且名义上退休了，却是以编修的身份带职退隐的，换句话说，他依然是京官，而且还是带薪休假的，这样的人物到了地方上，想要不引人瞩目都难，于是在众多名流的推崇下，名声大噪，名一来利自然也就来了，他的书画价钱还会低吗？

《明史·文苑传》是这样描述董其昌的：

名闻国外，尺素短札，流布人间，争购宝之。

在艺术上的成就，也给予了极高的评价：

同时以善书名者，临邑邢同、顺天米万钟、晋江张瑞图，时人谓"邢张米董"，然三人者不逮其昌甚远。

也就是说，在晚明书画四大家里面，董其昌的成就是最高的。

不过也有人对他的人品提出了异议，他的一生在官场三进三退，你明哲保身可以，但你是官员啊，读书为了什么？无非是以身许国，造福一方嘛，你既然读了书并参加了科举，还入了仕当了官，就应该为国出力、为百姓谋福啊，可你倒好，遇事就跑，而且跑得比兔子还快，一点事儿都不敢担，国家培养你起什么作用？

北宋大儒张载说过这样一句话：

为天地立心，为生民立命，为往圣继绝学，为万世开太平。

这应该是读书人的最高理想，从这个角度出发，董其昌不就是辜负了圣贤吗？还有，皇长子朱常洛好歹喊了你一声老师，你拿着朝廷的俸禄，同时拜受了皇子的恩师身份，朱常洛有麻烦了，你即便不舍命帮他，留在他身边偶尔点拨一下也是好的啊，怎么能说走就走呢？是的，你是爱读书写字，想去过自个儿的生活，可这么做，是不是太没人情味了呢？

对于这些怀疑，我姑且不下定论，先来看看他后面的二进二退是为了什么。

泰昌元年（1620），朱常洛继位，这位非常不幸的万历帝的长子，在经历了国本之争和梃击案后终于继承大统了，总算是苦尽甘来，董其昌以帝师的身份再次回到朝廷，授太常少卿，掌国子司业，可见泰昌帝并没忘了他，更没记恨他，依旧召回予以重用。董其昌肯再次出山回京任职，至少可以说明一件事，在没有危险的情况下，他还是愿意出仕的。

只是泰昌帝实在是太不幸了，登基一个月，突然死了，史称"红丸案"，不管泰昌帝之死，是否由红丸引起，是阴谋还是真的因为身体亏损，总之他死了，而留给明朝的则是更加剧烈的风波和争端，此后魏忠贤和客氏掌权，把持朝政，继位的天启帝一来拿魏忠贤和客氏没办法，二来似乎也没多少心思放在国事上，一心只想好好做个木匠，你们想斗就斗去吧，我干我的木匠活儿。

天启五年（1625），董其昌授南京礼部尚书，一年后，辞官还乡。

这时候的明朝，可以说是内忧外患，于内，朝内党争不绝，阉党与东林党斗得你死我活，要么天天吵架，要么暗地里使阴招；于外，社会矛盾不断激化，南方倒还好，毕竟是富庶之地，老百姓能够安安稳稳地把日子过下去就行，别无他求，可是北方地区由于经济不怎么发达，加上天灾频多，于是老百姓就揭竿起义了；最让人揪心的是，北方的后金崛起，对明朝已然形成了威胁，山海关外，经常性地擦枪走火。

董其昌在这样的情况下辞官，身为朝廷重臣，的确说不过去。但是，从另一方面看，也有可能是对朝廷失望了。国家都乱成这样了，皇帝还在玩，各派还在斗，你们想折腾到什么时候，这个国家还有得救吗？

这一辞，就是八年。

及至崇祯帝继位，除魏党，革弊政，朝政逐渐清明，崇祯五年（1632），董其昌以旧职复官，又出山了。但是在崇祯七年（1634），也就是说当了两年官，他又辞职不干了。

那这次是为了什么甩袖子不干了呢？董其昌肯复职，显然是看出了崇祯帝是个好皇帝，他兢兢业业，日夜理政，可以说是个工作狂，而且还秉承了祖宗的勤俭之风，吃舍不得吃，穿也舍不得穿，跟当年的朱元璋有得一拼，但可惜的是大明朝到了崇祯帝手里时，已经是个大大的烂摊子，烂到什么程度呢？我们来看看董其昌最后一次复职和辞职的两年内，发生了些什么事，就能够了解个大概：

崇祯五年（1632）六月六日，黄河孟津段决堤，房屋冲毁无数，百姓流离失所，到处流浪要饭，实在无路可走的，就聚众造反；九月，高迎祥、罗汝才、张献忠、李自成聚齐在山西，分兵四路出击，且一路高歌猛进，势如破竹，起义军的势头一直持续至后金入关。

崇祯六年（1633）二月，农民军入河北。七月十四日，后金军入旅顺，南下之途更进一步，对明朝形成更加直接的威胁；同年冬，四川被农民军攻陷，这意味着国内从北到南，烽烟四起，千疮百孔。

崇祯七年（1634）四月，山西、陕西自去年八月开始，就没下过一滴雨，土地干得都开裂了，两省大饥，赤地千里，初六日，崇祯帝发帑赈灾。七月初八日，后金入上方堡，围困宣府，同月，攻灵邱，城破，知县蒋秉采上吊自杀，全家殉难。与此同时，农民军聚齐于陕西，十二月，高迎祥、李自成出陕入河南。

外有后金叩关，内有义军夺地，到了这种时候，就算崇祯帝有三头六臂，恐怕也是回天乏术了，于是董其昌再次拍屁股走人。

后世对董其昌的这种为人处世方式的评价是：

人事精明，三进三退，腾挪闪跃，陈力就列，不能则止。

看似云淡风轻，无意仕途名利，塑造了谦逊淡泊的形象，而实际上却又攀上了世俗权力的高峰。

后世作出这样的评价，无可厚非，他从三十五岁走上仕途，到八十岁告老还乡，在这四十五年里，在朝为官的时间只有十八年，而退隐的时间则达到二十七年，真的是腾挪闪跃，不能则止。

不过由于董其昌高寿，而且大部分时间浸淫于书画，在晚明书画四大家里，成就便是最高的。

再来看晚明书画四大家的最后一位，名叫米万钟，在四人之中，要是论气节，没人可以跟米万钟比肩。他的先祖是北宋书画名家米芾，出身仕宦人家，父亲叫米玉，曾任昭信校尉锦衣卫百户。哥哥米万春，是隆庆五年（1571）的武进士，后任通州参将；弟弟米万方，在锦衣卫任总旗。

按照明朝体制，武职是可以世袭的，也就是说米万钟就算不好好学习天天向上，他也能够接他爸爸的班，在锦衣卫混个职位，这样的话捧了铁饭碗，至少可以衣食无忧。然而但凡有才华、有志向的人，哪个都不愿意接老爸的班，混吃等死。

万历二十二年（1594），米万钟中举，次年中进士，第二年任永宁（注：今北京延庆县永宁镇）令尹。

　　以米万钟的学识和才华，他完全可以与前面的三位一样凭本事步步高升，但奇怪的是，在将近十年的时间里，他虽然被调过来调过去，官衔却始终在七品上面原地踏步了，没有再往上爬一级。有人曾这么调侃他说："米公弄石如弄丸，十年改邑不改官。"

　　这两句话的意思很好理解，说是米万钟为了玩石头，十年间调过来调过去，在很多地方当过官，官衔却是始终没变，一直是七品。

　　实际上这也不难理解，他乃生性淡泊者，凡事往往率性而为，不会去看领导的脸色，更加不会去拍领导的马屁，这样的人在官场哪来升级的机会？

　　米万钟爱好石头，几乎到了疯狂的地步，为了寻找奇石，走了很多地方，每发现一块好石头，就如获至宝，拿到衙门里关起门来独自欣赏，这情形有点像小孩子得到了件喜爱的玩具一样，心满意足地躲到房里玩去了。

　　要是有朋友来赏石，米万钟倒也不小气，愿意拿出来跟小伙伴们分享，但有个前提，在他眼里看来，那些石头不是普通的石头，而是有灵性的，所以在拿出去欣赏它们之前，得先把手洗干净了，然后仔仔细细地将桌子也擦干净，再焚香，不过焚香倒不是为了向石头叩拜，所焚的是檀香一类的香料，为的是营造赏石的气氛，也是对有灵性的石头的一种尊重。

　　好在大家都知道米万钟的癖好，见怪不怪，而且他所收藏的石头也确有许多精品，所以京师的文人雅客也都喜欢去米万钟的园内做客，一时名声大噪。

　　任何一种爱好，玩到了极致就会形成文化，米万钟爱石、玩石、赏石，还要把那些石头画下来，并写诗题咏，有很多此类的书画作品流传后世。

　　说到这儿，大家兴许也发现了，米万钟是万历二十三年（1595）的进士，在他的为官生涯中，担任的一直是七品芝麻官，有人说他爱民如子，为官清廉，这一点倒不必怀疑，他是性情中人，以他的性子也没有多余的时间去动坏心思。但是，咱们有一说一，有二说二，他大部分时间都在收集石头，把玩石头，有多少时间去爱民呢？这一点是有待商榷的。

　　直到万历三十八年（1610）他才升为户部主事，是从六品的衔，比起之前的七品升了半级。升半级也是升嘛，而且还算是京官了，在京供职，结交的达官贵人多，只要有心，完全有再往上挪挪的机会。可米万钟对做官似乎真的没多大兴趣，既不交友，也不攀权贵，还是一如既往地跋山涉水寻找奇石，每次外出回府时，人家都会带土特产之类的回家，他的行囊里没有其他物件儿，只有石头，走起路来叮当作响，以至于他的老婆陆氏，都成了个品石专家，只要米万钟一进门，从他身上石头撞击的声音，就能判断出石头的纹理和色泽，这种听音辨石质的本事，足以让所有爱石藏石者，以及那些所谓的专家汗颜。

有一次，米万钟在北京房山看见一块巨石，顿时就像见了美女一样，被吸引住了，怎么也挪不动步。仆人见他盯着人家石头不走，实在没办法，就给他出主意说，你要是实在喜欢就弄家里去吧。

实际上那块石头也没什么特别之处，长三丈，广七尺，大小差不多能比上人家院子里的假山了，由于经过了岁月的磨砺，看上去千疮百孔的，然而在米万钟眼里，就是因为那些疮孔才显得珍贵，很是古朴，透出一股沧桑感。

可是这么大的石头，跟假山一样抬是抬不动的，最后动用了四十四匹骡子，拉了七天，才从山上拉了下来。可米万钟当时住在海淀，从房山到海淀就算开车也得两小时吧，再说那时候也没有卡车啊，那么远的路要怎么拉回去呢？有人给他出了个馊主意，说是建冰道，让石头沿着冰滑过去。

这主意有多馊呢？建冰道让石头自己滑到海淀去，当然是最理想的，人和骡子都能快活，可问题是要建这么一条冰道，是得投入巨资的。你想啊，建冰道首先需要水，那么水从哪儿来？那会儿又没抽水泵给他抽水，所以只能沿途挖井取水，然后就是挖水渠，而且那水渠还得基本保持平衡，要是坡度太大，那得灌多少水才能灌得满？水到渠成后再利用北方寒冷的气候特征，冰道才能成立。

这么跟大家说吧，当时建这么一条冰道的工程量和难度，相当于现在要在海淀和房山开通一条轻轨。问题是通轻轨是利国利民的好事，有百利而无其弊，但仅仅只是为了运一块石头，耗巨资建这么一条冰道，就有点儿小题大做了。

米万钟到底是个读书人，而且是个性头一起、脑门一热就不顾一切的性情中人，他不会去算这笔账，一门心思只想着把石头运回海淀的私人园林——勺园去赏玩，所以没作细想，点头答应了。

如果这个行为是在地方上，可能问题还小点儿，但在京师就不一样了，即便米万钟花的是自己的钱，可这么大的工程，动静肯定是小不了的，官场上的事情，十分微妙，可大可小，往小处说，不过是因了爱好，运一块石头而已，且花的是自己的钱，与朝廷八竿子打不着。可是往大了说，这块石头之大，大过了皇家园林的石头，当今天子都没这么招摇，你倒好，这么兴师动众的，眼里还有皇上吗？

米万钟的确无意官场，只是个书生罢了，然而书生有书生的耿直和血性，用世俗的话说就是书呆子，见到看不惯的事就直接说了，想要做的事也直接做了，不会去管别人怎么说怎么看，这样的脾气非常容易得罪人，而且他得罪的还不是普通人。

前文提到张瑞图为前程依附了魏忠贤，米万钟却没把他放在眼里，不仅没放在眼里，还专门写了篇文章怒斥魏忠贤的种种不法行为。在官本位的专制环境下，别说上司是不能骂的，连说都说不得，否则就是逆反犯上，重则斩首，轻则削职。

更过分的是，魏忠贤看中了米万钟的那座私人宅院——勺园，派人过去说他要买下这座宅子。知道变通的人都能想到，魏忠贤说要买，那是假的，他是想要这房子，而且他肯开口向你要，那是给你面子，说明你的机会来了，等当了大官再去买一座宅院不就完了吗？

关键是米万钟有三座宅院，拿一座去换前程，换作他人，求之不得，估计连做梦都会笑醒，可米万钟却拒绝了，而且拒绝得相当干脆，不卖！

在米万钟眼里，压根儿就瞧不起魏忠贤那种人，你是谁啊？九千岁吗？啊呸，被阉了的太监而已，就不是个正常人，变态！我那勺园是什么地方？那是文雅之所，万物都有灵性，什么样的物件儿就得在什么样的人手里，勺园要是给了魏忠贤，好比黄花大闺女被卖去当了妓女，那不就给糟蹋了吗？

米万钟的态度着实把魏忠贤气坏了，事实上在魏忠贤眼里，他也瞧不上米万钟那样的人，你是谁啊？书呆子一枚，要是我不给你机会，你当从六品的户部主事就当到头了，在大明朝的六部衙门里，那是最不入流的官儿，买你的宅院是给你面子，这天底下有多少人想要向我拍马屁而寻不着机会，你倒好，给脸不要脸，那不就是作死吗？

机会终于来了！

米万钟为了运块石头大张旗鼓地挖井建冰道，御史倪文焕接到魏忠贤的授意后，就参了米万钟一本，说那小子简直无法无天，为了块石头劳民伤财，连皇上都没敢那么张扬，他小子算是什么东西？

天启帝一门心思就扑在木匠活儿上，哪来的闲功夫去管一个从六品芝麻官的破事儿？何况他做了十年知县，到现在还是个从六品的主儿，估计真是好不到哪儿去，那就革职了吧。

冰道没建成，巨石也还没运到勺园，革职的圣旨却到了，米万钟叹息："欲置之勺园，仅达良乡，功竭而止！"他倒是没惋惜丢了官，只是可惜了那块石头，花那么大的功夫，还是没能如愿运到勺园。

对米万钟的一生，后世的评价是六个字：书名掩其政名。

这六字评价还是十分到位的，米万钟一生手不释卷，学识渊博，在书画、琴艺、石刻上都有很高的造诣，至于政绩怎么样反倒是被淹没了。

以上所说的就是晚明书画四大家的情况，无一例外都是靠自身的影响力，提升了作品的传播度和价值，人越出名作品的价值就越高，这是毫无疑问的事情。那么问题来了，要是人没有出名，想要把作品推广出去，该怎么办呢？

古今中外无一例外，只有一个法子，那就是让名人推荐。

要别人推荐自己的作品，中间涉及人情或利益关系，说起来就有些复杂了。你想啊，你自己本身就没名气，当然也就不可能认识名人，既然不认识，人家凭什么给你推荐？但要只是熟悉，却没达到亲密的程度，找上门去让人推荐，或许就得备些礼物或费些钱财，那么味道也就变了。

我多次强调，我靠鬻文为生，而且名不见经传，有时候也恨不得请名家推荐一下，也好提升提升社会地位，同时也好让写的书多卖一点，可惜的是实在不认识名家，想求也无从求起。

当然，也有一些特别厉害的人，要相貌有相貌，要人品有人品，而且要才有才，诗文书画让人见了就赞叹不已，这种天之骄子式的人物，就没必要去求人推荐了，当然，这并不是说他就不需要有人推荐了，而是推荐的人会主动上门。

我这么说有人可能会怀疑，谁这么牛可以让名人主动上门给他铺路？

我说出他的名字后，大家可能都有些耳熟，他叫沈周，才情绝世，性情也绝世，别人是为了名利，忙忙碌碌，说句不好听的，甚至是蝇营狗苟，拿着自己的作品到处求推荐，而沈周则刚好相反，他的一生几乎都是在避世躲人，这辈子唯一的愿望就是那些专家啊名人啊别来烦他。

这真的是人比人气死人，有些人是觍着脸求上门去，人家还未必能瞧得上你，可沈周倒好，名家找上门来还得看他心情。可即便如此，来访的人依旧源源不断，有上门来求赐墨宝的，当地的县长新盖了幢房子，想请沈周绘壁画，这种事情他当然是不愿意干的，当场就给拒绝了，一点都不给县长面子，要是换作一般的画家，别说没有勇气去拒绝，关键是这种好事也没几个人会不愿接受啊，你想县长家的壁画都是他画的，这在饭桌上不是最好的吹牛资本吗？也有人爱惜他的才华，要请他去当官，文而优则仕，这是文化人普遍的一种价值观，再说当了官后，名有了利有了权也有了，对今后的前途有百利而无一害，特别是对画家来说，一旦当了官，社会地位一提升，画作的身价也随之水涨船高，没有几个人会拒绝这样的机会。可沈周还是拒绝了，为了拒绝这件事，他想了一个法子，说我算了一卦，天生不适合当官，得归隐才行，不然就会有灾难。

古代人是信命的，既然人家都说命中不适合当官，那还有什么可说的，只能放他走了。还有一次，沈周由于父亲辞世守孝在家，又有人想举荐他为官，这一次他倒没把命数的那一套搬出去，以要在母亲膝下尽孝为由，再次拒绝。

经过这两次的事情，沈周觉得这个家不能再待了，再待下去还会有人找上门来，索性就提了个行囊躲到深山老林里去了，终日以林泉为伴，书画为友，自得其乐。

像沈周这样的人不多，要是换在现在这样的自媒体时代，诸如"沈周矫不矫情"这样的话题估计还能登上热搜。有人无法理解是正常的，因为他这种特立独行的行为本身就不太正常，但也有人能懂沈周，比如同时期的书画家文徵明，赞许他是神仙中人。

事实上文徵明的脾性跟沈周差不多，也是一个特立独行的人，他一生经历过七次科举，却没一次考中，没办法只能以卖字作画为生，聊以糊口。及至嘉靖二年（1523），受工部尚书李充嗣推荐，他才以贡生的身份入京，后被授予翰林院待诏，从九品。从品级上来说，是不入流的。三年后，按照明朝体制，官居三年，应当去吏部考核，考核完成后再另行安排。但是文徵明没去，非但没去，还写辞书说，让我回家吧，这官我不想当了。

他说沈周是神仙中人，事实上他自己又何尝不是呢？本来考核后可以拿着有实权的职位，可他却说不干就不干了，哪有这样的人？

有句话叫做物以类聚，人以群分，什么样的人跟什么样的人在一起，沈周当然也有朋友，只不过在他的眼里，朋友二字，当是君子之交，恬淡如水，而非世俗中所谓的那种朋友，所以真正能跟他交往的，或者说能跟他匹配的人寥寥无几。

在沈周寥寥无几的朋友之中，有一个人比较特殊，他叫吴宽，会诗能画，也是位雅人，只不过他是当了官的，是成化八年（1472）的状元（注：吴宽会试、殿试都是头名），官至礼部尚书。按照沈周那孤僻的性子，是不可能跟官场上的人结交的，但是吴宽是个例外。

毫无疑问，吴宽是个高官，但他没有高官的架子，一般当官的名下都有几亩私田，吴宽也有，只是他自己不占用那些私田，分给了生活不富裕的亲戚们耕种，所谓授人以鱼，不如授人以渔，正是这个道理。他有个朋友叫贺恩，是个平头老百姓，而且孤苦无依，得了病没人照顾，吴宽将他接到府上，予以照顾，直至贺恩去世，还为他服丧一个月。

大家想想，一个国家级干部，把一个平民当亲人看待，死后还为他服丧，这得有多大的胸怀？毫无疑问，吴宽是真君子，可交之人，如果平生得一两个这样的知己，实在是太幸运了。

吴宽没把自己当高级别的干部看待，沈周却也没将他看作俗人，虽然说一个隐居林泉，一个远在京师，然而，只要偶得佳作，沈周就要捎给吴宽去品鉴。吴宽本身就喜文爱画，深谙其中之道，每次收到沈周的作品，都是佩服之至，他也不吝笔墨，兴趣所至会在沈周的画作上题诗，所谓神交，无非如此。然而这无意之举，却让沈周苦恼不堪。

为什么呢？因为吴宽是高官，朝野内外名望很高，时间一久，无论是官员还是百姓，都知道了吴宽赏识沈周的画作，一时间求沈周墨迹者纷至沓来。

后来明朝的名臣、户部尚书、文渊阁大学士王鏊在《石田墓志铭》上这样说：

近自京师，远至闽楚川广，无不购求其迹，以为珍玩，风流文翰，照映一时，其亦盛矣。

沈周号石田，王鏊为他所写的墓志铭真实记录了全国各地的人来求墨宝的盛况。有人喜欢名利，享受那种万众瞩目感觉，有人讨厌名利，不愿为名利所累，躲避深山，以求得清净。然而世上的事巧就巧在这里，好名利的人，求之而不得，而厌名利的人，偏偏无心插柳柳成荫。

沈周的际遇是幸还是不幸呢？或许对他本人而言，是不幸的，因为他一生所愿只想做个世外之人，与世无争，逍遥自在，没想到毕生不求名利，却反而为名利所累。这样的话说起来可能会显得有些矫情，比如我现在对你们说，我不求名利，名利太累了，很多人都会骂我，好在沈周是古人，历史已经对他有了公正的评判，他就是个清高的不想惹凡尘的书画大家，也正是因为这个原因，他的作品才更加值得后世之人尊重。

然而说一千道一万，沈周毕竟只是个例，对绝大多数得不到推荐机会的普通人来说，他们又十分眼红那样的机会，这是人之常情，本无可厚非，但是，书画界由雅入俗也由此开始了。

于顺清是万历十八年（1590）的举人，后来又去考过几次，每次都没能如愿，在举人这个级别就原地踏步了，他可能也意识到自己只有这么点天赋，于是死了心回乡教书，后来在县里当了个老师。

其实这样也挺好，举人的身份在乡里本来就受人尊重，再加上当了老师，有了收入，至少可以安安稳稳地过日子了。但是于顺清有个爱好，那就是在闲暇之余喜欢写两首小诗，或拿起笔墨画几幅画，只是由于天赋不高，在诗画上没什么成就，顶多算是自娱自乐一下。

其实很多文化人都属于自娱自乐，这是常态，是正常现象，毕竟成名成家的是少数，没那么容易。如果要是纯粹的自娱自乐倒是件好事，至少可以丰富自己的文化生活，提高艺术修养以及个人的素质。可是有的时候啊，自娱自乐也会把自己绕进去，变成作茧自缚。

有些人发表了几篇豆腐块一样的文章，就把自己定格在了作家的荣誉柱上，而且他还认为，自己的文字是无比严谨且无比高雅的，不容别人修改一个字，自然也容不下别人对他作品的批评；还有一种人，他知道自己没名，但是对自己的作品却非常满意，你要是没看上他的作品，那简直就是你眼瞎了，他会骂你，你这种眼瞎的人是怎么当上编辑误导读者、左右文化圈的？最后一种人，就是像于顺清那样的，他很看好自己的作品，但由于没什么名气，心里又有些自卑，于是急切地想把自己的作品推广出去，得到社会的认可，他觉得只有这样，他的人生才算是圆满的。

说到底于顺清不过是一名老师，跟书画界没什么联系，自然也就不认识圈内的那些名家，好在他有资源，作为县里的一名老师，在当地还是颇有名望的，常有机会去县衙跟知县交流，如果他想在当地打响名声，并不是很难。

起初，于顺清的欲望不大，不过是请知县在画作上题个字盖个印，或是题一首诗，在作品上留下了当地一把手的墨迹之后，情况就不一样了，相当于是得到了官方的认可，这就跟我们写了一篇文章，然后得了个政府奖是一样的，至少在当地的那个小圈子里，是件十分了不起的事儿，平时大伙儿见了你，尽说些溢美之词。于顺清也是如此，他的虚荣心得到了暂时的满足。

为什么说是暂时的满足呢？所谓欲壑难填，人的欲望永远都是无法满足的，其次，恭维的话听多了以后，他就真的认为自己本应是书画大家，其作品就是精品，苦于没人为他摇旗呐喊，酒香也怕巷子深，暂时被埋没了。

我曾在《大明梦华：明朝生活实录》一书中提到，明朝的文化圈有许多社团，性质跟现在的协会差不多，每一种艺术类别都有一个协会。为此有人曾指出，一部明朝的文学史，全是文人分门立户、标榜攻击的历史。这是大实话，我们也没必要去避讳这种话题，只要有分门立户，就会有标榜诋毁的事情存在，书画界也一样。如果有人引荐，进入社团，让社团里的领导、同行们一捧，地位也就有了。

于顺清首先想到的还是知县，他是一县的正印，自然有这样的人脉关系，当下买了些礼物，去找知县商量。

知县得知他的来意后，倒也没反对，毕竟作为一县之长不光只会抓经济，也需要发展文化，如果在他的辖区内，能出现一位在全国范围内都有一定知名度和影响力的文人，那么他脸上同样也有光彩，于是让于顺清回去多准备几幅书画作品，改日得空，带他去社团。

于顺清见知县肯帮忙,欢喜之极,迭连应承回去后一定好生准备几幅作品,不敢教县老爷丢脸。

不出几日,于顺清在知县的带领下,去了府里的画社。

如前所述,无论书画界还是文学界,都分门立户,有自己的社团,每个社团旗下的社员自然是越多越好,有时候社员多,就代表地方上的文化软实力强。但是,级别越高的社团,门槛往往也高,不是那么容易进去的。

于顺清在县里有些名气,不代表到了府里也能排得上号,要是水平实在一般的话,人家也没替你吆喝的必要。

府里的画社叫作流芳社,社长是当地有名的画家游兰芝,看了于顺清的作品后,脸上没有任何表情,这让知县和于顺清的心里面不由打鼓,难道是看不上眼?

果不其然,游兰芝沉吟片响后说道:"无论是书法还是画作,中规中矩,说不上好,也谈不上哪里不好。"

此话虽说得模棱两可,但明白人一定能听出弦外之音,这是没看上,只不过没有明言罢了。

知县讪笑道:"正是因为如此,这才让你来点拨点拨,给他创造些机会。"

于顺清坐不住了,起身作揖:"先生若肯收留,晚生感激不尽!"

游兰芝客气地道:"于先生折煞老夫也,你是一县之教谕,无数学子之楷模,老夫怎敢倚老卖老,收留于你?"

于顺清扑通拜倒:"晚生挚爱写书作画,肯为书画奉献终身,为此几十年来孜孜不倦,埋案苦修,奈何闭门造车,不得其法,亦无门路,此番前来,实乃诚心求教,若得先生推荐,使晚生在这条道路上有所成就,必不忘先生恩德。"

实际上于顺清比游兰芝小不了几岁,都是两鬓斑白的人了,自称晚生已够谦卑,这突如其来的一跪,着实让游兰芝手足无措,忙看了眼知县,像是在求助。知县趁机说道:"于教谕有此决心和诚心,游先生便莫要拒人于千里之外了。"

游兰芝无可奈何,只得照实说道:"你的书法和画作,无出彩处,要想真正得到认可,流传于世,几无可能。不过你既然来了,老夫若不给你个机会,也说不过去。依老夫来看,作品分两种,一种是广泛地流传于世,得到了绝大多数人的认可，一般情况下，此类作品可世代流传，留名青史；还有一种，可在小范围内流传，即得到行业内的认可，老夫可以试一下推荐你的作品，然即使可行，亦只能在业内流传，你可愿意？"

于顺清要的就是他这句话，迭声道："愿意，愿意！"

游兰芝略顿了顿话头，又道："下月有个集会，届时有各省、州府之名家参与，倒是可以趁此机会，让他们造一造势，我便在你送来的这几幅作品里，筛选几幅，提前请他们品鉴，届时在会上讨论讨论。不过，让名家品鉴，须花费些钱资。"

于顺清早就想到了，说道："这是自然的，岂能让名家白白地花费时间精力，晚生愿出。"

事情就这样定了，于顺清悬着的心总算落到了实处，正暗自高兴，只听知县道："届时莫忘了给游先生的好处，若没他引荐，你是得不到这等机会的。"

"那是，那是！"于顺清笑道，"堂尊也是我的贵人，若没你引荐，今日便去不了游府。"到了地头，又给知县买了些礼物。

过了些时候，集会的日子将近，于顺清提前去了游兰芝府上，将银锭装入锦囊，在会前交给那些名家、专家，作为酬劳。另外，又买了些文玩，顺便交到游兰芝手上，他是雅人，见到这些倒也满意。

由于是事先做了工作，跟与会的各位专家、名家作了沟通，书画品鉴的事情进行得十分顺利，大家一致认为于顺清的作品有较高的艺术造诣，且具有一定的欣赏和收藏价值，那些人睁着眼说瞎话，还说得煞有介事，一下子就把于顺清的创作抬到了一个新的高度，上了一个新的台阶。

这么一操作，效果当然是有的，得到了业界的认可，就说明已经达到一定的艺术高度，这可不是一般人能达到的。于顺清很满意，虽然说花了不少钱，但是那钱花得值，花得他心花怒放。

当局者迷，旁观者清，对于顺清来说，或者对于千千万万的于顺清来说，他们耗尽毕生心血，也只能走到这一步了，那么，无论眼下的这点名气是如何而来的，都值得他们去珍惜，去骄傲。

这么说不是赞同或怂恿这样的事情，相反，我是鄙视的，之所以这么说，只是出于一种同情。

说到这里，本章节的内容就基本说完了，最后还是来做个总结吧。前文提到，有人说一部文学史，全是文人分门别户、标榜攻击的历史，说到底，无论是分门别户还是标榜攻击，都是为了趋名附利。倒不是说趋名附利不对，文人也是人，社会上形形色色的人都在为名利奔忙，为什么文人就不可以呢？

很多人会自然而然地认为，文人应该甘于清贫，仿佛只有清贫了，才能保证文人本身以及作品的纯粹性。事实上这是种歪论，文人们耗尽心血写字作画，凭一技之长致富，和所有的行业一样靠手艺和本事吃饭，为什么就活该贫穷呢？这是没有道理的。只不过，既然是文人，就有传播思想、弘道扬善的社会责任，而且通常情况下，文人的文化素养和学识要高于常人，如果在追名逐利时不择手段，把那张卑劣的嘴脸暴露无遗，那就真正是有辱斯文，活该被社会唾弃。

## 五 装修那点事儿

在是否决定写这个章节的问题上，我犹豫了很久，首先，装修房子的事情很专业，我只是个码字的，又没搞过装修，要怎么写？其次，要说清楚古代房子的装修问题很难，要么就像《鲁班经》《长物志》那样的专业书籍，要么就是泛泛而谈，不得要领；最后一点，关于房子问题，我在《大明梦华：明朝生活实录》一书里面已有所涉及，前文提到，我不是那种骗稿酬之辈，如果只是旧瓶换新装重复叙述，没有多大意义，也不是我的作风。

鉴于以上三点，再加上我不是工匠出身，本来是想放弃本章内容，不写了的。但是真要放弃时，又觉心中不快，房子是百姓生活的重中之重，房子的装修体现的是一个人对生活品质的追求，从房子的装修以及格局，可以看出主人的品位与修养，是咱们老百姓生活中必不可少的一环，既然这本书是说老百姓生活的，那就绕不开装修那点事儿。于是思之再三，硬着头皮提笔，要是说得不好，方家莫笑。

其实装修这件事儿，你要说简单那也非常简单，无非就是钱嘛，要是有足够的钱，那还操什么心？让设计师把设计图画出来，只管按想象中的装就是了。可要是手头不怎么宽裕，那就愁人了，要知道装修是个无底洞，如果不节制的话，装修的费用完全可以高过房价本身，既要装得好看，合自己的心意，又要在合理的预算范围内，这是件极为考验人的事儿，我刚经历过装修之事，那印象真的是刻骨铭心，整个过程没多大喜悦，甚至可以用痛苦来形容，总而言之一句话，通过装修你能深刻地体会到，理想和现实的距离是多么的遥远。

不过在特殊时期，无论贫富贵贱，都不需要为装修犯愁，因为什么样的人住什么样的房子，房子里面的摆设是什么规格，涂料得用什么颜色都有定制，朝廷给你定死在那里了，不得逾越，那你还愁什么？

朱元璋时代，是一个理想却又令人生畏的时代，从吃穿、行走到住房，都有规矩，在那个年代，奢华是一种罪，房子同样也是如此，《明会典》有明确规定：

公侯前厅七间或五间，中堂七间，后堂七间；一二品官厅堂五间九架，下至九品官厅堂三间七架；庶民庐舍不逾三间五架，禁用斗拱、彩色。

上面这段话，比较好理解，我就不翻译了，但有两个比较奇特的现象，需要跟大家解释一下。第一个现象是数字，不知道大家发现没有，规定的房间数量都是单数，无一成双，这是为什么呢？其实要是说起来，这里面是非常有讲究的。

所谓单数，又称阳数，反之，双数就称阴数，这些理论是从河图洛书上来的，所以又叫做"天地之数"。

河图共有十个数字，从1至10，1、3、5、7、9为阳，2、4、6、8、10为阴，阳数相加25，阴数相加30，说是"天地相加五十五……以成变化而行鬼神也"。因为这个说法的存在，在民间"阳"又被代指为阳寿，也就是说活着的人造房子得用阳数，阴宅才用阴数，因此，历朝历代，对房子的间架用的都是阳数，也就是单数。既然阳数以9为最，那么作为臣民，当然就不能超过9这个数值，所以才有上文中的"公侯前厅七间或五间，中堂七间，后堂七间……"等规定。这些规定不只是明朝，往上推的话，唐朝也有类似规定，如唐《营缮令》说，"三品以下堂舍，不得过五间九架，五品以下，不得过五间七架……"

第二个现象是文中所提到的"间架"二字，"间"相对好理解一些，就是房内所隔离出来的房间嘛，比如两根房梁之间的空间，就算是一间，所以间数越多，房子就越宽；那么架指的是什么呢？指的是纵深，即桁与桁之间的距离，架数越多，房子越深。

朱元璋是个极俭之人，对他来说限制房子的大小，目的是要像饮食一样，杜绝浪费，够住就行了。对民间百姓提出的禁用斗拱，实际上就是限制了房子的大小。所谓斗拱，其实是较大建筑物的柱子与房顶衔接的部分，也就是柱与梁之间向外拱出来的部分，它的作用固然有装饰的效果，但主要作用是承重。至于色彩，只有五品以上的官员，允许在梁柱上涂彩绘，或用瓦兽，五品以下或庶民则是不许的。

话说海瑞在浙江为官期间，看到民间的房子五颜六色，雕梁画栋，其装修的豪华程度甚至比官员有过之而无不及，心中非常不痛快。

客观地讲，海瑞是个比较严谨死板的人，因为到了嘉靖年间，社会已经相当开放了，无论朝野早已不为老规矩束缚。但是，社会虽然开放了，那些老规矩却还是在的，如果真要较起真来，是有法可依的，于是当海瑞命令一下，他所管辖的地方所有不合规的房子，一律被涂成了黑白色，有人比喻说家家户户就都像在做丧事一般。

当然，这只是个案，海瑞有海瑞的优点，这是公认的，但我们也不能否认他做事死板的缺点，事实上从正统年间开始，旧规矩就已经有松动迹象，到了嘉靖、万历时期，建筑业在整个中国历史上，都是独一无二的。为什么这么说呢？这需要从两个方面来予以说明，才能立体地还原明朝的建筑以及室内的装修情况。

第一方面是技术发展。由于技术的发展，在建筑业最直观的体现就是，房子越来越精致了，比如说砖头，在宋朝以前也有砖，但没有普及，一般只用于筑墓、寺院或大户人家的房子，绝大部分人家用的还是土墙。这一点相信大家都深有体会，其实在新中国成立初期，由于贫穷落后，农村的土墙还是相当普遍的，更别说宋朝了。从技术上来说，明朝烧的砖已经相当成熟，完全有条件大量生产，而且还加工制造出了一种质量非常高的砖，叫做砖细。

砖细其实跟我们现在的地砖有几分相似，又称细清水砖，是砖料经刨光、打磨、雕琢之后，生产出来的一种比较精致的砖头，一般用于贴在门框、窗户或者墙面上，起到装饰作用。

此外，木工技术也相当成熟，做出来的家具更加美观，最明显的是枋和斗拱的美化，特别是斗拱的作用，从简单的承重逐渐演化为承重与装饰并重，使得屋檐更绚丽多姿。

第二方面是工业发展。如果说技术发展后，建造出来的房子更加牢固，那么工业发展之后，则房子更加漂亮，把室内装修提到了一个新的高度。我来打个比方，由于纺织业的高速发展，让丝织品在民间普及开来，进入了寻常百姓家，于是民间装修房子时，软装成了装修的一个标准。

什么是软装相信经历过装修的人应该都深有体会，我前面说装修是个无底洞，其实就是体现在软装部分，为了让大家有个更立体的了解，我拎出两幅画，来予以具体说明。

在说那两幅图之前需要跟大伙儿说明一下，那两幅画我没有，那是国宝，有钱也买不来。第一幅是五代南唐顾闳中的《韩熙载夜宴图》，第二幅是明朝唐寅的《临韩熙载夜宴图》，从字面上大家应该也看出来了，没错，前一幅是真迹，后一幅是唐伯虎临摹的，但无论是哪一幅，都价值连城。

顾闳中的《韩熙载夜宴图》说的是，有位叫韩熙载的名士，对南唐后主李煜失望之极，他怕被李煜召入宫里，于是故意装出一副声色犬马、醉生梦死的样子，让顾闳中给画下来，拿给李煜去看，李煜一看，原来你是这么一个不正经的人啊，果然就放弃了召用他的念头。

这幅画共分五个片段，分别是听乐、观舞、小憩、清吹、送别，画中具体的情景我就不说了，因为那些不是我们讨论的范围，单说韩熙载房子的装修。从画中不难看出，室内的摆设比较简单，除了屏风外基本看不到其他的装饰物了，而且作为室内隔断的屏风也很简单。

《临韩熙载夜宴图》虽然名义上是临摹的，但画风全然不同，带有非常鲜明的明朝特色，整体看上去色泽艳丽，室内的摆设也丰富很多，最主要的是屏风的设置，真正起到了隔断的作用，虽说是软隔断，但俨然是独立的空间，隐私性更好，视觉和观感上也更让人觉得舒服。其次是纺织物在室内运用，仔细看的话，能看到桌椅上都铺了织物，坐榻以及其周围都罩了色彩鲜艳的纺织品，这些东西前者是没有的。这些软织物的出现，不单单只是好看而已，人坐在上面也会更加舒服。

唐寅是个大才子，可惜的是造化弄人，以至于一生潦倒，他游走四方，见多识广，所以我们基本可以肯定，《临韩熙载夜宴图》所表现的室内环境，可以代表明朝的装修特点，画中所表现的装修风格在当时也十分普遍。

在明朝中后期，江浙一带工业比较发达，人们的生活也比较富裕，房子里除了家具之外，室内使用最多的就是纺织品，几乎无处不在，不信的话，我简单跟大家说一下，事实上这些大家在电视剧里也都见过：

进门前，迎面映入眼帘的是门帘和窗纱，跨入门槛，落脚就踩在柔软的地毯上，桌有桌围，椅有椅披和椅垫，连屏风都是用的纺织品，隔成一个待客的不大不小的空间，三面合围，另一面则是用帷幔隔挡，那帷幔似隐非隐，亦虚亦实，既显格调，又彰显主人的品位。

由于明朝后期社会相对开放，人们的思想也在发生变化，最大的变化是逐渐脱离了大家族式的居住环境，每家每户都独立居住，鉴于此，在室内的装修和布局上就更显个性化，主人会根据自己的喜好，在厅堂内隔出若干个小空间，这些空间都不是用墙砖强行隔断的，而是用软织物，除了屏风外，有些还会用诸如竹帘、纱窗、门等等之类的物品，达到"隔帘唯见中厅草，一树山榴依旧开"的意境，这种布局在《汉宫春晓图》中体现得较为明显，屋内屋外，似隔非隔，半遮半掩，朦胧雅致，高雅而不失华丽。

不难看出，在室内装修上，利用织物进行软隔断是十分普遍的，有些人家甚至连书房都是用这种方法隔出来的。当然，对于像我这种需要静下心创作的人来说，仅仅用竹帘或织物隔起来是不够的，需要一个相对封闭的空间，越孤绝越好。而对于绝大多数人家来说，书房只作为一个休闲的区域，运用软隔断分离出一个相对独立的空间品茗读书，就已经够用了，而且看上去还显得高雅。

前文说了，我对建筑、装修这些事情一窍不通，说多了怕露怯，就此打住，下个章节起咱们来说说美食。

/ 第六章 / 烹调且为乐，一饮三百杯

● 大明名吃荟萃

说到吃喝的问题，看过《大明梦华：明朝生活实录》一书的朋友可能就不太乐意了，不是已经说过一遍了吗，换一本书再说一遍，有意思吗，用这种卑劣的手段骗稿酬心不会痛吗？

我再三强调，不是那种骗取稿酬的人，在前一本书里，确实有专门一个章节讲吃喝的那些事儿，叫做"放饮为豪达，聚餐显奢华"，但是，《大明梦华：明朝生活实录》一书与本书最大的区别在于，前者说的是存在的现象或问题，说白了就是借历史的壳说现实的事，更多的是在讨论社会或人心，而本书的方向略有不同，说的是具体的事情，而非现象或问题。

好了，解释清楚了后，咱们就继续往下说，这个章节只说吃喝，不谈其他。

直入主题，先说一道名菜——生鱼片。

有些朋友可能蒙了，生鱼片不是日本的特产吗？现在还有人因为去餐厅里吃生鱼片，觉得很潮发朋友圈炫耀呢，怎么，难不成这道菜是咱们中国的传统名菜？

是的，生鱼片是中国的传统名菜，而且历史相当悠久，最早可以追溯到春秋时期，不信的话我们来看《诗经·小雅·六月》里的这一句：

吉甫燕喜，既多受祉。来归自镐，我行永久。饮御诸友，炰鳖脍鲤。侯谁在矣？张仲孝友。

这是一组宴请的诗，很是喜庆，说的是朋友出征归来，所以用"炰鳖脍鲤"来款待，诗中提到的脍鲤就是生鱼片。

春秋时期的人吃生鱼片很讲究，跟现在的我们也差不到哪儿去，他们是这么吃的：

凡脍，春用葱，秋用芥。

鱼片必须切得很薄，把鱼肉一片一片削出来后，再切成小片，或切成丝，春天的时候用葱蘸着吃，秋天则用芥末。

还有一个情况，估计那会儿鱼的种类不是很多，以食用草鱼、青鱼等这些常见的鱼类为主，鲤鱼是最好的，所以贵族吃生鱼片时必用鲤鱼。

发展到三国、两晋、隋唐时期，吃生鱼片已经成为一种潮流，有个成语不知道大家见过没有，叫莼鲈之思。这个成语本身的意思是表达思乡之情，莼是莼菜，鲈是鲈鱼，从思念家乡的小吃，而引出思乡的情绪。这里有个典故，说是西晋有个叫张翰的人，字季鹰，吴江人（注：今江苏苏州），放纵不羁，很随性，当时有人赞美他说是有阮籍之风，由于曾经任步兵校尉，人称江东步兵。

随性到什么程度呢？说出来可能会惊到大家，为了吃他连官都不当了。话说是在司马冏执政时期，想让张翰做大司马东曹掾，本来他也没反对，你看重我想要用我，那我就去呗，可还没有去上任，那天见秋风起，忽然想起了家乡的莼菜羹、鲈鱼脍，说我不干了，我要回家去吃莼菜和鲈鱼做的生鱼片，就那样辞官走了。

是不是很草率？不光我们吃惊，当时也有人大惑不解，为了吃道菜就辞官不至于吧？大家猜张翰是怎么回答的？他说："人生贵得适意尔，何能羁宦数千里以要名爵！"人啊，就要活得自在，不自在就算是当了官又有什么意义呢？

这样的话，要是身边有朋友这么跟你说，你肯定会以为这人傻，没钱自在又有什么用呢？但是，看到古人这样潇洒时，我们一般会很佩服他，简直是神

仙一般的人物。不光我们佩服他,大诗人李白也很佩服,写诗说:

君不见吴中张翰称达生,秋风忽忆江东行。
且乐生前一杯酒,何须身后千载名。

潇洒吧?简直是潇洒得无以复加。

到了唐朝,几乎全民都在吃生鱼片,也就是说在唐朝生鱼片成了家常菜,那会儿由于唐跟日本往来密切,于是生鱼片就传到了日本。

现在大家清楚了吧?生鱼片不是日本料理,而是我们国家在唐朝的时候传过去的,有诗为证:

寒江春晓片云晴,两岸花飞夜更明。鲈鱼脍,莼菜羹,餐罢酣歌带月行。

这首诗是日本的第五十二代天皇嵯峨写的,天皇吃了生鱼片后太高兴了,世上居然还有这样的美食,吃完后载歌载舞,来表达他高兴的心情。

唐朝人吃生鱼片更加讲究刀工,每片要切得薄如蝉翼,我们不妨来看一下杜甫眼中的生鱼片是什么样子的:

无声细下飞碎雪,有骨已剁觜春葱。

那鱼片薄到什么程度呢,就像碎雪一样无声飘落,那么薄的鱼片往酱里一蘸,酱汁儿彻底浸透鱼片,吃起来当然就越发有味了。

宋朝时也有人吃生鱼片,但不像唐朝人那样狂热,为什么呢,是宋人不习惯吃生鱼片了吗?我总结了一下,主要有两个原因,一是宋朝的菜品多。前文提到,宋朝是个伟大而神奇的时代,一烹就起的快餐业快速发展,老百姓随时都能吃到美食,生鱼片自然而然就会被冷落;其次,《本草纲目》说:鱼脍肉生,损人犹甚。意思是说,生鱼片的肉毕竟是生肉,不熟的东西吃了对身体不好。特别是淡水鱼,细菌多,吃多了甚至可以夺人性命。

有这么严重吗?有的。生活中我们也知道生的东西细菌多的常识,要是吃多了能不出问题吗？有人可能不服气，既然生鱼片有细菌，那为什么现在的日本人还那么喜欢吃，他们傻吗，不知道生鱼的细菌多吗？

他们当然不傻，所以从唐朝传过去之后进行了改良，将原料从淡水鱼改为深海鱼，然后再采用冷冻技术，一般为零下20度，可以将一些细菌杀死。但是在古代是没有这么好的冷冻技术的，而且吃的还是淡水鱼，所以生病是常事。

《三国志·华佗传》记载了这么一件事，说是广陵太守陈登得病了，表现为胸闷脸红，而且还不能进食，于是请了华佗来医。

华佗诊了脉后跟他说："府君胃中有虫数升，欲成内疽。"

数升是什么概念？相当于整个胃成了虫窝。陈登一听吓坏了，好端端的我的胃怎么就成虫窝了呢？就问："吾腹中如许多的虫子从何处来？"这些虫子是从哪儿来的呀？

华佗道："乃食腥物所为也。"陈登一听明白了，他喜欢吃生鱼片，这病就是生鱼片闹的。当下华佗开了药方，吃了药后吐出三升多的虫子，每条还挺大，赤头，看着都恶心。

病源找到了，吐了后一身轻松，陈登拜谢华佗，说你真是救了我一命啊！华佗却跟他讲，这病三年后还会复发，但不用担心，遇上好医生就可以康复。

可惜的是三年后华佗已经身故，陈登旧病复发，无人能治，也跟着华佗一起走了。这可能是最早记载因吃生鱼片而死的病例。

到了明朝，吃生鱼片的人就更少了，但更少了并不代表没人吃，在沿海一带还是挺多的，只不过吃法更加讲究一些而已。首先是刀工，要求鱼片切得更薄，薄到呵一口气即可吹起，入口即融；二是酱汁，调配更复杂。

刘伯温是浙江青田（注：今温州市）人，也爱吃生鱼片，他写了一本书，叫做《多能鄙事》，取《论语》"吾少贱，故鄙事多能"之意，说的是饮食烹饪、农事牧养等等日常生活的琐事。不过有人怀疑这书可能不是刘伯温写的，要知道刘伯温是跟诸葛亮齐名的人物，运筹帷幄，助朱元璋平定天下，怎会有那样的闲心思去琢磨日常琐事？不过这不在本书的讨论范围内，姑且搁下，不妨来看看《多能鄙事》是怎么讲吃生鱼片的：

鱼不拘大小，以鲜活为上，去头尾，肚皮，薄切摊白纸上晾片时，细切为丝，以萝卜细剁，布扭作汁。姜丝拌鱼入碟，杂以生菜、胡荽、芥辣、醋浇脍。

除了用活鱼切片外，也有腌制后再食用的，叫做生腌，明三才子之首的杨慎在《丹铅诸录》提道：

吴人制鲈鱼鲊，鲭子腊，风味甚美。所称金齑玉脍也。

鲈鱼鲊就是腌制的鲈鱼，生腌后的鱼肉带有些微的红色，我是宁波人，以前倒是吃过这种生腌的海鱼，是用酒糟腌制的，几天后鱼肉微红有筋道，而且伴有一股淡淡的酒香，蒸熟了吃回味无穷，但是生腌的鱼片却没有吃过。白居易有诗云"绿蚁杯香嫩，红丝脍缕肥"，不难看出，鱼片腌制后，肉质和我吃过的酒糟腌鱼差不多。

来说第二道菜，名叫蟠龙，一听这名字就很霸气，这道菜是湖北十大名菜之一，有诗为证：

山珍海味不须供，富水春香酒味浓。
满座宾客呼上菜，装成卷切号蟠龙。

蟠龙到底是道什么样的菜，它是怎么来的呢？这里有个典故，前面我曾用了一个章节的篇幅详细说了正德帝，现在大家也知道他是怎么死的了。这个故事发生在正德十六年（1521），那年正德帝死在豹房，享年三十二岁，前文提到，正德帝没留下子嗣，按照祖制，要是没儿子，那就兄终弟及。但是正德帝虽然没有儿子，兄弟却很多，那么麻烦就来了，立哪个好呢？最后还是张皇后出了个主意，说哪个先到，就立哪个。

听起来是不是很草率？是的，我也觉得草率，立帝位是大事，哪有这么搞的！但请注意，这是民间故事，既然是民间故事，真实性就没那么重要了，就像看电视剧一样，你管他是真的还是假的，好看就行，当是娱乐嘛。

话说当时还是藩王的嘉靖帝听得这个消息，也觉得很草率啊，这不是让大家比赛跑步吗，哪个跑得快就让哪个当皇帝？如果说公平公正地在田径场上比赛，嘉靖帝不怕，他身体好，棒棒的，很有信心跑赢其他兄弟，可问题是他在承天府，也就是今天的湖北钟祥，离北京十万八千里呢，怎么跑？马拉松也不能这样跑的，而且最要命的是，这毕竟不是马拉松比赛，争的是天下之主，非同小可，途中一定会有人下黑手搞暗杀啊，到时人还没跑到北京呢，半路上就被人杀了。

那要怎么办呢？不比赛了，眼睁睁地看着别人拿冠军？正不知如何是好时，有人替他出了个主意，说："要是以世子的身份堂而皇之地北上，那就是去送死，小人以为，只有秘密入京，方为上策。"

嘉靖帝问："怎么个秘密入京法？"

那人道："扮成朝廷的钦犯，押往京师审理，这样的话日夜兼程，可不受阻扰迅速到京。"

这是个好办法，除了委屈一点其他的都完美。可是嘉靖帝的心里却依然不踏实，道："即便是日夜兼程，怕也赶不上他们。"

比赛嘛，本来就没有必胜的道理，但给他出主意的那人似乎是一副胸有成竹的样子，笑着说："这个不消世子担心，他们自以为离京师近，途中必受地方官接迎，难免吃喝留宿，世子只要吃得消风餐露宿的辛苦，必能赶上。"

为了争帝位，哪个会嫌辛苦，嘉靖帝一口答应下来。

但是这里面还有个问题，既然是扮作囚犯，让人看不出破绽，那就得装得像模像样，一路上不仅要坐囚车，还得吃囚饭。囚犯吃的饭那简直跟猪食一样，没法吃，要是让普通人吃也就算了，可他是世子啊，而且还是个有百分之五十希望成为皇帝的人，让他吃猪吃的食物，那就有点说不过去了。

问题是既不能让嘉靖帝吃囚饭，又不能让人看出破绽，有这种两全其美的办法吗？为了解决这个问题，兴王府内的智囊团开了个专题会，就嘉靖帝的吃饭问题展开讨论，说要想尽一切办法商量出一个切实可行的办法，来解决这个老大难问题。没想到智囊团真的想尽了一切办法，还是没有拿出一个切实可行的方案。那怎么办呢？简单粗暴一点，自己想不出就让别人想去，下令将全城的名厨都秘密召集起来，又开了个专题会，就嘉靖帝的吃饭问题展开讨论，说要想尽一切办法商量出一个切实可行的办法，来解决这个老大难问题。

如果厨子们真的想尽了一切办法还是没能拿出个切实可行的方案来，也没事，大家一起问罪。

这下可把那些厨子们吓坏了，简直是菜在家中做，锅从天上来啊，让囚犯不吃囚粮，但又得让人看着像是在吃囚粮，这可不是绕口令，这是一个死循环啊，厨子们都崩溃了。

有句话叫高手在民间，在众多厨子之中还真有一个人，想出了办法，此人叫詹多，才二十出头，他说我有办法了，但实施起来比较麻烦，需要大家一起帮我的忙。

众厨子像见了救星一般，既然你有办法，那是再好不过了，帮忙算个啥，能活命就成，大家不约而同地给詹多打下手，蒸红薯的蒸红薯，切肉的切肉，都忙活了起来。

不多时，红薯已蒸熟，詹多在红薯上切开一道口子，将它挖空，又将剁好的肉泥用鸡蛋和淀粉调匀，加入佐料，塞入红薯皮内，再蒸。熟了之后，表面看上去红薯还是红薯，咬开了后，肉色泛黄，红薯肉还是红薯肉，但实际上此红薯肉已非彼红薯肉，是不是又有点像绕口令？

不管绕不绕，反正这个死循环算是解开了，嘉靖帝也很高兴，一切准备停当，一伙人就往京师赶。

后来的事情我们都知道了，嘉靖帝以藩王的身份继承大统，在位四十五年，二十年不上朝，开创了不上朝的先河，给后面的万历帝做了个榜样，后来万历帝青出于蓝而胜于蓝，在位四十八年，三十年不上朝……这是后话，我们姑且按下不表，却说嘉靖帝登上皇位一年后，朝中政局逐步稳定了下来，又想起了去年的那场马拉松比赛，以及在路上吃的那个红薯夹肉，于是下诏让詹多入京，一是为了报恩，要不是他的那道菜，入京途中必会吃更多的苦；二是想再次尝尝红薯夹肉。

詹多入京后，没有按照当初的做法去做红薯夹肉，而是进行了一番改良，毕竟当初受条件限制，只能做到那个程度，现在条件好了，怎么能让皇帝再吃红薯皮呢？因此改成了鸡蛋和面粉调制的蛋皮，里面的馅没变，依旧是白膘肉、精肉和鱼肉剁成的肉泥，拿蛋皮一个一个包好，做成圆筒状，蒸熟后，切成片，一片一片地放在盘中，摆作龙状，再蒸，熟了后红黄相间，宛如真龙，色香味俱全。

嘉靖帝大喜，赐名蟠龙。后来这道菜流传到民间，由于它是盘于菜碟内的，民间又称盘龙，俗称卷切，成为湖北十大名菜之一。

我夫人的祖籍是湖北，所以我是尝过这道菜的，不过从样式来看已经明显不像当初的盘龙了，大概的做法是先将鱼肉、猪肉剁碎，再往面粉里打些鸡蛋，然后拿到锅里蒸熟，出来的效果是很大的一块，有铁锅大小，可储藏，要食用的时候切成小方块，然后再切薄片，蒸热了就能吃。

一道名菜就是一种文化，只不过随着生活节奏的变化，留下的只是食物，却没了文化味儿，说起来有点可惜。

再来说另一道菜，准确地说这是道甜点，叫作带骨鲍螺，不过此螺非螺，是用奶酪做成螺状的一种点心。

这种点心的工艺是绝密的，据说就算是父子，也不会轻易相传，而且它的制作工艺非常复杂，产量少，很贵，一般人吃不到。

张岱在明朝吃货界是排得上号的，他对奶酪的要求比较高，一般的奶制品很难入他的法眼，但当他吃到带骨鲍螺后，拍案叫绝，称是天下至味。

能让极品吃货说好吃的食物肯定不是凡品，在说带骨鲍螺前，我先讲一下张岱对奶制品的要求有多高，只有这样才能衬托出它的不凡。

话说张岱喜欢吃甜品，尤其是加了牛奶的甜品，如奶酪之类的，来多少吃多少。但他又嫌商家做出来的奶酪不好吃，说是经商户之手，就变味了。

喜欢吃，但又嫌别人做的不好吃，怎么办呢？那就自己做！

为了做奶酪，且为了保证奶酪纯正的口感，张岱灵感所至、突发奇想自己养了头奶牛，每天给它喂草料，照顾得无微不至，只求这头奶牛不负他的期望，将来可以挤出纯正的好奶。大家想想，为了吃口纯正的奶酪，自己养了头奶牛，这样的人才是不是前无古人后无来者？

终于到了可以挤奶的时候了，张岱很高兴。但是，为了保证奶的纯正性，挤奶也是有讲究的，得在晚上挤。我也不知道为什么一定要在晚上提着灯，跟做贼似的去挤奶，反正张岱是这么干的，挤出来后放在盆里，隔一夜，应该是等它发酵，第二天一早，表面上泛起了层乳花，据张岱记载，说是"乳花簇起尺许"，这个有待商榷，乳花又不是冰花，一尺多高它不会掉下来吗？当然，这个我们暂时不去讨论，有了乳花后要用铜铛（注：一种铜制的浅锅）煮，煮了后再过滤一遍，加入兰雪汁，一斤奶里要加入四小瓶兰雪汁，再反复煮。

写到这里，我终于明白张岱为什么嫌别人做的难吃了，估计不是奶酪不好，而是配料不合他口味。大家也看到了，张岱在制作过程中加了一味兰雪汁，那兰雪汁是什么东西呢？这东西在市面上买不到，是张岱独创的秘汁，由一种特殊的茶叶制成。

有人可能会起疑，茶叶有什么特殊的呢？这个你还别不信，当一名极品吃货，不光是能吃就行了，还需要强大的想象力，就跟写文章一样，不是会写字就行了，得敢想。来跟大家说个典故，张岱是浙江山阴（注：今浙江绍兴）人，在他的家乡有一种茶，叫作日铸茶，日铸是山阴境内的一座山，山虽不高，有茶则灵，这座山以产茶而负盛名，有名到什么程度呢？欧阳修说，两浙之茶，日铸第一。

在明朝以前，日铸茶是名茶，但是到了明朝，安徽的松萝茶由于制作工艺先进，茶味更香，口感更好，名头盖过日铸茶，成为文人雅士必备的茶品之首。

这下张岱不服气了，我日铸明明有好茶，只不过是制作方法落后了些而已，只要稍加改进，就一定能使此茶再度风靡，把松萝茶比下去。正好张岱有个叔叔，名叫张炳芳，字尔含，号三峨，是个制茶高手，拿瑞草（注：茶叶名，也是绍兴的一种名茶，全名叫卧龙瑞草）用安徽松萝茶的焙法来做试验，焙制出来后果然清香扑鼻。

张岱尝了改良后的茶，认为瑞草不错，但是多饮无益，还是得下苦功夫继续搞研发。于是下重金请来了一位安徽歙州人，来研制日铸茶。然而经过多次实验，要么是茶香太浓，要么茶香出不来，味道始终差了那么一点点，要知道对吃货来说，差之毫厘，谬之千里，是一分一毫也差不得的。

张岱不甘心，继续埋头研究。好在这时候他已经掌握并熟悉了松萝茶的焙法，于是再三调配，功夫不负有心人，终于让他成功了，这款茶就是前面提到的兰雪。

张岱研制出来的第一代兰雪茶我肯定没见过，后世流传的也不一定就是张岱研制出来的样子了，所以我们只能从他记录的文字中去领略兰雪的魅力：

在茶中拌入茉莉，用敞口瓷瓶将烘焙过的茶叶铺开来晒，待冷却后，又以滚汤冲泡，泡出来的效果是"其色如竹箨方解，绿粉初匀，又若山窗初曙，透纸黎光"。这些文字不能翻译,翻译过后就变味了,所以双引号内的文字我是直接摘录的。

这时候,拿清妃白瓷碗,往里一倾倒,直如"百茎素兰同雪涛并泻",雪芽得其色,而未得其气,实在是茶中极品,张岱兴奋之余,取其名曰兰雪。

在兰雪茶研发出来的四五年间,可以说是风靡于市,从此后人们只喝兰雪,不饮松萝,聪明的安徽人见市场风向不对,灵机一动,松萝茶不再叫松萝茶了,也改名叫兰雪。

毫无疑问,张岱成功了,兰雪茶的风靡,成了张岱人生中最得意的一件事儿,前文提到的制作奶酪的兰雪汁,就是张岱得意之作兰雪的茶汁。

加入了兰雪汁后的奶酪,张岱称之"玉液珠胶,雪腴霜腻,吹气胜兰,沁入肺腑,自是天供",说此物只应天上有,人间哪得几回品。

第一次试做成功后,张岱又突发奇想,他用一种叫做鹤觞的酒,加上花露,和奶酪一起蒸,据张岱本人说,蒸热了后味极佳。做成热食后,再次突发奇想,将它做成了一种冷饮,用豆粉拌奶酪,成豆腐状,加冰冷藏后食用。

以上三次都做成功了,味道还不错,张岱的灵感被彻底打开了,一发不可收拾,或煎酥、或作皮、或缚饼、或酒凝、或盐腌、或醋捉,各种做法都试了一遍,味道都还不错。其他的我都还可以接受,但是用盐腌、醋捉的奶酪,实在不敢想象。

当然,食品这种东西,无论做成什么样,只要自个儿喜欢就行了。张岱对自个儿的手艺颇是满意,洋洋自得,直至尝到另外一个人做的奶酪制品后,才觉得天外有天,人外有人。

这个人姓过名小拙,是苏州人,他的姓氏很特别,名字也很特别,做出来的带骨鲍螺同样也特别。他用蔗糖浆掺入奶酪,经熬之、滤之、钻之、掇之、印之,始成带骨鲍螺,用张岱的话说就是"天下至味"。可惜的是,过氏秘方不仅不对外相传,连父子间也不轻易传授,张岱作为动手能力极强的大明吃货界元老,只能徒叹奈何。

《金瓶梅》里面也提到过这种甜点,叫做酥油泡螺儿:

那郑春手内拿着两个盒儿,举得高高的,跪在当面,上头又搁着个小描金方盒儿，西门庆问是甚么，郑春道："小的姐姐月姐，知道昨日爹与六娘念经辛苦了，没甚么，送这两盒儿茶食儿来，与爹赏人。"揭开，一盒果馅顶皮酥、一盒酥油泡螺儿。郑春道："此是月姐亲手拣的。知道爹好吃此物，敬来孝顺爹。"西门庆道："昨日多谢你家送茶，今日你月姐费心又送这个来。"伯爵道："好呀！拿过来，我正要尝尝！死了我一个女儿会拣泡螺儿，如今又是一个女儿会拣了。"先捏了一个放在口内，又拈了一个递与温秀才，说道："老先儿，你也尝尝。吃了牙老重生，脱胎换骨。眼见希奇物，胜活十年人。"温秀才呷在口内，入口而化……

从《金瓶梅》的这段对话中，可见带骨鲍螺虽然是稀罕物，但是大户人家还是能常吃到的，从中也不难看出，过氏秘方虽然不轻易传于人，但应该还是传了下来，或者说张岱可以效仿，其他人应该也能仿造出来，因此，带骨鲍螺到后来成了一种较为普遍的食品，只是由于语言的差异，叫法略有不同。

明朝的美食较多，如果逐一介绍，很费篇幅，由于本书不是美食书籍，点到为止。单说那张岱，不止是个文人，还是个赫赫有名的美食家，不只动手能力强，搜罗美食的功夫也不差，那么张岱还搜罗了哪些美食，对美食的食用和制作方法，又有哪些异于常人的地方呢？欲知后事如何，下回分解。

## ❷ 明朝著名吃货

越中清馋，无过余者——张岱。

张岱不仅是个吃货，而且还是个比较自信的吃货，他说在绍兴府吃货界我要是说第二，就没人敢说第一了。

绍兴府就当时来讲范围还是比较大的，其所辖八县，分别是山阴、会稽、上虞、余姚、诸暨、萧山、嵊县、新昌，少说也有几十万人，这是有多能吃才敢撂下这样的狠话！相信大家也十分好奇吧？我们来看一篇张岱的吃货经：

北京则苹婆果（注：苹果）、黄䑕（注：黄芽菜）、马牙松（注：白菜）；山东则羊肚菜（注：一种蘑菇，又称羊肚蘑）、秋白梨、文官果（注：果子，状若田螺，可食用亦可榨油）、甜子；福建则福橘、福橘饼、牛皮糖、红腐乳；江西则青根、丰城脯；山西则天花菜；苏州则带骨鲍螺、山查丁、山查糕、松子糖、白圆、橄榄脯；嘉兴则马交鱼脯、陶庄黄雀；南京则套樱桃、桃门枣、地栗团、窝笋团、山查糖；杭州则西瓜、鸡豆子（注：芡实，一种睡莲科水生植物的果实）、花下藕、韭芽、玄笋、塘栖蜜橘；萧山则杨梅、莼菜、鸠鸟、青鲫、方柿；诸暨则香狸、樱桃、虎栗；嵊（注：今嵊州）则蕨粉、细榧（注：又称香榧，是榧树的种子，可食用亦能入药）、龙游糖；临海则枕头瓜（注：应该是方言，当地的俗称，可能是南瓜，不确定）；台州则瓦楞蚶（注：俗称毛蚶，因其壳若瓦楞故名）、江瑶柱（注：干贝，又叫牛耳螺，生长在海里）；浦江（注：今金华市浦江县，盛产火腿）则火肉；东阳则南枣；山阴则破塘笋、谢橘、独山菱、河蟹、三江屯蛏、白蛤、江鱼、鲥鱼、里河鳅。

　　这是一篇食谱，所列的都是各地的名特产，张岱应该是每一样都吃过的。不过即便是每一样都吃过，也不稀奇，毕竟张岱活到了八十四岁，足迹遍布大江南北，尝过各地美食不足为奇。但是，如果只是因为馋嘴，特意千里迢迢地赶去吃一顿，那就堪称神奇了。要知道那会儿是没有高铁也没有飞机的，从南到北来回一趟，要是兴致好的话再到处逛逛，没一年时间下不来，你说为了吃，啥也不干花一年时间，这境界、这决心几人能做到？

　　恰好，张岱就是那样神奇的人，他做到了！

　　为了能经常吃到各地的美食，张岱列了个计划，如果是像北京、山东那样远的地方，一年去采购一次，一次采个够，囤起来慢慢享用；如果是南京、苏州略远的地方，就每个月去一次；要是近的，那就不用说了，天天去。

　　看到这里，大家是不是很吃惊？天天去采购各地美食，比神仙还快活，他是怎么做到的，吃不穷吗，不用工作吗？

　　关于这一点，我也研究过，张岱出身显贵之家，他的前半生过得还是比较滋润的，只是后来清兵入关，江山飘零，国已不国，那么家也就不成家了。明亡后，张岱的好日子也就结束了，他曾发出过这样的感慨：

耽耽逐逐，日为口腹谋，罪孽因重，但由今思之，四方兵燹，寸寸割裂，钱塘衣带水，犹不敢轻渡，则向之传食四方，不可不谓之福德也。

想当年我为了吃各地的美食而流走四方，真是种福气啊，可惜的是那样的日子已一去不复还了。

闲话表过，再说张岱与美食。我的老家有句俚语，说"秋天到，蟹脚吡吡跳"，意思是说秋天到了，锅里就会传来蟹脚"吡吡"跳的声音，说白了就是秋天的螃蟹是最肥的，想吃的话就得趁这机会狠吃几顿。

张岱也喜欢吃螃蟹，不只在家里吃，还去外面参加蟹会。

蟹会在明朝是比较流行的，那么什么是蟹会呢？我总结了一下，大体可以分为两种类型，一种是纯粹因为嘴馋，今天你做东，明日我请客，如此轮流，日日不绝；另一种要稍微文雅一些，不是为了吃蟹而吃蟹，而是一边饮酒赋诗，一边吃蟹赏乐，一般是士大夫或文人干的事儿。

蟹会在唐宋时期就出现了，不过那时候还没有以"会"来定义，关于吃螃蟹的诗在唐宋时期较多，如陆龟蒙《酬袭美见寄海蟹》：

骨清犹似含春霭，沫白还疑带海霜。
强作南朝风雅客，夜来偷醉早梅傍。

皮日休《咏蟹》：

未游沧海早知名，有骨还从肉上生。
莫道无心畏雷电，海龙王处也横行。

如宋朝的有黄庭坚《秋冬之间鄂渚绝市无蟹今日偶得数枚吐沫相濡》：

怒目横行与虎争，寒沙奔火祸胎成。
虽为天上三辰次，未免人间五鼎烹。

黄庭坚估计是跑了好几个海鲜市场，好不容易买到了几只螃蟹，一时激动之下也没心思起诗名，直白地在标题中就表达了喜悦之情。

"蟹会"一词是在明朝出现的，形式与唐宋时期相同，但因有了"会"，就会显得正式一点，特别是那些士大夫、文人，把吃螃蟹吃出了仪式感，发展到后来，越发讲究，至于怎么个讲究法，后文交代，先说张岱是怎么吃螃蟹的。

张岱说："食品不加盐醋而五味全者，为蚶、河蟹。"

这话一出，我立即心领神会，此人真是个吃蟹的行家！

我生长于浙江宁波沿海一带，对螃蟹也是情有独钟，不过可能口味跟张岱不太一样，我最喜欢深海的白蟹，又称梭子蟹，由于是远洋深海捕捞来的，运到内陆需要好几天，所以是冰冻的，很多人认为死蟹不好，活的才是最新鲜的。你要说最新鲜的那肯定是活的最好，但是论味道和口感，只有深海白蟹的肉最劲道，那肉是一丝一丝的，有韧劲儿，而且只能用水煮，不加盐以及任何调料；要是退而求其次的话，当属内陆浅海养殖的白蟹，捞上来后直接用海水煮，同样不加盐及任何调料。

张岱说食品不加盐醋而五味全者为蚶、河蟹，就吃螃蟹这事儿来说，可真是知己。

我当下人在湖南，无法吃到最新鲜的海鲜，写到这儿，口水已湿了书桌，不说了，就此打住，单说张岱吃河蟹，他说：

河蟹至十月与稻粱俱肥，壳如盘大，坟起。而紫螯巨如拳，小脚肉出，油油如螾蜒。

以我的吃蟹经验来看，张岱所吃应该是公蟹，一般螃蟹只要是肥的，其壳都是隆起的，但母蟹的螯没有公蟹大，"紫螯巨如拳"铁定是公蟹无疑，而且如果是母蟹，掀开壳后，膏金黄，公蟹则是白的，不信的话，看张岱掀了蟹壳后的情景：

掀其壳，膏腻堆积，如玉脂珀屑，团结不散，甘腴虽八珍不及。

你看看，膏如"玉脂珀屑，团结不散"，果然是公蟹，要是母蟹，那金黄的蟹膏很容易散。不过公蟹的蟹膏偏油腻，我个人更欢喜母蟹的蟹膏。有一次在宁波吃酒席，桌上摆了一只非常大的面包蟹，它的壳有盘子大小，满壳都是玉脂般的蟹膏，我见没人吃，就拿过来吃了，好家伙，那感觉就像是吃了半斤肥肉，然后就没有任何食欲了，眼睁睁地看着满桌佳肴，无欲落筷。

再说张岱，他说：

一到十月，余与友人兄弟辈立蟹会，期于午后至，煮蟹食之，人六只，恐冷腥，迭番煮之。

每到十月，张岱要么跟朋友，要么跟亲人一起相约举行蟹会，差不多到了午后，大家就开始煮螃蟹，估计是人多，为了公平起见，大家事先分好，每人六只，不能抢。但是，六只螃蟹要是一下子全煮了，河蟹凉了后腥味比较重，影响食欲，所以得分开煮，一只将要吃完时，才将另一只放到锅里。

吃螃蟹还可分为武吃和文吃两种吃法，别看张岱是个文人，但他不是那种矫情的人，看他的吃法，应该是武吃，用手掀了蟹壳、拧了蟹脚直接往嘴里送。

文吃是在崇祯年间才流行起来的，在此之前，就算是皇宫内苑的娘娘们也是武吃，没那么多讲究。有人想，要是娘娘们也是武吃，那吃相是不是很难看？我摘录出来让大伙儿围观一下：

凡宫眷内臣吃蟹，活洗净，用蒲包蒸熟，五六成群，攒坐共食，嬉嬉笑笑。自揭脐盖，细细用指甲挑剔，蘸醋蒜以佐酒。或剔胸骨，八路完整如蝴蝶式者，以示巧焉。

这段话出自刘若愚的《明宫史》，大家都亲自上手，揭去螃蟹肚子上的脐盖，掀去蟹壳，然后用细细长长的手指甲挑蟹肉，挑出来后拿指甲和着蟹肉去蘸醋蒜……

说实话这样的场面我实在看不下去，表面上看似文雅，实际上不敢想象，你直接用嘴咬不好吗，非得用手指甲挑？

后来有人想了个办法，也就是正宗的文吃螃蟹的方法。从各种史料记载来看，文吃的方法应该起源于江浙一带，说起来还有个典故，说是虞邑（注：今江苏常熟）一带最擅长吃海鲜，他们吃螃蟹有一种特别的方法，为了不使蟹膏在煮的时候流失，用线将螃蟹绑起来煮，这样的话不只蟹膏不会流失，还保全了鲜味。这种煮法大家应该很熟悉，现在市场上卖的螃蟹基本上都是绑起来的，有些不良商家还用布条绑，绑了后浸在水里，那布条浸透了后分量可以达到螃蟹重量的四分之一。

　　当时有个叫周四麻子的人，发明了一种方法，叫做爆蟹。所谓爆蟹，是先将螃蟹蒸熟，再放到铁架上用炭火烤，边烤边蘸些甜酒、麻油，不一会儿，蟹壳浮起即将脱掉，二螯八足，骨尽爆碎，脐肋骨也都开裂了，用手轻轻一拨，蟹壳应手脱落，仅存黄与肉。

　　按理说我也算是吃蟹一族，但是这样神奇的吃蟹方法却闻所未闻，如果是真的，那真的太爽了。可惜的是，周四麻子这种做蟹的方法不外传，以至于他一死，爆蟹的做法就失传了，成了吃货界的一个传说。

　　好在人们对于吃的追求是永无止境的，爆蟹的方法虽然失传了，但有人发明了吃蟹的工具，叫做吃蟹三件套，分别是小锤、小刀和小钳。

　　发明这吃蟹三件套的是管漕运的漕臣，由于他常年在江河海岸边生活，天天吃螃蟹，吃着吃着就吃成了行家，对吃的方法也开始讲究起来，他先用小锤敲，再用小刀划，把蟹壳敲碎、划破了后再用小钳刮肉，这样一来，吃只螃蟹就跟修钟表似的，确实文雅了许多。

　　不过在我眼里看来，吃蟹三件套虽然文雅，但很麻烦，大家想想，上桌前不只要摆好酒具、碗筷，还得把吃蟹三件套准备好，正式开吃了，喝一口酒，然后拿小锤子敲敲打打，再换小刀划，用小钳搜蟹肉，不嫌烦吗？直接用手剥了壳，送嘴里咬不是更痛快吗？

　　不过，这可能是像我这种粗俗之辈的粗俗之见，当吃螃蟹成为一种文化，当文人雅士或士大夫以吃螃蟹的名义聚会时，凡事都得有个讲究，于是乎，那吃蟹三件套就流行了起来，发展到后来，越来越变态，吃蟹三件套演变成了八件套，分别是镦、锤、钳、铲、匙、叉、刮、针等八种器具。

　　那八件套搬上来，说实话要是我在场的话非疯了不可，这是要给螃蟹动手术吗，胆囊结石还是阑尾炎，要搞这么复杂？本来吃螃蟹这件事儿挺简单的，有一双手和一张嘴绰绰有余，现在倒好，八件套往桌上一放，要是不太熟悉流程，还真不知道从哪儿下手。

正确的吃法是这样子的：先用钳子把蟹脚一根一根剪下来，再用圆锤在蟹壳周边敲一圈，松动了后拿钎子插入蟹壳内，轻轻一掀，壳就掀起来了，之后拿铲子、小匙等工具，运用各种巧妙的手法，把蟹肉挑出来，放入专用的容器里面，蘸了佐料慢条斯理地享用。

很文雅但也很麻烦对不对？更麻烦更让人吃惊的还在后面。

吃蟹八件套的使用方法虽然复杂，但由于受到了上流人士的追捧，很快就流行了起来。请大家不要觉得吃惊，其实这样的事情在社会上非常普遍，无非是跟风而已，很多人本身并不是雅人，可是对于那些附庸风雅的事情却极为热衷，觉得只有这么跟着做了，才算得上是雅人，挤入了上流社会，以至于再往后发展，那八件套做得越来越精致，高贵人家都是银制，还在上面雕龙刻凤，或镂以各类纹饰，用不起银的，至少也得是铜制。这么一来，八件套的实用性已经不是很大了，谁拿银制品去吃螃蟹啊？更多的代表的是一种身份，于是乎，凡是有点钱的，婚嫁必备吃蟹八件套，以后能不能用得上不重要，关键是备上了八件套才有面子。

不说了，越说越觉得来气，明明用嘴就可以解决的事，偏偏要搞出这么一套复杂的东西，居然还发展成了一种身份的象征，实在是太不像话了，咱们换一个话题吧，来说说另一枚吃货李渔，他对美食的追求，比之张岱有过之而无不及。

予于饮食之美，无一物不能言之，且无一物不穷其想象，竭其幽渺而言之——李渔。

这句话跟张岱说的那句一样自信，说是没有一种食物是我叫不出名字来的，也没有一种食物是我吃过后不能描述的。这话说得就好像天上飞的、地上爬的、水里游的所有东西他都吃过似的，但是很快，他就被打脸了，因为当他吃了那东西后，居然无法用语言形容它的美味！

是什么东西让李渔吃了后无法形容呢？是螃蟹！他的原话是这么说的：

蟹螯一物，心能嗜之，口能甘之，无论终身一日皆不能忘之，至其可嗜可甘与不可忘之故，则绝口不能形容之。

李渔对螃蟹那真的是真爱，真爱到什么程度呢？用他的话说是如痴如狂，"此一事一物也者，在我则为饮食中痴情"。每年在螃蟹上市之前，李渔就开始存私房钱，作为吃蟹的专用款。于是有人笑他说，爱蟹如命。

李渔也笑，说"然也，此所存之钱资乃买命钱。"是呀，我那私房钱其实是买命钱，没了它不行！

自打螃蟹上市开始，一直到螃蟹旺季过去，没有辜负一天，缺少一餐，反正身边如果无蟹，那是连写文章都没心思。

朋友知道他有癖蟹之好，往往会成人之美，邀请他去吃螃蟹，李渔一听，两眼发光，来者不拒。可是即便天天吃，他还是担心不够吃，万一哪天新鲜的螃蟹吃完了接不上怎么办？于是命家人洗瓮酿酒，干吗用呢？醉翁之意不在酒，李渔酿酒不是为了喝酒，是要用来做酒糟醉蟹（注：相当于拿酒腌制），他还给酒糟另取了个名字，叫蟹糟，酿酒糟用的瓮名叫蟹瓮，酒名叫蟹酒，而他自己则取名曰蟹仙，家里有个丫鬟，专门煮螃蟹的，给她取名叫蟹奴。但凡碰了蟹的，都要以蟹命名。可是李渔觉得他做得还不够，于是感叹道："蟹乎！蟹乎！汝于吾之一生，殆相终始者乎！"螃蟹啊，你我能否相伴终生？

这话要是螃蟹真能听得懂，估计要吓出一身冷汗，撒腿就跑，人说后宫佳丽三千，要是要螃蟹伴他一生，估计非三千万只螃蟹不可。

当然，螃蟹是听不懂的，所以李渔又自顾自地感叹说，我对不起你啊螃蟹，不能去你的产地为官，拿朝廷的俸禄大吃特吃，现在囊中羞涩，虽然说每年都咬牙切齿地为你藏了点私房钱，可有多少是花在你身上呢？就算是日购一百筐，这一百筐的螃蟹，除了请客之外，还得跟家里的五十口人一起分，最后到我肚子里的委实就没剩多少了，呜呼悲哉！

说到此处，李渔似乎动了真情，大呼曰："蟹乎！蟹乎！吾终有愧于汝矣！"螃蟹啊，我终究是愧对于你啊！那痛苦之情，溢于言表，就好像真的欠了螃蟹多大的情似的。

依我看来，真正的蟹奴非李渔莫属。

兴许会有人好奇，李渔对螃蟹那样痴迷，他是用什么方法吃螃蟹的？

在吃螃蟹方面，我和李渔持同样的观点，这个观点说出来，可能部分地区的人会不认同，但我还是要固执地说出来。在有些地方，特别是四川、湖南一带，习惯了吃辣，喜欢用大量的佐料爆炒，一盘螃蟹有半盘是生姜、辣椒等等，最让人难以忍受的是，一口咬下去，全是佐料味，而螃蟹的鲜味则无影无踪，大有喧宾夺主的架势，那么这是在吃螃蟹还是吃佐料呢？我第一次在湖南吃到香辣蟹时，那心情真的无以言表，吃完后只能拿四个字形容——暴殄天物。

李渔说："蟹之为物至美，而其味坏于食之之人。"螃蟹本来是天底下最美味的食物，但是美味却被那些不会吃螃蟹的人破坏了。那么那些人是怎么破坏蟹的美味的呢？

比如做汤，鲜当然是鲜的，但是蟹的质地、口感却没了；比如烤，香是香了，而蟹的真味实际已不存；最让人难以容忍的是，把螃蟹切作两截，用油、盐、豆粉拌了后煎，使蟹之色、蟹之香与蟹之真味全失。

这对于一个真正爱蟹之人来说，是件难以容忍的事情，因此李渔气道，你们这是在干什么呢？是嫉妒螃蟹的美味，嫉它的美观，于是使劲蹂躏糟蹋？这世上的好东西啊，只能有一种做法，而螃蟹则只能清蒸，连盐都不消撒一粒。

"蟹之鲜而肥，甘而腻，白似玉而黄似金，已造色香味三者之至极，更无一物可以上之。"此世间，没有一样食物可以与螃蟹媲美，它本身已经色香味俱备，你要是瞎搞，那就是画蛇添足，是天大的罪过。李渔愤愤然地说完之后，顿了顿又道，"凡食蟹者，只合全其故体，蒸而熟之，贮以冰盘，列之几上，听客自取自食。剖一筐，食一筐，断一螯，食一螯，则气与味纤毫不漏。出于蟹之躯壳者，即入于人之口腹，饮食之三昧，再有深入于此者哉？"

凡是真正懂蟹的人，会保持它的完整性，完整地蒸熟，完整地放在盘子上，一根脚都不会让它掉。而且吃的人会亲自动手剥，剥一只就吃一只，折一腿就吃一条腿，只有如此，蟹的气、味才不会漏。享用其他食物，你可以让仆人代劳，但是吃蟹绝对不可以。这就像好香必须自个儿点，好茶必须自个儿泡一样，这些道理只有真正讲究饮食之道的人才能懂得。

也许在旁人眼里，李渔对蟹的痴迷，如疯似癫，然而个中滋味，只有李渔自己能懂。

明朝的美食家还有很多，比如前文提到的写了《遵生八笺》的高濂，他不只是个美食家，对于诗词歌赋、鉴赏文物等事无所不涉，琴棋书画、茶酒烹调等技艺无所不通，是位真正的高雅之人，有名士之风范。他既不像张岱，也不像李渔，虽也无所不吃，《遵生八笺》里所提到的美食，从荤到素无所不包，甚至连煎饼果子的做法也被他记录在内，但是，高濂享用美食有一个原则，就是以养生为主，清淡而少油，讲究荤素搭配，营养全面，不会暴饮暴食。

还有一位，名叫宋诩，写有一部《竹屿山房杂部》传世，与《遵生八笺》异曲同工，提倡遵生、养生。养生就不必解释了，那么遵生是什么意思呢？高濂是这么解释的：

故尊生者，尊天地父母生我自古，后世继我自今，匪徒自尊，直尊此道耳。不知生所当尊，是轻生矣。轻生者，是天地父母罪人乎……故余《八笺》之作，无问穷通，贵在自得，所重知足，以生自尊。

遵者尊也，是对生命的尊重，不知尊重生命，是为轻生，是对父母的不敬，所谓身体发肤受之父母，你要是轻生，与罪人无异。而且对生命的尊重，无分贵贱，无问穷通，但要知足，就有自尊。

宋诩在书中也谈遵生和养生，并以此作为出发点，介绍了明朝的饮食，总记饮料一百一十多种，制造酱、醋等方法五十多种，做牛肉的方法十七种，四十五种做猪肉的方法……总之收录了各种家畜的烹制技巧。

蔬菜的做法就更多了，达四百多种，还有茶、酒水、糕点等等的配制之法等等，可谓明朝的饮食大百科全书。

毋庸讳言，明朝中后期是个物欲横流的社会，在这一点上，即便开放如唐宋，也有所不及。这么说没有褒贬之意，单是从饮食上来讲，明朝虽也有如高濂等辈提倡养生，然而纵观整个社会，大吃大喝之风盛行，而且所吃的东西越贵越好，以贵为荣，这一点唐宋是比不了的，比如说海鲜，由于受交通、科技的限制，海鲜在唐宋并不普遍，即便像《水浒传》里的豪杰，到了酒家，最多也只切三斤牛肉，或几斤羊肉，再筛几斤酒来而已，从来没人高声喊要蒸十斤螃蟹，一筐皮皮虾之类的。要是《水浒传》里的豪杰那样吃海鲜，再豪也是吃不起的。

　　有这么个传说，说是宋仁宗举行私宴，全国各地的官员都要献美食入京，这一年秋，宋仁宗发现所献美食中居然有蛤蜊，他知道那是稀罕物，于是问："何来此物，其价几何？"

　　献礼的官员答："每枚千钱，此番共献二十八枚。"

　　蛤蜊在明朝很普遍，李渔将它比喻是西施舌，形容"白而洁，光而滑，入而咂之，俨然美妇之舌"。但李渔吃了西施舌后又说："若论鲜味，则海错中尽有过之者，未甚奇特。"

　　在明朝，蛤蜊已经不是什么稀罕物了，二十八枚蛤蜊，舌头一卷，一下子就吃光了，但是在宋朝，却不常见，宋仁宗听说这么贵，龙颜大怒，"吾常戒尔辈勿为侈靡，今一下箸，费二十八千，吾不堪也！"这哪里是吃美食啊，分明是在吃钱，我怎么能吃得下去？

　　皇帝尚且如此，百姓就更不用说了，蛤蜊在宋朝只是作为一种传说，在江湖流传。

　　那么问题来了，难道皇皇大宋，真的没人能消费得起海鲜吗？要真这么说，大家肯定会骂我，说句公道话，宋朝能消费得起海鲜的人肯定是有的，而且还不少，只不过相比于明朝，唐和宋的文人或是士大夫更加讲究，这个"讲究"指的不是吃，甚至可以说他们是不在意吃的东西的，以前文提到的《韩熙载夜宴图》为例，韩熙载是为了躲避李煜召用，才故意纵情声色，做出一副享乐之状，可即便如此，我们依然可以看到，他桌上的菜其实非常简单，那时候是分桌吃的，每张桌子上不过八味菜，而在那八味菜里，也没有大鱼大肉，不过是几样简单的果盘或糕点而已。但是，图中所有人都很享受，那么他们是在享受什么呢？是在享受声乐。

　　到了唐朝，哪怕是像李白那样任性之人，也只要有酒就可以了，而对下酒菜，他似乎从来没有挑剔过。到了宋朝，饮食方面较之唐朝有大幅提升，品类增多，然而宋朝人也就是钟情于一烹即起的热炒快餐罢了，并不追求吃的东西要有多奢华丰富，从《东京梦华录》《都城纪胜》《西湖老人繁胜录》《梦粱录》《武林旧事》等宋朝笔记来看，也没能发现宋朝人吃海参、鱼翅、燕窝等稀罕物，这足以说明，唐宋的文人和士大夫，更注意的是精神上的追求，食物则是在其次，换言之，那时候的人更高雅。

再换一个角度讲，唐宋关于美食的书籍，也没有明朝来得多，著名的有隋朝时期的《食经》，此书业已失传，只是零散地收录在《齐民要术》《农书》等著作中，里面所记录的食物条目约四五十种，菜名比较华丽，比如北齐武成王生羊脍、越国公碎金饭、永加王烙羊、含春侯新治月华饭、乾炙满天星含浆饼、剪云斫鱼羹等等，可能偏向于精美雅致，但绝非奢华。

宋朝的食谱相对来说略微增多了点，如《木心斋食谱》《山家清供》等，以素食、糕点为主，只有少量荤菜，这与宋人的气质是相符的。到了明朝，食谱骤然增多，文人士大夫醉心于品尝美食，这种现象究竟是好是坏？我不便做出评判，也不想发表意见，搁笔，下回见。

### 三 从吃茶到喝茶的演变

在我们中国，说到饮品就必须提到一样东西，那就是茶。茶文化在中国可以说是历史悠久，深入人心，茶是中国老百姓家家户户必备的饮品，无论其他饮品的品类怎么丰富，味道怎生变化，茶在国人心中的地位永远都无法撼动，这是一种文化，深入到骨子里的文化。

也许有人会说，茶有什么好说的，天天泡着喝，莫非你还能说出花儿来？

我要说的不是喝茶，而是茶文化，以及喝茶方式变迁的历史。《茶经》云：

茶之为饮，发乎神农氏，闻于鲁周公。

可见喝茶的历史，足以追溯几千年。喝茶最初不叫喝，叫吃茶，就算是在今天，也有些地方依然叫吃茶，比如我的老家宁波地区，从来没听说过喝茶，依然说的是吃茶、吃酒。开始我以为这是方言，后来才知道这哪是什么方言，而是历史文化中保留下来的一种行为方式，代代相传，后来虽然从吃茶改成了喝茶，但是语言依然被保留了下来，没有改变。

应该说这是一种幸事，我也为我的家乡保留了这种语言而感到骄傲，因为简简单单的两个字，就是一段悠久的历史。从传说中的神农氏开始，到宋朝为止，茶一直是用来吃的，直到明朝方才改为喝。

最早开始吃茶的自然是神农氏，相信神农尝百草的故事大家都听过，说是神氏农在尝百草时，日遇七十二种毒，吃了那么多种毒草，本来是必死无疑的，后来是吃了茶才得以解了毒。这个典故出自《神农本草经》，其中七十二毒究竟是什么毒不得而知，或许所谓的"七十二"只是个虚数，不过茶可解毒下气却是真的，唐朝时顾况的《茶赋》说：

滋饭蔬之精素，攻肉食之膻腻，发当暑之清吟，涤通宵之昏寐。

很明确地说了茶可以调节身体机能，化解油腻、解暑，还能解困驱乏。

后来明朝的《本草纲目》说：

茶苦而寒，最能降火，火为百病，火降则上清矣。温饮则火因寒气而下降，热饮则茶借火气而升散，又兼解酒食之毒，使人神思闿爽，不昏不睡，此茶之功也。

《本草纲目》说得更为明确，也更加具体，古人知道茶叶可以解毒，又兼有清新口气的功效后，就每天嚼茶叶吃，久而久之就养成了一种习惯，视嚼茶叶为每日必做的事情。此后，随着熟食的普及，茶叶也从生吃过渡到了以茶当菜、煮汤饮用的阶段。

在把茶当菜的时候，叫做茗菜，茗菜可以像煮白菜那样煮熟了吃，也可以烫熟了后拌桂花及其他佐料再食用，据说云南的基诺族至今仍食用凉拌茶。这个传统大概是从春秋战国沿袭下来的，那时候就是把茶叶用来当菜吃，所谓"食脱粟之饭，炙三弋、五卵，茗茶而已（注：语出《晏子春秋》）"，据传，这是春秋时期齐国上大夫晏婴的菜谱，吃脱了谷壳的饭，烧烤三种飞禽的肉，五种家禽的卵，然后再加一道茗茶，两荤一素，加上一碗糙米，即所谓的粗茶淡饭，茗茶又可称为茗菜。

春秋战国之后，即从秦、汉、三国到两晋时期，从以茶当菜过渡到了煮汤羹饮的时代，羹饮又分为两种，一种是茶汤，另一种是茶粥。茶汤与茶粥的煮法差不多，只不过一个少煮些时间汤水多一点，另一个熬干一点而已。大约从汉朝开始，普遍流行茶粥，还会加入一些葱、姜、枣、橘皮、茱萸、薄荷等一起煮，口感更好一点。

到了两晋，将茶叶磨细成粉状的末茶法逐渐流行，脱离了煮菜式的吃茶方法，渐渐将吃茶引入到独立的饮品上面来。但末茶法的出现，也仅仅是向饮茶过渡而已，并不能算是真正意义上的喝茶。

在中国饮茶史上，有一篇非常著名的赋，叫做《荈赋》，作者叫杜育，字方叔，史书记载他"幼聪慧，号神童，及长，美姿仪，有才藻"。不过这是史书上的说法，特别是《史记》，只要还看得过去的一般都说"美姿仪"，不过他到底美不美不在本书考据的范围内，不管他了，只说那篇《荈赋》，这是历史上第一篇茶赋，因了它的出现，将吃茶推上了雅文化行列，来看看他是如何写的：

灵山惟岳，奇产所钟，厥生荈草，弥谷被岗。承丰壤之滋润，受甘霖之霄降。月惟初秋，农功少休，结偶同旅，是采是求。水则岷方之注，挹彼清流；器择陶简，出自东隅；酌之以匏，取式公刘。惟兹初成，沫成华浮，焕如积雪，晔若春敷。

这段赋可分为四段，第一段说的是种茶的情形，不难看出，在两晋时期，茶树已被普遍种植，放眼望去，到处都是绿油油的茶树；第二段是采茶的情景，尽管农夫闲暇时间少，平时要忙于耕种，但是到了采茶时节，依旧会成群结队地去采茶；第三段描写了煮茶的水和吃茶用的器具，要取岷江之水，器具一般选择陶简，明确了吃茶的器具以陶瓷为佳，而且陶瓷最好是出自浙江越州，可见当时就比较讲究吃茶的器具了；第四段写的是煮出来的茶汤的效果，沫成华浮，焕如积雪。

这种末茶法到唐朝依然很流行，且蔚然成风，于是像生鱼片一样，又流传到了日本，后来经过改良，自成一派，称为抹茶。很多人以为抹茶就是日本的一种本土茶文化，实际上是源自中国的舶来品。

如果说杜育是将吃茶引入到了雅文化的行列，那么陆羽则更进一步，直接把吃茶的行为带进了文雅的范畴，换句话说，杜育是推动了茶文化，而陆羽则是将此行为文雅化。有人可能会觉得这句话像绕口令似的，有什么本质的区别吗？

还是有区别的，说简单一点就是杜育把茶这种东西做成了一种文化，但是陆羽是把吃茶这种行为推到了高雅的行列，两人就像是茶叶的幕后推手，一唱一和，在中国的茶文化史上留下了浓彩重墨的一笔。

我们来看看陆羽的行为，就可以更好地理解这件事儿了。陆羽非常喜欢吃茶，为此专门钻研茶道，并发明了煎茶法。各位读者朋友看我这本书看到这里时，大概也明白了一种惯例，即凡是高雅的肯定是繁琐的，越高雅越繁琐，陆羽把吃茶这种行为高雅化了后，自然也将它繁琐化了，所以煎茶的工序非常复杂，急性子的人还真学不来。不过作为中国人是可以理解的，说到底所谓的雅文化，其实就是一种慢文化，如果煎茶法不复杂，也就不可能把吃茶文化推向极致。

下面我来说一下煎茶法，请放心，我会尽量说得简单一点：

需要以没有异味的木炭或干枝来烧火，比如松树枝就不行，这类木头有独特的气味，会影响茶汤的气味。火堆上面要搭好交床，交床是一种支架，可以在上面放一口大锅，将水倒入鍑（注：鍑是口子比较宽的大锅）中，等水烧到沸若鱼目，就是有气泡冒上来，微微有声响时，叫做初沸，这个时候要在水里洒点盐，用以调和茶味；当鍑边缘涌泉若连珠时，也就是水差不多要烧开了时，锅底有水泡连续地冒上来，叫做二沸，这时候要从鍑中舀一瓢水出来放着，等到水沸腾滚开了三沸时做救沸之用，然后用竹夹子轻轻地在水里搅动几下，以使水的温度更加均匀，搅完后就可以往水里投放茶末了；到三沸时，水若涌涛，表面已经沸腾了，鍑中的茶末随时会溢出来，所以这时候就要把二沸时舀出来的水慢慢地均匀地浇下去，用于救沸，这么做的目的是为了不让水中的茶花溢出来，所以这个步骤叫做育华，保证茶汤的香醇；救沸之后，水又烧开了，此时沫饽都浮在水上，白色的，如雪似花，香味也允盈在室内，到了这一步，就算是煮好了，接下来开始分茶。

分茶之后还有饮茶、清洁器具等等步骤，我想偷个懒，不说了，因为这些没有太大的意义，纯属浪费篇幅，不过有个词语需要解释一下，就是前文提到的"沫饽",浮在茶汤上的那层东西。

沫饽可不是泡沫,它是茶中的精华,这种东西我们是吃不到了,因为现在我们只喝茶不吃茶了。然而在煮茶时代,吃茶吃的就是那层沫饽,所以在分茶的时候,要分平均,你要是把沫饽都自己吃了,那就是怠慢客人,这便是陆羽所说的"凡酌置诸碗,令沫饽均"的意思。

沫饽不是同一种东西,它其实分三层,每一层的叫法也不同,按陆羽的说法是这样的:

沫饽,汤之华也。华之薄者曰沫,厚者曰饽,细轻者曰花,如枣花漂漂然于环池之上。又如回潭曲渚,青萍之始生;又如晴天爽朗,有浮云鳞然。其沫者,若绿钱浮于水渭,又如菊英堕于镈俎之中(注:引自陆羽《茶经》)。

大家应该也看明白了吧?茶沫,是茶汤的精华,薄的称之为沫,厚的称之为饽,细而轻的那层则称之为"花"。说白了沫饽就是茶末,它会沉淀,但沸开了后就会达到如陆羽描写的那种效果,这样的茶汤只有用碗品尝才合适,所以唐朝人吃茶用碗。

吃茶器具的不同,表现出的是吃茶文化的迥异,所谓唐碗、宋盏、明壶,发展到宋朝,又把吃茶玩出新花样来了。

前文说过,雅文化实际上就是慢文化,几乎没有一样文雅的事情是快节奏的,如果说唐朝的茶道是表现在技术阶段的话,那么宋朝的茶道则体现的是一种意境,这下就更慢了,慢到忽略了吃茶本身,升级到观赏层面。

陆羽说,"茶以芳洌洗神,非读书谈道,不宜亵用"。唐朝的茶文化之雅,是雅而实用,至少是用在了读书谈道这些事情上。宋朝的茶文化之雅,则发展成了全民追求的一种境界,或者说是一种时尚和流行的文化。

有人说,宋朝是中国文明的巅峰,是东方的文艺复兴,他的人文艺术在中国历史上无与伦比。关于这一点,我并不否认,即便是有人贬作"弱宋",也无法抹去宋朝在艺术和文化上的成就,至少他的子民是幸福的富裕的,点茶法便是宋朝繁荣稳定的一种体现,如果没有稳定的社会环境,很难想象老百姓会将吃茶这件事儿,玩到出神入化的地步。

我先不说点茶的具体过程，事实上在点茶之前，煮茶的各个工序，同样也是登峰造极，空前绝后的。

所谓点茶，其实是在唐朝的煎茶法上改进而来的，如前所述，煎茶是先煮水，而后往锅里放茶叶末煮，点茶则不是，它是只在锅里煮水，不煮茶。但煮水同样是非常讲究的，具体做法是，先放三根短炭点火，叫做底炭。底炭燃烧片刻后，它的表面会形成一层薄灰，这时候加初炭，之后再加后炭，也就是第三次炭。这三次加炭需要层层递进，而且必须要把握好火候，火势大了或小了都会影响汤水的效果。

再说点茶时所用的茶，宋朝用的是茶饼，也就是俗称的团茶，制作茶饼时一共有六道工序，分别是：蒸茶、榨茶、研茶、造茶、过黄、烘茶。这六道工序，每一道都十分讲究，比如所蒸的茶，得是嫩芽，这跟我们现在差不多，茶叶最好是谷雨前的嫩芽。茶芽采回来后，先泡在水中，泡上一些时候，要是有茶芽泡坏了，得挑拣出来，选择匀整的芽进行蒸青，蒸了后再用冷水清洗，洗完后就要榨茶了。榨茶又分两道工序，小榨去水，大榨去汁。研茶的时候会加入沉香、龙脑香等香料，以调和茶叶本身的涩味，最后再兑水研细，入模压饼、烘干。

不难看出，宋朝人的制茶方法很讲究，但是这里面有个问题，即经过那六道工序后，茶叶汁都被榨干了，而且加入了香料，到最后的成品团茶，茶叶本身的味道几乎所剩无几，这样的做法等同于前文提到的吃螃蟹一样，要是掰碎了爆炒，加上各种佐料，最后吃的时候还能吃出螃蟹的鲜味吗？

这一点我没有想通，只能说这是宋人的口味问题，后来为了迎合这种口味，有些昧心的商家以次充好，添加大量香料，这是后话，我们后面再讲。不过值得注意的是，由于团茶的制作工序复杂，生产出来的团茶，价格不菲。要是出自名家之手，其价堪比黄金。比如宋四家（注：宋四家指北宋四位书法家苏轼、黄庭坚、米芾和蔡襄）之一的蔡襄，著有《茶录》一书，他精通茶道，在担任福建转运使时，监制北苑贡茶，他所制作的"小龙团"，属于宋朝时期的顶级团茶，一般的老百姓是吃不到的。当然，你一定想要任性一次，尝一下"小龙团"的味道也可以，但代价是要花掉半生的积蓄。欧阳修的《归田录》是这么说的：

茶之品莫贵于龙凤，谓之团茶。凡八饼重一斤。庆历中蔡君谟为福建转运使，始造小片龙茶以进，其品绝精，谓之小团。凡二十饼重一斤，其价值金二两。

一斤茶二两黄金，比房价还高，有几个人敢下嘴去吃？这样的茶，别说是老百姓，就算是高官一生也很难尝到几回，所以宋朝流行的点茶、斗茶所用的是普通的茶饼，也就是出自民间作坊的产品。

再来说点茶的过程。前文说了，宋朝的点茶讲究的是意境。不过这里所说的意境指吃茶的人，至于制茶者和点茶具体操作的人，讲的还是技艺。这个跟我们现在讲的功夫茶是一个意思，功夫自然指的是泡茶人的功夫，喝茶的人喝的就是种意境。闲话表过，来看一段宋朝人蔡襄在《茶录》中所记录的点茶过程：

茶少汤多则云脚散，汤少茶多则粥面聚。钞茶一钱七，先注汤，调令极匀，又添注入，环回去拂，汤上盏可四分则止，视其面色鲜白，着盏无水痕为绝佳。建安开试，以水痕先者为负，耐久者为胜。

这段话说得比较简单，操作性不强，我把具体的步骤简单说一下，以便让大家对点茶有个比较直接的了解：

先将茶饼取出，放微火上烤，目的是去水分。取一张干净的纸，把烤过后的茶饼包起来，放在木质茶臼里，轻轻捣碎，然后把捣碎的茶放入石磨或碾子里，快速地碾磨成粉状，再倒入筛子，轻轻细筛，要筛数遍，取绝细之粉末。

以上是点茶的前期准备，做完前期工作后，点茶正式开始。

首先是温盏，就是用热水把茶盏温热一下，目的是避免热水入冷盏后影响茶味。温盏也有讲究，水不能太冷也不能太热，得用二沸之水冲入茶盏内，片刻后，倒出温水，趁着茶盏是温的，放入茶末。

温盏之后就要开始往茶盏里注水了，所谓的点茶讲的就是注水的功夫，手法的优劣，会直接影响茶味。哦不，准确地说是会直接影响意境。为此，北宋最讲究也最文雅的皇帝宋徽宗，创立了一套独特的点茶手法，叫作"七汤点茶法"，这种方法如果真要是讲起来，那情形和武学里的太极功夫一样，用的是巧劲，劲道多一分少一分都会影响最终的效果。

"七汤点茶法"和武学一样，也有个秘诀，叫做"分轻清重浊，相稀稠得中，可欲则止。乳雾汹涌，溢盏而起，周回旋而不动，谓之咬盏"。茶汤咬盏是最高境界，一如武学高手，达到这重境界时，那就是一代宗师了。闲话少叙，我们来看看"七汤点茶法"这门功夫是怎么施展的：

第一汤（相当于第一招，下同）：妙于此者，量茶受汤，调如融胶。环注盏畔，勿使侵茶。势不砍猛，先须搅动茶膏，渐加周拂，手轻筅重，指绕腕旋，上下透彻，如酵蘖之起面。疏星皎月，灿然而生，则茶之根本立矣。

我充当一下解说员，跟大家简单地讲解一下：点茶的人，也就是茶博士右手拿茶壶，向盏内缓慢注水，左手拿茶筅（注：搅动工具，一般为老竹所制，如剑脊之状），一边倒水一边慢慢搅动，将茶盏内的茶末调成糊膏状。再继续注水，这时候注水的方式跟前面略有不同，要使水环注盏畔，也就是打着圈儿从茶盏的边缘注入，但不可以让茶水浸出来，所用的手法须"手轻筅重，指绕腕施"，茶筅在茶博士的手里就是一柄剑，太极剑，只有达到四两拨千斤的境界，才能举重若轻，使茶盏内的茶膏上下透彻，搅得均匀。要是这一步做好了，那么就为一盏好茶打下了好的基础。

所谓行家一出手，就知有没有，单是这第一招，如果两只手不协调，没有配合好，要么是茶水溅到茶盏外，要么是搅动不均匀，想要使双手在做不同动作的前提下，还保持稳定，不疾不徐，非高手所不能为。

第二汤：二汤自茶面注之，周回一线。急注急上，茶面不动，击指既力，色泽渐开，珠玑磊落。

这第二招明显增加了难度，水从茶面注入，使水形成一条线，沿着茶盏内壁走一圈。接着一提一顿，往下急注的水至此戛然而止，这时再看盏内的茶面，纹丝不动，就像刚才没有注入过水一样……

"急注急上，茶面不动"这一招实在太高明了，那一提一顿之力，所使的暗劲，力有千钧，然而外人却丝毫看不出来，以至于水入盏内，茶面不动，诚如四两拨千斤，暗涛汹涌，翩若惊鸿。

这时候，左手晃动茶筅，茶色渐渐被晕开，茶汤泛起汤花，如珠似玑。

第三汤：三汤多置。如前击拂，渐贵轻匀，同环旋复，表里洞彻，粟文蟹眼，泛结杂起，茶之色十已得其六七。

第三次注水的时候要稍微多加一些，一边加水一边搅动茶筅，轻重要均匀，顺着盏心画圆弧，同环旋复，如太极阴阳，周而复始，使茶汤顺着同一个圆圈转动，汤随筅动，筅随手走，人筅合一，表里搅透，这时候茶汤会泛起粟文、蟹眼似的汤花，做到了这一步，这盏茶就算是有六七成功夫了。

第四汤：四汤尚啬。筅欲转稍宽而勿速，其清真华彩，既已焕发，云雾渐生。

加第四次汤水时，注水要少一些，毕竟前面已经加三次了，再使劲儿加肯定要溢出来。这第四招的关键是茶筅的运用，缓缓地往外缘转动，不能快，如果功夫到位的话，沫饽的华彩渐显，云雾渐生，这时候只要暗劲不消，继续运功，好茶将成。

第五汤：五汤乃可少纵，筅欲轻匀而透达。如发立未尽，则击以作之；发立已过，则拂以敛之。结浚霭，结凝雪。茶色尽矣。

从第一到第四汤，体现的是茶道的至高境界，就像学武功一样，要是练到了第四重，那么你下山后行走江湖，基本上就能称霸武林了。所以到第五重时，就升华到了另一种境界，那就是无招胜有招之化境，讲究的是敌不动而我不动，敌一动我则后发先至，一招制敌。这么解说是不是说得有点儿玄？实际上到了第五汤就是这个意思，此时无论是注水还是搅动，可随意，要是茶汤尚未生发，那就继续，若已发，茶筅的动作就得慢慢往回收，如果汤面结霜凝雪，则茶成，就可功成身退了。

第六汤：六汤以观立作，乳点勃结则以筅著，居缓绕拂动而已。

第六汤的场景相当于把对手打倒后，静观对方倒在地上的动态，看是不是死透了。把这种说法用在宋朝的点茶上面，十分不雅，但比喻还是比较恰当的，这时候茶博士就是站着静观其变，如果茶沫有突出凝点状，影响美观，则可以用茶筅再轻轻拂动几下。

第七汤：以分轻清重浊，相稀稠得中，可欲则止。

到了最后一次注水，要分辨茶色轻重清浊，看是稀是稠，要是稀稠适中，也可以算是成功了。但要是茶面犹如乳雾汹涌，溢盏而起，茶筅周旋而不动，就叫咬盏，则是大成。

经过七汤点茶法调出来的茶，以香甜重滑为上，一口吃下去，浓浓的，滑丝微甜，又带有一丝茶叶的清香，那就是上品。

好了，解说完毕，大家这一路看下来，想必也是目瞪口呆吧？宋朝的点茶，真的是功夫茶，而且这一套功夫使下来，没点底子还真不是谁都能完成的，由于点茶很难，很讲内在的修为，所以那时候无论是官方还是民间，都非常兴斗茶，街头上随处可见。

但是，我必须要告诉大家的是，点茶虽难，却不是最难的，还有一种方式比点茶更难，那就是分茶。

分茶大约出现在北宋末年，是在点茶的基础上更进一步，使茶道向艺术的方向发展了。在完成点茶的全部步骤以后，浓稠的茶汤已成，这时候茶博士退下，另有一人上场，在茶汤表面上作画，他将那茶汤当作了宣纸，瞬息描绘出一幅瑰丽多变的书画作品，这时候你再看茶盏里面，妙不可言，所以分茶又叫"水丹青"。

可以毫不夸张地说，茶道一路发展下来，到了宋朝，已经是登峰造极，它是茶，也是艺术，它能饮，然饮的是意境。换句话说，茶道在宋朝达到了天花板后，已经没有再往前发展的可能性了。

有人看了这句话后可能就蒙了，你说了这么多，用了那么大的篇幅，还没有说到明朝，这就到达天花板了？那是不是说明朝的茶道就不值一提了呢？

当然不是的，前面只说到了吃茶，还没说喝茶呢，实际上我们现在的喝茶方法，就是从明朝开始的，也就是说茶道到明朝突然来了个急转弯，有种峰回路转的感觉。

我在前面提到，从传说中的神农氏开始，到宋朝，茶都是用来吃的，直到明朝方才改为喝，这是一个极大的反转，关于这个反转，有褒有贬，褒奖的人说，明朝改变了中国人喝茶的传统，从此之后，喝茶就没那么麻烦变得简便了，真正走入了普通百姓家，要是有客从远方来，泡一壶茶，在氤氲的茶香中就能专注地倾心畅谈，不必去弄那套繁杂的东西；而贬谪的人则说，中国的茶道在明朝就走到尽头了，毁了。

茶道在明朝的改变究竟是好是坏，我姑且不下定论，先来说说为什么宋朝的点茶到明朝就戛然而止了。

众所周知，朱元璋出身低微，当年差点饿死，为了活下来，出家当了和尚。然而在那个年代寺院也穷，供不起和尚，所以朱元璋只能去四处化缘，说穿了就是去要饭。

在极度动荡的社会环境下，穷极而起事是历朝历代反复上演的故事，朱元璋也是这样，加入红巾军，随郭子兴起事。

由于郭子兴内部闹矛盾，起义军遭遇大败，朱元璋率一部分军队逃窜至安徽亳州一带时，遭到陈友谅伏击，杀出重围后，往南方而逃。这一天，逃到安徽六安的一个小村子，叫做金寨村，人疲马乏，而且这一带是丘陵地带，山路崎岖，座下的马都跑不动了，被乱石一绊，轰然倒地。

朱元璋大惊，这要是换在平时，他有足够的能力应付这样的突发状况，可这时人与马一样，都已筋疲力尽，于是就随着马一道儿倒地，人事不省。

这一带漫山遍野都是茶树，当时正值春季，在山上采茶的人很多，茶农们看到一人一马倒下后再没起来，纷纷赶下山来看，伸手探了探鼻息还活着，情知不是饿了就是疲累所致，就把一人一马抬到村寨去。

可惜的是，天下大乱，时局不稳，大家能混个温饱不至于饿死就算不错了，哪来药物救人啊？

村民聚在一起，思来想去，也没有想出什么好办法，最后死马当活马医，听老人说，茶叶可以当药，也不去管他是否对症，先给他吃了再说。当下将刚采下来的茶叶煮了一锅汤，给朱元璋和马儿喝了。也不知道是不是巧合，或者说是朱元璋命大，没过多久，一人一马都幽幽醒转，吃了些东西后，精神也好了起来。

实际上茶叶的效果并没传说中的那么神奇，只不过朱元璋跑了好几天，实在是太累了，茶叶可以醒神，再加上补充了些水分，自然就醒过来了。

第二天，朱元璋随茶农一起上山时问他们："尔等种茶，可供度日？"

茶农叹息道："军爷有所不知，世道混乱，饮茶者自也是少了，加上朝廷每年征收贡茶，以为茶税，吾等也不过是勉强度日罢了。"

朱元璋一听，皱了皱眉头，细想确是如此，世道不好，茶本就不好销，再加上朝廷的剥削，茶农的日子肯定就不好过了。

后来朱元璋推翻元朝，建立大明，就废除了自唐朝以来一直实行的贡茶制度，旨在减轻茶农负担。

此令一下，万民欢呼。然而，朱元璋似乎并不满足于废除贡茶制，大家都知道，朱元璋非常节约，衣裳都是洗了又洗，穿了又穿，只要没破口，不影响体面，决不丢弃，每餐也不过是四菜一汤罢了，对于这样一个人来说，哪会去讲究饮茶这种事？

在朱元璋眼里，茶就是用来喝的，如宋朝的点茶，实际上已经失去喝茶的本意，说好听点的叫艺术，求的是种意境，但是说穿了那是有钱人的艺术，有钱人才敢去追求的所谓的意境，现在新朝初建，百废待兴，需要那些华而不实的意境干什么，它能当饭吃吗，能让人活下去吗？

当然是不能的，想当年他被人追杀，连日奔波，病倒在金寨村，一碗茶汤救了他的性命，在他的眼里，那一碗茶千金难赎，那就是最好的茶。换句话说，茶就是用来泡的，于是又拟旨，罢造龙团茶，宫里用的茶采芽茶就可以了。

以我的观点来看，大小龙团那些贵如黄金的茶确实没必要，但是所有的茶，一律像朱元璋当年在金寨村喝到的那样，采下来后炒一炒泡了喝，对于这件事，事实上我们今天的人是没有资格去评论的，因为我们不是宋朝的人，没有体验过点茶、斗茶的乐趣，也没有感受过那种意境，单凭个人的主观意识去评判是没有意义的，那么我们来看看当时的人对泡茶喝这件事的看法：

国初四方供茶，以建宁、阳羡茶品为上，时犹仍宋制，所进者俱碾而揉之，为大小龙团。至洪武二十四年九月，上以重劳民力，罢造龙团，惟采茶芽以进，其品有四：曰探春、先春、次春、紫笋。置茶户五百，免其徭役，按茶加香物，捣为细饼，已失真味。宋时，又有宫中绣茶之制，尤为水厄中第一厄。今人惟取初萌之精者汲泉置鼎，一瀹便啜，遂开千古茗饮之宗。乃不知我太祖实首辟此法，真所谓圣人先得我心也。

这段话出自明朝人沈德符的《野获编补遗》，不难看出，朱元璋的那一道敕令，是很得人心的，从沈德符的言语中也可以看到，他对宋朝做茶方法也不太赞同，认为应该化繁为简，一瀹便啜，是开千古茗饮之宗。

沈德符这么说，不是在给当朝拍马屁，不信的话不妨再来听我说个例子，就知道明朝人对朱元璋这个举措的态度了。

宁献王朱权是朱元璋的第十七子，出生在南京，打小就聪慧，洪武二十四年（1391）封宁王，如果不出意外的话，将来可以专镇一方，逍遥一生，但是他坏就坏在封错了地方。

宁王的封地在大宁，就是今天的内蒙古赤峰市宁城，东接辽左，西濒宣府，是边塞要地，最关键的是，朱权还拥有甲兵八万，战车六千，其所属的朵颜三卫骑兵个个能征善战，打起仗来嗷嗷叫，都是不要命的主儿，毫不夸张地说，朱权是边塞的守护神，有他在，则边塞安。

这么安排在朱元璋时期是非常合适的，但是朱元璋驾崩后就成了大问题，建文帝要面对的不仅仅是朱棣，还有朱权。再往深处想，如果这两人合作，那就是天崩地裂的灾厄，建文帝随时都得从南京挪屁股走人。

然而建文帝担心的事情，也正是朱棣所不安的，他也害怕朱权跟建文帝合作，如果他俩合作，他就没机会了，要知道谋反这种事儿，要么一步登天，要么堕入地狱，没有第三条路可选，所以在建文帝召朱权入京的途中，朱棣抄小路把朱权给拦截了，说你要是入京，有去无回，建文帝不可能养你这么一只老虎在身边，但要是跟我合作可就不一样了，咱们现在同甘共苦，将来平分天下，绝不亏待了你。

朱权打小就聪明，他当然知道这一趟去见建文帝凶多吉少，权衡再三，答应了朱棣。

后来的事情大家都知道了，朱棣成功登基，坐拥天下，开始论功行赏，犒赏有功之臣，大臣们该封赏的都封赏了，可朱棣对朱权食言了，平分天下是不可能的，一个国家只能有一个皇帝，皇帝拥有绝对的控制权，也不可能让你拥兵自重。但是当初的承诺又不能一点儿也不兑现，于是就问朱权要哪里的封地，朱权说要苏州。

朱棣一听，说不行，苏州是什么地方，那是大城市，全国的税收有很大一部分来自苏州，你这是狮子大开口啊。

朱权又道："那就钱塘吧。"

江浙无论是哪块地分封出去，朝廷的税收都会大幅减少，朱棣依然舍不得，说你也别挑了，我给你指几个地方，建宁、重庆、荆州、东昌都是不错的地方，你选一个。

朱权拿捏不定，说让我想想，实际上是对朱棣有些不满，说好的平分天下，我现在没有要求平分，只要江浙的一座城而已，你却还推三阻四的。永乐元年（1403）二月，朱棣也不管他愿是不愿，改封南昌，把他打发了。同年，有人告发，说朱权以巫术蛊惑人心，朱棣命人密查，这件事虽然后来查无结果，倒是给朱权提了个醒，如果再不低调些，恐遭横祸，从此以后韬光养晦，读书品茗，只与文士往来，不再过问朝政。

人生就是这样，当关上了一扇门时，另有一扇门会为你打开，朱权在政绩上虽毫无建树，但却留下了许多著作，传世的有《汉唐秘史》《史断》《文谱》《诗谱》《茶谱》等数十卷。

说朱权的这段经历，目的还是说茶，现在我们可以清晰地看到，他对朝廷是不满的，后来的举动也说明了这一点。洪熙元年（1425），朱权上书称，南昌不是他的封地，要求改封。洪熙帝回书曰："叔父从先皇处受封二十余年，不是封地又是什么？"宣德三年（1428），又上书要求将南昌附近的灌城拨给他，再次遭到拒绝。

一个对当朝不满的人，他虽不能议政，但作为一个文人，他完全可以在著作当中表达这种情绪，哪怕是隐晦地表达。比如说喝茶这件事，与文人交往，免不了品茗论道，如果不满对唐宋茶道的改革，他在言行举止中只怕早暴露出来了。但朱权没有，不但没有，而且还对此表示赞赏。他在《茶谱》中这样说：

盖羽多尚奇古，制之为末，以膏为饼。至仁宗时，而立龙团、凤团、月团之名，杂以诸香，饰以金彩，不无夺其真味。然天地生物，各遂其性，莫若叶茶。烹而啜之，以遂其自然之性也。

可见朱权对茶道的改革是真心实意认可的，并无虚假之处。从另一方面来讲，朱权后期作为一个文人，而且是一个懂茶道的文人，他对茶道的研究并不比唐宋时期的文人落后，所以他对泡茶的认可，似乎可以印证，一瀹便啜并无不可，而且可使茶之真味不失。

牵出朱权，是想从饮茶之道方面说明，泡茶其实也无不妥，无论是茶也好，酒也罢，说穿了就是一个习惯问题，这就像后期的甜饮，口味千百种，谁也不能说哪种好哪种不好，钟情于某种口味，不过是平时的习惯养成罢了。自朱元璋改革了茶道之后，数百年间，大家都把茶泡而饮之，习惯了也没人说不好，只有少数人觉得，茶道自明而断，茶道从明朝开始就消失了。

那么那些人比朱权更懂茶吗？当然不是，朱权对茶的研究，别说那几个说三道四的人，即便数遍整个大明朝，能超过他的也指不出几个来，说到底，朱权不仅懂茶，也懂势。

所谓势，趋势、大势也，要知道国初百废待兴，当务之急是要解决百姓的温饱问题，如果这时候花大量的人力、物力、财力去制作那些龙凤团茶，则是误国害民之举，而且那些龙凤团茶，从茶道的发展方向来说，可以说是一种极端的产物，它只供少数人享用，或者说是一种权力和财富的象征，那么这样的东西从社会发展的角度来看，又有多大的意义呢？

其次，点茶发展到宋朝已经到了巅峰，玩出境界来了，再玩也玩不出其他花样来，所谓物极必反，当时有些人就开始搞小动作，在茶叶里添加香料，这样一来，失去了茶之真味不说，放在茶道这件事情上也没可取之处，所谓的意境，更是荡然无存，剩下的只有斗茶所带来的浮躁。

最后一点，茶道自明而灭这个说法也有待商榷之处，要知道明朝初期限制的岂止是饮茶这件事啊，衣食住行样样都有规制，谁也不能出格。但是，那些前期被限制的事物，到后期无一例外都破除了，明后期的开放是有目共睹的，那么问题就来了，为什么泡茶这件事没有被革除呢？以明朝中后期江南的富庶程度来讲，无论是官是民，完全有能力和财力恢复宋朝的点茶和斗茶形式予以享受和娱乐，然而事实证明他们依然以泡茶为乐，这说明了什么，就不需要我再多嘴了吧？

说到这儿，出现了另外一个问题，自明朝之后，喝茶这件事儿就没有意境可言了吗？

答案当然是否定的，这一点大家心里比我还清楚。所谓的意境，说白了就是心境，有句话叫做心静自然凉，意境的高低，关键在于心境是否清雅，再说明白一些，雅与不雅，无关喝茶，而在于人，在于人心，只要人是雅人，他所做的就必然是雅事。来看一段朱权对泡茶意境的描述：

会泉石之间，或处于松竹之下，或对皓月清风，或坐明窗静牖，乃与客清淡款语，探虚立而参造化，清心神而出神表。

这就是心境，有了这样的心境，别说是喝茶，就算眼前放的是一碗清水，照样也有意境。王阳明有诗云：

莫道山中无供给，清风明月不用钱。

这是圣人的意境，没茶没酒那又怎么样呢？有清风明月照样可以达到身心上的愉悦，照样清雅无比。

当然，王阳明是圣人，像我们这样的俗人很难达到那种境界，那么一般人怎么营造喝茶的意境呢？明朝的时候有"三雅"之说，说饮茶人儒雅，茶器清雅，环境高雅，达到了这"三雅"，就必然是高雅的雅人。

这个所谓"三雅"的意境，其实说穿了就一个字——静，你得静下心来，因为凡是嘈杂必然不雅，所以有人说：

饮茶以客少为贵，客众则喧，喧则雅趣乏矣。独啜曰神，二客曰胜，三四曰趣，五六曰泛，七八曰施。（注：语出张源《茶录》）。

说喝茶的人以少为好，人一多就嘈杂喧闹，一闹起来哪还有什么雅趣可言。一个人喝茶叫神，随着茶香放飞思绪，独啜独饮，幽静恬淡，神思怡然；两个人喝茶叫胜，两个志同道合的人边饮边谈书论道，是件非常美好的事情；三四个人喝茶叫趣，大家说说笑笑，趣味性当然是有的，但能不能品出茶味来，那就不好说了；五六个人喝茶叫泛，茶味是真的喝不出来了，更没什么意境雅趣可言；七八个人喝茶叫施，仅仅只是为了喝茶而喝茶，为了解渴罢了。

明朝大文学家《小窗幽记》的作者陈继儒，也有类似的言论，他说：

一人得神，二人得趣，三人得味。

最后咱们再来说说喝茶"三雅"这件事儿，指的是人、器、环境三种东西。喝茶人儒雅，自唐宋以来一直如此，借用陆羽的那句话，就是"茶以芳洌洗神，非读书谈道，不宜亵用"，这是千百年来的茶文化形成的一种共识，要是在读书谈道之外的场合喝茶，那就是对茶道的一种亵渎。比如说你在看一场歌舞秀，面前摆着一套茶具，装模作样地品茗，就不是那么回事。再比如你面前摆的不是茶具，而是一桌的麻将，然后在麻将桌上放一只茶盏，说是你在品茗，那样也不太像话。

有人可能会说，我爸去打麻将的时候，就要冲一杯茶，难道他不是喝茶吗？硬要抬杠的话我也只能实话实说了，那真不叫喝茶，叫解渴，解渴和品茗完全是两码事儿。

再来说茶器。从吃茶到喝茶的演变，变化的不仅仅是生活方式，还有茶具。前文提到，唐碗、宋盏、明壶，这里所说的壶指的是小茶壶，是可以握在手心把玩的，宋朝的盏，贵在青黑，这是因为宋时的点茶，最终的效果是"结浚霭，结凝雪"，盏黑，入目的效果才好。

在宋盏中，极品之盏应为兔毫盏，釉面绀黑如漆，温润晶莹，盏外围布满了褐色纹饰，一如兔毫，闪闪有光。其次是乌金盏、油滴盏、鹧鸪斑盏等等，不管是哪种盏，但凡是名盏都是黑色的，漆黑油亮，温润有光。

明壶以景德镇的白瓷和青花瓷为贵，由于是泡茶用的，所以壶内以纯白为主，后来又出现了紫砂壶，以江苏宜兴出产的为贵。文震亨《长物志》云："壶以砂者为上，盖既不夺香，又无熟汤气。"可见在明后期，紫砂壶已成为文人雅士喝茶必备的用具。

最后来说说环境。雅与静是连在一起的，无静不雅，无雅不静，明朝的文人雅士除了书房以供读书外，还要在书房旁边独立设置一间茶寮。

茶寮与书房一样，讲究的是环境的幽静，布置要去除华丽，突出清雅，如"构一斗室，相伴山斋，内设茶具，教一童子专主茶役，以供长日清谈，寒宵兀坐（注：语出文震亨《长物志》）"。

又如许次纾《茶疏》说：小斋之外，别置茶寮。高燥明爽，勿令闭塞。壁边列置两炉,炉以小雪洞覆之。止开一面,用省灰尘腾散。寮前置一几,以顿茶注茶盂,为临时供具,别置一几,以顿他器。旁列一架,巾帨悬之,见用之时,即置房中。

可见,无论唐宋还是明朝,文人雅士都好茶,也讲求意境,只不过随着时代变迁,茶道也在变,追求意境的方式自然也有所不同。但无论怎么变,有一样东西始终没变,那就是饮茶风雅事也,非读书论道,不宜亵用,即便自明而始,茶叶一泡而饮,变得简单快捷了,但喝茶的意境,终究不在事物的快慢,而在于心境。

喝茶的那些事儿说到这儿就算说完了,前面说了那么多关于吃喝的事,我想抛出一个问题,古代有没有假货?

答案是肯定的,历朝历代都存在假货,屡禁不绝,那么明朝的假货市场究竟如何?下回分解。

### 四 野鸡案

有句俗语说:杭州风,一把葱。花簇簇,里头空。

这是杭州方言,出自明人田汝成的《西湖游览志余》一书,是两句话,所以有两层意思,第一句的意思是说杭州人爱起哄,明明是空穴来风,道听途说,但大家跟风谣传,传来传去最后就传得跟真的似的了。第二话说的是造假,类似于绣花枕头烂草包的意思,外表看起来漂漂亮亮的,里头一塌糊涂。

这句话把杭州人贬得一无是处,我是浙江人,出于一种与生俱来的对家乡的情感,感到十分惊诧,是谁把杭州人说得那样不堪?于是着手查阅了很多明朝的笔记,才知道这句方言所说不假。

那么这到底是怎么回事呢?来看一句谚语,说的也是杭州:酒搀灰,鸡塞沙,鹅羊吹气,鱼肉贯水,织作刷油粉。

酒掺灰是怎么回事,我实在难以理解,没办法,读书少只能去读更多的书,还真让我发现了猫腻,古代的酒不是白酒,而是米酒,放久了后会变味发酸,那怎么办呢?就掺入石灰,以达到酸碱平衡去酸味的效果。这是什么行为?相当于现在的不法商家在蔬菜或水果里添加化学剂一样，使果蔬看上去鲜嫩，但这样的东西吃了对人体有害无益。鸡塞沙、鹅羊吹气非常残忍，就像现在的商家在活牛身上注水一样，为了增加重量，简直是不择手段。而且像鸡塞沙这样的卑劣手段，现在依然在用，真的是好传统啊！

索性再来举一例子，黄龙德在《茶说》里说：其余杭浙等产，皆冒虎丘、天池之名，宣、池等产，尽假松萝之号。此乱真之品，不足珍赏者也。

上有天堂，下有苏杭这句话大家都很熟，令人啼笑皆非的是，造假的不只杭州，苏州也很多，可见天堂美固然美，一如玫瑰，有刺。明人叶权说："今时市中货物奸伪，两京为甚，此外无过苏州。"意思是说论假货之多，除了两京之外，那就属苏州了。

话说苏州有位叫王自行的木匠，平时以做木工为生，有一技傍身日子过得还不错，这天是他的生日，就出了门去集市，打算买些菜来，为自个儿庆生。还没到集市，就见路边有人卖鸡，上去仔细一瞧，还别说那些鸡看着都不错。

卖鸡人介绍道："客人您识货，我的这些鸡都是从山里抓来的野鸡，你看看这羽毛，与家鸡全然不同。"

王自行看得出来，这些野鸡的毛与普通的家鸡差别很大，它们的毛色更艳丽，特别是尾巴上的毛长长的，高高地翘着，五彩斑斓，一时心下欢喜，便问一只鸡多少钱。

卖鸡人道："野鸡比之家鸡的价略高些，须七钱。"

王自行知道，一只普通的鸡，价钱约三五钱左右，野鸡七钱一只的价是公道的，只是眼下假货横行，又觉得有些不放心，追问了一句："这果真是野鸡吗？"

卖鸡人笑道："客人放心，野鸡还如何做得了假，如假包换。"

王自行听了此话，也不觉笑了，什么都可以造假，但这活生生的野鸡确实是做不了假的，便纳了钱，选一只出来，提在手里便走了。回了家，让他的婆娘尹氏出来，说是把鸡杀了，午时好炖了吃。

尹氏不是普通的女人，大大咧咧的，比男人还男人，平时王自行就有些怕她。她接过王自行手里的野鸡，瞅了瞅，问道："这是什么鸡？"王自行答是山里的野鸡。

尹氏瞅着手里的鸡,道:"我看着怎么像家鸡?"

王自行冷笑:"野鸡就是野鸡,怎么会像家鸡?价钱也要比家鸡贵了许多哩。"

尹氏一时也难以分辨,便不说话,转身从厨房拿了刀,就要杀鸡。未及尹氏落刀,那鸡就开始挣扎,这一挣扎不打紧,鸡毛居然纷纷脱落。

"真是活见鬼了,我还没褪毛呢,你就自己脱落了?"尹氏觉得奇怪,俯身拾起鸡毛来看,只见那鸡毛根部发干,明显不像是从活鸡身上掉下来的,换句话说,鸡身上这身艳丽的毛是临时粘上去的,以家鸡乔装山鸡,换取好价钱。

看出端倪后,尹氏心火直蹿,劈头盖脸就朝王自行质问道:"你个不长眼的东西,明明是插了假毛的母鸡,你却把它当个宝买了来,你自个儿拿屁股瞧瞧,这是哪门子野鸡?"

王自行是个老实人,不敢向尹氏顶嘴,只咕哝了一句"屁股能瞧见东西吗?"拿眼瞧了瞧,果然是家鸡乔装的,情知上当受骗了,就又说,"家鸡就家鸡吧,今日是我生日,不去生这鸟气了。"

尹氏哼哼冷笑:"我不管它是野鸡还是家鸡,将它炖了能吃就行,可问题是你花高价当宝买了来,我心里却是不舒服。你想小事化了,不予计较,说不定人家还在背后笑你是个傻子呢。上个月,你买了染了墨水的杨梅,吃得人满嘴墨水,你说忍了,当是喝墨水长知识了,好,老娘忍了。后来你买了十斤酒,五斤是水,你也说忍了,告诉你个不长记性的东西,这回老娘不想忍了。"冲到王自行跟前,一手提着王自行的衣服,一手提鸡,就往市集走。

只是那些流动商贩以坑人为生,打一枪换个地方,尹氏扑了个空,就更加来气了,拎着那只家鸡当街大骂,引来不少人围观。王自行见围观的人越来越多,这么下去实在不像话,就劝道:"既然寻不见人,还是回家去吧。"

尹氏怒道:"老娘被骗怕了,说不定老娘哪天就因为吃个东西吃死了,这是小事吗?是人命关天的大事,今天必须要有个说法!"

凭良心讲,尹氏的话是有道理的,假货、以次充好、在食物中掺入对人体有害的东西等等这种事情,往小了说是造假,可真要计较起来往大了说,那就是谋财害命,为了自己的利益不择手段、丧尽天良。或许我们在街上看到有人闹有人较真时会不屑一顾,或是一笑了之,事实上在假货泛滥的时候,就是需要像尹氏那样较真的人，人人较真，才是杜绝假货最有效的方法。

"去监市处理论！"尹氏举步就要走，见旁边的王自行没动静，回头叱道，"你屁股让狗叼住了，走不动了吗？"王自行瞟了眼周围的人，只得跟着尹氏离开。那些围观的不嫌事儿大，纷纷跟上去瞧热闹。

监市就设在集市里面，进了监市的房里，两个公差正喝着茶呢，见王自行夫妇进来，瞧了眼二人的脸色，就知道是遇上了什么事，这样的事情他们见得多了，见怪不怪，起身客客气气地请二人入座。

尹氏哪来的心情跟他们客气，把手里的家鸡往地上一扔，扬了扬手里那些艳丽的鸡毛，大声道："有人把家鸡打扮打扮，当野鸡卖，这事你们管不管？"

"管，肯定要管。"监市问道，"卖鸡人何在？"

王自行没好气地说："没找着人。"

监市手一摊，好似这事情他们就管不着了，笑道："二位这不是为难人吗？俗话说得好，捉贼捉赃，捉奸捉双，凡事讲究个人赃并获，你光拿着只鸡就说是让人给诓了，我们想管也无从管起啊。"

"哎哟！"尹氏气极而笑，"官爷的意思是说，要是找不到那雷劈的货，那就是老娘早上吃饱了没事儿干，来你这儿寻开心了是吗？"

"也不能这么说。"监市道，"找不到那人，你让我们怎么办？"

尹氏气得脸色发紫，怒笑道："老娘要是抓到了人，还用得着来找你们？早把那雷劈的活剥了！不过话既然说到这儿了，老娘索性与你们挑明了吧，我家男人是个匠人，只会做技术活儿，在家务事上一窍不通，就近这几个月，打的酒是掺了水的，买的杨梅是涂了墨汁儿的，买只野鸡想给自个儿庆生，不想竟是只家鸡，还不知道里面有没有灌沙，出一次门让人骗一次，奸商骗子横行，已到令人发指的地步，今儿你们管也得管，不管也得管。"

"你这是要闹事啊。"

尹氏豁出去了："怎么吃了亏还没说理的地方了？老娘今日闹定了！"

"那行。"监市道，"不过我先给你提个醒，监市的门虽小，但也算是官衙，在官衙闹事，那就是妨碍公务，后果自负。"

"哟，吓唬人呀。"尹氏铁了心要讨个公道，浑然不去理会对方的威胁，"顶多就是妨碍你俩喝茶了，怎么着，这也犯了法了？"

王自行胆小，真怕惹出事来，悄悄地扯了下尹氏的衣角，尹氏横了他一眼，转身坐到椅子上，摆出一副看你能把老娘怎么样的姿态。

监市冷冷一笑，转首轻轻地吩咐了一句旁边那人，那人得令，走了出去。王自行见状，心头怦怦直跳，看了眼尹氏，兀自动也不动地坐在那里，心想所谓民不与官斗，真要斗将起来，必然吃亏，须想办法才是。

王自行是知道他家婆娘那性子的，耍起横来天王老子也不让，劝是劝不动的，那就只能另想办法了，主意打定，装出一副被尹氏气着了的样子，怒道："你若不走，我先走了。"

尹氏本就憋着一肚子的气，见他果然头也不回地往门外走，气得直翻白眼："你个雷劈的没良心的白眼狼，老娘为你打抱不平，你倒先跑了……"说到此处，眼泪水扑簌簌往下掉，"合该老娘倒霉，嫁哪个不好，千挑万选，选了个扶不起的尿包。罢了罢了，今日老娘就打算死在这儿了，生吃还是活剥，随你们的意。"

不多时，差役到了。这些差役不是监市手下的，而是巡街的差役，听到监市传唤，就赶了来，不问青红皂白，就把人带走了。

在那些当官的或是当差的眼里，闹事的那就一定是刁民，无论你有理没理，只要闹了那就违了法了，将人带走肯定不会有错，这是历朝历代惯用的手段，然而古往今来，却极少有人去追究闹事背后的深层原因，毫无疑问，这是懒政，其结果必然是招致百姓的怨恨，生出更大的事情来。

话说王自行从监市出来后，边走边想着法子，以尹氏的性子，她既然闹了，不管怎样必须有个结果，不然她死也不会罢休，所以这事的根本不是要救尹氏出来，而是得把卖假野鸡的事给了结了。可是他毕竟只是一名匠人，一没背景，二没靠山，哪那么容易找到这种两全法？

思来想去，只有去见官。但这样一来又会生出新的问题，这种鸡毛蒜皮的事儿苏州府会受理吗？

答案是肯定的，不会，说不定还会给轰出来。即便是受理了，也不过是立个案，至于什么时候能结案，神仙都猜不到。

想到婆娘现在的处境，想到她是为了自己才受的苦，王自行把心一横，豁出去了，事情到现在这个地步，什么里子面子都不重要了，重要的是今天这事儿必须得有个了断。当下转身趆回去,果然在途中遇上了正被抓走的尹氏,后面还跟了不少瞧热闹的人。所谓事不关己高高挂起,即便假货问题事关每个人的生活,甚至每个人都不可避免地买到过假货,可在此时,他们依然选择了旁观,饶有兴趣地窃窃私语着。

"还有天理吗?"王自行倏地大吼了一声,"买到假货的受害者获了罪,治假贩假的逍遥法外,还有天理吗?"

这一喊把那些差役惹火了:"再胡说把你也抓起来!"

王自行仰首一笑,朝差役吼:"今天你要是不把老子的婆娘放了,老子让你们吃不了兜着走!"

尹氏从没见过王自行那样威风,一时忘了处境,嘻嘻笑出声来:"姓王的,老娘的眼没瞎,跟对你了!"

平时尹氏只会骂他窝囊,从没夸过,听这一句夸,王自行豪气顿生:"你等着,老子一定让这帮雷劈的乖乖把你放出来!"

有个差役嘿嘿冷笑道:"一个工匠,莫非你想造反不成?"

"造反老子没这个胆,但讨一个公道是每个百姓的权利。"王自行朝差役喊了一句,转首朝围观的人道,"你们瞧着,看老子今天如何讨还这个公道!"说完这句话,反身就走。

那些围观的人本就是瞧个热闹,事儿越大越好,见这台戏有升级的趋势,又纷纷跟着王自行走去,看看他到底会干出什么事儿来。王自行没想过让围观的人帮他的忙,但这些人既然这么爱瞧热闹,那就可以趁机利用他们一下,让他们跟着他去苏州府,以便形成一种声势,所谓人多力量大,这么一大帮人浩浩荡荡地往苏州府大门口一站,只怕知府也不敢袖手旁观了吧?

王自行平时虽不与人争执,但遇事却要比尹氏冷静得多,有些事官府不是不想管,而是不好管,只要没造成恶劣的影响,就得过且过。比如像卖假货这种事,官府不是不知道,甚至可能连当官的自己或家人都买到过假货,然而对当官的人来说,往往是多一事不如少一事,假货横行不是一城或一省的现象,举国存在,你要是真在自己的辖区内治假,闹出风波来,万一没查出个结果来怎么办?这可能会让上面以为你所管辖的地方,假货最猖獗,那就真的是吃力不讨好了。

王自行虽只是一介匠人，但他毕竟是见过世面的，知道一些这里面的道道，这种事情想让官府重视，只有造出些声势来。

苏州知府闻报，不由皱起了眉头。这是老大难问题，不是不想解决，而是屡禁不绝，几乎每月都能接到类似的举报，除非是禁止路边设摊，可如果真要是一禁了之，又得有人来闹事，所以这种事是怎么做都讨不了好，左右为难。

这时，旁边的幕僚想了个主意，说道："老爷，与其躲着，不如大大方方地接迎他们。"

知府瞟了他一眼，说道："迎他们进来后呢，要怎么处理？找不出那些贩假的人，他们肯善罢甘休？"

"恕学生直言。"幕僚道，"假货横行，以次充好，攫取暴利，人人痛恨。特别是食物，所谓民以食为天，要是吃下去无害尚且罢了，倘若有害，那就是谋财害命，那样的奸商人人得而诛之。学生的意思是，既然每月都有人报案，那就索性让老百姓参与到治假中来，让他们有参与感和责任感，这样的话就算最终没能抓着假货商贩，他们的火气也不会往官府身上撒了。"

最后一句话，知府听进去了，这真是一举两得的好事啊，于是又问："那么当下的事情要怎么解决？"

"这好办，摆明态度，坚决治假。"幕僚道，"悬赏全城抓捕那贩假者，树立一个典型，利用好这次机会，让百姓知道老爷治假的决心。"

知府不觉露出笑意来，这是把坏事变作好事了啊！

正说着话，通判走进来，说是又有麻烦了，监市抓了王自行的妻子尹氏，就关押在府牢。

正说要抓个典型，树立官府治假的决心，下面的人就给他捅了一个娄子出来，知府拍岸大怒："哪个给他的权力？"

通判道："府台息怒，其实这种事不是第一次发生了，下面的人遇上闹事的刁……百姓，往往都是一抓了之，以免事件扩大。"

知府瞟了眼幕僚，意思是说这个典型抓还是不抓。幕僚道："恕学生直言，事到如今，有些事情不得不做，监市正好撞在这枪口上，合该他倒霉。"

知府起身，同幕僚和通判一道儿出去见王自行，当着众人的面，问明事情的详细经过，而后下令释放尹氏，并命人扣押监市，治他个监管不力之罪，并向王自行及众百姓表示，官府与百姓一样，对制假贩假深恶痛绝，即日起，希望百姓一同参与到治假中来，发现一起抓一起，绝不让一件假货在苏州流通。

这一番话说得正义凛然，铿锵有力，直把围观的人说得热血沸腾，王自行更是千恩万谢，对知府的行为大加赞赏。

没两天，在苏州百姓的通力配合下，逮到了那个卖鸡人，以贩假罪获罪，按明律，笞五十，其物没收。

这起案子一落，苏州城的制假贩假案就少了许多，倒不是说官府的打假力度有多大，而是在全民参与下，营造了良好的打假氛围和声势，把制假贩假的势头给压了下去。

制假贩假、短斤少两、以次充好等商业欺骗手段，历朝历代都有，明朝开国之初，朱元璋就设立兵马司，令兵马司兼管市司，并要求各地州府统一照办。后来随着社会的开放，经济的活跃，针对市场的条令也越来越完善，洪武年间，责令兵马司每天三次，"校勘街市斛斗、秤尺，稽考牙侩姓名，时其物价（注：语出《明史》）"，意思是在每天早中晚不定时查校市场上的秤和尺，在市场经营的商贩都要登记在案，谁哄抬物价、短斤缺两、制假贩假，都要抓去治罪。洪武之后，洪熙、正统、景泰、成化、嘉靖等各代皇帝，对市场的条令都有过增补和完善，以使条令能适应社会发展的需求。

要是以次充好、制假贩假的，按明律"凡造器用之物，不牢固、真实，及绢布之属纰薄、短狭而卖者，各笞五十，其物入官"。那个卖鸡人就是按照此令处理的。

那卖鸡人只是在鸡身上插了些羽毛，吃了不至于害人性命，情节不算严重，所以处罚相对较轻，要是添加了有害食品，处罚力度会随之增加，比如嘉靖年间规定，"发卖猪羊肉灌水，及米麦等掺沙土货卖者，比依客商将官盐掺和沙土货卖者，杖八十"。要是卖注水肉、在盐里掺沙子，打八十大板。

不要小看这八十杖，我曾在《大明梦华：明朝生活实录》一书里面具体讲过杖刑，要是这八十杖实打实地打下去，非死即残，算得上是重典了。

当然，为了一己私利，罔顾他人性命，以重典治理，其实也不为过。说完了假货之后，索性再来说说行骗的手段，骗与假往往是连在一起的，那么明朝有哪些行骗手段，令人防不胜防呢？下回分解。

## 五 五花八门的行骗手段

话说苏州有位叫王伯谷的人，喜欢古董，后来就以卖古董为业，在古董界比较有名望。有一天明朝的大文人沈德符路过王宅，顺道入内拜访，看到满屋子的古旧物件，大加赞赏，说："先生真是行家，满屋子都是宝贝啊！"

王伯谷听了这话，有点儿飘，边请沈德符入座，边介绍旁边的一张黑色桌子说："沈先生知道它的来历吗？"

沈德符瞧了一眼，那就是张普通的桌子，而且很旧，看不出名堂来，就摇了摇头。王伯谷道："这是吴匏庵先生用过的桌子。"

吴匏庵就是前文提到过的吴宽，相信大家一定有印象，他是成化年间的状元，官至礼部尚书，又与沈周交好，声名在外，如果这桌子真是匏庵先生之物，倒也珍贵。王伯谷又指着墙上所挂的那顶斗笠道："先生再看看它。"

沈德符看那斗笠已经破了，如果没有什么奇特的来历，简直一文不值，笑道："莫非也是吴匏庵之物？"

"倒不是。"王伯谷眼里放着光，"说起它的来历，那可就大了去了，这是太祖所赐之物，先生猜我是怎么得到的？其实说来也巧，姚少师正好是我同乡，我访乡时偶尔所得，故尔珍藏，不舍售卖。"

那姚少师是谁啊？就是大名鼎鼎的姚广孝，少年出家，法号道衍，是朱元璋、朱棣最为倚重之谋士，朱棣继位后，加太子少师，世称黑衣宰相。沈德符一听这话，忍不住失笑出声，原来这就是古董商啊，凭空捏造，无中生有，生生把一顶破斗笠说成是皇帝所赐的祖传宝贝，为了利益，不顾脸面，连朋友都骗，真的是无所不用其极。

沈德符还算是客气，没把话说绝，只说："你收藏古董，确有诚意，然也是子虚乌有，不能证明出处。"

王伯谷虽然人品不怎么样，但喜欢古董倒是真的，只是在古董界都是些人精，谁能忽悠谁就是爷，真正的行家其实没几个。有句话叫做天外有天，人外有人，王伯谷虽然能忽悠，但有一次他遇上了个更能忽悠的，在阴沟里翻了船。

话说曹孝廉家有位仆人姓范，也是位收藏古董的行家，据传手里有卷唐朝阎立本的《醉道士图》，王伯谷看了后确认是真迹，心中欢喜，就想将它买下来。经过一番讨价还价，范某最后答应以两千金的价格出手。

王伯谷说，两千金数目不小，得先回去筹钱，让范某等他一两天，届时银货两讫。双方约定后，各回各家。回到家后，也不知道是什么触发了王伯谷的灵感，让他想到了一个既能得到那幅画还能省钱的好办法，一时兴奋不已。

两天后依约来见范某，跟他说："这两天我想了一下，觉得两千金买这画不值，你要是肯降价的话，咱们可再商量，要是不肯，也没关系，我不买就是了。不过我得提醒你一下，到时飞来横祸，可莫怪我。"

这番话让范某听得莫名其妙："这幅画我既不是偷来的，也不是抢来的，哪来的劳什子横祸？"

"唉，可见你还是年轻啊，不知世道之险恶。"王伯谷笑笑，装出一副关心后辈的样子说，"有一句成语不知你听没听说过，叫怀璧其罪，你揣着一幅名画，要是让那些非法之徒知晓了，那不就招来横祸了吗？"

范某又问道："刚才先生说这画不值两千金，怎又说它会惹人眼红呢？"

王伯谷听了此话，就知道这人是个雏儿，不成熟，好骗，就说道："这画当然是好画，说它价值千金，实不为过。但它是有些缺陷的，还记得边幅的那几处破口吗？那就是掉价的地方，珍品除了要求完整外，另外也讲究一个'真'字，你要是将破口补平了，同样影响价值，所以画作一旦受损，它是无法弥补的，会大大降低收藏价值。"

范某疑惑地问道："破些口也能降低画的价值吗？"

"当然啦。"王伯谷道，"咱们之间有些交情，我才与你讲实情，希望你能听得进去。"

"那么按先生之见，这画当值多少？"

王伯谷假装十分为难地想了一下说："要不这样，我也不能太亏待了你，两百金如何？"

从两千降到两百，落差太大，哪个也无法接受，范某转身就走。王伯谷像是吃准了他似的，看着他的背影叹道："年轻人，怀璧其罪，莫太贪啊。"

范某转身问："没再商量的余地了吗？"

王伯谷道："那你想要多少？"

范某咬着牙纠结半响："五百金，先生若再杀价，我便走了。"

王伯谷哈哈一笑，走到范某身边，拍拍他的肩膀，又以长辈的口吻道："年纪轻轻的，倒是个做生意的好料子，罢了，我也不跟你这小辈争利，便吃些亏，就五百金，你明天带着画去我府上。"

第二天，范某果然抱着画去了王府，王伯谷依约支付了五百金。

以五百金的价钱买到一幅名画，这自然是捡到了大便宜，随便一倒手，便能稳赚千金。这天王伯谷的心情相当好，哼着小曲儿去了一家酒楼，他觉得应该喝点小酒庆祝一下。

到了酒楼，挑了个好位子，点了些爱吃的菜，等菜的时候，看到前面那桌坐了个人，正是苏州城的秀才张元举。

这人一副穷酸刻薄的样儿，自认为学富五车，才华极高，一般人很难入他的法眼，王伯谷也曾受过他的气。要是换在往日，他就躲开这倒霉鬼了，可今天他心情好，不想跟他计较，喊道："张秀才也来喝酒吗？来来来，不妨坐一桌，在下做东。"

张元举瞎了一只眼，看上去怪模怪样的，转过头来说："今天又倒手了几件赝货吗？"

王伯谷笑骂："你这穷秀才，请你喝酒，嘴上还恁地不干净。"

张元举用没瞎的那只眼翻了个白眼，懒洋洋地起身走过来，往王伯谷旁边一坐，拿那只单眼瞟他："这次坑了哪个？"

这时候酒菜上来了，王伯谷摇摇手道："今日在下高兴，不与你抬杠，这酒喝不喝随你。"

张元举拿起酒壶，凑鼻尖嗅嗅："真抠门抠到姥姥家了，既然坑了人赚了钱，也不要坛好酒？"

王伯谷不高兴了，心想老子请你喝酒，你满嘴屁话也就算了，还见缝儿奚落，老子欠你钱了不成？便没好气地说道："你个单眼瞎，能看得出好酒劣酒吗？"

张元举本来就没把他瞧在眼里，这话落入耳朵里时，嘴皮子一弯，一时来了气，道："哟呵！王古董，你可别嫌我瞎了一只眼，其实你还不如我，你是真瞎。"

王伯谷一声冷笑，放下酒杯跟他抬杠："在下这双眼睛是菩萨开过光的，辨古鉴今，观人识物从没走过眼，张穷酸啊张穷酸，你但凡能举出一个我不如你的例子，今儿个我这双眼睛就挖下来给你下酒。"

"哟呵！"张元举悠悠然地倒了杯酒，一口饮下，笑嘻嘻地说，"王古董，我劝你还是把刚才那句话收回去，嚼两口，烂在肚子为好，我呢就当你刚才放了个响屁，不当真。"

王伯谷生平最得意的就是鉴古的能力，现在让一个瞎了一只眼的人说他是有眼无珠，一时动了真火，说话时不觉提高了音量："在下不光这双眼睛是开过光的，嘴也是镀了金的，说出去的话，那就是板上钉钉的事儿，从不更改。"

"真不改口了？"

"别废话，有屁快放！"

张元举心想你老是嫌老子瞎了一眼，看老子不起，今天就让你长长记性："你是不是收了一幅《醉道士图》？"

王伯谷心下好奇，问道："你怎么知道的，那姓范的请你喝酒了吗？"

张元举又饮了一杯酒，噗地吐口气，直往王伯谷脸上喷："那是老子画的！"

王伯谷气极而笑，"那是唐代……"话说到一半，忽似警觉到了什么，古董界多的是黑吃黑的事儿，即便是像他这样的老手，也不免上当，难不成真让范某和这穷酸算计了？

张元举嘿嘿怪笑道："你可别怨我，昨天我只收了十金罢了。"言语间，把那只空酒杯放到王伯谷跟前，示意他把眼珠子抠出来。

王伯谷拍案而起，疾步往店门外冲。张元举在背后喊道："不要去了王瞎子，去了也没用。"

王伯谷回头，一脸的杀气："老子去把那姓范的活剥了！"

张元举道："他得了五百金，还会继续做仆人吗，早溜之大吉了！"

王伯谷一想也是，气得浑身发抖，叹道："鉴古玩古一辈子，不想临到老了在阴沟里栽了一回！"

沈德符说过一句话："古董自来多赝，而吴中尤甚，文士皆借以糊口。"说古董界大多是靠卖假货为生的，能把一只破碗说成是价值连城的宝贝，这样的江湖骗子在江浙一带特别多。

骗术多了，有心灵手巧的人，灵光一现，写了一本书，叫做《鼎刻江湖历览杜骗新书》，别说，这还真是门生意，这本书初刻于万历年间，刚刚出版上市就成了畅销书。此书的作者叫做张应俞，浙江人，无官无职的，跟我一样鬻文为生，本来日子过得很一般，这本书出了之后，就成了畅销书作者，顿时生计无忧，可见写作这件事儿就跟生意一样，得有眼光。

这话听起来是不是有点儿酸溜溜的文人相轻的意味儿？哈哈，还真是，写书的哪个不希望自己的书畅销呢？我当然也希望我的书……

不说了，再说暴露本相了！实事求是地讲，一本书的畅销有机缘的因素，但是我还是深信一句话，即机会是给有准备之人的，抛开《鼎刻江湖历览杜骗新书》这本书的商业性不谈，单从内容上来讲，作者应该是位有心人，此书四卷二十四类八十八篇骗术，涉及各行各业，个个不同，如实记录了晚明时期常见的骗术，叹为观止。如果不是有心人，如果没有深入地去了解、走访，是不可能写出来的。下面我摘录书中个别的骗术，给大伙儿瞧瞧，以便了解明朝的骗子江湖。

说是有一年十二月初，福建省的那批举人上京去会试，那情形相当于是千军万马过独木桥，竞争相当激烈，家里人当然也十分关心考试的情况，天天盼着，就等着儿子传来好消息。

可人没走多久，信就来了，还密封着，举人府上的人就奇怪了，问这是什么信。

来人笑笑，神秘兮兮地往左右瞧了两眼，见没人，这才说道："给您道喜来了。"

举人家人更加莫名其妙，这人刚走没几天啊，这会儿只怕还没到京呢，喜从何来啊？来人指着手上的信说："沈爷专门差小人过来送这封信，说他昨晚做了个梦，梦见你家相公金榜题名，所以特地前来告知。但有一样，你们必须谨记。"

举人家人一听，激动不已，那沈爷是什么人？他是省府最厉害的老师，这次入京去会试的举人，都是他的学生，不管他这梦是真的也好，假的也罢，他说金榜题名，那就肯定是八九不离十的事儿了，于是迭连点头道："贵人请说，我等自当谨记。"

来人说道:"沈爷门下,学生众多,要是摆明了厚待你家,让其他人知道了,岂不就是厚此薄彼,惹人话柄吗?所以这件事儿自己知道就行,烂在肚子,千万不要辜负了沈爷的一片好心。"

举人家人迭声应是,说记下了记下了,绝对不会往外透露半个字。说完之后,要请来人进去喝茶。来人说道:"茶就不吃了,小人还要去向沈爷复命哩。"

举人家人道:"你且稍待,我去去就回。"转身回屋,拿了五两银子出来,塞在来人手里,说是不成敬意,请务必收下这些薄礼。来人推诿几下,盛情难却,就收下了。

打发了来人后,举人家人疾步入内,拆了那信,只见纸上是这样写的:

闽省多才,甲于天下,虽京浙不遑多让也。特阅麟经诸卷无如贤最者以深沉浑厚之养,发以雄俊爽锐之锋,来春大捷南宫,不卜而决矣。子月念二日夜将半,梦一飞熊,手擎红春花,行红日之中,止有金字大魁二字。看甚分明,醒而忆之。以君之才,及吾之梦,则际明时魁天下确有明征。若得大魁出于吾门,喜不能寐,专人驰报,幸谨之勿泄。

举人家人阅罢大喜,当宝贝似的将书信收起来藏好,专等来年好事上门。

到了明年,大多数举人铩羽而归,名落孙山,那个举人家人就把这事拿出来说给沈爷听,本意是想在先生这里讨个说法,孰料举人家人说完之后,在座的其他举人家人也都说收到了这信,纷纷将信掏出来,对比之下大伙儿都傻了眼了,每一封信的字迹、文字都一模一样。

沈先生不觉苦笑:"真是好一场春梦啊!这恶棍之术奇绝,拿这种事来行骗,哪家不心甘情愿赠送银子?"

这种骗术属于是雅骗,投其所好,骗得人喜不自胜,满心欢喜,他妙就妙在营造了一种老师独宠你家儿子的良好氛围,这么一来,学生家长不但会乖乖地拿出钱来,还会帮他隐瞒,不轻易让人知道,待你察觉时,已经是第二年了,能上哪儿追究去?

事实上这样的骗术不是明朝独有的,只要科举制度存在,这样的骗术就会代代相传,屡屡不绝。还有一种骗术,也是今古不绝,而且屡骗不爽。

话说应天府有两位商人,一位姓洪,一位姓金,由于原故事中两位的名字中有同音字，容易混淆，这儿我就隐去他们的名字，姑且以掌柜称之。

洪、金二人做的是相同的生意，卖百货的，不过两人的门面隔了很远距离，各做半城的生意，互不干扰，因此一直相安无事，且常有往来，谈论生意经。

此外，两人还有个相同的爱好，那就是都喜欢闲时喝两杯，因了这个爱好，时常聚一起，把酒言欢。有时候酒真的是个好东西，很多生意是在酒桌上谈成的，很多朋友也都是在喝酒时结交的，聚在一起的时间久了，两人也就越来越投缘，相聚的次数也越来越频繁，有的时候甚至是通宵达旦，不醉无归，把兄弟看得比老婆还亲。

长此以往，肯定是会影响生意的，古往今来没有哪个正经的生意人，会把精力放在吃喝玩乐上面去。

金掌柜意识到了这个问题，就刻意减少了应酬，哪怕洪掌柜热情相邀，也是能推则推。

过了段时间，洪掌柜忽然来金府拜访，手里还提了东西，说兄弟啊，大家都忙于生意，没时间来往，今天我特意抽了个空，来看看我兄弟。金掌柜是个实诚人，又讲义气，见洪掌柜特意登门来看望他，非常感动，忙请入府里去，并叫人准备酒菜，哥儿俩好久没见了，是得好好聚聚，痛痛快快地喝他一场。

自打那次以后，洪掌柜就隔三岔五地提着东西上门来，金掌柜虽然有意减少应酬，但人家既然上门来看你了，总不能拒之于门外吧？所以扑在生意上的时间依然少得很。

不出两年，金掌柜的生意越来越差，到了入不敷出的地步。有一天金掌柜又与洪掌柜饮酒，趁着酒意，说了眼下的难处。

洪掌柜一听，握着金掌柜的手说："兄弟，我的好兄弟，你现在还认不认我这个兄弟？"

金掌柜被他说得莫名其妙，说："我们相交多年，在我心里，俨然知己，岂会不认你这兄弟？"

洪掌柜估计也是喝多了，红着脸又问了一句："既然你认我这个兄弟，有了难处为什么到今天才跟我说？"

金掌柜听了这话，感动不已："不是不说，只恐拖累自家兄弟。"

"既然是自家兄弟，哪来拖累二字？"洪掌柜一拍桌子，慨然道，"缺多少钱资，只管说来，今天我要是说半个不字，你就跟我断交。"

金掌柜感动得眼泪都快下来了，当场借了二百两银子，并从店家那里取了笔墨来，要写欠条。洪掌柜一把阻止了他："你刚才说了，当我是兄弟，兄弟之情不值二百两吗？就算你将来不还，做兄弟的也不会说半句屁话。"

自打这次以后，金、洪两家来往更密，什么叫患难见真情啊？这就是，人与人之间有没有情分，只要提钱，一验便知。

可惜的是，暂时的困难，朋友可以仗义相助，但生意上的事别人就帮不上忙了，由于平时全靠洪掌柜接济，才勉强维持，这两年下来，一共借了洪掌柜六七百两银子。奇怪的是，两人一起喝酒，洪掌柜照样也是通宵达旦，却丝毫没见影响了生意，反倒是越做越红火了，难道他有分身之术，可以一边喝酒一边做生意？

这当然是不可能的，不然就成神话故事了。原来洪掌柜还有个弟弟，那洪家二爷也是块做生意的好料子，把店铺经营得风生水起。那天洪家二爷登门，金掌柜笑着迎上去："洪二哥平素忙于生意，稀客稀客！"边迎入厅内，边命人看茶。

洪家二爷往椅子上一坐，掏出一本账簿来，往桌上一放，说道："金掌柜，我家哥哥仁义，常接济于你，甚至连借条都免了。可你是知道的，那店铺如今由我打理，每一笔银子都是从我手里流出去的，所以我却不能不管。所谓亲兄弟明算账，今儿个来，是想请金掌柜把这笔欠账还了。"

要是能还得上，金掌柜就不会跟洪掌柜借了，但是洪家二爷说得也没错，洪掌柜仁义，钱的事情随支随取，从不吝啬小气，可兄弟俩感情再好，借的钱总还是要还的，当下东拼西凑，借了二百两回来，交给洪家二爷说："今日只筹到这些，余下的望二爷宽限些时候。"

洪家二爷看在他哥哥的情面上，也没硬逼，只说道："余下的可暂时不还，但要计息，你可愿意？"

金掌柜借了人家的钱，自然不好说什么，只道："这也是应该的。"

这之后，洪掌柜依旧不忘交情，去金府串门，有时候说起他的弟弟，十分惶恐，说这本来是你我兄弟之间的私事，哪怕你不还，做兄弟的我也无话可说。可是有时候我也很为难，那家店子是和弟弟两人合资一起经营的，他也有份，因此他常怨我做事情全凭义气，不管不顾。为免与弟弟起口角，我也不能硬拦着他。只是苦了金兄啊。"

金掌柜叹道："都是兄弟的不是，洪兄切莫为此介怀。"

这样又过了一年，利息加上本金，金掌柜还欠着洪家四百多两，这一日洪家二爷又来催债，说是这次要连本带息一起还清。金掌柜好说歹说，对方依旧不同意拖延，说是都借了好几年了，你还是没偿还的能力，再拖下去有什么意思呢？要是实在拿不出银子，那就把地契拿出来抵押。

欠债还钱，天经地义，金掌柜无奈，只得以地契抵押，本来可以好好过日子的，至此破产。

打那以后，金、洪二人也不相往来了，倒是没过多久，洪掌柜又与应天府的杨家攀上了交情，那杨家也是做百货生意的，跟当初的金掌柜一样，生意做得还不错。洪掌柜得空就去找杨掌柜喝酒，两人称兄道弟非常谈得来。

这时，有明眼人提醒杨掌柜说："金家已倒，莫非你要步他的后尘吗？"所谓当局者迷，旁观者清，经此一点，杨掌柜幡然醒悟，当机立断，跟那姓洪的绝交了。

以友之义，绝友后路，还做得不动声色，所谓酒肉朋友，无非如此。

## / 第七章 / 看大明烟火，叹人世繁华

### 一 那时的烟火

从这个章节开始，想和大家说一说明朝老百姓的娱乐活动，有人眼睛一亮，打麻将算不算？

算！这也是传统的娱乐活动，但是，一来我不会打麻将，二来它也不值得提倡，略过，先跟大伙儿说说那时候的烟火。

话说那年的元宵夜，潘金莲等几人出去看烟火，陈经济与仆人兴儿一左一右陪着，只见得随路放：慢吐莲、金丝菊、一丈兰、赛月明。出得街市，又见香尘不断，游人如蚁，花炮轰雷，灯光杂彩，箫鼓声喧，十分热闹。

满街都是灿烂的烟火，看得人眼花缭乱，更是把个金莲看得满心欢喜，这万丈红尘虽说颇多忧恼，可又有几人放得下呢？

后来西门庆自家放烟火，规模更大，附近百姓争相围观，只见：

一丈五高花桩，四周下山棚热闹。最高处一只仙鹤，口里衔着一封丹书，乃是一枝起火，一道寒光，直钻透斗牛边。然后，正当中一个西瓜炮迸开，四下里人物皆着，膘剥剥万个轰雷皆燎彻。彩莲舫，赛月明，一个赶一个，犹如

金灯冲散碧天星；紫葡萄，万架千株，好似骊珠倒挂水晶帘。霸玉鞭，到处响亮；地老鼠，串绕人衣。琼盏玉台，端的旋转得好看；银蛾金弹，施逞巧妙难移。八仙捧寿，名显神通；七圣降妖，通身是火。黄烟儿，绿烟儿，氤氲笼罩万堆霞；紧吐莲，慢吐莲，灿烂争开十段锦。一丈菊与烟兰相对，火梨花共落地桃争春。楼台殿阁，顷刻不见巍峨之势；村坊社鼓，仿佛难闻欢闹之声。货郎担儿，上下光焰齐明；鲍老车儿，首尾迸得粉碎。五鬼闹判，焦头烂额见狰狞；十面埋伏，马到人驰无胜负。总然费却万般心，只落得火灭烟消成煨烬。

当然，毕竟《金瓶梅》不是史书，以上这些只是小说家的想象，或多或少有些夸张的成分，作为一本严肃的说明朝民间的史书，不能以小说来作为凭据，那么我们再来看看明人笔记的描述，《宛署杂记》里对放烟火的记录如下：

用生铁粉杂硝、黄、灰等为玩具，其名不一，有声者，曰响炮，高起者，曰起火。起火中带炮连声者，曰三级浪。不响不起，旋绕地上者，曰地老鼠。筑打有虚实，分两有多寡，因而有花草人物等形者，曰花儿。名几百种，其别以泥函者，曰砂锅儿。以纸函者，曰花筒。以筐函者，曰花盆。总之曰烟火云。

这些相对比较浅白，不需要翻译，我就不另啰嗦了，再来看一下我常常提到的《陶庵梦忆》里对烟火的描写：

殿前搭木架数层，上放"黄蜂出窠"、"撒花盖顶"、"天花喷礴"。四旁珍珠帘八架，架高二丈许，每一帘嵌孝、悌、忠、信、礼、义、廉、耻一大字。每字高丈许，晶映高明。下以五色火漆塑狮、象、橐驼之属百余头，上骑百蛮，手中持象牙、犀角、珊瑚、玉斗诸器，器中实"千丈菊"、"千丈梨"诸火器，兽足蹴以车轮，腹内藏人。旋转其下，百蛮手中瓶花徐发，雁雁行行，且阵且走。移时，百兽口出火，尻亦出火，纵横践踏。端门内外，烟焰蔽天，月不得明，露不得下。看者耳目攫夺，屡欲狂易，恒内手持之。昔者有一苏州人，自夸其州中灯事之盛，曰："苏州此时有烟火，亦无处放，放亦不得上。"众曰："何也？"曰："此时天上被烟火挤住，无空隙处耳！"人笑其诞。于鲁府观之，殆不诬也。

从以上两段文字中,我们可以得到几个信息,首先是烟火的种类比较多,沈榜的《宛署杂记》明确指出有"名几百种";其次是档次,有简单的响炮,也有高级的花筒,还有大户人家用来烧钱的彩莲舫、赛月明、千丈菊等等,从低端到高端的烟火很全;最后一个信息,烟火是由生铁粉夹杂着硝、黄、灰等制作而成。外壳有泥做的,像砂锅,有纸做的,就是花筒,还有用筐做的,看上去像花盆,在这些基础的造型上,再由能工巧匠塑造出千奇百怪的形状。

顺着这个思路,下面就来谈谈烟火的历史以及大概的制作工艺。

烟火最早出现于唐朝,兴于宋朝,这本书读到这儿,相信大家也看出了个规律吧?很多事物都是始于唐兴于宋,可见唐宋真的是一个起承转合相当密切的时代,就像两个齿轮,一牙扣着一牙,把中国的传统文化推到了高峰。从这个角度来看,这两个朝代真的了不起!

至于烟火究竟出现在唐朝的哪个时代,似乎无从考证。之所以用到"似乎"这个词,我只是怕才疏学浅露怯,不敢把话说绝了。据我所知,烟火的出现,缘于黑火药的发明,而黑火药的发明,则是缘于炼丹,那些炼丹的人在炼丹过程中发现,硝、硫黄和木炭混合后能够燃烧并爆炸,于是火药就出现了。唐朝的清虚子在《太上圣祖金丹秘诀》一书上,有"伏火矾法"的记载,这就是关于火药的最早的文字记载。

有了火药之后,自然而然就有了爆竹,烟火是爆竹的二代升级款,有了一就会有二,凡事只要第一步迈出去了,后面的事儿就水到渠成、顺理成章了,先辈发现黑火药和各种金属粉末掺杂在一起,会出现各种耀眼的火花,于是灵感爆发,制作出了各种各样赏心悦目的烟火。比如,在黑火药中加入硝酸钠,会发出黄光,加入硫酸铜,会发出蓝光,加入铝粉和铝镁合金的粉末,会发出白光,加入硝酸锶,会发出红光……要是将这些金属粉末糅合在一个筒里,则会发出五颜六色的光芒。

我不知道从爆竹到烟火的演变具体是在哪个时期,但可以肯定的是,唐玄宗时期已经有了烟火,换句话说,烟火出现于盛唐,而兴于宋朝。之所以说兴于宋朝,是因为在烟火发明之初,无论是造型还是技术上都相对单一,其形式无非是"筑药于筒,上不封泥,不爆而喷",显然还是比较简陋的。而到了宋朝,不仅造型多样化,技术也更加成熟,所喷的火花自然也越发多姿多彩,并且出现了专业的烟火师。

烟火师不是制作烟火的师傅，准确地讲，应该叫烟火表演师，《西游记》中红孩儿"口里喷出火来，鼻子里浓烟迸出，闸闸眼，火焰齐生"的把戏，早已被烟火师搬上街头，用这种杂技来谋生。毫无疑问，这在烟火的发展史上，具有划时代的意义。

到了明朝，如前所述，烟火技术已臻化境，达到了一个前所未有的高度，能够自如地掌握火焰喷射的各种形状和样式，且由此衍生出了一种新的烟火玩法——烟火戏。

什么叫烟火戏呢，是让烟火演戏？那是不可能的，现代技术也很难达到让烟火演戏的程度，就算能做到，成本也太大，一部电影下来得烧掉多少烟火，整个横店都是烟熏火燎的，还让不让横店人民过日子了？

所谓的烟火戏其实还是人演戏，利用烟火烘托气氛，营造氛围。举个例子，在明朝有一种籍田礼，在每年的孟春正月举行，天子率群臣去地里装模作样地耕种，以祈求这一年能风调雨顺，五谷丰登。为了烘托气氛，在籍田过程中会使用烟火，执礼官喊："云起！"躲在暗处的人就开始放烟火，以云雾为主，隐隐夹着烟火，制造出奔雷之声，伴随着轰轰声响，霎时阴云密布、雷雨前夕的氛围就烘托出来了。这时，执礼官又喊："雨生！"又是轰轰几声响，烟火冲天而起，到了半空，由于射上去的弹药中暗藏水匮，烟火散溅之时，水花四溅，雨滴弥天。

不过这只是小把戏，更高级的是将烟火运用到戏曲之中，明朝常见的烟火戏有：刘关张三顾诸葛亮、张翼德葭萌战马超、八仙捧寿、七圣降妖、楼台殿阁、村坊社鼓、货郎担儿、鲍老车儿、五鬼闹判、十面埋伏等等，人与烟火相融，情与景结合，喧闹的烟火飞舞之下，龙腾凤舞，流星逐月，如梦如幻。这正是：

天花无数月中开，五色祥云绕绛台。
堕地忽惊星彩散，飞空频作雨声来。
怒撞玉斗翻晴雪，勇踏金轮起迅雷。
更漏已深人渐散，闹干挑得彩灯回。（注：明·瞿佑《烟火戏》）

有人看到"迅雷"两个字，突发奇想，咦，原来国民下载软件也是那么有文化的呢！停，咱们说正事，毫无疑问，明朝的烟火技术已经达到了炉火纯青的地步，那璀璨的烟火，虽变幻无常，然而在制作者手里，却宛如捏泥人儿一般，将之玩弄于股掌之间，想让它在喷发后怎么变就怎么变，实际呈现出来的效果与想象的丝毫不差。

前文提到过的利玛窦见到中国的烟火后，又一次惊呆了，但是，他也发出了这样的感叹：

中国人非常喜欢这类表演，并把它当作他们一种庆祝活动的主要节目。他们制作焰火的技术实在出色，几乎没有一样东西他们不能用焰火巧妙地加以模仿。他们尤其擅长再现战争场面以及制作转动的火球、火树、水果等等，在焰火上面他们似乎花多少金钱也在所不惜。我在南京时曾目睹为了庆祝元月而举行的焰火大会，这是他们的盛大节日，在这一场合我估计他们消耗的火药足够维持一场相当规模的战争达数年之久。

看到这段文字，不知道大家有什么感想，反正我感触挺深的。毫无疑问，国人是聪慧的，可也是奢侈的，把吃喝玩乐玩到了极致，为博一乐，一掷千金。几千年来，无论是唐宋还是明清，这个民族一路走过来何其伟大，他们的发明创造前无古人，同样也令后人感到惊叹。但是，大家读历史书的时候有没有发现一个问题，遍翻史书，除去政治博弈，就是吃喝玩乐，有哪个皇帝上朝的时候谈到过搞创新发明？以火药为例，它是中华民族的一项伟大发明，足以令每个炎黄子孙自豪和骄傲，并且在晚唐时期，我们的祖先已经将火药用在战争上了，然而也仅此而已。自唐至明，用于娱乐的火药用量要远大于军事，诚如利玛窦所言，南京城元月的一场焰火大会，所消耗的火药量足以维持相当规模的战争达数年之久，一夜的烟火，数年的战争，不比不知道，一比之下让人震惊莫名。

## 二 从限娱令到百花齐放

看到这个标题，有些人可能会心生疑惑，明朝具体有什么娱乐节目？打麻将有没有？停！咱们说正事儿，这里提到的娱乐，是指面向大众传播的文娱项目和活动，打麻将之类的我不会打，所以也不会说。

在明朝，具体的文娱活动主要有两项，即戏曲和小说。关于明朝小说的发展，《大明梦华：明朝生活实录》一书中，我已有详细阐述，为了避免骗稿酬之嫌，这里不再复述，本章内容单说戏曲。不过需要向大家说明的是，无论是小说还是戏曲，都是通俗文化的代表，因其俗，所以受到全民追捧。在明朝，无论是八十岁的老人，还是三尺孩童，无不听戏看书，哪怕是目不识丁的人，也对小说中的桥段耳熟能详，为什么呢？不识字可以听书啊。

如果我说，戏曲和小说是明朝文化的代表和标志，相信应该没人反对，当时有小部分人一天要听好几场书，为了不落下紧要的情节，到处赶场子，往来奔波，风雨无阻，几乎是到了狂热的地步。

一个时代有一个时代的文化，每一种文化新兴的时候，总会有大批的人追捧，同时还会有大批的人反对，唐诗宋词之后，是明朝的小说兴起，在被大批人追捧的同时，也遭到了文坛的抵制和鄙视，说那是痴妇愚夫看的低俗的东西，这一点我在《大明梦华：明朝生活实录》一书中花了大量篇幅论述，这里我想说的是，当今网络文学的发展与明朝小说兴起时的情形太像了，至少在我眼里看来是相差无几的，当出现如《三国演义》《西游记》那样的畅销作品时，大量的跟风之作随之出现，同时资本涌入市场，一时泥沙俱下，繁荣的同时乱象频生。

上面的这段话肯定会有人反对，并可能会提出这样的拷问：当下的网络文学能和明朝出现的四大奇书相提并论吗？我的回答是，《三国演义》《西游记》《水浒传》和《金瓶梅》在明朝的文坛是俗之又俗的通俗文学，没有人重视，并且有人还担忧地提出"诗自明而绝"的言论，认为小说的兴起，百姓的疯狂追捧是文学的悲哀。这跟现在有人提出网络文学低俗时的语气是不是很像呢？然而几百年后，时间证明了，四大奇书是中国古典文学史上的巅峰之作，这在明朝的时候是没有人能预测得到的。即便之后出现了大量的跟风之作，甚至在《西游记》出现后，还出现了《东游记》《西游后记》等等伪作，但站在现代这个视角再去看那时候的小说，哪怕是像《封神榜》那样的跟风之作，整体质量和文学性并不高，可并不妨碍其成为中国古典文学的一部分。

这说明了什么呢？说明文化是需要包容的，只有包容了才会繁荣，只有繁荣了才有可能出现经典，这是历史告诉我们的真理。

好了，无关言论至此结束，继续说正题。明朝的娱乐跟宋朝又有不同，谈到宋朝的娱乐，我们的脑海中会油然浮出一个词——勾栏瓦舍，瓦舍是举行娱乐活动的地方，勾栏就是演出的地方，大的瓦舍，往往有十多处勾栏。不过勾栏是有门槛的，每座勾栏几乎是全封闭的，只有一道门可供出入，换句话说，要买票才能进去。

勾栏瓦舍大约兴于北宋仁宗朝时期，衰于明朝中期，前后约存在四百年时间。

不知道大家发现没有，这个时间节点比较有意思，为什么流行于宋朝的勾栏瓦舍，到了明朝中期会衰落呢？有人可能会说，你上面不是说了，一个时代有一个时代的文化，那勾栏瓦舍衰落了也是正常的。那我换个角度来问，如果说一个时代有一个时代的文化，那么它为什么没有在宋亡的时候衰落，也没有在明初的时候衰落，偏偏是在明朝中期呢？

这就要说到一个词——解放。明朝初期对言行举止、文化思想的禁锢，在明朝中期就解放了，当一言一行、一举一动不再受约束，接踵而来的自然是全民的欢愉，想看什么就看什么，想说什么就说什么，于是大量的通俗小说流行了起来，大量的曲艺文化也流行起来了，那些商家，特别是茶馆、酒楼，为了招徕生意，几乎无一例外都聘请了说书人。

同样，从城市到农村，但凡有什么活动，都要请戏班子来热闹几天，家里条件比较好的，办个生日宴都要请戏班子，更有一些高官士大夫，自己家就养了戏班，在这样的环境下，还要勾栏瓦舍作什么呢？

我特地留意了一下，有不少人对勾栏瓦舍的消失表示惋惜，我的观点正好相反，觉得应该庆幸，因为勾栏瓦舍的消失，实际上是文化门槛的消失，文化传播彻彻底底地普及了，深入到了普通老百姓的生活中，它不再是上流人士、士大夫或文化人的专属品，连妇孺都对那些书里的人物情节了然于胸，这是个什么概念？当这样的所谓的俗文化成为主流文化的时候，是真正的文化普及，它的意义是划时代的。而这种文化现象的出现得益于解放，唯文化和思想的解放，才会迎来明朝文化的全盛时期。

关于明朝文化的理论暂时说到这儿，接下来我再说几段故事，以便大家对当时的文化环境有个全面的了解。

话说在洪武年间，有一位地方富绅，姓柳，名岳，号戏中人，从他给自己取的号中就可以看得出来，他酷爱戏曲，不仅喜欢看戏，而且还能自编自导自演，所以家中养了个戏班子，大约有十余人，只要得空，柳岳就要与戏子一道排练。

这一天，柳岳正敲敲打打地排练一出剧目呢，忽听得门外一阵砰砰的急促敲门声，不多时，底下门卫来报，说是兵马司的人来了。柳岳一惊，问是什么事。门卫说官差只喊开门，没说是来干什么。

柳岳慌了，他隐约猜到了兵马司的来由，急令人将一应与戏曲相关的物什都收拾起来，搬到里屋藏好，并让戏班子去后院躲着，不得发出任何响动。安排妥当，这才出去接迎。

门刚打开，五六个人就凶神恶煞似的冲进来，问哪个是这家主人。柳岳强作镇定，笑道："小人便是，敢问官爷有何吩咐？"

"带走！"一声叱喝之下，不由分说，把柳岳带了出去。

柳家人吓得面无人色，问："官爷何故抓人？"

"靡靡之音不绝，违戏禁之法。"

柳家人辩道："抓人须有证据，官爷既没看到家中演戏，更没入内查看，怎就抓人？"

"若再狡辩，全家一起抓了！"

听到这句话时，柳家人果然不敢言语，眼睁睁地看着柳岳被抓走，一时不知如何是好。当时有人出了个主意，说这也不是什么大事，找人去衙门说个情就是了。众人都说是这个理儿，当下让管家去找人，老爷平时人脉广，找个人去衙门说个情应不成问题。

但凡能当管家的，都是精细精明之辈，很快就在衙门里找了个人，将来由说了，请他想想办法，花点钱倒是无所谓，好歹把人先捞出来。

那人听了，脸现难色："不是我不肯出手，主要是这事不好办。"

管家问道："此话怎讲？"

那人说："戏禁之法是皇上亲自颁发的，严令民间禁声色，曰'声色乃伐性之斧，易于溺人，一有溺矣，则祸败随之，故其为害，甚于鸩毒'。皇上既出此禁令，哪个敢拂逆？所以现在上上下下都严禁声色，但有违令者，入官不误，谁的情面也不给。"

管家苦着脸道："果真没有办法了吗？"那人摇头。

事实上在朱元璋时期，基本上没人敢顶风作案，更不敢徇私走关系，因为一旦事发，那就是脑袋搬家的大事。

那么朱元璋为什么要下禁娱令呢？《明太祖实录》是这么说的：

元明人多恒舞酣歌，不事生产，明太祖以中街立高楼，令卒侦望其上，闻有弦歌饮博者，即缚至倒悬楼上。

现在大家知道柳岳是怎么被抓的了吧？人家根本就不需要进屋里搜查，天天有人在侦查这事，声音是从哪幢宅子里传出来的一清二楚。这道禁娱令出自洪武二年（1369），目的是要复先王之旧，革污染之习，说得浅白一点就是，大明朝刚刚建立，百废待兴，需要百姓专事生产，不要去沉迷声色，搞那些乱七八糟的事儿。

其实在建国之初，出台这样的禁令是可以理解的。但是，虽然说禁止了民间的娱乐，可专业的或是国营的演出机构还是有的，洪武六年，又对专业的演出机构，即教坊司颁布敕令：

诏礼部申禁教坊司及天下乐人，毋得以古圣贤帝王、忠臣义士为优戏，违者罪之。

这话是什么意思呢？可能古文能力强的人已经看出苗头来了，是的，这道敕令禁止了胡编乱造、戏说的行为，特别是那些在历史上已经定了性的古圣贤、帝王以及忠臣义士等知名的历史人物，那是榜样，理应敬之尊之，不得用来当作娱乐。后来这条敕令又被写入了《大明律》，正式入法。

有明一朝，类似的禁令一直存在，只不过后来风气开放，各种思想、文体犹如春潮，纷纷涌现，法虽在而令难达，于是从上到下都睁一只眼闭一只眼，任由其发展了。

当然，即便是禁令实施得比较严厉的时期，也不是说就一刀切了，啥都不准演了，洪武三十三年（1400），修订后的《大明律》做出了如下规定：

凡乐人搬作杂剧戏文，不许装扮历代帝王后妃、忠臣烈士、先圣先贤神像，违者杖一百；官民之家，容令装扮者同罪；其扮神仙、道义，及节妇、孝子、顺孙，劝人为善者，不在禁限。

也就是说，所演的杂剧戏文，必须是积极向上的，劝人为善的，即便是神话类的戏剧，也应该以道义当先，提倡正能量。

结合明朝初期的社会环境以及从朱元璋的举动来看，戏曲禁令的出台，可能并不仅仅是借鉴元亡的教训那么简单，所谓声色，声与色往往是联系在一起的，元朝时戏曲盛行，大大地促进了戏曲创作的同时，也使一些不良风气风靡，例如元代名优张玉莲，色艺俱佳，传说此女有"旧曲其音不传者，皆能寻腔作词唱之"的本事，意思是说那些已经失传了的曲目，她都能根据遗留下来的腔调自己填词进行创作，而且她"丝竹咸精，审音知律，南北今词，即席成赋，皆艺殊绝，其往来俱富贵公子，夫复挥金如土"。大意是说她不但有旧曲谱新词的才华，在丝竹、音律上也非常精通，哪怕是即兴赋词，也能够当场成赋，这简直是个奇女子啊，这样高级的才华横溢的女星，与她来往的人非富即贵，都是上流人士，那些人为了讨好她，简直是挥金如土。

名气越大，钱自然也就来得越容易，这是古往今来不变的现象，往往几句唱词，一场演出，能抵得过普通人好几年甚至几十年的劳动，这说明什么呢？说明在那些女星的背后，有权贵在支持，换句话说，官员招妓，甚至纳妾的情况十分普遍，时人有记载说：

唐宋皆有官妓祗候，仕宦者被其牵制，往往害政，虽正人君子亦多惑焉，至胜国（注：指元朝）时，愈无耻矣（注：语出明王锜《寓圃杂记》）。

说是唐宋以来，都有官妓入官府的现象，酒色迷人眼，在这样的情况下，即便原本是好官，也会被牵制甚至堕落的可能。这种现象跟朱元璋崇尚节俭的思想是完全相悖的，天下初定，温饱都还是问题，这样的风气不除，何以安天下？

其次，帝国初立，为了树立政权的正统性和合法性，也必须教化民众，改善社会的整体环境，那么得怎么教化、改善呢？一是建立礼法，洪武元年（1368），就令中书省暨翰林院、太常寺定拟祀典，广招耆儒，分别讨论，制定并完善礼法。前文提到的乡饮酒礼就是建立礼法的其中一环；二是从传播最广的戏曲和小说等文艺作品入手，在这些作品的渲染下，耳濡目染，从而达到预想的目标。

我在《大明梦华：明朝生活实录》里曾提到过明朝的一本书，叫做《五伦全备记》，这本书毫无文学价值可言，纯粹是为了迎合当时的政策而写的命题作文，但是它崇尚的"若与伦理无关紧，纵是新奇不足传"思想却是紧扣时代的，明显带着那个时代的标志；另有一部戏剧叫做《香囊记》，提倡"传奇莫作寻常看，识义由来可立身"，在政治干预下，文化以教化为先，艺术为后，以达到宣传、感化民众之目的。

从历史的角度来看，这种政策性的干预对艺术创作肯定是有损害的，不利于文化发展，但就当时的政治环境来说，也是教化民众、稳定社会所必需的。

这是一种非常矛盾的现象，文化这种东西一管就死，一放就百花齐放，她就像野草一样，只要环境允许就会野蛮生长，与其说这是文化的特性，倒不如说这是从事文化工作者的性格决定的，他们是纯粹的，但同时也是不安分的，这就是所谓的风骨。有风骨的文化人的存在，应该说是时代之幸，因为真正有价值的文化作品，得靠他们去创作，不然的话，如果整个明朝都是像《五伦全备记》《香囊记》那样的媚俗之作，那么明朝可能会成为中国历史上最糟糕的一个朝代。

当然，今天的我们已没必要去担心会发生这种情况了，因为我们已经看到明朝的文化是相当繁荣的，而且是独一无二的。当时一些聪明的文化人，在政策的压力下别出心裁地发明了一种创作手法，叫做"隐身化"创作，用我们现在的话来理解就是架空，比如把剧本中的帝王降格，原来是楚昭王的，降格为楚昭公，原来是汉高祖，降格为汉王等等，或者干脆就把历史中的真实人物、背景刻意隐去，换个虚构的朝代、身份和人名，躲开政策风险，以此加以演绎。

这样的操作是无奈之举，权宜之策，要知道无论是戏曲还是小说，它的受众是士大夫嘴里所谓的"痴夫愚妇"，在这个群体中有很大一部分人，根本无法分得清戏曲、小说里演绎的是真实的还是虚构的，有些甚至还会把那些虚构的历史当成真的，我们姑且不论这种架空的作品艺术价值怎样，但有一点是可以肯定的，即对于传播真正的文化是不利的。

如果文化不开放，昆曲就不会在明朝流行，小说也不会大行其道，尽管一时泥沙俱下，会产生大量质量和艺术造诣不高的作品，但是历史从来都是如此，没有沙便不会有珍珠，没有大量作品的产生，便不可能达到艺术的高峰，所谓的高峰，其实是靠底层的泥沙堆积起来的，不然的话就是空中楼阁、海市蜃楼，高峰更是无从谈起。

当然，并非是说太祖朱元璋的禁娱令就毫无积极意义、无可取之处，在建国初期，这样的禁令在杜绝奢靡、恢复生产、维护社会稳定等方面，都是有重要作用的，没有稳定谈何繁荣呢，是吧？只不过任何禁令，都会随着时间、环境的改变而改变，或者说是，在社会逐渐稳定、繁荣了之后，那些禁令也会顺应潮流，退出历史的舞台。

大家应该还记得我在前文提到的李渔吧？他是明末的文人，那时候社会的风气早已改变，所以他的思想也跟前期的文人不尽相同，他认为文化的目的就是娱人，说"传奇原为消愁设，费尽杖头歌一阕。何事将钱买哭声，反令变喜成悲咽"。人家花钱买书或看戏，本来就是为了娱乐休闲，这世上有花钱为了买个悲伤、跟自己过不去的吗？所以作为创作者应该把阅者、观者的体验放在首位，换句话说，无论是小说还是戏曲，满足观看者的心情才是最重要的。

这么说或许有许多人不敢苟同，无妨，这是古往今来一直在争论的一个话题，也是老生常谈的一个话题，事实上任何一件文艺或艺术作品，都不能以时人的思想和观点，抑或是否有教化等积极意义去评判它的价值，一个时代有一个时代的思想和观点，哪个能说得准当时的俗文化，就不会成为后世的高雅文化呢？明朝的四大奇书就是当时俗文学的代表，还有跟风之作《封神榜》在当时是不入流的，结果呢？

以李渔为例，应该说他是明朝后期俗文化的代表，讲究艺术娱人，以取悦观者为目的，百年后的今天，哪个敢否定他的艺术成就？

还有张岱，他是个书痴，也是一个戏痴。在家庭条件好的时候成立了张家班，盛极一时，其著作《陶庵梦忆》里有一则《张氏声伎》的文章，记录了张家班的特点和多位名角。追崇俗文化，似乎与个人的艺术成就没有多大关系，张岱的文学成就当然不用说了，但他是个彻彻底底的俗人，有一回半夜，走到一座庙里，他让随身带着的戏班子，在大殿上敲锣打鼓，唱了一场戏，寺庙里的僧侣被惊醒后都蒙了，大半夜的不让人睡觉咿咿呀呀地来唱戏，是我们花钱请你了，还是有人花钱请你来报复我们的？究竟是怎么回事？下回分解。

## ❸ 和明朝的老百姓一起去看戏

话说崇祯二年（1629）中秋后这一天，张岱从江苏镇江前往兖州，这一日下午申时，天有点晚了，船到长江边的北固山下时，停舟歇脚，大家就地吃晚饭，吃完后又开船启航，这时候，暮色四合，皎月当空，江水倒映月色，如梦如幻，美丽之极。

张岱被眼前的景色吸引，让船行慢些，以便欣赏沿途的景色。船至金山寺脚下时，已是二鼓天了，青山空灵，静谧无声，只闻得江涛拍岸。抬头望时，明月下一座寺院耸立，更衬得此间空灵幽静。张岱一时兴起，登岸入寺。

经玉龙堂，入得大殿，众僧都去睡了，连个值夜的僧人都没有，大殿内除了偶尔传出的蜡烛劈啪声外，落针可闻。张岱拣了个地方坐，命随从把唱戏的道具都取出来，说他要在这儿唱一场戏。

一位旅人，夜入寒寺借宿，佛门清修之地，不是闹腾的地方，当然了，大半夜的谁家也不会让你闹腾，可张岱却心血来潮，让戏班子敲锣打鼓，咿咿呀呀地唱了起来。

静谧而空旷的大雄宝殿，经这一敲一唱，惊若天雷，众僧俱被惊醒，纷纷出来察看，不看还罢了，一看之下呆若木鸡，半天都没回过神来。有几位年纪大的老僧甚至还揉揉眼，想看清楚眼前所见，到底是幻是真。

没有人敢在寺院大殿内唱戏，更没人敢在深夜的寺院大殿这样胡闹，老僧以为是梦,所以揉着眼睛想看清楚是真是假,那些年轻的僧人也不敢作声,万一要是神仙下凡,来慰问他们呢?

僧人都蒙了,一时间谁也没上去阻止,张岱唱得起劲儿,一连几个剧目唱罢,天色将明,张岱似乎心满意足了,收拾家伙什儿,朝目瞪口呆的老少众僧微微一揖首,率众而去,解缆渡江。众僧与他们一起到山下,目送久之,眼中兀自一片迷惑茫然,搞不清那一伙人究竟是人,是仙,是怪,是鬼。

这件事张岱记录在《陶庵梦忆》一书里,说实话,我看到这个章节时,同样也目瞪口呆,那真的是惊世骇俗之举啊,非神仙中人所不能为,虽说打扰了众僧清静不太好,不过从后世之人的角度来看,也不失为一件雅事、趣事。

戏痴分好几种,张岱属于比较狂的戏痴,还有一种是情种式戏痴,戏里的人物还没掉眼泪呢,她先掉了,见不得戏里的才子佳人分手,但凡看到戏里一对璧人依依惜别,那些情种式戏痴们就潸然泪下,如果戏里那一别要是阴阳相隔,再无相见之期,如果这时候在那些戏痴的旁边还坐了个人,旁边那人就活该遭殃了,她会把他当作坏蛋,拿小拳拳一顿好打,然后就扑倒在旁边那人的怀里嚎啕大哭。

情种式戏痴现在也不少,我也遭遇过这种池鱼之殃,本来是坐在沙发上好好看书的,突然被旁边看电视的那人一把攥过去,啪啪打一顿,边打还边骂你们男人就没一个好东西!遭遇这样的无妄之灾时,最好不要做任何的反抗和抗议,因为戏痴已经入戏了,动情了,你要是不予以同情或者拿出大道理去跟她们讲理,那么你就是无情的人,会遭遇更多的打击。

还有一种属于狂躁型戏痴,他知道那是戏,却止不住为之愤怒,且一发不可收拾,哪个万一要是不幸遇上了这种戏痴,那就只有一种解释,出门前没有看黄历。

话说在苏州洞庭山,有一位樵夫,一脸虬髯,长得也很结实,身如铁塔,看上去孔武有力,威武不凡。他不识字,却好听书看戏,对那些知名的桥段了若指掌。此外,这位樵夫大哥还有个优点,那就是讲义气,要是给他一柄剑,他就是行侠仗义、好打抱不平的大侠。

有一天,樵夫砍了柴下山,在街市上把柴卖了后,就赶着去看戏。当时戏台上正在演着《精忠传》,说的是岳武穆抵抗金兵的故事,那是好戏,无论古人还是今人，都能看得热血沸腾，台下的观众不时击掌叫好。樵夫没有叫好，也不击掌，他只是虎目圆睁，满脸通红。倒不是说戏演得不好，惹怒了他，而是他知道接下来的剧情，岳武穆再怎么神勇，也抵不过秦桧一张嘴，因而提前就在酝酿情绪，积累怒火了。

果然那演秦桧的演员一上台，樵夫大哥就憋不住了，入戏了，猛地一声叱喝，跨着虎步冲上台去，用那蒲扇样大的手拎起"秦桧"，喝一声："奸贼，看打！"照实了就往那演员身上打。

那樵夫大哥身强力壮，演员怎经得起他的拳头？只几拳，早已是鼻青脸肿。台下的观众看到这一幕都惊了，戏里没这一出啊？再说戏台上也没有这么拳拳到肉的真打啊？有人意识到不对劲就上去劝说，樵夫大喝道："似此奸相，不殴何待！"

观众听了这一句，才明白他是入戏太深，就说："这是戏，别当真啊大哥！"

樵夫冷笑道："吾知戏，故殴也，若真，吾便以斧侍候了，奸相焉能喘息乎！"说我知道这是戏，所以才打他，要是真事那便是斧头侍候了，这奸相现在还能喘气儿吗？

以上所说的故事，听起来像笑话，但从中不难看出，百姓入戏之深，剧目流传之广，戏曲情节是深入人心的。

小说和戏曲，是百姓休闲娱乐的重要组成部分，明中期以后，建国之初的那些条条框框和禁令，大多已经解除，老百姓的业余文化生活自然也就丰富了起来，本书的最后，我就带着大家一起，去看看明朝的戏文。

说到"戏文"这个词，请允许我插句嘴，我也是个从"戏文时代"过来的人，小时候每逢过年过节，每个村子都会请戏班子唱戏，此村方唱罢，那村的锣鼓又起，不只是各村的亲朋好友之间会相邀看戏，那些戏班子还是吃百家饭的。

那时候我还小，最喜欢往戏场挤，戏文开场之前，戏班子会先"闹头场"，光敲锣打鼓不演戏，且敲得十分热闹，声震全村，目的是要告诉村民们，好戏即将开场。每当听到那"闹头场"的锣鼓声，小屁孩们吃饭的心思就没了，一边慢慢地放筷子，一边斜着眼瞧父母亲的脸色，要是他们对放筷子这件事儿没表示什么意见，就会趁机起身溜之大吉。

戏场里早已是人山人海，有的搬着凳子，有的往早就占好的位置上挤，吵吵嚷嚷，说实话那情形很乱，却又让人觉得非常美好。小孩其实是不看戏的，要么在戏台底下跑来跑去地追逐，要么趁着人多，在父母面前撒娇：某某某在吃葱油饼、甘蔗之类的，我也要！

那时候吃零食是件奢侈的事儿，一般情况下在左邻右舍面前，父母碍于面子是不会拒绝的，况且某某某的确在吃，而且也的确吃得美滋滋的，怎么能亏待自家孩子呢，所以往往会爽快地掏钱出来，让我们去买。

手里有吃的了，那便是与那些小伙伴们平等了，于是就开始炫耀，那种所谓的炫耀当然不是炫富，那个时代跟现在还是有根本性区别的，小伙伴们之间不存在炫富这种事儿，而是炫戏，有人说今晚这出戏我早在某某村看过了，忒好看。有人应和，并说出了其中几个详细的桥段，说明他们是真的看过的；又有人说，演某某某的那个戏文演员我认识，她昨天就在我家吃的饭，没卸妆，跟台上一样，可漂亮了！

他们都炫，我自然不能让他们给压下去，就说："今晚唱完戏，他们就会去我家吃夜宵，你们要不要去看看？"

每逢戏班子来村里唱戏，村里就会做两件事儿，一是挨家挨户筹钱，多少不论，有钱出钱，有力出力，也不论筹到多少，要少了，少演几场，要多了，增演两天；二是分摊戏班子演员的吃饭问题，早中晚加夜宵，基本上几天的戏唱下来，每家都会轮到一次。

好了，说完了我的戏文，言归正传，再来说明朝唱戏时的场景。

事实上农村的戏文从古至今是一脉相承的，我上面所说的唱戏场景，与明朝时期基本相同，凡是节庆、庙会都会搭台唱戏，戏台搭在高脚立木之上，往往有一人多高，小孩子在台底下跑根本不成问题。台上铺红毯，奏乐的往往在台的右侧，也有在两侧的，有些条件好的地方，有专门的演戏场所，并搭了固定的戏台，设有观者的座位，并设有女台，是专供妇孺观看的专用位置。张岱有一位叔叔，叫张尔蕴，是张家班的负责人之一，张家的戏台就是张尔蕴亲手建的，场地很大，光是女台就有一百多个座位。

那些权贵人家，自己家里就养了戏班子，有专用的戏台，不需要去外面看戏，如崇祯的贵妃田秀英的父亲田弘遇，家里就有戏班子，据传田家班技艺精湛,名噪京师,当中有一位名优,叫做陈圆圆,后来送给了吴三桂。又如前文提到过的米万钟,也设有米家班,不过米家班跟田弘遇的田家班不能相提并论,田家班是专供娱乐的,而米家班则更像一个艺术团队,自己搞创作,由于率先以昆腔演唱《西厢记》,轰动一时,并由此影响了明朝昆曲的发展……

前文交代,宋朝的勾栏瓦舍到明朝基本消失,取而代之的是茶楼听书,酒楼看戏,《陶庵梦忆》里有一篇文章,叫做《泰安州客店》,说是夜里到店投宿,店里设席贺,相当于是一种接风洗尘的形式,是商家的一种促销手段,凡是到店的新客,有打折优惠,在入席前要是有兴趣的话还可以在店里上炷香,据说是可以求官得官,求子得子,求利得利,总之给客人图个吉利,或是心情的愉悦。

席贺虽然是以打折形式推出的一种促销手段,但是为了满足不同层次的消费人群,分为三等,上等叫做专席,就是专用席位,没人跟你拼桌,桌上有糖饼、五果(注:五果指桃、李、杏、栗、枣)、十肴、果核,可以看戏;次等的两人一席,就是有一人会跟你拼桌,桌上有糖饼、肴核(注:指有菜肴和干果),可以看戏;下等的三四人一席,只有糖饼、果核,没其他菜肴了,也不能看戏,但可以听小曲儿。当然,要是手头紧也不会强迫你要席贺,可以简单地吃一点,然后去睡觉。

一般有钱的旅客都会要这种席贺,旅途劳顿放松一下也是不错的,所以店内演戏的有二十多处,弹唱小曲儿的就不计其数了。

在明朝,除了《西厢记》以及八仙、三国等传统剧目外,最流行的要数《目莲戏》。

《目莲戏》是神话故事,讲的是释迦牟尼的弟子目莲,他的母亲死后堕入地狱,目莲不忍见母亲受苦,以神力助母亲脱离苦难的故事。

前文曾提到张岱的叔叔张尔蕴搭了一座戏台,设女台一百多个,这里我就以《目莲戏》为引子,把这件事儿跟大家交代一下。

张尔蕴在演武场搭了一座戏台,演出的时候专挑徽州旌阳能相扑跌打的戏子三四十人,因为《目莲戏》是武戏,所以得挑一些能打或扛打的人来参演,由于这剧目流行,受众多,大伙儿都喜欢看,一般要么不演,一演就是三天三夜。

《目莲戏》有大量的武戏,十分热闹,开场后,那些专门挑选过的演员就在台上献技，如度索舞絙、翻桌翻梯、觔斗蜻蜓、蹬坛蹬臼、跳索跳圈，窜火窜剑之类，惊险刺激，如果用今天的标准去审视当年的《目莲戏》，那就相当于好莱坞大片。给大家摘录一段戏中的场景：

> 凡天神地祇、牛头马面、鬼母丧门、夜叉罗刹、锯磨鼎镬、刀山寒冰、剑树森罗、铁城血澥，一似吴道子《地狱变相》，为之费纸札者万钱，人心憷憷，灯下面皆鬼色。由于戏中道具费万钱，故场中十分逼真，观者皆骇。

这段话应该不是很难理解，主要描述的是地狱的场景，为了布置这些场景，剧方要投"万钱"巨资，场面非常逼真，把观众吓得面无人色，看来是真的刺激。

古人也讲究代入感，力求每一场戏能让观众有一种身临其境的体验，为了达到这样的效果，演员会跟台下的观众互动，比如出演《招五方恶鬼》《刘氏逃棚》等剧时，演员会向观众大喊救命之类的，台下的观众看得起劲，也愿意配合，于是万余人齐声呐喊，那场面比现在的大型演唱会还热闹，台上台下连成一片，声震霄汉。但是那样的场面壮观是壮观了，也容易把人吓着，张尔蕴就是因为这事，差点闹出事儿来。

说是当地有一位太守，姓熊，名鸣岐，大半夜正睡着觉呢，忽听得喊声不绝，惊呼连连，以为是海盗来袭，急忙起床披衣，喊了人进来，去查探敌情。

哪承想到了地头，发现是张家班在这儿演出，就把张尔蕴找了来，愠声道："你唱戏就唱戏，怎么闹出这么大动静？我还以为是有海盗来侵，把人都带来了！"

用现在的话说就是你闹得警察都出动了，已严重扰民。张尔蕴听了这话，吃惊不小，事后亲自去熊太守府上，赔礼道歉。好在张家在当地是名门望族，熊太守才没有深究。

事实上民间唱戏，类似这样大的场面并不少见，还是以《目莲戏》为例，如前所述，这是一个神话故事，老百姓大多信佛，江西的一些地方，从这台戏上演那天开始，当地老百姓就开始吃素，家家户户无一例外，直至演到"刘氏开荤"时，他们的日常饮食才恢复如常。演到"五鬼捉刘氏"时，那扮演刘氏的演员逃到台下去，观众起哄，跟着演员跑，场面一度混乱，却也热闹之极。

又如《三国》里的经典剧目《过五关》，关羽在台上封金挂印，带着"一干将领"往台下走，台下的观众也跟在队伍当中，随军出征。

关羽在观众的簇拥下，骑真马、乘真车，沿着村子绕，那场面真的是跟拍戏似的，而且参演的群众演员还是义务演出，浩浩荡荡，完全够得上是大场面大制作。村子沿途设了五个分戏台，那关羽果然是过五关斩六将，一城一城地打过去，群众演员们这时候已完全融入戏里，作为随军参战的一员，跟着关羽与敌将酣战，个个面红耳赤，情绪高涨……戏演到这分上，已进入高潮，整个村子为之沸腾。

戏在村中，人在戏中，戏曲乎，人生乎？

此时此刻，无关阶层，无关饱读诗书或目不识丁，也无关什么高雅还是通俗，如果有一种文化，能令人这样如痴似狂，如癫似痴，那么他就是好的优秀的文艺作品，是这个社会不可或缺的重要一环，是娱乐也好，是精神需求也罢，能给人带去身心的愉悦，就是最好的作品。

不知不觉间，写到了本书的结尾，最后的几十字，我不想说理论，也不想说戏曲或文化带给人们带去精神上的享受之类的总结，只想说，从上一本书《大明梦华：明朝生活实录》到这本书，关于明朝民间轶事，基本上写完了，天下无不散的宴席，承蒙各位抬爱，赏在下一口饭吃，才得以鬻文为生，若有缘，当以更精彩的文字，献予大家，始不负你们掏钱买书之义。